बसेरे से दूर

(आत्मकथा-3)

डॉ. हरिवंशराय 'बच्चन'

राजपाल

बच्चन की आत्मकथा

चार खंडों में संपूर्ण

क्या भूलूँ क्या याद करूँ	–	खंड–1
नीड़ का निर्माण फिर	–	खंड–2
बसेरे से दूर	–	खंड–3
दशद्वार से सोपान तक	–	खंड–4

₹ 495

ISBN : 9788170282853

संस्करण : 2025

BASERE SE DOOR (Autobiography)

by Harivanshrai Bachchan

मुद्रक : जी.एस. ऑफसेट, दिल्ली

राजपाल एण्ड सन्ज़

1590, मदरसा रोड, कश्मीरी गेट, दिल्ली–110006

फोन : 011–23869812, 23865483, 23867791

e-mail : sales@rajpalpublishing.com

www.rajpalpublishing.com

www.facebook.com/rajpalandsons

अपने पाठकों से

(पहला संस्करण)

आज आपके सामने प्रस्तुत है मेरे आत्म-चित्रण का तीसरा खण्ड, 'बसेरे से दूर', जिसे मैंने पहले 'हंस का पश्चिम प्रवास' कहना चाहा था।

आप में से बहुत लोग बड़ी उत्सुकता के साथ इस खण्ड की प्रतीक्षा करते रहे हैं, अनेक इसको शीघ्र प्रस्तुत करने की माँग भी, सबसे अधिक आग्रही तो मेरे प्रकाशक ही रहे हैं, पर इससे पूर्व यह सम्भव न हो सका। सृजन के मामले में, मुझे खेद है, मैं अपने से बाहर के किसी प्रकार के प्रोत्साहन, प्रलोभन अथवा दबाव का लिहाज़ नहीं कर पाता।

मैं इस खण्ड में मुख्यतया अपने जीवन की उस अवधि की कहानी सुनाने जा रहा हूँ, जिसमें मैं अपने देश-नगर, घर-परिवार से दूर जाकर इंग्लैण्ड—केम्ब्रिज में रहा, विलियम बटलर ईट्स के साहित्य पर शोध कर केम्ब्रिज युनिवर्सिटी से पी-एच० डी० की उपाधि ली, आधुनिक अंग्रेज़ी कविता का स्वाध्याय किया, एकाधिक ब्रिटिश युनिवर्सिटियों में जीवन, अध्ययन और अध्यापन की विधि देखी, समझी, सौ से ऊपर छन्दोबद्ध और मुक्त छन्द की कविताएँ लिखीं, जो बाद को 'प्रणय-पत्रिका', 'आरती और अंगारे' और 'बुद्ध और नाचघर' नामक संग्रहों में प्रकाशित हुईं—एक लम्बी कविता किन्हीं निजी कारणों से अब भी अप्रकाशित है—बहुत-सा गद्य लिखा, जो 'प्रवास की डायरी' के नाम से प्रकाशित हो चुका है, इंग्लैण्ड और आयरलैण्ड का भ्रमण किया, अंग्रेज़ी और आयरी समाज के विविध रूपों को देखा—विश्वविख्यात अकादमिक संस्थाओं से लेकर गुह्य, कुख्यात नाइट क्लबों तक—बड़े-बूढ़े विद्वानों से लेकर साधारण युवक-युवतियों के सम्पर्क में आया। यह प्राय: बाहरी बातें हुईं, जिनकी सूची काफी लम्बी मालूम होती है। इस अवधि में जो मैंने चिन्तन-मनन किया, जो सोचा-विचारा, जिन आशाओं-आकांक्षाओं को जगाया, जिन भय-चिन्ताओं से गुज़रा, जिन शंका-सन्देहों में झूला, जिन मानसिक कुरेदनों और कसावों में पड़ा उनकी सूची भी अगर देना चाहूँ तो कम लम्बी नहीं होगी, हालाँकि सूची उनकी गहनता और गहराई का शायद ही कोई आभास दे सके। एक बात शुरू में ही बहुत संक्षेप में कह देना चाहता हूँ कि इस छोटी-सी अवधि में जितना मैंने लिखा-पढ़ा, देखा-सुना, जाना-पहचाना, भोगा-सहा, अनुभव-अवगत किया, उतना मैंने इतने ही काल-माप में अपने जीवन में कभी नहीं किया। इसी से मुझे लगा कि यदि मैं इस अवधि की झाँकी आपको कराना चाहूँ तो इसके लिए अपनी आत्मकथा को एक स्वतन्त्र खण्ड देना पड़ेगा।

एक बहुत बड़ी संख्या में मैं ऐसे पाठकों की कल्पना कर सकता हूँ, जो मेरी आत्मकथा के पहले और दूसरे खण्ड, 'क्या भूलूँ क्या याद करूँ' और 'नीड़ का

निर्माण फिर' को क्रमशः पढ़ने के बाद इस तीसरे खण्ड को पढ़ना आरम्भ करेंगे। उनसे मुझे इसके सिवा और कुछ नहीं कहना है कि जो कहानी मैंने सुनानी शुरू की थी उसी को पूर्ण करने के क्रम में यह अगली और अन्तिम किस्त है। आशा करता हूँ कि कहानी का यह भाग भी आपको रोचक लगेगा। पाठक की रोचकता समाप्त होने से पूर्व कहानी को समाप्त कर देना कहानीकार की सबसे बड़ी कला है। विश्वास है, मैंने आपके धैर्य को ऊब की सीमा तक नहीं खींचा।

इसके पूर्व, सम्भव है, आपने 'प्रवास की डायरी' भी पढ़ ली हो। न पढ़ी हो तो उसे आप 'बसेरे से दूर' की भूमिका के रूप में पढ़ सकते हैं। डायरी में कही बातों को मैंने आत्मचित्रण में नहीं दुहराया, सिवा उनके, जिनको कथा-सूत्र सम्बद्ध रखने के लिए फिर से कहना आवश्यक था। डायरी को मैंने प्रस्तुत पुस्तक की भूमिका कहा है। पुस्तकें बगैर भूमिका देखे भी आनन्द से पढ़ी जा सकती हैं, अपवाद यह पुस्तक भी नहीं है।

'बसेरे से दूर' के कुछ ऐसे पाठकों की भी कल्पना मैं करता हूँ, जो इसके पूर्व की कथा से पूर्णतया अपरिचित या खण्डशः परिचित हों। मैं उनसे यह तो न कहना चाहूँगा कि इसके पूर्व की कथा पढ़े बगैर वे इसे न पढ़ें, क्योंकि मैंने प्रयत्न किया है कि प्रत्येक खण्ड को अपने में पूर्ण इकाई के रूप में प्रस्तुत करूँ। वास्तव में, जो पूर्णतया सम्बद्ध है—जैसा कि जीवन—वही खण्डों में भी पूर्ण रह सकता है। पूर्णमदः पूर्णमिदं पूर्णात् पूर्णमुदच्यते... शायद भौतिक स्तर पर भी किसी अंश में सत्य हो। साथ ही मुझे यह विश्वास है कि मेरे जीवन का कोई खण्ड आपको रोचक लगा तो उसके आगे-पीछे के खण्डों के लिए भी आपकी जिज्ञासा जागेगी—we look before and after (हम पीछे भी देखा करते हैं, आगे भी)।

एक खण्ड से दूसरे खण्ड की परस्पर तुलना भी स्वाभाविक है। मेरे बहुत-से पाठकों ने पहले के दो खण्डों की तुलना की है और एक को दूसरे से उन्नीस या बीस पाया है। यह प्रवृत्ति तीन खण्डों के सामने आ जाने से और बढ़े तो मुझे आश्चर्य नहीं होगा। सब खण्डों का सब की दृष्टि में सम लगना उतना ही असम्भव है, जितना अपनी दृष्टि में उनको ऐसा रखना। जीवन अपनी प्रकृति से ही विषम है। मेरा बल, मेरा गुण, यदि मुझमें कुछ है, तो जीवन के निकट रहने, जीवन से हिलगे रहने में है। जो खण्डों की विषमता के प्रति अधिक सचेत हों, उन्हें एक परिचित ग्रामीण कहावत की याद दिलाना चाहता हूँ—पाँचों उँगलियाँ बराबर नहीं होतीं।

दूसरे खण्ड के मेरे कतिपय पाठकों की राय यह थी कि उसमें मैं अपने कवि-व्यक्तित्व के प्रति अधिक सचेत हो गया हूँ। इस सम्बन्ध में मुझे इतना ही कहना है कि जिसे मेरा व्यक्तित्व कहा जा सकता है, उसमें कवि-अकवि का कोई विभाजन नहीं है। मेरा कवि, यदि उसे कभी सही रूप में देखा जाये, तो वह मेरे जीवन से ही जुड़ा, प्ररोहित, प्रादुर्भूत और उसका ही प्रक्षिप्त अंग प्रतीत होगा। अपने जीवन की चर्चा में मैं उसकी उपेक्षा नहीं कर सकता था। पिछले चालीस-पैंतालीस वर्षों से मेरे जिन बहुसंख्य पाठकों ने मुझे कवि के रूप में जाना है, उन्हें मेरे जीवन प्रसंग में मेरे सृजन की थोड़ी-बहुत चर्चा असंगत नहीं लगी। यदि मैं कहीं समझी

जाने योग्य इकाई हूँ तो मेरी कविता से मेरे जीवन और मेरे जीवन से मेरी कविता को समझना होगा। मुझे ऐसा स्वीकार करने में कोई आपत्ति नहीं है कि जैसे मेरी कविता आत्मकथा-संस्कारी है, वैसे ही मेरी आत्मकथा कविता-संस्कारी है। मैं अपनी भूल में, यदि यह मेरी भूल हो तो भी, यह जानकर कुछ आश्वस्त होता हूँ कि मानतेन भी, जो मेरी इस लेखन-यात्रा में कुतुबनुमा के समान मेरा पथ-प्रदर्शन करते रहे हैं, अपने आत्म-चित्रण The Essays (दि एसेज़) में अपने निबन्धकार को नहीं भूल सके। फिर भी प्रस्तुत खण्ड में मैंने अपनी दृष्टि मुख्य रूप से—मुख्य रूप से—अपने अध्यापक, शोधक, आलोचक पर रखने का प्रयत्न किया है, क्योंकि इन्होंने भी मेरे जीवन को रूप देने में कम महत्त्वपूर्ण भूमिका नहीं निभाई।

पाण्डुलिपि को अन्तिम रूप देने में श्री सत्येन्द्र शरत् ने जो सहायता दी उसके लिए उनका बहुत आभारी हूँ।

टाइप कापी को प्रेस के लिए तैयार करने में श्री अजित कुमार और डॉ० जीवन प्रकाश जोशी से जो सहयोग मिला उसके लिए उनके प्रति भी कृतज्ञ हूँ।

आत्मचित्रण के इस अन्तिम खण्ड पर आप अपनी कोई प्रतिक्रिया देना चाहें तो उसका मैं स्वागत करूँगा।

—बच्चन

13, विलिंगडन क्रिसेंट,
नई दिल्ली-11
7 जुलाई, 1977

(चौथा संस्करण)

मुझे यह देखकर प्रसन्नता है कि मेरे आत्मचित्रण के प्रथम दो खण्डों के समान तीसरे खण्ड को भी लोक स्वीकृति मिली और प्रथम प्रकाशन के दो वर्ष पूर्व ही इसका दूसरा संस्करण निकला।

प्रथम संस्करण ऐसी परिस्थितियों में छपा था कि मैं स्वयं इसका प्रूफ नहीं देख सका था और बहुत-सी प्रेस की भूलें रह गयी थीं; और खेद के साथ लिखना पड़ता है कि कतिपय अनिवार्य कारणों से उनमें बहुत-सी ज्यों की त्यों दूसरे और तीसरे संस्करण में चली गयीं।

इस चौथे संस्करण में उन भूलों को सुधारने के अतिरिक्त कोई परिवर्तन नहीं किया गया है।

मैं उन सब लोगों के प्रति आभार प्रकट करता हूँ जिन्होंने इस पर अपनी प्रतिक्रियाएँ भेजीं और स्वयं उसे पढ़कर औरों को पढ़ने के लिए प्रेरित किया।

—बच्चन

'सोपान'
बी-8, गुलमोहर पार्क
नयी दिल्ली-49
5 अप्रैल, 1986

"पाठको, यह किताब ईमानदारी के साथ लिखी गयी है। मैं आपको पहले से ही आगाह कर दूँ कि इसके लेखन में मेरा एकमात्र लक्ष्य घरेलू अथवा निजी रहा है। इसके द्वारा पर-सेवा अथवा आत्म-श्लाघा का कोई विचार मेरे मन में नहीं है। ऐसा ध्येय मेरी क्षमता से परे है। इसे मैंने अपने सम्बन्धियों तथा मित्रों के व्यक्तिगत उपयोग के लिए तैयार किया है कि जब मैं न रहूँ (और ऐसी घड़ी दूर नहीं) तब वे इन पृष्ठों से मेरे गुण-स्वभाव के कुछ चिह्न संचित कर सकें और इस प्रकार जिस रूप में उन्होंने मुझे जीवन में जाना है उससे अधिक सच्चे और सजीव रूप में वे मुझे अपनी स्मृति में रख सकें। अगर मैं दुनिया से किसी पुरस्कार का तलबगार होता तो मैं अपने-आपको और अच्छी तरह सजाता-बजाता, और अधिक ध्यान से रँग-चुँगकर उसके सामने पेश करता। मैं चाहता हूँ कि लोग मुझे मेरे सरल, स्वाभाविक और साधारण स्वरूप में देख सकें—सहज, निष्प्रयास प्रस्तुत, क्योंकि मुझे अपना ही तो चित्रण करना है। मैं अपने गुण-दोष जग-जीवन के सम्मुख रखने जा रहा हूँ, पर ऐसी स्वाभाविक शैली में जो लोक-शील से मर्यादित हो। यदि मेरा जन्म उन जातियों में हुआ होता जो आज भी प्राकृतिक नियमों की मूलभूत स्वच्छन्दता का सुखद उपभोग करती हैं तो मैं आपको विश्वास दिलाता हूँ कि मैं बड़े आनन्द से अपने-आपको आपाद-मस्तक एकदम नग्न उपस्थित कर देता। इस प्रकार, पाठको मैं स्वयं अपनी पुस्तक का विषय हूँ, और मैं कोई वजह नहीं देखता कि आप अपनी फ़ुरसत की घड़ियाँ ऐसे नगण्य और निरर्थक विषय पर सर्फ़ करें। इसलिए मानतेन की विदा स्वीकार कीजिए।"

—मिशेल डी मानतेन (1533-1592)
(प्रसिद्ध फ्रांसीसी लेखक और दार्शनिक)

'The work is done,' grown old he thought,
'According to my boyish plan;
Let the fools rage, I swerved in nought,
Something to perfection brought;'
But louder sang that ghost, 'What then?'

—W. B. Yeats

वृद्ध हुआ तो उसने सोचा, 'मेरा कार्य समाप्त हुआ,
मैंने अपने बालपने के सपने को साकार किया,
क्रोध-विरोध किया मूढ़ों ने, किन्तु हटा कब पीछे मैं?
एक काम में हाथ लगाया था उसको पूर्णत्व दिया;'
कोई प्रेत पुरातन बोला और ज़ोर से
ऐसा कर डाला तो क्या?

—डब्ल्यू० बी० ईट्स

जुलाई, 1941

भला हो पण्डित अमरनाथ झा का कि उन्होंने दो वर्ष तक कभी अस्थायी लेक्चरर और कभी रिसर्च-स्कालर के रूप में मुझे इलाहाबाद युनिवर्सिटी से सम्बद्ध रखकर अन्त में मुझे अंग्रेज़ी विभाग में स्थायी रूप में ले लिया।

स्मृतियों के प्रदेश में छत्तीस वर्ष पीछे लौटना होगा।

जब मैं दिमाग के उस भाग की कल्पना करता हूँ जिसमें सुधियाँ संचित रहती हैं तो वह मुझे विविध रंगों के धागों के उलझे-पुलझे गुच्छे जैसा लगता है, और किसी भी सूत्र को पकड़कर आगे या पीछे चलना चेतना के लिए साधारणतया कठिन नहीं होता, गो कभी-कभी उससे जुड़े या उससे अटके अन्य धागे भी हिलते, खिंचते अथवा झटके खाते हैं। कथन अथवा लेखन में सुस्पष्टता बनाये रखने के लिए आवश्यक होता है कि ध्यान मूल सूत्र पर केन्द्रित रखा जाय और गौण तथा उपसूत्रों को आड़े न आने दिया जाये—यदा-कदा उनके अस्तित्व को स्वीकार करते और उनकी खींच-तान को अनुभव करते हुए भी। मानव-चेतना सुधि के बहुत-से धागों को एक साथ लेकर चलती है—उन्हें तोड़ती, जोड़ती, बटती, कसती, ढीलती और उनके साथ और बहुत कुछ करती। नतीजा यह होता है कि साधारण आदमी का दिमाग सुधि-सूत्रों का गुज्झड़ मात्र बनकर रह जाता है। आश्चर्य है कि ऐसी स्थिति में साधारण आदमी पागल क्यों नहीं हो जाता, शायद इसलिए—और इसे मनुष्य पर प्रकृति की बहुत बड़ी कृपा समझी जानी चाहिए—कि साधारण मनुष्य के मस्तिष्क में ये धागे बड़ी तीव्र गति से गलते और गायब होते रहते हैं, कुछ विशेष और प्रमुख

धागों को छोड़कर। मेरे प्रति अपनी कृपा में प्रकृति बड़ी कृपण रही है। कितना कुछ मुझे याद है। एक बात का स्मरण करते ही न जाने और कितनी बातें मुझे स्मरण हो आती हैं और किसी खास सिलसिले को बनाये रखने के लिए मुझे बहुत कुछ प्रयत्नतः भुलाना अथवा दिमाग से हटाना पड़ता है। कभी-कभी मुझे अनुभव हुआ है कि मैं बहुत महत्त्वपूर्ण और ज़रूरी को भी छोड़ता जा रहा हूँ, कभी-कभी मैं बाद को उनकी ओर लौटा भी हूँ—मेरे आत्म-चित्रण के पहले दो भागों से परिचित पाठक कई ऐसे अवसरों की याद करेंगे।

आज ऐसा ही अवसर है। 'नीड़ का निर्माण फिर' की कहानी कहते हुए मैंने ध्यान अपने निजी भावना-जगत पर केन्द्रित रखा था और किसी अंश में उससे बड़ी निकटता से सम्बद्ध अपने सृजन-संसार पर—दूसरे शब्दों में, अपने भावक और सर्जक पर। मेरे अध्यापक की वहाँ केवल छाया भर मिलती है, और मेरे युनिवर्सिटी-जीवन की बस एक उड़ती-सी झाँकी, जबकि लगातार पूरे ग्यारह वर्ष मेरा नियमित कार्य और मेरे जीविकोपार्जन का मुख्य साधन अध्यापन था। सम्भव है, कुछ लोगों पर इसका यह प्रभाव पड़ा हो कि मैं अपने जीवन में अपने भावक और सर्जक को अधिक महत्त्व देता हूँ बनिस्बत अपने अध्यापक के। अपने कवि-व्यक्तित्व से अपनी अधिक निकटता अनुभव करने की बात शायद गलत नहीं है। मनुष्य का व्यक्तित्व उसके भाव-लोक के इर्द-गिर्द ही अधिक सघन और सच्चा होता है, इससे शायद ही कोई इनकार कर सके।

किसी उदात्त आदर्शवादिता में अध्यापन को मिशन मानकर उसकी ओर उन्मुख होने की बात मैं कहूँगा तो झूठ बोलूँगा—यह बात मेरी से पिछली पीढ़ी के साथ ही सम्भवतः समाप्त हो गयी थी। सच्चाई इतनी ही है कि मैंने अध्यापन को रोटी कमाने के एक ईमानदार, स्वच्छ और सुविधाजनक साधन के रूप में स्वीकार किया था। किया था तो चाहता था कि सफल अध्यापक बनूँ। और इतना तो मैं बिना किसी अभिमान के कहना चाहूँगा कि अपने को योग्य और सक्षम अध्यापक बनाने के लिए मैंने जितना श्रम-यत्न किया, जितनी शक्ति लगायी, जितनी तैयारी की उतनी अपने कवि को भी संवारने, निखारने के लिए नहीं—यह और बात है कि मेरा कवि काव्येतर क्षेत्रों के मेरे प्रयासों से भी अपने लिए संस्कार संग्रह करता होगा। जिस साधन से अपनी जीविका चले उसके प्रति आस्थावान होना बहुत पहले से मेरी व्यक्तिगत नैतिकता का अंग बन चुका था।

मुझमें अध्यापक का बीजारोपण निःसन्देह उन ट्यूशनों के समय हुआ होगा जो मैंने अपने परिवार की आर्थिक विपन्नता में अपने विद्यार्थी-जीवन से ही करनी शुरू कर दी थीं। मुझे आज भी वह अवसर याद है जब पहली ट्यूशन पर मेरे विद्यार्थी ने मुझे पहली बार 'मास्टर साहब' कहकर सम्बोधित किया था। उस सम्बोधन से अचानक यह रोम-प्रहर्षक अनुभूति हुई थी कि आज मैं एक पीढ़ी पार कर गया हूँ—विद्यार्थी से अध्यापक बन गया हूँ। 1930 में पढ़ाई छोड़ने और 1937 में फिर से आरम्भ करने के बीच यों तो मैंने कई तरह के पापड़ बेले थे, पर मेरा अधिकांश समय अध्यापकी में ही बीता था—इलाहाबाद स्कूल, प्रयाग महिला

विद्यापीठ और अग्रवाल विद्यालय हाई स्कूल में। अग्रवाल विद्यालय का समय मेरे तीव्रतम मानसिक और आर्थिक संघर्षों का था; फिर भी उन दिनों की कुछ उदात्त यादें मेरे कतिपय विद्यार्थियों ने संजो रखी हैं।

आज तो मुझे यह सोचकर आश्चर्य होता है कि उन चिन्ताग्रस्त दिनों में कर्तव्य के प्रति निष्ठा और अपने विद्यार्थियों के प्रति सद्‌भावना मैंने कैसे जुगा रखी होगी। इसका श्रेय मैं मुख्यतया अपने युग को देना चाहूँगा जिसमें महात्मा गांधी इस धरती पर चलते थे। गांधी ने अपने चरित्र से सारे देश के वातावरण को आदर्शवादिता से कैसा 'चार्ज' (अनुप्राणित) कर रखा था, इसे वह युग नहीं समझ सकेगा जिसने उन्हें नहीं देखा। फिर अध्यापक जिनके साथ काम करता है वे मानवीय तत्त्व हैं—मानवता के भी बड़े सरल, कोमल, जीवन्त, सम्भावना-पुंज रूप। मैंने अपनी गहन-से-गहन वैयक्तिक चिन्ता, असन्तोष अथवा आक्रोश में भी अपने और अपने विद्यार्थियों के बीच वह चीज़ नहीं आने दी जिसका पढ़ने-पढ़ाने से सीधा सम्बन्ध नहीं था। आज तो मैं ऐसा भी समझता हूँ कि विद्यार्थियों के बीच बैठकर मैं अपनी बहुत-सी उद्विग्नताओं से विमुक्त हुआ था। अपनी परेशानियों के दिनों में अगर मैं पढ़ाने के अतिरिक्त कोई और काम करता होता, जैसे किसी दफ्तर में क्लर्की, यानी अगर मैं विद्यार्थियों के रूप में मानवता के एक अत्यन्त प्रीतिकर तत्त्व के सम्पर्क में न होता तो मैं निश्चय अपनी घुटन और घबराहट को अधिक कटुता के साथ अनुभव करता। अध्यापक जीवन का एक पक्ष अगतिशीलता और एकरसता का भी है, पर उसे महसूस करने के लिए जो लम्बी अवधि चाहिए उससे मैं अभी न गुज़रा था, और 1939 में बी० टी० कर लेने के बाद मैं प्रमाण-पत्र प्राप्त अध्यापक के रूप में स्थापित हो गया था, गो शुरू में विस्थापित-सा ही, विभिन्न स्कूलों-कॉलेजों में नौकरी के लिए अर्ज़ियाँ लगाता या साक्षात्कार के लिए एक जगह से दूसरी जगह मारा-मारा फिरता।

'सरलता से कुछ नहीं मुझको मिला है।'

1941 में अंग्रेज़ी विभाग में स्थायी लेक्चरर की जगह हुई थी और मैंने झा साहब की शुभकामनाएँ लेकर प्रार्थना-पत्र भेज दिया था। अपने दावे को कुछ अधिक मज़बूत करने के लिए, उन्हीं के आदेश पर मैंने अपने शोध-विषय W. B. Yeats : His Mind and Art (डब्ल्यू० बी० ईट्स : उनका मनस् और उनकी कला) से सम्बन्धित सौ पृष्ठों का लघु प्रबन्ध भी साथ प्रस्तुत कर दिया था। नियुक्तियाँ युनिवर्सिटी की एक्ज़ेक्यूटिव कमेटी में बहुमत के आधार पर होती थीं, पर प्राय: सदस्यगण वाइसचांसलर के सुझाव का ही समर्थन कर देते थे।

कमेटी की बैठक के बाद आशा और आशंका से धड़कते दिल से मैं झा साहब से मिलने गया—अपनी सफलता या असफलता का समाचार मैं उनके मुख से ही सुनूँ। प्रतिद्वन्द्वी मेरे कई थे ही। सबका मुझे पता न था, पर एक की विशेष चर्चा सुनी जाती थी, और यह भी कि वे कमेटी के सदस्यों को अपनी ओर करने के लिए बहुत हाथ-पाँव मार रहे हैं।

झा साहब के सामने पहुँचकर मुझे यह अनुभूति हुई कि जैसे मैं 'स्फिंक्स' के सामने जाकर खड़ा हो गया हूँ–उनके चेहरे से इसका कोई आभास न मिल सकता था कि मैं युनिवर्सिटी में लिया गया हूँ कि नहीं। न वे कुछ कह रहे थे, न मैं कुछ पूछ रहा था। झा साहब के सम्पर्क में ऐसे खामोशी के वक़्फ़े नये नहीं थे, पर उस दिन की उनके और मेरे बीच वाली वैकुअमी स्थिति मुझे जितनी दीर्घ और दु:सह लगी उतनी पहले कभी नहीं लगी थी। अन्त में साहस करके जब मैं ही बोला कि क्या मेरे लिए कोई 'खुशखबरी' है? तो उत्तर में पूर्व-परिचित ठहरी-सी आवाज़ में मुझे यह सुनाई पड़ा–You...will...hear...from...the...registrar...in due course... (तुम्हें...यथासमय...रजिस्ट्रार...सूचित...करेंगे)

दूसरे दिन मेरी नियुक्ति का समाचार 'लीडर' में छप गया था। तीसरे दिन रजिस्ट्रार का पत्र भी आ गया।

मुझे झा साहब के पास कृतज्ञता ज्ञापित करने के लिए जाना ही था! वे कम गम्भीर थे। उनके बड़े-बड़े कोयों में उनकी पुतलियाँ कई बार घूमीं, जैसे उनकी आँखों के सामने से कोई पिछला दृश्य गुज़र रहा हो जिसे वे वाणी देना न चाहते हों, पर जिससे वे अप्रसन्न हों।

उस सन्ध्या के झा साहब के मूड का रहस्य मुझ पर कई दिनों के बाद खुला। हितकारिणी कॉलेज, जबलपुर, की स्टूडेन्ट्स यूनियन का उद्घाटन करने के लिए डॉ० ताराचन्द को निमन्त्रित किया गया था, और मुझे उस अवसर पर आयोजित कवि-सम्मेलन में भाग लेने के लिए। हम दोनों एक ही डिब्बे में सफर कर रहे थे। बातचीत के सिलसिले में डॉ० ताराचन्द ने बताया कि तुम्हारी नियुक्ति कराने में झा साहब के सामने बड़ी मुश्किल खड़ी हो गयी थी, तुम्हारा नाम गिरते बाल-बाल बच गया। डॉक्टर साहब युनिवर्सिटी की एक्ज़ेक्यूटिव कमेटी के सदस्य थे और उस दिन जो वहाँ हुआ था उसके चश्मदीद।

बात यह हुई थी कि मेरे प्रतिद्वन्द्वी ने, जिनका ज़िक्र मैं पहले कर आया हूँ, एक जाति-विशेष के सब सदस्यों को–जिनका कमेटी में बहुमत था, अपनी ओर कर लिया था, और इसका पता झा साहब को भी नहीं था। साधारण योग्यताएँ लगभग बराबर होने पर मेरे विपक्ष में दो बातें ज़ोरों से कही गयी थीं–एक तो यह कि मैं ट्रेन्ड था, इस कारण स्कूलों या ज़्यादा-से-ज़्यादा इंटर कॉलेजों में पढ़ाने के योग्य था, दूसरी यह कि चूँकि मैं हिन्दी का कवि था इस कारण अंग्रेज़ी पढ़ाने की क्षमता मुझमें कम ही हो सकती थी।–सच बात यह है कि मेरे हिन्दी कवि का रूप लोगों के दिलो-दिमाग पर इस कदर छाया था कि उसके नीचे मेरे अंग्रेज़ी अध्यापक का स्वरूप उन्हें दिखाई ही न देता था।–झा साहब को लोगों को निरुत्तर कर देने वाला यह प्रश्न पूछना पड़ा था कि ट्रेन्ड होने से मेरे अंग्रेज़ी (एम०ए०) की योग्यता किस तर्क से कम हो गयी थी, और हिन्दी का कवि होने से अंग्रेज़ी का अध्यापक होने की मेरी काबलियत पर कैसे ज़रब आता था?

इतने पर भी जब मत लिया गया, तब बहुमत मेरे प्रतिद्वन्द्वी के पक्ष में आया और झा साहब को अपने संकेत से अपने कुछ निकटस्थ मित्रों के हाथ नीचे गिरवाने

पड़े। ऐसी स्थिति से झा साहब, स्वाभाविक है, बहुत खिन्न हुए थे। यह बात मुझे पहले मालूम होती तो उस सन्ध्या को उनका मूड मुझे इतना विचित्र और निराशाजनक न लगता।

दो ही चार रोज़ अंग्रेज़ी विभाग में जाने पर मुझे पता लग गया कि मेरी पीठ पीछे यह कहा जा रहा है कि मैं हिन्दी के चोर दरवाज़े से अंग्रेज़ी विभाग में घुस आया हूँ। ज़बान कौन किसकी रोक सकता है; पर मैंने मन-ही-मन निश्चय किया कि अपने को अंग्रेज़ी का एक अच्छा अध्यापक सिद्ध करूँगा, हिन्दी का कवि होने के बावजूद।

मेरा भावना-जगत अब भी विशृंखल था, पर अपने भौतिक जगत में मैंने एक व्यवस्थित मार्ग पर पाँव रख दिये थे। मैं जानता था कि अपने भावना-जगत में सफलता प्राप्त करना मेरे श्रम-यत्न से सम्भव न था, पर भौतिक-जगत में श्रम-यत्न से जो पाया जा सकता था उसे मैंने प्राप्त कर लिया था। 1931 में इलाहाबाद स्कूल में मैंने 25/- रुपये प्रतिमास पर नौकरी शुरू की थी और 1941 में इलाहाबाद युनिवर्सिटी में मैं 125/- रुपये प्रतिमास पर लेक्चरर नियुक्त हो गया था। दस वर्ष के संघर्ष के बाद यह कोई बड़ी उपलब्धि तो न थी, पर मेरी उस समय की मनःस्थिति में बड़ी सन्तोषदायिनी थी—मेरी भावनाओं की दुनिया आबाद न हो सकी तो भी स्वाध्याय, शिक्षण और यथावकाश सृजन में अपने को व्यस्त रखकर मैं अपने जीवन को सार्थक बना लूँगा—झा साहब क्या अपने एकाकी जीवन को इसी गरिमा से नहीं जी-झेल रहे थे?

समय कभी-कभी इतनी मन्द गति से चलता है कि बरसों बीत जाते हैं और मालूम होता है कि कोई नयी बात नहीं हुई और कभी-कभी इतना तेज़ चलता है कि जैसे चार-छह महीनों में एक युग बीत गया हो। अगस्त 1941 से जनवरी 1942 तक के छह महीने मेरे लिए बाहर से तेज़ी के ही नहीं, भीतर से भीषण रूप से झकझोरने वाले भी थे। उनकी विस्तृत चर्चा मैं अपनी आत्मकथा के दूसरे खण्ड में कर चुका हूँ। यहाँ मैं उनका ज़िक्र केवल यह बताने के लिए करना चाहता हूँ कि उन तन और मन को धुनने वाले दिनों में यदि मेरी राहत की कोई जगह थी तो मेरी कक्षाएँ थीं, मेरे विद्यार्थी थे, जिनके बीच बैठकर मैं अपनी कटु परिस्थितियों को भूल कला, साहित्य, कविता और नाटक की दुनिया में पलायन कर जाता था, और जिनसे मिला आदर और किसी अंश में स्नेह भी मेरे हृदय के घावों पर मरहम का काम करता था। उन दिनों अपने नये-नये क्लास के लैक्चरों की तैयारी में यदि मुझे अपना बहुत-सा समय लगाना न पड़ता तो मैं नहीं कह सकता कि अपनी खाली और काली घड़ियों को कैसे काटता।

उन दिनों एक सफल अंग्रेज़ी अध्यापक बनने और दिखने की भी धुन मुझ पर इस कदर सवार थी कि मेरा हिन्दी का कवि मेरे अंग्रेज़ी के लेक्चरर के लिए एक दहशतदेह complex यानी कुण्ठा बन गया था! मैं कोशिश करता, मैं सतर्क रहता कि अपनी चाल-ढाल, बाल से हिन्दी का कवि बिल्कुल न दिखूँ—कवि मेरे यौवन में प्रायः बालों से पहचाना जाता था—बाल-कवियों के कई चेहरे मेरी आँखों के

से। अपने पढ़ाने के सम्बन्ध में मैं और कुछ न कहना चाहूँगा।

उस समय के अंग्रेज़ी विभाग की याद करता हूँ तो सबसे पहले मेरा ध्यान झा साहब की ओर जाता है। जिस वर्ष मैं स्थायी रूप से ले लिया गया, उसके एक वर्ष पहले वे अंग्रेज़ी विभागाध्यक्ष का पद छोड़कर युनिवर्सिटी के वाइस चांसलर बन गये थे, पर वे बरसों से विभाग से सम्बद्ध थे, पहले लेक्चरर, फिर रीडर और बाद में विभागाध्यक्ष के रूप में—सुना था जब वे विद्यार्थी थे, तभी लेक्चरर नियुक्त हो गये थे, एम० ए० में पढ़ते थे और बी० ए० को पढ़ाते थे। उनका भी विभाग के प्रति बड़ा मोह था, विशेषकर अपने अध्यापक रूप के प्रति। कौन आज इस बात का विश्वास करेगा कि वाइस चांसलर हो जाने पर भी वे बी० ए० के अंग्रेज़ी विद्यार्थियों का एक सेमिनार लिया करते थे। विद्यार्थियों का चुनाव वे खुद करते थे, प्रथम श्रेणी पाने वालों अथवा अच्छे परिवार वालों में से, या फिर ऐसों का जिनसे किसी कारण वे अपनी विशेष निकटता का अनुभव करते हों। एक बार एक विद्यार्थी को दिखलाकर उन्होंने मुझे बताया था, He is my grand-pupil. (यह मेरा पौत्र शिष्य है।) इनके पिता को मैंने बी० ए० में पढ़ाया था, अब ये मेरे बी० ए० सेमिनार में हैं।

झा साहब ने विभाग में एक Friday Club (फ्राइडे क्लब) की स्थापना भी की थी। उसकी सदस्य-संख्या सीमित थी और उसमें वे अपने फेवरिट्स यानी प्रिय अथवा कृपापात्रों को रखते थे—प्रायः बौद्धिक अथवा संस्कारी आभिजात्यों को। फ्राइडे क्लब का सदस्य होना लोग बड़े गर्व की बात समझते थे। मैं कह नहीं सकता कि उसकी बैठकों में विशेष क्या होता था। अ-सदस्यों को उनमें सम्मिलित नहीं होने दिया जाता था। झा साहब की अनायास कृपा पर भी मैं कभी फ्राइडे क्लब का सदस्य नहीं रहा—न उन्होंने मुझे बनाने की इच्छा प्रकट की, न मैंने बनने की। फ्राइडे क्लब नाम शायद इसलिए दिया गया था कि उसकी बैठकें शुक्रवार की सन्ध्या को हुआ करती थीं, पर कुछ लोग, जिनके लिए उसकी सदस्यता खट्टा अंगूर थी, अथवा जो क्लब के सदस्यों के प्रति ईर्ष्या रखते थे—उनके झा साहब की निकटता प्राप्त करने के कारण—व्यंग्य से क्लब को Man Friday Club (मैन फ्राइडे क्लब) कहा करते थे। इस व्यंग्य में जो कटु संकेत है उसे वे ही समझेंगे जो राबिन्सन क्रूसो का वफादार, फरमाँबरदार, हाँ-हज़ूरी करने वाला अनुचर था। उनके कहने का मतलब होता था कि फ्राइडे क्लब झा साहब के मिट्ठुओं-पिट्ठुओं की संस्था है। अहंपूर्ण सरपरस्ती (शायद पैट्रोनाइज़िंग का यही अनुवाद किया जाये) झा साहब के मिज़ाज की एक जुज़ थी, पर यह मानना पड़ेगा कि अनधिकारियों ने उसका लाभ शायद ही कभी उठाया हो। अपने से छोटों से आदर पाने का हकदार वे अपने को ज़रूर समझते थे, उनकी विनम्रता से प्रसन्न भी होते थे; पर चाटुकारिता को प्रश्रय देते या उससे प्रभावित होते मैंने उन्हें कभी नहीं देखा।

उनके पढ़ाने की चर्चा मैं एकाधिक बार पहले कर चुका हूँ। अंग्रेज़ी विभाग से अपने पूर्व सम्बन्धों की स्मृति संजोए रखने पर भी, उसके कतिपय सूत्रों से अपने को

प्रयत्नतः जोड़े रहने पर भी, वाइस चांसलर होने के बाद विभाग से झा साहब का सम्पर्क क्षीण होता गया, गो उस पर उनकी छाया का आभास बराबर अनुभव किया जाता रहा।

झा साहब वाइस चांसलर हो गये तो पण्डित शिवाधर पाण्डेय अंग्रेज़ी विभाग के अध्यक्ष हुए। वास्तव में वरिष्ठता के आधार पर झा साहब से पहले पाण्डेयजी को विभागाध्यक्ष होना चाहिए था। झा साहब ने स्वयं एक बार स्वीकार किया था कि अगर पाण्डेयजी चाहते तो उनके रास्ते में अड़ंगा खड़ा कर सकते थे, पर पाण्डेयजी भोले-भाले आदमी, वे रीडर बने रहकर सन्तुष्ट रहे, शायद इससे प्रसन्न भी हुए कि अध्यक्ष को जो प्रशासन-सम्बन्धी काम करने पड़ते हैं उनकी झंझट से बरी रहे, गो जब यह उनके सिर आ ही पड़ी तो उसको उन्होंने सलीके से निबाहा।

झा साहब में योग्यता भी थी, प्रदर्शन भी था। दोनों मिलकर लोगों पर गहरा और कभी-कभी थोड़ा आतंकपूर्ण प्रभाव भी डालते थे। पाण्डेयजी में योग्यता अधिक थी, अधीत वे निश्चय अधिक थे, ज्ञान में उनकी पैठ गहरी थी, पर प्रदर्शन उनमें बिल्कुल न था। वे किसी को न प्रभावित करते थे न प्रभावित करना चाहते थे। विभागाध्यक्ष होने पर शायद ही उनमें तिल-भर भी परिवर्तन आया हो। हाँ, कमरे- कमरे में जाकर क्लास लेने की बजाय अब वे अपने कमरे में बैठने लगे, और क्लास उनके पास आने लगा, विभाग में एक इंगलिश एसोसिएशन था जिसमें किसी का व्याख्यान होता या कोई पेपर पढ़ता तो विभागाध्यक्ष के नाते पाण्डेयजी को आना पड़ता। सम्बद्ध विषय में वे कुछ कहते भी, पर हमेशा यही लगता कि वे जितना व्यक्त करते हैं, उससे बहुत अधिक जानते हैं; इतना अधिक जानते हैं कि उसे थोड़े शब्दों में, थोड़े-से समय में नहीं बता सकते। संक्षेप में, सारवान और सटीक बात कहने में झा साहब को कमाल हासिल था।

पाण्डेयजी के अवकाश ग्रहण करने पर विभाग की अध्यक्षता के लिए दो तगड़े उम्मीदवार थे—मिस्टर एस० सी० देब और डॉ० पी० ई० दस्तूर।

देब साहब को मैंने पहले-पहल 1927 में देखा था जब मैंने बी० ए० करने के लिए युनिवर्सिटी में दाखिला लिया था। उनके सेक्शन या उनके सेमिनार में न पड़ने के कारण बी० ए० करते समय मैं उनके सम्पर्क में न आया था। उस समय वे लूकरगंज में रहते थे और ताँगे से युनिवर्सिटी आते थे—पिछली सीट पर बैठने के कारण ताँगा उनके बोझ से पीछे को झुका रहता। वे एक हाथ में छड़ी और दूसरे में आसानी से न संभलने वाली पाँच-छह मोटी-मोटी किताबें लिये उतरते थे।

1929-'30 में जब मैं अंग्रेज़ी में एम० ए० (प्रीवियस) कर रहा था तब उन्होंने मुझे नाटक और उपन्यास के दो पर्चे पढ़ाये थे। भारी शरीर के अनुपात का उनका भारी-सा सिर, उस पर तेल की चमक लिये काले, छोटे बालों के बीचों-बीच सीधी माँग, छोटी-चौड़ी नाक के नीचे किसी लोशन की सहायता से कड़ी कर उठाई-उमेठी मूँछें—बिच्छू के दो डंकों जैसी—सांवला रंग, दरमियाना कद, पैंट पर बन्द कॉलर कोट, जिसके ऊपर के दो-एक बटन बन्द, शेष सब खुले—कोणाकार नीचे पहनी सफ़ेद कमीज़ दिखाते—बीच के बटन से अटकी चांदी के चेन वाली

जेबी घड़ी, किसी बाँह के कफ में एक सफ़ेद रूमाल खुंसा—तब के देब साहब की यह तस्वीर आज भी मेरी आँखों के सामने है। खड़े होकर बोलते थे, धाराप्रवाह, हर चौथे-पाँचवें शब्द पर आघात (एम्फैसिस) बीच-बीच में फ्रेंच की हुरेट, जिसे क्लास में शायद ही कोई समझता हो। कभी उद्धरण देना होता तो पुस्तक, लेखक, प्रकाशक का नाम, प्रकाशन तिथि, संस्करण, अध्याय, पृष्ठ, पंक्ति--सब स्मृति के आधार पर बता जाते—शायद सब ठीक ही। देसी अंग्रेज़ी का ऐसा शब्द-प्रपात—गो बंगाली उच्चारण-प्रभाव से सर्वथा मुक्त—नायग्रा फाल जैसा—न कभी पहले देखा था न बाद को ही देखा। इसे मैं अपनी ही अक्षमता कहूँगा कि क्रमबद्धता मैं उनके विचारों में न पाता। एक विषय पर बात करते-करते वे किसी ऐसे दूसरे, तीसरे या चौथे विषय पर पहुँच जाते जिसका कम-से-कम मेरी समझ में पहले से या आपस में दूर-दराज़ का भी सम्बन्ध न होता। 'मैं' शब्द का प्रयोग बहुत कम करते, प्राय: अपने को 'योर हम्बुल सर्वेन्ट' (आपका खादिम) ही कहते।

विद्यार्थी जीवन के शरारती दिनों में मैंने उन पर एक लिमरिक लिखी थी जो मुझे अब तक याद है—

प्रोफेसर देब वाज़ द सेम इन लेंग्थ एंड ब्रेड्थ
ऐंड ए मैन आफ एनसाइक्लोपीडिक डेप्थ,
ही वाज़ हम्बुल टु ए फाल्ट,
ऐंड हम्बलर विद ए समर साल्ट;
ही कुड टाक आफ हाफ़िज़ ऐंड होनोलूलू ऐंड हलवा इन वन ब्रेथ।

इसका एक हिन्दी रूप भी था, (भारतभूषण अग्रवाल के 'तुक्तक' का फार्म आने में तो अभी चौथाई सदी की देर थी)—

प्रोफेसर देब थे गोलमटोल,
मानो विश्व-ज्ञान के ढोल
विनम्रता के थे अवतार
औ' विनम्रतम बन जाने में
उन्हें नहीं लगती थी बार,
कर सकते थे वे हाफिज़ का,
होनोलूलू का, हलवे का
एक साँस में शाखोच्चार।

यह तो नटखटपने की बात हुई, उभरती जवानी के दिनों की, जो हँसकर क्षमा कर दी जानी चाहिए। वास्तविकता यह है कि देब साहब का अध्ययन व्यापक था—बंगाली थे, बंगला तो जानते ही थे; कई पीढ़ियों से उत्तर प्रदेश में रहने के कारण हिन्दी-उर्दू भी अच्छी तरह जानते थे,—हिन्दी वालों से शुद्ध हिन्दी और उर्दू वालों से उर्दू-ए-मोअल्ला में बात कर सकते थे--अंग्रेज़ी के अध्यापक थे ही, फ्रेंच भी अच्छी तरह जानते होंगे—फ्रेंच साहित्य-बेजिल्दी—उनकी अलमारियों में गंजा रहता था, और मेरा ऐसा अनुमान है कि योरोप की और कई भाषाओं में भी वे दखल रखते थे। इन

भाषाओं में उनका पठन केवल साहित्य तक सीमित नहीं था—धर्म, दर्शन, इतिहास, सौन्दर्य शास्त्र, स्थापत्य, मूर्ति-चित्रकला, संगीत—ये तो साहित्य के अंगी ही हुए—नृ-शास्त्र, पुरातत्व, अर्थशास्त्र, राजनीति शास्त्र, समाज शास्त्र, कानून, मनोविज्ञान—कहाँ तक गिनाएँ—तकनीकी और विशुद्ध विज्ञान को छोड़कर शायद ही कोई ऐसा विषय हो जिस पर प्रामाणिक और अद्यतन पढ़े रहने का यथा-प्रसंग आभास देब साहब न देते हों। निश्चय ही उनके व्यापक और वैविध्यपूर्ण अध्ययन तथा प्रगल्भ और आकर्षक व्याख्यानों से उनके विद्यार्थी बहुत प्रभावित होते थे, यथावसर उनसे वार्तालाप, संलाप करके उनके सहयोगी और मित्र भी, गो उनसे बातचीत करने का अर्थ होता था—पाँच प्रतिशत अपनी कहना और पचानवे प्रतिशत उनकी सुनना।

दस बरस बाद जब मैं विभाग में लेक्चरर बनकर आया, देब साहब की हुलिया, चाल-ढाल, पोशाक, तौर-तरीके में कोई अन्तर नहीं आया था, केवल उनकी मूँछों के बिच्छू के डंक झड़ गये थे।

दस्तूर साहब की वेशभूषा में भी कोई फर्क न पड़ा था, शरीर से वे कुछ स्थूल हो गये थे और उनके सिर पर गंज झलकने लगी थी। उन्हें देखते ही चौदह वर्ष पहले का उनका रूप याद आता, दुबले-पतले, गोरे पारसी युवक का, सिर पर रेशम-से असघन, काले, पीछे को सीधे कढ़े बाल, पान के आकार का चेहरा—मस्तक का दीर्घ वृत्त-खण्ड, ठुड्डी पर लघु वृत्त-खण्ड बनाता, काले फ्रेम के चश्मे के पीछे बहुत पढ़ने वाली आँखें, मुख पर विद्वत्ता की गरिमा और गाम्भीर्य, पोशाक विशुद्ध अंग्रेज़ी सूट-बूट, टाई, कॉलर, हैट वाली। बरसातों में भी उनके कपड़ों की कलफ और क्रीज़ देखकर आश्चर्य होता, जबकि वे बरसते में साइकिल से युनिवर्सिटी आते—छाता या वाटरप्रूफ से भी इलाहाबादी बारिश में कितना बचाव सम्भव था। भेद एक दिन उन्होंने खोल दिया था, वे एक अटैची में एक पूरा धुला, इस्त्री किया सूट अपने कमरे में रखते और घर से आने पर बदल लेते। कई वर्ष पूर्व उनकी पत्नी का देहावसान हो गया था—बड़ी सुन्दर थीं, मैं उनसे मिला था, कोई सन्तान न छोड़ी थी—और दस्तूर साहब ने दुबारा विवाह करने का विचार छोड़ दिया था, शायद उन्होंने अपने विधुर जीवन को सदा के लिए स्वीकार कर लिया था—एकाकी रहेंगे और एक समर्पित स्वाध्यायी और अध्यापक का जीवन व्यतीत करेंगे। एक विचित्र परिवर्तन उनके स्वभाव में आया था, जो मेरे लिए एक रहस्य था, पर जिसे बूझने का मैंने कभी प्रयत्न नहीं किया, अपने विवाहित जीवन में वे बड़े रिज़र्व्ड, मितभाषी और संजीदा रहा करते थे; विधुर होने के पश्चात् वे मिलनसार, हँसमुख और सबके लिए खुले-से हो गये थे।

शुरू से ही, जैसे उनमें अपनी भौतिक स्थिति सुधारने की कामना थी वैसे ही अपने को अधिकाधिक ज्ञान-समृद्ध करने की लगन, और इसमें उनकी पत्नी के देहावसान से भी कोई अन्तर न आया था। पहले वे साइकिल से युनिवर्सिटी आते थे, फिर मोटर साइकिल से, जिसमें उन दिनों एक बगली सीट भी होती थी, फिर मोटर से। विधुर होने के बाद उन्होंने अपने को अधिक गहन और योजनाबद्ध अध्ययन में लगाया। मिल्टन उनका प्रिय कवि था—एम० ए० को वे मिल्टन पढ़ाते

भी थे। उन्होंने Lucifer in Mediaeval English Literature (मध्यकालीन अंग्रेज़ी साहित्य में शैतान) पर बहुत सामग्री एकत्रित की थी, विशेष सामग्री इकट्ठी करने के लिए वे कई मास ऑक्सफोर्ड जाकर रहे थे, और लौटकर डी० लिट० के लिए थीसिस प्रस्तुत की थी जो ब्रिटिश युनिवर्सिटियों के परीक्षकों द्वारा स्वीकृत भी हुई थी।

डॉ० दस्तूर ने मुझे बी०ए० और एम०ए० में और मि० देब ने एम०ए० में पढ़ाया था, दोनों मेरे गुरु थे—'को बड़-छोट कहत अपराधू'। प्रभाव उनका मुझ पर वही था जो क्लास में उनके लेक्चरों से पड़ा था, या यदा-कदा युनिवर्सिटी की विभिन्न संस्थाओं में उनके भाषणों से। संक्षेप में यही कहना चाहूँगा कि डॉ० दस्तूर यदि अपनी यथातथ्यता (Exactness) से विमुग्ध करते थे तो देब साहब अपने प्राचुर्य (Exhuberance) से अभिभूत। सेवाकाल की ज्येष्ठता देब साहब के पक्ष में थी तो अकादमिक उपाधि की वरिष्ठता दस्तूर साहब के पक्ष में; और विभाग में प्राय: अनुमान लगाया जाता था कि युनिवर्सिटी की एक्ज़ेक्यूटिव कमेटी अध्यक्ष पद के लिए किसको तरजीह देगी।

विभागाध्यक्ष श्री एस० सी० देब को बनाया गया, क्योंकि युनिवर्सिटी में उन्होंने अपनी सेवा डॉ० दस्तूर से पहले आरम्भ की थी। डॉ० दस्तूर ने अपने शिक्षण-दाक्षिण्य, स्वाध्याय एवं आचार-व्यवहार-गरिमा से तथा युनिवर्सिटी के सामान्य जीवन में अन्य रूपों में भी सक्रिय भाग लेकर अपने लिए एक ऐसा स्थान बना लिया था कि अधिकारियों ने भी यह अनुभव किया कि जो हुआ है उसे डॉ० दस्तूर के प्रति किसी अंश में अन्याय समझा जायेगा, और उनके आँसू पोंछने के लिए, बाद को, उन्होंने विभाग में एक एसोशिएट प्रोफेसर की जगह बनाकर उन्हें दे दी। दोनों प्रोफेसरों के वेतन आदि में क्या अन्तर रखा गया था, मुझे नहीं मालूम।

उस समय की एक मनोरंजक घटना मुझे याद आ गई है। एसोशिएट प्रोफेसर का पद पाने पर डॉ० दस्तूर को बधाई देने के लिए विभाग की ओर से एक आयोजन किया गया। उत्तर में डॉ० दस्तूर ने जो वाक्पटु, व्यंग्य-विनोद पूर्ण और चुटीला भाषण दिया, वह भुलाने की चीज़ नहीं है। 'एसोशिएट' को जब छोटे में लिखते हैं तो 'ऐस' मात्र लिखते हैं, जिसका अर्थ अंग्रेज़ी में होता है 'गधा'। डॉ० दस्तूर ने कहा कि मुझे मालूम है कि लोग मुझे एसोशिएट प्रोफेसर के बजाय ऐस प्रोफेसर ही लिखेंगे, यदि कहेंगे भी नहीं, व्यस्तता के इस युग में संक्षिप्तता की ओर झुकाव स्वाभाविक है। इससे यदि किसी आदमी का उपहास होता हो तो दोष प्रयोक्ताओं का नहीं, अंग्रेज़ी भाषा का है। मैं अधिकारियों का बड़ा आभारी हूँ कि उन्होंने मुझे ऐस० प्रोफेसर के योग्य समझा, पर वास्तव में तो ऐस० प्रोफेसर श्री ऐस० सी० देब होंगे, क्योंकि उन्हें विभाग प्रबन्ध की लादी भी ढोनी पड़ेगी। सच पूछो तो एक तरह से हम दोनों ही ऐस० प्रोफेसर होंगे—एक काम से, एक नाम से आदि-आदि...। श्लेष,[1] अनुप्रास, व्याज, उच्चारण-वैभिन्य का आश्रय लेकर डॉ० दस्तूर ने उस दिन क्या-क्या नहीं कह डाला था। उस समय उनका चोट खाया हुआ अहं ही वाणी की

1. 'Every Professor is an ass'.—G. B. S.

प्रखरता में व्यक्त हुआ था। उनके आँसू पुंछ गये हों, पर वे अपने प्रति किये अन्याय को शायद ही भूले। बाद को जैसे ही उन्हें अवसर मिला वे इलाहाबाद युनिवर्सिटी छोड़कर चले गये।

शिक्षा-संस्थाओं में पदोन्नति के प्रश्न पर यहाँ कुछ कहना शायद अप्रासंगिक न होगा। सेवा-वय की ज्येष्ठता का अर्थ क्या है विश्वविद्यालयी सन्दर्भ में? यह तो एक दफ्तरी अंध-प्रक्रिया हुई कि जो क्लर्क बनकर घुसता है, वह यथासमय सेक्शन-आफिसर बनकर निकलता है, जो अण्डर-सेक्रेटरी बनकर, वह यथासमय ज्वाइंट सेक्रेटरी बनकर। क्या विद्या, बुद्धि और ज्ञान का पथ इतना सीधा है? क्या मानसिक विकास आराम-घड़ी और दीवारी-कैलेंडर के कालक्रम का अनुवर्ती होता है? वास्तविकता तो यह है कि पढ़ाने का पेशा बड़ा खतरनाक पेशा है। एम० ए० पास आदमी का दर्जा मिडिल पढ़ाने को दे दीजिये, और पाँच-सात बरस में उसकी बुद्धि का स्तर मिडिलची का न हो जाये तो मैं कुछ हारने को तैयार हूँ। इसी खतरे से बचने के लिए पश्चिमी विश्वविद्यालयों में चिन्तन को, शोध को, स्वाध्याय को, जो किसी स्थूल रूप में प्रमाणित भी हो, महत्त्व दिया जाता है, प्रोत्साहित किया जाता है। यहाँ शोध किया जाता है नौकरी पाने के लिए, वहाँ शोध किया जाता है नौकरी को बरकरार रखने के लिए, सार्थक करने के लिए। अपने यहाँ की युनिवर्सिटियों में मैं ऐसे लोगों को जानता हूँ, उनके नाम गिना सकता हूँ, जो लेक्चरर हो गये, रीडर हो गये, प्रोफेसर हो गये और उनके चिन्तन-शोध-स्वाध्याय के फलस्वरूप उनका एक भी लेख प्रकाशित नहीं हुआ। पश्चिमी विश्वविद्यालयों में यह अकल्पनीय है। ठीक है, आपने अंध-ज्येष्ठता के आधार पर पदोन्नति करने की परम्परा डाल रखी है—और उसके चलाये जाने में लगता ही क्या है—पर यह सवाल तो प्रष्टव्य है ही कि विश्वविद्यालयों में कालगत ज्येष्ठता को तरजीह दी जाये अथवा योग्यता की वरिष्ठता को। योग्यता का मापदण्ड बनाना कठिन है, पर यह कठिन काम यदि विश्वविद्यालयों में नहीं होगा तो कहाँ होगा! मैंने महाभारत में कहीं पढ़ा था कि शूद्र आयु से बड़ा माना जाता है, ब्राह्मण विद्या से, और इस प्रश्न का उत्तर आप ही दें कि आप विश्वविद्यालयों को ब्राह्मणपीठ मानना चाहेंगे या शूद्र-पीठ। मैं स्पष्ट कर दूँ कि मैं ब्राह्मण और शूद्र को बुद्धि भेदी मापदण्ड से नाप रहा हूँ, वर्णभेदी मापदण्ड से नहीं।

हम शायद स्वभाव से ही अपने ऊपर कड़ी नज़र रखने वाला शासक नहीं चाहते। डॉ० दस्तूर, यह मानना पड़ेगा, अगर exact (सही) थे तो exacting (सही के आग्रही) भी थे। उनके विभागाध्यक्ष नियुक्त न होने पर कुछ लोगों ने राहत की साँस ली तो कोई ताज्जुब नहीं। देब साहब की अध्यक्षता में सबको 'अपन हथा जगन्नथा' रहने की स्वतन्त्रता थी। कुछ लोग शायद दोनों के प्रति उदासीन रहे हों—'कोउ नृप होउ हमहिं का हानी' या लाभ की मनोवृत्ति के अनुसार।

पुराने लोगों में मि० एल० डी० गुप्ता, मि० डी० ओझा और मि० एस० एन० मिश्रा अपने पुराने ढर्रे पर चले जा रहे थे। ओझाजी हर सत्र के आरम्भ में अपने

विद्यार्थियों से यह गुप्त रखना चाहते थे कि उनका पूरा नाम दमड़ी ओझा है, पर सत्र की समाप्ति तक यह बात हर एक को मालूम हो जाती थी। उनकी महत्ता युनिवर्सिटी में लेक्चरर होने से अधिक म्योर होस्टल के सुपरिन्टेन्डेन्ट होने के कारण थी, और वहाँ उनके प्रबन्ध में कोई मीन-मेख नहीं निकाल सकता था। अंग्रेज़ी पढ़ाने में उनकी विशेष ख्याति न थी। जो लड़के उनके सेमिनार में पड़ जाते थे वे किसी-न-किसी बहाने वहाँ से निकल भागना चाहते थे और ओझाजी उसी तत्परता से उन्हें अपने यहाँ रखने का आग्रह करते थे।

मिश्राजी मेरे गुरुओं में थे, उनसे मैंने इंगलिश प्रोज़ का पर्चा पढ़ा था। किसी समय वे विभाग में best dressed man (सर्वोत्तम वस्त्राभूषित व्यक्ति) समझे जाते थे। उन्होंने अपनी अध्यापकी के प्रारम्भिक वर्षों में कुछ नोट्स तैयार किये थे, जिन्हें वे साल-दर-साल डिक्टेट करा देते थे और लड़के उनकी मदद से पास भी हो जाते थे—कभी उनके कमरे के सामने से निकलता तो वही बारह-चौदह वर्ष पूर्व परिचित आवाज़ वहाँ गूँजती होती—एक शब्द खासकर सुनाई देता Conundrum (कनंड्रम=श्लेषोक्ति) जिसका उपयोग वे बहुतायत से करते थे—दीर्घ ध्वनिकर शब्दों से उन्हें विशेष प्रेम था। इधर वे किसी तरह युनिवर्सिटी की बागबानी के इंचार्ज हो गये थे और क्लास के बाद अक्सर दस्सू माली उनके आगे-पीछे फिरता दिखाई देता या वे दस्सू माली की तलाश में इधर-उधर फिरते दिखते।

इन्हीं लोगों के समवयस्क थे मि० भगवत दयाल और मि० रघुपति सहाय 'फ़िराक', गो ये दोनों ही युनिवर्सिटी से बहुत बाद को सम्बद्ध हुए। मि० भगवत दयाल—गो उनसे पूछा जाता तो वे अपना नाम बताते 'बी० डायल'—की शिक्षा ऐंग्लो-इंडियन स्कूलों और इंग्लैण्ड में हुई थी—शायद ऑक्सफोर्ड में—और इसका पूरा प्रभाव उनके उच्चारण और रहन-सहन पर पड़ा था। किसी भी हिन्दुस्तानी द्वारा अंग्रेज़ की नकल जिस हद तक की जा सकती थी उस हद तक उन्होंने की थी। अच्छे कद का भरा-पूरा शरीर था उनका, चेहरे पर बड़ी, यहूदियों की-सी सुग्गा-टोंटी नाक, रंग से गोरे थे ही, हमेशा सूट-बूट पहनते थे, अकड़कर चलते थे—शायद यू० ओ० टी० सी० में रहने के कारण, जहाँ वे सैकेण्ड-इन-कमांड थे, और बोलते थे मुँह में सिगार या पाइप दबाकर। मेरे एक मित्र ने उन पर एक लिमरिक लिखी थी। अंग्रेज़ी जानने वाले इसका आनन्द ले सकेंगे। उनका खाका सामने खड़ा हो जाता है :—

There was a man called Dayal,
He was proud of his English style,
    And prouder of his prose,
    But proudest of his nose,
That made him look like a gargoyle.

अंग्रेज़ों की तरह अंग्रेज़ी बोल सकने की क्षमता पर उन्हें गर्व था और देसी उच्चारण से अंग्रेज़ी बोलने वालों को वे नीची नज़र से देखते थे और मौके-बे-मौके उनका

मज़ाक भी बनाते थे। हम लोग तो उनसे बातचीत करने में हिचकते थे— सिगार या पाइप दबे होंठों से निकलती हुई उनकी साहबी अंग्रेज़ी आधी तो हमारे पल्ले ही न पड़ती थी। उनसे कभी-कभी बराबरी के दर्जे पर बोलते थे तो 'फ़िराक' साहब, 'मिस्टर दयाल, अब आपकी अंग्रेज़ी हमारी समझ में आने लगी है, एक बार आप फिर विलायत हो आइये।' मि० दयाल इस व्यंग्य पर काफी कटते, पर मुसकराकर टाल जाते। जब अध्यापकों का यह हाल था तब विद्यार्थी उनकी अंग्रेज़ी कितनी समझते होंगे, राम ही जाने। यू० ओ० टी० सी० में स्वयं रहने के कारण मैं उनके सिपाहियाना रूप से भी परिचित था—खाकी वर्दी में किसी भी पेशेवर फौजी अफसर का कान काटते।

इसमें कोई सन्देह नहीं कि विभाग में सबसे अधिक रोचक व्यक्तित्व 'फ़िराक' साहब का था। उस समय भी वे उर्दू कवि के रूप में प्रतिष्ठित हो चुके थे, और अंग्रेज़ी में उनकी कुशाग्रता (ब्रिलिएंस) की प्रसिद्धि उनके विद्यार्थी जीवन से जुड़ी थी। ऐसी कथा प्रचलित थी कि पण्डित अमरनाथ झा और 'फ़िराक' साहब बी० ए० में सहपाठी थे। साथ ही परीक्षा देते तो प्रथम स्थान निश्चय 'फ़िराक' साहब को मिलता। इसलिए पण्डित अमरनाथ झा के पिता पण्डित गंगानाथ झा ने—जो उस समय वाइस चांसलर थे—'फ़िराक' साहब को उस वर्ष ड्राप करने को कहा, और वे मान गये। ड्राप तो वे उस वर्ष कर गये थे, पर कारण कोई उनका निजी और पारिवारिक था। मेरे लिए हिन्दी के कवि और अंग्रेज़ी के अध्यापक में जो विरोध था उसमें 'फ़िराक' साहब ने सन्तुलन प्राप्त कर लिया था। मेरी ऐसी धारणा है कि 'फ़िराक' साहब जीविका कमाने के लिए युनिवर्सिटी में लेक्चरर थे, पर अपने को मुख्य रूप से उन्होंने उर्दू शायरी को दे रखा था। आगे चलकर उन्हें अपने काव्य-संग्रह 'गुले-नग़मा' पर भारतीय ज्ञानपीठ पुरस्कार मिला। उनमें जिस कोटि की प्रतिभा थी, उसके एक बहुत छोटे अंश से वे अध्यापन का कार्य सम्पादित कर सकते थे— बी० ए० के ऊपर पढ़ाने को उन्हें शायद ही कभी मिला—शेष उनके कवि को समर्पित था, जिसे उन्होंने केवल अपनी अनुभूतियों अथवा भावनाओं से ही नहीं, अपने वैविध्यपूर्ण अध्ययन, चिन्तन-मनन और अभ्यास से भी पुष्ट और सुविकसित किया था। प्रतिभा प्रायः असन्तुलन और किसी-न-किसी प्रकार के विकार का शिकार होती है, और 'फ़िराक' उनसे मुक्त नहीं थे।

'फ़िराक' एक खास अर्थ में चिन्तक थे, पर उनका चिन्तन अंग्रेज़ी साहित्य या सामान्य रूप से साहित्य, भाषा और कविता की समस्याओं तक सीमित न था। जो भी समय और संसार को उद्वेलित करता था उस पर 'फ़िराक' साहब सोचते और अपनी अलग राय रखते थे, उस पर चर्चा करना चाहते थे और अपनी राय दूसरों को मनवाने के आग्रही भी थे, चाहे वह सही हो चाहे गलत। विभाग में जितनी बातें वे करते थे, उतनी कोई और नहीं करता था। वे बातें तर्क से करते, जोशोखरोश से करते, व्यंग्य-विनोद से करते, और कभी-कभी मुँहफट भी हो जाते। उनका चेहरा, उनका माथा, भौंहें, आँखें, नाक, होंठ, मुँह—सब बड़े ही अभिव्यंजक थे। वे उन्हें खींच, तान, मोड़, मरोड़, उठा, ऐंठ, खोल-मूँद जितनी मुद्राएँ बना सकते थे उन्हें

देखकर चतुर-से-चतुर अभिनेता को उनसे ईर्ष्या होती। उनका दिमाग गम्भीर-से-गम्भीर कविताओं, सूक्तियों से लेकर हल्के-फुल्के और अश्लील से अश्लील चुटकुलों का खज़ाना था। उनकी बातों को सुनने में मज़ा आता था, भले ही उनसे सहमत हुआ जा सके या न हुआ जा सके। विभाग में वे तब तक बैठे रहते जब तक कोई भी उनसे बात करने को मिल सकता।

मझोला शरीर था उनका, शेरवानी के साथ कभी चूड़ीदार और कभी ढीला पाजामा पहनते थे, उन्हें सूट में देखने की कोई तस्वीर मेरी आँखों में नहीं, शौकिया छड़ी लेकर चलते थे, एक हाथ पर टांगे, टेकते नहीं। उम्र के साथ अपने कपड़ों के प्रति वे लापरवाह होते गये थे। बैंक रोड-स्थित युनिवर्सिटी बंगले में रहते थे और पैदल युनिवर्सिटी आते थे, पिछवाड़े के छोटे रास्ते से; देर हो गयी होती तो लॉन पार कर क्लास में पहुँचते और किसी चपरासी या लड़के से हाज़िरी का रजिस्टर मँगा लेते। घर लौटते भी वैसे ही खरामा-खरामा, जनवासे की चाल से—तेज़ी किसी तरह की उनमें देखी जाती थी तो उनकी ज़बान में।

होस्टलों में यदा-कदा सामयिक विषयों पर उनके व्याख्यान होते—प्रवाहपूर्ण अंग्रेज़ी बोलते थे। मुशायरों में तो उनकी धूम ही रहती थी—हाँ, कभी-कभी पीकर आते थे तो कुछ बदमज़गी भी पैदा कर देते थे।

उनकी बहुत-सी बातों से हमराय न हो सकने और कुछ को नापसन्द करने पर भी कुल मिलाकर मुझे उनका व्यक्तित्व आकर्षक लगता था। आज भी अगर मेरा जाना इलाहाबाद हो तो सबसे पहले मैं उनसे मिलना चाहूँगा, और अगर उनको भी फुरसत हो तो अपना सबसे ज़्यादा वक्त उनकी सोहबत में गुज़ारना चाहूँगा।

उम्र में 'फ़िराक' साहब से कुछ छोटे थे मि० बेनी सिमलाई। बंगाली ईसाई थे। युनिवर्सिटी में आने के पूर्व वे ईविंग क्रिश्चियन कॉलेज में अध्यापक थे। वे इलाहाबाद युनिवर्सिटी के स्नातक नहीं थे—दुबले, पतले, मझोले कद के, फुर्तीले, हँसमुख, मिलनसार—पाइप पीते थे। यदा-कदा हिन्दुस्तानी बोलने का प्रयत्न करते थे, बंगाली जिस तरह हिन्दुस्तानी उच्चारण और ऐंग्लो इण्डियन जिस तरह हिन्दुस्तानी व्याकरण की रेढ़ मारते हैं उसका मिला-जुला नमूना पेश करते हुए। 'फ़िराक' साहब जब कभी आवेश में आ जाते तब सिमलाई ही किसी हल्की-फुल्की बात से उनको समस्थिति में लाते। उनका एक छोटा-सा सिद्धान्त था—जीवन के लिए निश्चय बहुत उपयोगी और लाभकारी—कि गम्भीर-से-गम्भीर बात का कोई एक पक्ष ऐसा होता है जिस पर मुसकराया या खुलकर हँसा जा सके। और सिमलाई की दृष्टि अपने और दूसरों के मामलों में भी इस पक्ष को सहज पकड़ लेती थी। वे पुरानी और नयी पीढ़ी के बीच एक प्रकार के सेतु थे।

मि० के० के० मेहरोत्रा से (मेहता, मेहतर—सम्मानसूचक अर्थ में भी प्रयुक्त होता है—मेहरा, महरा, मेहरोत्रा, मलहोत्रा आदि शब्द और उनके पारस्परिक सम्बन्ध किसी जाति का कैसा विचित्र इतिहास छिपाये होंगे, इसे शायद कोई भाषाविद ही कभी खोल सके) विभाग के अध्यापकों की नयी पीढ़ी की शुरुआत होती थी। वे और उनके बाद आने वाले सभी लेक्चरर—मि० भवानी शंकर, मि० रवीन्द्रनाथ देब,

मि० प्रकाश चन्द्र गुप्त, मि० हरिश्चन्द्र, डॉ० सूरज प्रसाद खत्री—सभी पण्डित अमरनाथ झा, पण्डित शिवाधार पाण्डेय और मि० एस० सी० देब के पढ़ाये थे। पुरानी और नयी पीढ़ी का संघर्ष न अभी आरम्भ हुआ था और न यह शब्दावली कहीं सुनाई पड़ती थी। पुराने लोग अपने अनुभव, अभ्यास से नहीं तो पुरानेपन के कारण ही अधिक योग्य और आदरास्पद माने जाते थे। वही एम० ए० क्लॉस पढ़ाते थे, पढ़ाने के अधिकारी भी समझे जाते थे, और नया कोई उनके इस विशेषाधिकार को चुनौती न देता था। बहुत वर्षों तक नयी पीढ़ी में से केवल मि० मेहरोत्रा को एम० ए० के छात्रों को माडर्न पोयट्री पढ़ाने का काम दिया जाता था। जूनियर लोगों को भी एम० ए० क्लास पढ़ाने के साथ सम्बद्ध किया जाये, यह माँग बहुत बाद को स्वीकार की गयी।

एक बड़ी मनोरंजक बात याद आयी। जूनियर लोगों को पहले परीक्षा में Invigilation (निरीक्षण) का काम भी नहीं दिया जाता था। तब यह बड़ा दायित्वपूर्ण कार्य समझा जाता था, शायद इस कारण कि उसके लिए कुछ Honorarium (पारिश्रमिक) मिला करता था। जब आनरेरियम बन्द कर दिया गया तो उसकी दायित्वपूर्णता किसी तर्क से समाप्त कर दी गयी, और जूनियर लोग भी इस काम में शामिल किये जाने लगे और बाद को तो सीनियर लोग इस काम से कतराने लगे—अधिक उपयोगी कामों में लग सकने वाला उनका समय क्यों बेकार बर्बाद किया जाये। एम०ए० को पढ़ाने के दायित्वपूर्ण काम में हाथ बँटाने के लिए वेतन में हिस्सा देने या वेतन बढ़ाने की बात होती तो निश्चय सीनियर लोग इसका अधिक विरोध करते और जूनियरों में भी परस्पर प्रतिद्वन्द्विता छिड़ जाती। आर्थिक लोभ-लाभ अभावग्रस्त देश में अकादमिक नीति-नैतिकता को भी परिचालित करते हैं यह कटु तथा अप्रिय सत्य हमें स्वीकार ही करना पड़ेगा।

मि० मेहरोत्रा का पूरा नाम था केवल कृष्ण मेहरोत्रा। अपने निकटवर्ती मित्रों में वे एक घरेलू नाम से भी पुकारे जाते थे—केली के। मेहरोत्रा साहब का कद लम्बा न था, पर दुबले-पतले होने के कारण वे कुछ लम्बे होने का आभास देते थे, अंग्रेज़ी कपड़े उन पर सहज सजते थे—देसी पोशाक में कभी उन्हें देखने की याद नहीं—बदन से नाज़ुक थे, बोलते थे धीमी आवाज़ से और संभल-संभलकर। अपने विद्यार्थी जीवन में होस्टल के ड्रामों में वे स्त्रियों का पार्ट करते थे। उच्च श्रेणी में एम०ए० करने के बाद ऑक्सफोर्ड में दो वर्ष रहकर उन्होंने बी०लिट० की उपाधि प्राप्त की थी, वहीं एक अंग्रेज़ लड़की से शादी कर ली थी, और लौटने पर उनकी नियुक्ति अंग्रेज़ी विभाग में लेक्चरर के रूप में हो गयी थी। झा साहब के First favourite (सर्वप्रिय छात्र) थे, अच्छा और मेहनत से पढ़ाने की उनकी प्रसिद्धि थी, इलाहाबाद युनिवर्सिटी मैगज़ीन का सम्पादन भी करते थे।

घर के सम्पन्न थे। हेस्टिंग्स रोड पर उन्होंने एक बड़ा-सा बंगला खरीद लिया था जिसमें वे रहते थे। पत्नी उनकी विलायती, शासक वर्ग की होकर भी सरल, विनम्र और सुघड़ थीं, उनके तीन सुन्दर बेटियाँ थीं, पर भगवान् किसी के चारों कोने नहीं भरता। मेहरोत्रा साहब का स्वास्थ्य उन्हें दगा दे गया। उनके एक पाँव में

दर्द शुरू हुआ, फिर उस पर लकवे का आक्रमण हुआ और धीरे-धीरे वह बेकार हो गया। पर अपने मर्ज़ के साथ जो मर्दानावार और बहादुराना लड़ाई उन्होंने लड़ी उसने साबित कर दिया कि यह नज़ाकत का पुतला किस ठोस और मज़बूत धातु का बना था। जब किसी तरह की दवादरमत से फायदा न हुआ तो उन्होंने साहस के साथ अपने रोग को स्वीकार कर लिया। जब तक छड़ी के सहारे चल सके बराबर चलते रहे, बाद को उन्होंने ह्वील चेयर की शरण ली, एक नौकर की मदद से ह्वील चेयर को सीढ़ियों पर भी चढ़ाते, बाद में तो उनका नौकर उनको गोद में उठाकर ह्वील चेयर पर बिठा देता, पर वे बराबर युनिवर्सिटी आते रहे, बराबर क्लास लेते रहे, मौके-मौके पर पार्टियों, ऐट होम, उत्सवों, शादियों में भी शरीक होते। अन्त में तो उनकी आवाज़ भी जाती रही पर वे माइक के सहारे व्याख्यान देते रहे, लेक्चरर से रीडर और विभागाध्यक्ष हो, सेवा की पूरी अवधि तक काम करके रिटायर हुए। गज़ब की जिजीविषा रही होगी उनमें जो उन्हें कर्तव्य-पालन तक सीमित न रख अक्सर सामाजिक और मनोरंजक अवसरों पर भी उपस्थित रहने को प्रेरित करती रही। ऐसा कष्ट जो समस्त सक्रिय जीवन को समाप्त कर दे—किसी समय वे टेनिस के अच्छे खिलाड़ी थे—और प्रतिपल, प्रतिपग दूसरों पर निर्भर रहने को विवश करे, किसी को भी सदा के लिए चिन्तित, उदास, चिड़चिड़ा बना सकता था। मगर, शाबाश मेहरोत्रा साहब को! उन्होंने किसी भी क्षण माथे पर शिकन न आने दी। इसके विपरीत अपनी सारी तकलीफ, सारी असुविधाओं के बीच उन्होंने अपने चेहरे पर एक विनोद-भरी मुसकान कायम रखी। दांतों से होंठों को दबाकर बहुत-से लोग अपने दर्द को सह लेते हैं, अपनी मुसीबतों को झेल जाते हैं—और उनमें कहीं मैं अपना नाम भी लिखाना चाहूँगा—पर जो हँसते हुए अपने दुर्भाग्य का स्वागत करते हैं, वे बिरले होते हैं। मेहरोत्रा साहब ऐसों में ही थे। अब तो वे स्वर्गवासी हो चुके हैं, पर उनकी मुसकान को, जिससे उनके जीवनकाल में भी मुझे बड़ी स्पर्धा थी, मेरी स्मृति ने बड़े आदर से संजो रखा है।

मि० भवानी शंकर की याद आते ही उनका लम्बा कद, लमछर चेहरा, लम्बी-पतली नाक, भरे-भरे होंठ, बड़ी-बड़ी आँखें, चौड़ा माथा आँखों के सामने आ जाता है। उनको किसी भी मापदण्ड से सुन्दर ही कहा जा सकता था—कपड़ों में हमेशा टिप-टॉप, शेरवानी के साथ चूड़ीदार पाजामा और अंग्रेज़ी सूट दोनों उन पर फबते थे—आभिजात्यों के खेल गाल्फ खेलने के शौकीन थे। उनमें एक और चीज़ थी—यौनाकर्षण, जिसे अंग्रेज़ी में 'सेक्स-अपील' कहते हैं, और उसके प्रति वे स्वयं सचेत थे। यौन-मनोविज्ञान के थोड़े-बहुत अध्ययन से मैंने जाना है कि सेक्स-अपील रखने वाला आदमी बुद्धि से कुशाग्र, व्यवहार में शालीन, वृत्ति से बहिर्मुखी, सुरुचि-सम्पन्न, उदार और तबियतदार होता है—भवानी शंकर में ये सारे गुण थे। वे दक्ष अध्यापक थे—कविवर नरेन्द्र शर्मा उनके विद्यार्थी रह चुके थे, बाद को उनके निकटस्थ मित्र; आधुनिक अंग्रेज़ी कवियों पर उन्होंने एक आलोचनात्मक पुस्तक लिखी थी। युनिवर्सिटी ऑफिसर्स ट्रेनिंग कोर में भी वे मेरे वरिष्ठ सहयोगी थे—वे कैप्टन थे, मैं लेफ्टिनेंट था। उन्हें कैम्प में देखने से ऐसा लगता, जैसे सारी ज़िन्दगी

उन्होंने फौज में ही बिताई हो—शिष्टता की सीमा में पीते भी थे। दूसरी तरफ हिन्दी कविता से उन्हें बड़ा प्रेम था, जिसे नरेन्द्र के सम्पर्क ने और बढ़ाया था और जिससे वे मेरी ओर भी अधिक आकृष्ट हुए थे। पंतजी उनके मित्रों में थे; झा साहब के वे कृपापात्र थे, फ्राइडे क्लब के सदस्य। क्लब में, ऐसा सुना था, वे मास्टर ऑफ सेरीमनीज़ थे, जो सम्भवत: वहाँ के सेक्रेटरी का पद था। बहुत-सी कड़ियाँ थीं, जिन्होंने उनको-मुझको निकटता से जोड़ दिया था।

आदमी वे हिम्मतवर थे, जो करते थे खुले-खज़ाना, विवाहित थे, एक बेटा था, पर उनकी एक प्रेयसी भी थी, जिसको वे साथ ही रखते थे, साथ उसके सब जगह आते-जाते थे, विवाहिता को भी साथ लिये। उनका एक खतरनाक मकूला था—नारी उसकी है जो उसे आकर्षित कर सके। और इसके अपवाद में उन्होंने एक परम आत्मीय मित्र की पत्नी को भी न रखा। मित्र की पत्नी भवानी शंकर की ओर इतनी आकर्षित हुई कि उनके घर ही जा बैठी, और बाद को उन्होंने उसे पत्नी रूप में स्वीकार किया, विधिवत् विवाह किया था या नहीं, यह मैं नहीं जानता, पर उससे कोई सन्तान हुई थी, ऐसा सुना था। वाह्यारोपित नैतिकता के विश्वविद्यालयी वातावरण में अपने खुले व्यवहार को खपता न देखकर उन्होंने युनिवर्सिटी से इस्तीफा दे दिया, फौजी शिक्षा शाखा में नौकरी कर ली, जहाँ कुछ ही वर्षों में वे सर्वोच्च पद पर पहुँच गये, 1952 में भीषण रूप से बीमार पड़े, इलाज के लिए बम्बई भेजे गये, जहाँ नरेन्द्र ने मुझे बताया, जो उनकी अन्तिम घड़ियों में उनके साथ थे, उन्होंने निर्भय निराकुल मृत्यु का आलिंगन किया। भवानी शंकर सौन्दर्यप्रेमी, साहित्यानुरागी, अनुशासनबद्ध सैनिक और व्यवहार-शिष्ट नागरिक के अद्‌भुत सम्मिश्रण थे। उनसे ईर्ष्या की जा सकती थी, उनसे दुश्मनी नहीं रखी जा सकती थी—

'वो सूरतें, इलाही, किस देस बसतियाँ हैं,
अब जिनके देखने को आँखें तरसतियाँ हैं।'

मि० रवीन्द्रनाथ देब—विभागाध्यक्ष प्रो० एस० सी० देब के छोटे भाई—और मि० प्रकाशचन्द्र गुप्त से मेरी निकटता थी—गुप्तजी से कुछ फासला रखते हुए। दोनों मेरे बी० ए० के सहपाठी थे—एम० ए० (प्रीवियस) के भी। देब ने अंग्रेज़ी साहित्य के अतिरिक्त चित्रकला में विशेष रुचि ली थी। गहरे रंगों की लयात्मक वर्तुल शैली उनकी अपनी ईजाद थी, जिसमें उन्होंने कई भव्य मौलिक चित्र बनाये थे। चित्रकला के विषय में मैं अधिकारपूर्वक कुछ नहीं कह सकता, पर मेरी ऐसी धारणा है कि यह पिकासो की कोण-प्रक्षेपी घनाकृति शैली की भारतीय प्रतिक्रिया थी। भारतीय जीवन अब भी लयबद्ध है, कालान्तर में उसे लय बदलनी पड़ सकती है, पर तोड़ देने से उसका अस्तित्व ही खतरे में पड़ जायेगा, कारण यह है कि भारतीय चिन्तन में लय का उतना ही अर्थ नहीं है, जितना 'रिद्‌म' से पश्चिम ने समझा है। यदि समय से देब के चित्रों की प्रदर्शनी प्रसिद्ध नगरों में आयोजित की जा सकती तो उन्हें अच्छी ख्याति मिलनी थी। मुझे खेद है कि भारतीय चित्रकला की दुनिया में उनको कोई विशेष स्थान नहीं दिया गया। दुर्भाग्य यह है कि हमारा

सारा दृष्टिकोण, हमारी सारी आलोचना, चाहे वह चित्रकला की हो, चाहे साहित्य की—भारतीय संगीत इस विषय में अधिक सौभाग्यशाली रहा है—पराङ्मुखी है, पश्चिमानुयायी है, हीन भावना-कुण्ठित है। स्वस्थ जहाँ यह है कि विदेशी को भी हम देशी दृष्टिकोण से देखें, वहाँ हम देशी को विदेशी नज़रिये से देख रहे हैं। मानसिक स्वाधीनता राजनीतिक स्वतन्त्रता से अधिक स्पृहणीय तो है ही, उसके लिए अधिक बड़ी क्रान्ति, अधिक बड़े संघर्ष की भी ज़रूरत है। देब को भी अपनी कला की साधना में अपने को और अधिक तपाना था। उन्होंने मेरी कृति 'बंगाल का काल' के प्रथम संस्करण के लिए आवरण चित्र बनाया था। मेरी कुछ और कविताओं पर भी उन्होंने चित्र बनाये थे, विशेष स्मृति है मुझे 'एकान्त संगीत' के 'अग्निपथ! अग्निपथ! अग्निपथ!' पर बने चित्र की।

मि० प्रकाशचन्द्र गुप्त इलाहाबाद युनिवर्सिटी में आने के पूर्व कई वर्षों तक सेन्ट जोन्स कॉलेज, आगरा में अंग्रेज़ी के लेक्चरर रह चुके थे। वहीं उन्होंने मौलिक अंग्रेज़ी और हिन्दी-लेखन आरम्भ कर दिया था। अंग्रेज़ी समालोचनात्मक निबन्धों की उनकी एक छोटी-सी पुस्तक प्रकाशित हुई थी। बाद को विशेष ध्यान उन्होंने हिन्दी समालोचना की ओर दिया। रेखाचित्र लिखने में भी उनकी रुचि थी—हिन्दी को कुछ अच्छे शब्द-चित्रात्मक लघु निबन्ध उन्होंने दिये हैं। समालोचना में उनकी प्रणाली मार्क्सवादी थी, जिसमें सामाजिक यथार्थ पर अधिक बल दिया जाता था। शुरू में उनका दृष्टिकोण कुछ उदार था, पर आगे चलकर वे प्रगतिवादी विचारधारा और साम्यवादी सिद्धान्त में सर्वांग रंग गये—लाल रंग में। उनसे अधिक निकटता के लिए उसी रंग में रंग जाना शायद ज़रूरी था—मेरे लिए जीवन का सहज-स्वाभाविक रंग ही पर्याप्त था जिसमें लाल रंग भी अनुपातत: सम्मिलित था ही, और इससे वे अपरिचित नहीं थे।

लगभग 25 वर्ष इलाहाबाद युनिवर्सिटी से सम्बद्ध रह वे विभागाध्यक्ष पद से रिटायर हुए। अब उनका देहावसान हो चुका है। यह भी एक विचित्र संयोग है कि मृत्यु पूर्व उनका अन्तिम लेख मुझ पर था, जो उन्होंने मेरे 'लोटस पुरस्कार' पाने के अवसर पर लिखा था और जिसमें उन्होंने मेरी कविता में निहित प्रगतिशील तत्त्वों की ओर संकेत किया था।

मि० हरिश्चन्द्र और मि० सूरज प्रसाद खत्री उम्र में मुझसे छोटे थे, पर मेरी पढ़ाई में सात वर्ष का व्यवधान पड़ने से उन्होंने मुझसे पहले एम० ए० किया था और पहले से युनिवर्सिटी में काम करते थे। हरिश्चन्द्रजी का एकेडेमिक रिकार्ड बहुत अच्छा था, आई०सी०एस० में आने के ध्येय से वे इंग्लैण्ड गये थे, पर उसमें सफल न हो, वापस आ लाचार अंग्रेज़ी विभाग के लेक्चरर हो गये थे। फिर भी सरकारी अफसरी का जो स्वप्न—बड़े अधिकार और भारी वेतन का—उन्होंने अपने यौवन में देखा था उसको वे युनिवर्सिटी की कुर्सी पर भी सेते रहे। आज़ादी मिलने के बाद किसी प्रकार वे केन्द्रीय सेवा में पहुँच गये और यथावसर अपनी राह बनाते यूनियन पब्लिक सर्विस कमीशन में डिप्टी या ज्वाइन्ट सेक्रेटरी हो गये, अब तो शायद रिटायर हो चुके हों।

मि० खत्री के, मेरा ऐसा अनुमान है, कुछ आर्थिक दायित्व ऐसे थे जिन्हें युनिवर्सिटी के वेतन के बल पर न उठाया जा सकता था। कुछ अधिक कमाने की दृष्टि से उन्होंने यू०ओ०टी०सी० ज्वाइन कर लिया था, पर पहले कैम्प के बाद ही उनको लगा कि परेडों की रगड़ंत उनसे न झिलेगी–मैं पूरे पाँच वर्ष कैसे झेल गया। उन्होंने कुछ लिखकर पैसा कमाने की योजना बनायी–हिन्दी में अंग्रेज़ी साहित्य का इतिहास लिखा–अंग्रेज़ी में प्राप्य इतिहासों के आधार पर, जो छपा भी, समालोचना की एक बड़ी पुस्तक उनकी निकली, एक और शायद हास्य पर। बहुत कुछ उनका लिखा अप्रकाशित भी रहा। यह लेखन उनके लिए बहुत श्रमसाध्य था, और इसने उनका स्वास्थ्य चौपट कर दिया, और अन्त में उनकी असमय मृत्यु का कारण भी बना। खत्री कानपुर के थे, ठिगने शरीर के, खुले स्वभाव के, पर घोर परिश्रमी, किसी प्रकार के मनोविनोद (Recreation) में भाग लेते मैंने उन्हें नहीं देखा था। मेरे मधुकाव्य के बड़े प्रेमी थे और मुझे 'बच्चन' के बजाय Bacchus (बेकस) कहा करते थे, जो यूनानी दंतकथा के अनुसार मदिरा का देवता है।

अपने ऐसे सहयोगियों के साथ काम करते जिनमें मेरे गुरु थे, गुरुवत् थे, मुझसे बड़े थे, मेरे समवयस्क थे और मुझसे छोटे थे–छह लेक्चरर मेरे बाद नियुक्त हुए–मैंने अपने जीवन के ग्यारह साल बिताये–आज़ांदी के दिन से लगभग समविभाजित, पर आज़ादी के पहले और आज़ादी के बाद के अंग्रेज़ी विभाग में क्या अन्तर आना था? यह अंग्रेज़ी विभाग से अधिक जिस तरह की आज़ादी हमें मिली थी उस पर टिप्पणी है। खैर जो अन्तर आया था वह सिर्फ इतना कि संविधान के अनुसार हिन्दी राष्ट्रभाषा घोषित होने से 'फ़िराक' साहब का हिन्दी-विरोध कुछ अधिक उग्र हो गया था और अंग्रेज़ी कपड़े के साथ लोग थोड़ी-सी स्वतन्त्रता लेने लगे थे, यानी कोट टाई के बजाय अब वे बुश-शर्ट में भी युनिवर्सिटी चले आते।

युनिवर्सिटी का साल जुलाई के मध्य से शुरू होता–नये सत्र का आरम्भ, जो इलाहाबाद के सामान्यतया असक्रिय, सुस्त, अर्द्ध-सुप्त जीवन में एक हलचल बनकर आता, जैसे किसी तन्द्रिल-पंकिल तालाब में चारों ओर से ताज़े बरसाती पानी की तेज़ धाराएँ आकर गिरने लगी हों–नये चेहरे, नयी आवाज़ें, नये अन्दाज़, नयी अदाएँ, नयी पोशाकें, नयी फज़ाएँ, युनिवर्सिटी के अहाते में, छात्रावासों में, सड़कों पर, लॉनों में, दुकानों पर, मकानों में, होटलों में, रेस्टराओं में–यानी कहाँ नहीं। इस हलचल का आभास यों तो किसी-न-किसी रूप में सारे शहर में होता–किसी नवागंतुक को किसी परिचित रिश्तेदार से मिलना है, कोई शहर देखने निकला है, किसी को घर की तलाश है–एकाध कमरा ही मिल जाये–किसी को और कोई काम है, पर इसका मुख्य क्षेत्र होता कटरा–नगर की उप-बस्ती जहाँ युनिवर्सिटी स्थित है, और उसका भी विशेष केन्द्र युनिवर्सिटी का कैम्पस, जो गरमी के लम्बे महीनों में मधु-सूखे छत्ते के समान पड़ा रहता, पर अब मौसम की नम हवा के साथ उसकी ओर मधुमक्खियों के झुण्ड-के-झुण्ड टूट पड़ते। युनिवर्सिटी के काउण्टर पर क्या रेलमपेल होती।–युनिवर्सिटी में फीस जमा करने के लिए पॉकिट में पैसे ही नहीं चाहिए, बाज़ुओं में ताकत भी चाहिए–पसीना-से-पसीना

बहुत पहले जान चुका था उनमें मेरी अपनी उद्‌भावना कम और लेखक की सफलता अधिक थी। और अब तो मेरे जीवन की गाड़ी एक ऐसी सुखद और सुविधाजनक लीक में पड़ गयी थी कि उसे छोड़कर चलने की बात भी सहसा नहीं सोची जा सकती थी—उस बहुत-चली लीक से यदा-कदा असन्तोष और ऊब का अनुभव करते हुए भी।

1952 में मैं अपनी आयु के 45वें वर्ष में था। तेजी के साथ मेरे विवाह के लगभग दस वर्ष पूरे हो चुके थे। मेरे दोनों लड़के स्वस्थ, सुन्दर, होनहार थे—बिरवों के चिकने पात, मेरे परखे-जाने—अब तो कह सकता हूँ कि मेरी परख गलत नहीं थी—बड़े, अमित ने अपनी नवीं वर्षगाँठ मना ली थी, और छोटा अजित, अगले महीने, यानी 18 मई को अपनी आयु के पाँच वर्ष पूरे करने को था। दोनों ब्वायज़ हाई स्कूल में पढ़ते थे और उनकी प्रगति पर हमें सन्तोष और हर्ष था। रहने को, गो किराये का, हमारे पास, हमारी आवश्यकताओं, सुविधाओं के लिए पर्याप्त, एक सुन्दर, खुला, बड़ा मकान था। घर को सुचारु रूप से चलाने के लिए मैं अच्छे पैसे कमा रहा था। मेरे दाहिने हाथ में भाग्य रेखा के सिरे पर एक त्रिशूल है। किसी हस्तरेखाविद् ने उसे देखकर मुझे बताया था कि धन मेरे पास तीन स्रोतों से आया करेगा। कम-से-कम इस समय तो आ ही रहा था—युनिवर्सिटी के वेतन से, पुस्तकों की रायल्टी से, और जब-तब पत्र-पत्रिकाओं, कवि-सम्मेलनों अथवा रेडियो से मिले पारिश्रमिक से। हम आराम से रह रहे थे, पर ऐश में नहीं, गो हमारा जीवन-स्तर ऐसा आभास कुछ लोगों को दे सकता था। विवाह के बाद हम पति-पत्नी में से किसी को कोई लम्बी या बड़ी बीमारी नहीं हुई थी, और हम दोनों ने ही कोई ऐसा भावात्मक विपर्यय भी न जाना था जो हम दोनों के बीच किसी प्रकार के भ्रम, संशय या सन्देह को जन्म दे—छोटी-मोटी गलतफहमियों की बात मैं नहीं करता—और पारस्परिक कलह का कारण बने।

हमारे सामाजिक परिवेश। जातिगत नाते-रिश्तेदारों से हम कटे थे, कहना चाहिए हमारा पिण्ड छूट चुका था, जिसे अंग्रेज़ी में कहेंगे 'गुड रिडेन्स'। निकट के सम्बन्धियों में केवल इने-गिने दो थे—मेरे मामाजी और मेरे भांजे। ऐसी घनिष्ठता जो आड़े समय हमारे काम आ सके या जिस पर हम निर्भर हो सकें, हमारी किसी से न थी। मित्रता, अधिकतर औपचारिक, हमारी कइयों से थी, शत्रु हमारा कोई न था, कम-से-कम किसी को शत्रु बनाने का कोई कारण हमारी तरफ से उपस्थित न किया गया था। अपने रहन-सहन जीवन के ईर्ष्यालु आलोचकों और स्वभाव विवश निन्दकों से हम अपरिचित न थे, जिन्हें हमने केवल उपेक्षा का पात्र समझ रखा था। पर हमारा माँ-बाप-बेटों का छोटा-सा परिवार एक ऐसा सुगठित नीड़ था, जिसे न किसी की अपेक्षा थी, न किसी से भय। युनिवर्सिटी के काम से बचे समय में अपने बच्चों को पढ़ाता हूँ या उनके साथ खेलता हूँ, राजन को पढ़ाने से छुट्टी मिल गयी है, उन्होंने बी०ए० कर लिया है और कानून पढ़ रहे हैं, स्वांत: सुखाय स्वाध्याय करता हूँ, यथाप्रेरणा कविता लिखता हूँ, काव्य-आन्दोलनों में रुचि नहीं रखता, उनमें भाग नहीं लेता। ऐसे नियमित और व्यवस्थित जीवन में क्या बुरा है कि मैं उसमें

किसी प्रकार का व्यवधान चाहूँ?

पर व्यवधान तो मेरे जीवन में आके रहा और इतना बड़ा कि उसने एक लम्बी अवधि के लिए मुझे अपने घर-परिवार, परिवेश, देश से हज़ारों मील दूर ले जाकर बैठा दिया और इसकी शुरुआत एक बहुत छोटी-सी बात से हुई।

1951 के अन्त में ब्रिटिश कौंसिल की ओर से एक सूचना आयी जो अंग्रेज़ी विभाग के सब अध्यापकों को पहुँचाई गयी। ब्रिटिश कौंसिल का नाम उन दिनों नया-नया सुनने में आया था। ब्रिटेन ने भारत में ब्रिटिश कौंसिल की स्थापना भारत के स्वतन्त्र होने के बाद की थी। ध्येय स्पष्ट है, इस संस्था का यह था कि अंग्रेज़ी के माध्यम से ब्रिटेन का जो सांस्कृतिक सम्बन्ध भारत के एक विशेष वर्ग के बुद्धिजीवियों से बना है वह भारत के स्वतन्त्र होने के पश्चात् टूटने या क्षीण होने न पाये, बल्कि पूर्व राजनैतिक सम्बन्ध के टूट जाने पर तो उस सांस्कृतिक सम्बन्ध को और सुदृढ़ किया जाये। इसके दूरगामी राजनैतिक परिणाम भी हो सकते थे, इसे निश्चय ही अंग्रेज़ नीति-विचक्षणों ने देख लिया होगा। इसके अन्तर्गत प्रतिवर्ष बहुत-से अंग्रेज़ विद्वान् भारत आते हैं और यहाँ के प्रख्यात विश्वविद्यालयों में व्याख्यान देते हैं, इसकी ओर से सभी बड़े-बड़े नगरों में अंग्रेज़ी के पुस्तकालय और वाचनालय चलाये जाते हैं जहाँ नया-से-नया अंग्रेज़ी साहित्य और नयी-से-नयी पत्रिकाएँ पढ़ने को उपलब्ध रहती हैं।

सूचना यह थी कि ब्रिटिश कौंसिल कुछ अंग्रेज़ी के अध्यापकों को इंग्लैण्ड आने-जाने का खर्च देगी बशर्ते कि वे कम-से-कम दो टर्म यानी छह महीने के लिए किसी ब्रिटिश युनिवर्सिटी में अपने दाखिले का प्रबन्ध कर लें। वहाँ रहकर उन्हें युनिवर्सिटी के दर्जे पर अंग्रेज़ी साहित्य पढ़ाने की विधि का अवलोकन करना होगा। रहना उन्हें अपने खर्च पर होगा जो छह महीने के लिए अनुमानतः करीब 3000/- रुपये के आयेगा, 500/- रुपये प्रतिमास के हिसाब से इंग्लैण्ड की सैर करने, उसके अन्य सांस्कृतिक पहलुओं से परिचित होने अथवा थोड़ा-बहुत योरोप-भ्रमण के लिए 2000/- रुपये का अतिरिक्त प्रबन्ध रखना चाहिए, यानी कुल जमा 5000/- रुपये का इंतज़ाम हो सके तो इस अभियान पर जाने की बात सोची जा सकती है।

विभाग के अध्यापकों ने यह सूचना एक कान से सुनी और दूसरे से निकाल दी, पर मेरे मन में इस पर एक तरह की खिचड़ी पकनी शुरू हो गयी। कोशिश करूँ तो क्या यह सम्भव नहीं है कि मुझे छह महीने के लिए किसी ब्रिटिश युनिवर्सिटी में दाखिला मिल जाये? दाखिला मिलने पर प्रार्थना-पत्र भेजूँ तो क्या यह सम्भव नहीं है कि ब्रिटिश कौंसिल मुझे इंग्लैण्ड आने-जाने का खर्च दे दे, विभाग से तो और कोई जाने का इच्छुक नहीं, और युनिवर्सिटियों से चुनाव करने में इलाहाबाद युनिवर्सिटी की उपेक्षा शायद ही की जा सके। खर्च? आर्थिक स्थिति ऐसी तो नहीं है कि 5000/- रुपये बैंक से निकालकर चल दूँ, कुछ जमा है तो बड़े होने पर भतीजे और बेटों की शिक्षा पर व्यय करने के लिए—उसे नहीं छूना। पर कोशिश करने पर क्या यह सम्भव नहीं है कि कहीं से इतनी राशि मिल जाय,

प्रकाशक ही अग्रिम रायल्टी दे सकता है। युनिवर्सिटी से छुट्टी मिल जायेगी, नियमानुसार दस वर्ष की सेवा के बाद दस महीने की स्टडी-लीव सवेतन मिल सकती है। मुझे तो छह मास की ही चाहिए। वेतन से मेरी अनुपस्थिति में घर का खर्च चल जायेगा। घर की देख-संभाल? उसके लिए मैं क्या करता हूँ? एक तिनका तो मैं खिसकाता नहीं। जो कुछ करने को है वह तेजी ही करती हैं। फिर राजन तो अभी यहाँ हैं ही, कानून की परीक्षा पास कर लेने पर भी वे ट्रेनिंग के लिए यहाँ कुछ दिन और रहेंगे। अगर मैं इंग्लैण्ड जा सका तो मैं अंग्रेज़ी साहित्य को पढ़ाने की विधि का अध्ययन तो करूँगा ही, एक काम और कर सकता हूँ। ईट्स पर शोध का जो काम मैंने दस वर्ष पहले शुरू किया था वह अधूरा पड़ा है। वहाँ प्राप्य सामग्री के आधार पर विस्तृत नोट्स ले सकता हूँ और भारत लौटकर पी-एच०डी० के लिए, अगर काम ज़्यादा अच्छा कर सका तो डी० लिट० के लिए, थीसिस प्रस्तुत कर सकता हूँ। डॉ० दस्तूर ने ऐसे ही डॉक्टरेट ली थी—महाजनो येन गतः स पंथः।

दस-बारह बरस पहले शोध का जो काम मैंने आरम्भ किया था वह केवल इसलिए नहीं कि उस समय और कुछ करने को नहीं था। जब से मैं ईट्स की कविता से परिचित हुआ था तभी से मैं उसके प्रति आकर्षित था। उनका या उन पर जो भी साहित्य मुझे मिलता था, मैं रुचिपूर्वक पढ़ता था, उस पर विचार करता था। उनके विषय में जिस पहली बात का आभास मुझे हुआ था, वह यह थी कि वे अपने समकालीन अन्य अंग्रेज़ कवियों से बहुत भिन्न थे और इस भिन्नता को लाने में किसी दर्जे पर भारतीय संस्कृति और साहित्य के सम्पर्क ने कोई भूमिका अवश्य अदा की होगी। कुछ अन्य असाधारण सम्पर्कों के संकेत भी मुझे मिलते थे, पर मैं उन पर उँगली रख सकने में असमर्थ था। इनको प्रामाणिक रूप से जानना और ईट्स के मस्तिष्क और कला पर इनके प्रभाव को आँकना मेरे शोध का विषय हो सकता था। लेकिन समुचित स्वाध्याय-सामग्री और आधिकारिक निर्देशन के अभाव में मैंने ठीक दिशा में कदम न उठाये थे। उन दिनों शेक्सपियर के आलोचना-साहित्य में एक पुस्तक को बहुत महत्त्व दिया जाता था—Dowden (डाउडेन) की Shakespeare : His Mind and Art (शेक्सपियर : उनका मनस् और उनकी कला) को। वह पुस्तक मैंने पढ़ी भी थी, और सम्भवतः उसी से प्रेरणा लेकर मैंने अपने शोध का विषय W. B. Yeats : His Mind and Art रख लिया था। पर बहुत जल्द मुझे यह अनुभूति हो गयी थी कि मैं एक ऐसे वृक्ष के फूल-फल को पकड़ना चाहता हूँ जिसके मूल-तने का मुझे कुछ पता नहीं है, और यह काम मुझे अधूरा ही छोड़ देना पड़ा था।

छोड़ तो मैंने दिया था, पर भुला नहीं दिया था। अधूरी छूटी चीज़ें मुझे बहुत परेशान करती हैं। वे रह-रहकर मुझे अपनी याद दिलाती हैं, पूरी करने को आमन्त्रित करती हैं, चुनौती देती हैं। अब जब इंग्लैण्ड जाने और वहाँ किसी युनिवर्सिटी से सम्बद्ध होने की सम्भावना दिखी तो इस अधूरे काम ने मुझे एक बार फिर कुरेदा—बहुत समय से मैंने इसे लटका रखा है, अगर इस मौके से चूका तो

फिर यह जीवन-भर अटका ही रहेगा। ब्रिटिश कौंसिल से मार्ग-व्यय पाने के पहले दो काम करने थे—किसी ब्रिटिश युनिवर्सिटी में प्रवेश पाना था और 5000/- रुपये नकद का इन्तज़ाम करना था। दोनों काम मुश्किल थे, पर असम्भव नहीं। ज़िन्दगी-भर मुश्किलों से ही तो टक्कर लेता रहा हूँ। एक बार और सही।

अंग्रेज़ी में एक कहावत है 'फर्स्ट थिंग्स फर्स्ट'—अर्थात् जो चीज़ अधिक महत्त्व की हो उसकी ओर पहले ध्यान दो। सोचा, किसी युनिवर्सिटी में प्रार्थना-पत्र भेजकर देखूँ कि प्रवेश मिल भी सकता है कि नहीं।

तेजी से मैंने चर्चा चलाई तो मेरे इंग्लैण्ड जाने की सम्भावना पर उन्होंने अपना हर्ष व्यक्त किया और अपनी ओर से हर प्रकार का सहयोग देने का आश्वासन दिया। छह महीने का वक्त होता ही कितना है, हँसते-खेलते गुज़र जायेगा।

तबीयत अपनेराम को ऊँची मिली है—'मति अति नीच ऊंच रुचि आछी'। किसी ब्रिटिश युनिवर्सिटी में दाखिला माँगना है तो इंग्लैण्ड की सबसे बड़ी और विश्व-विश्रुत युनिवर्सिटियों में क्यों न माँगा जाये; यानी केम्ब्रिज या ऑक्सफोर्ड में, न कि लन्दन, लीड्स, ब्रिस्टल या नाटिंघमशायर में।

विश्राम तिवारी की बुद्धि तो कुशाग्र न थी, पर ठेठ ग्रामीण की व्यावहारिक सूझ-बूझ उनमें खूब थी। तिवारीजी कहा करते थे कि जब आदमी शिकार पर निकले तो उसे अपने तरकस में दो तीर रखकर चलना चाहिए कि एक खता कर जाये तो दूसरा तो निशाने पर बैठे। मैंने केम्ब्रिज-ऑक्सफोर्ड दोनों युनिवर्सिटियों में प्रार्थना-पत्र भेज दिये। प्रार्थना-पत्र में अपनी अकादमिक योग्यता और अनुभव के साथ ही मैंने अपने कवि और लेखक होने की भी चर्चा कर दी, कुछ रचनाओं के नाम भी दे दिये। 'मधुशाला' के अंग्रेज़ी अनुवाद की प्रति भी साथ लगा दी जो वर्ष पूर्व The House of Wine (दि हाउस आफ वाइन) के नाम से लन्दन से प्रकाशित हो चुका था।

इस अनुवाद की भी एक रोचक कहानी है। अनुवादिका थीं मार्जरी बोल्टन, पर उनको हिन्दी बिल्कुल नहीं आती थी। बात ऐसी हुई कि जिस समय मार्जरी ऑक्सफोर्ड युनिवर्सिटी से बी० लिट० करने की तैयारी कर रही थी, उत्तर भारत का एक विद्यार्थी आर०एस० व्यास नाम का, वहाँ पहुँच गया। वह मार्जरी को प्रेम करने लगा और जब-तब 'मधुशाला' की रुबाइयाँ उसे सुनाया करता, शायद मेरी ही ट्यून में, जो सम्भव है, मुझसे ही उसने किसी कवि-सम्मेलन में सुनी हो। वह ट्यून मार्जरी को इतनी मोहक लगी कि उसने कविता की पंक्ति-पंक्ति का अर्थ पूछना शुरू कर दिया। मार्जरी में पद्य-प्रतिभा थी, उसने अर्थ को पद्यबद्ध कर डाला। इस प्रकार एक अंग्रेज़ प्रेमिका और भारतीय प्रेमी के रसमय क्षणों की साक्षी के रूप में 'मधुशाला' का अंग्रेज़ी अनुवाद The House of Wine के नाम से तैयार हुआ। जब उसके छपने की योजना बनी तो मेरी प्रार्थना पर, पण्डित जवाहरलाल नेहरू ने उसके लिए फोरवर्ड लिख दिया था।

मेरी अकादमिक योग्यता और अनुभव में कुछ ऐसा न था जिसे विशिष्ट कहा जाय, पर मेरे सर्जक ने, मेरा ऐसा अनुमान है, निश्चय ही, युनिवर्सिटी अधिकारियों

का ध्यान विशेष रीति से मेरी ओर आकर्षित किया होगा। मुझे केम्ब्रिज में दो टर्म, यानी छह महीने के लिए और उसके बाद ऑक्सफोर्ड में तीन टर्म के लिए एडमिशन मिल गया। दोनों जगह सफल होने की मुझे स्वप्न में भी आशा न थी। भय यही था कि कहीं दोनों जगह विफल न होऊँ। कहावत सुनी थी कि भगवान् जब देना चाहता है तब छप्पर फाड़कर देता है। किसी ने उस गरीब की कल्पना नहीं की जिसे भगवान् तो छप्पर फाड़कर दे पर उसके पास दिये हुए को समेटने के लिए झोली ही न हो।

जिस दिन विश्राम तिवारी ने मुझसे दो तीर तरकस में रखकर चलने की बात कही थी, उस दिन अपनी संशयात्मक बुद्धि से, जो मुझमें लड़कपन से मौजूद थी—एक विनोदी प्रवृत्ति बनकर, मैंने उनसे पूछ दिया था, '...लेकिन, पण्डितजी, अगर दोनों तीर खता कर जाएँ तब?' पण्डितजी ने फौरन जवाब दिया था, 'तब उसे शिकारी बनने के हौसले को बलाए-ताक रखकर भैंस चराने के लिए निकल जाना चाहिए।' मैं उनसे पूछना भूल गया था कि अगर दोनों तीर अपने-अपने निशाने पर बैठ जायें तो? इसीका जवाब मुझे आज चाहिए था। शायद वे कहते कि 'ऐसे सव्यसाची में दोनों शिकारों को साथ लाने की ताकत भी चाहिए।' तीर तो लग चुके थे, अब इस ताकत को पैदा करने के लिए मुझे जो डण्ड-बैठकें लगानी पड़ीं, उसने मुझे बड़े कष्टकर मानसिक तनावों में डाला।

बात केवल छह महीने बाहर रहने की योजना से उठी थी। कुछ अधिक आर्थिक प्रबन्ध होने पर कुछ और दिन वहाँ ठहरने का ख्याल आता था तो लगे हाथ योरोप भी देख लेने का, दुबारा कहाँ विदेश जाने का मौका मिलेगा! एलिज़ाबेथी युग में, कहीं पढ़ा था, किसी युवक की शिक्षा तब तक पूरी न समझी जाती थी, जब तक वह योरोप की यात्रा भी न कर पाये। आखिर संस्कार तो अंग्रेज़ी शिक्षा के ही मन पर पड़े थे, फिर अंग्रेज़ी के माध्यम से ही सही, योरोप की सभ्यता, संस्कृति, साहित्य, कला अत्यन्त परिचित लगता था। उसे अधिक निकटता से देखने का आकर्षण अस्वाभाविक न था।

अब केम्ब्रिज-ऑक्सफोर्ड में रहने के लिए ही पन्द्रह महीने के खर्च की व्यवस्था करनी थी, युनिवर्सिटी से पाँच महीने का अतिरिक्त अवकाश मिल भी सकता तो बगैर तनख्वाह के, यानी पाँच महीने घर के खर्च का भी प्रबन्ध करना था। लगता था, इतने का इंतज़ाम कर लेना मेरे लिए नामुमकिन होगा और आखिर में अपनी आशा-आकांक्षाओं पर पानी फेरकर बस बैठ जाना पड़ेगा, गो इस स्थिति की कल्पना भी मेरे मन को बहुत उदास कर जाती थी—तुमसे बहुत अधिक योग्यता रखने वालों को, बरसों की कोशिशों और बड़े-बड़े लोगों की सिफारिशों के बाद भी इन युनिवर्सिटियों में प्रवेश पाने में कठिनाई होती है, और तुम्हें जो यह अवसर अनायास मिल गया है, उसे तुम यों ही हाथ से निकल जाने दोगे! केम्ब्रिज और ऑक्सफोर्ड गुड़-भरी हंसिया बनकर मेरे गले में अटक गये थे। गुड़ तो मैंने खाया, पर इसके लिए गला भी कम नहीं चिरवाना पड़ा।

शिष्ट समाज में आमदनी-खर्च की बात करना अशोभन और कुरुचिपूर्ण

समझा जाता है, पर मध्यवर्ग का जीवन, व्यवहार, आदर्श, मूल्य, नैतिकता—सब अर्थ-आधारित हैं, अर्थ-परिचालित हैं। इसलिए अशिष्ट बनने का खतरा उठाकर भी मुझे कुछ अपनी आर्थिक स्थिति की चर्चा करनी होगी। उस पर मौन रहूँ तो मुझे जीवन के भी बहुत-से प्रसंगों पर मौन रहना होगा। ईमानदारी के मूल्य पर औपचारिक शिष्टता मुझे स्वीकार नहीं।

मेरे जीवन का बहुत बड़ा हिस्सा गरीबी और संघर्ष में बीता था, पर उन्होंने मुझे स्वावलम्बी और किसी हद तक स्वाभिमानी भी बनाया था—मैं जो हूँ, जो बना हूँ, अपने बल पर, अपनी योग्यता से, अपनी मेहनत-मशक्कत से। विदेश जाने के लिए खर्च इकट्ठा करने की समस्या जब सामने आयी तो पहला विचार यही मन में उठा, इसका हल अपने बल पर ही निकालना चाहिए।

मेरे प्रकाशक बहुत दिनों से मेरी सर्वश्रेष्ठ कविताओं का एक बड़ा संग्रह निकालने का आग्रह कर रहे थे, कविताओं का चुनाव मैंने कर लिया था, नाम भी उसका सोच लिया था—'सोपान'। मैंने उनके सामने यह शर्त रखी कि अगर वे मुझे 5000/- अग्रिम रायल्टी के रूप में दे सकें तो मैं उन्हें पुस्तक प्रकाशित करने की अनुमति दे दूँगा। यह एक नयी बात थी। आज तक मैंने अग्रिम रायल्टी के रूप में उनसे एक पैसा भी न माँगा था। रकम भी कुछ कम न थी। साल-भर में मेरी सारी पुस्तकों पर इसकी लगभग आधी रकम वे रायल्टी के रूप में मुझे अदा करते थे। 'सोपान' प्रकाशित करने का उनका उत्साह ठण्डा पड़ गया। अग्रिम रायल्टी देने को वे तैयार न हुए; पुस्तक प्रकाशित करने का विचार फिलहाल उन्होंने स्थगित कर दिया। प्रथम चुंबने ओष्ठ भंगः।

होठ भंग हो गये थे, पर आशा भंग नहीं हुई थी।

सोचा, हिन्दुस्तान आज़ाद हो गया है। शिक्षा का विस्तार, उद्धार, परिष्कार करने के लिए एक पूरा शिक्षा-मन्त्रालय बन गया है। एक युनिवर्सिटी का शिक्षक विदेश की दो प्रसिद्ध युनिवर्सिटियों से अनुभव-समृद्ध होकर आये तो देश में शिक्षा के क्षेत्र में अधिक उपयोगी सिद्ध हो सकता है। अपनी सरकार ऐसे आदमी को सहायता देना ही चाहेगी। शिक्षा-मन्त्रालय को मैंने एक प्रार्थना-पत्र भेज दिया कि मुझे कोई ऐसी छात्रवृत्ति दी जाये जो मेरे सवा बरस केम्ब्रिज-ऑक्सफोर्ड में रहने के लिए पर्याप्त हो। अपने प्रार्थना-पत्र में अपने कवि की भी कुछ चर्चा कर दी, सोचकर, कुछ अपने भोलेपन में, कि मेरे सर्जक का प्रभाव केम्ब्रिज-ऑक्सफोर्ड तक पहुँचा है तो क्या दिल्ली तक न पहुँचेगा!

कुछ दिनों तक कोई उत्तर न आया तो तेजी ने ज़िद की कि मैं दिल्ली जाऊँ और व्यक्तिगत रूप से शिक्षा-मन्त्रालय के अधिकारियों से मिलूँ—'द्वारिका जाहु जू, द्वारिका जाहु जू, आठहु जाम यहै जक तेरे।' उन दिनों श्री हुमायूँ कबीर शिक्षा-सचिव थे—मुगलवंश के राजा और सन्त पन्थ के जोगी के मिले-जुले नाम वाले व्यक्ति के सम्बन्ध में मेरी एक अजीब-सी कल्पना थी। जिस समय डॉ० दस्तूर कलकत्ता युनिवर्सिटी में अंग्रेज़ी के लेक्चरर थे, हुमायूँ कबीर उनके शिष्य थे। उनसे

एक परिचय-पत्र लेकर मैं दिल्ली पहुँचा। सचिव के कमरे में जाकर मैंने कुर्सी पर बैठे एक ठिगने, काले, चौड़ी नाक, चौड़े जबड़े, काली-मोटी कमानी के चश्मेवाले व्यक्ति को देखा—अपनी कल्पना के बिल्कुल विपरीत—यही हुमायूँ कबीर थे, व्यस्त-से दिखते, फुर्तीले। बोले, 'छात्रवृत्ति मिलने की तो कोई सम्भावना नहीं है।' शायद उन्होंने मुझसे बैठने के लिए भी नहीं कहा। उनके व्यवहार से मुझसे अधिक निराश तो डॉ० दस्तूर हुए। राजनीतिज्ञ ऊँचे पद पर पहुँचकर प्रायः अपने पुराने परिचितों को भुला देता है।

मौलाना अबुल कलाम आज़ाद शिक्षा-मन्त्री थे, सोचा—दिल्ली आया हूँ तो उनसे भी मिलकर देख लूँ। मेरठ की कमला चौधरी उन दिनों संसद सदस्या थीं, हिन्दी की कहानी लेखिकाओं में उनका नाम था, उमर खैयाम की रुबाइयों का एक अनुवाद भी उन्होंने प्रकाशित कराया था, जिसकी पाण्डुलिपि मैंने सुधारी-संवारी थी, उसकी भूमिका भी लिखी थी। वैसे भी वे मेरी कविताओं की प्रशंसिका थीं और उनके निमन्त्रण पर एकाधिक बार मैं मेरठ के कवि-सम्मेलनों में भाग लेने गया था। उनसे परिचय-पत्र लेकर मैं मौलाना साहब से मिला। मौलाना आज़ाद का क्या कहना! दिव्य दर्शन थे—तहज़ीब व तमद्दुन व तालीम के गढ़े-छीले मुतकल्लिम (बोलते हुए) पुतले। वहाँ शीनकाफ से दुरुस्त आदाब-अलकाब तो बकसरत था, पर बवक़्ते-रुखसत उन्होंने फर्मा दिया, 'जो हुमायूँ कबीर ने कहा है, उसी को आखिरी फैसला समझिये।'

मेरा ध्यान डॉ० राजेन्द्रप्रसाद की ओर गया—राष्ट्रपति ही थे, क्या नहीं था उनकी ताकत में! उनकी स्मरणशक्ति अद्भुत थी। एक बार मुजफ्फरपुर के सुहृद संघ द्वारा आयोजित कवि-सम्मेलन का मैंने सभापतित्व किया था और राजेन्द्र बाबू उसका उद्घाटन करने आये थे। इतने परिचय के आधार पर, सात-आठ साल बाद जब वे इलाहाबाद युनिवर्सिटी की डायमण्ड जुबली के अवसर पर आये तो उन्होंने मुझे देखते ही पहचान लिया और नाम से बुलाया। मैंने उनके निजी सचिव से उनसे मिलने का समय माँगा तो दूसरे ही दिन मिल गया। राजेन्द्र बाबू शिष्टाचार और विनम्रता की मूर्ति थे। उन्होंने ध्यान और सहानुभूतिपूर्वक मेरी समस्या सुनी। चलते समय उन्होंने कहा कि सम्बद्ध अधिकारियों से पुछवाकर वे मुझे सूचित करायेंगे कि मेरे लिए क्या किया जा सकता है। जहाँ तक मुझे स्मरण है, उनके निजी सचिव का उत्तर आया था कि इस सम्बन्ध में तो शिक्षा-मन्त्रालय ही कुछ सहायता कर सकता है, जहाँ से मुझे एक बार निराशाजनक उत्तर मिल चुका था। प्रजातन्त्र में राष्ट्रपति की शक्ति की भी कुछ सीमाएँ हैं—इसका प्रथम बार आभास हुआ। उन दिनों जो लोग राष्ट्रपति से मिलते थे, दूसरे दिन उनके नाम अखबारों में छप जाते थे। दिल्ली की मेरी उस यात्रा की उपलब्धि केवल यह थी कि दूसरे दिन राष्ट्रपति से मिलने वालों की सूची में मेरा भी नाम था।

दिल्ली से बहुत हताश और खिन्न लौटा।

तेजी को सुनना पड़ा, बहुत कहती थीं, दिल्ली जाओ, दिल्ली जाओ, लाफर

लूटकर लाया हूँ दिल्ली से!

तेजी ने कहा, 'तुम सही आदमी से मिले ही नहीं। तुम्हें पण्डित जवाहरलाल नेहरू से मिलना था। तुम उन्हें पत्र लिखकर मिलने का समय माँगो, और मेरे कहने से एक बार और दिल्ली जाओ। मेरा मन कहता है, वे तुम्हें निराश नहीं करेंगे। और अगर उन्होंने भी कुछ न किया तो तीन हज़ार का इन्तज़ाम हम अपने पास से किसी-न-किसी तरह कर लेंगे, तुम ब्रिटिश कौंसिल को लिख दो कि तुमने उनकी दोनों शर्तें पूरी कर ली हैं, अब वह तुम्हें मार्ग-व्यय भेज दे। छह महीने केम्ब्रिज रहकर लौट आओ, ऑक्सफोर्ड युनिवर्सिटी को लिख दो कि किसी कारण तुम वहाँ न जा सकोगे। सपनों को सदा ही वास्तविकताओं से समझौता करना पड़ता है।'

पण्डितजी से मेरे मिलने के अवसर इने-गिने थे।

फिर भी मेरा कवि-रूप कहीं उनकी स्मृति में जमकर बैठ गया था। दो वर्ष पूर्व मेरे केवल एक बार लिखने पर उन्होंने मेरी 'मधुशाला' के अंग्रेज़ी अनुवाद के लिए प्रस्तावना लिख दी थी।

मैंने पत्र द्वारा उनसे मिलने की इच्छा प्रकट की तो उन्होंने मुझे दिल्ली बुला लिया। पार्लियामेण्ट हाउस के अपने दफ्तर में मुझसे मिले। मैंने अपनी समस्या उनके सामने रखी, अपने प्रयत्नों की असफलताओं की कहानी भी सुना दी। उन्होंने बड़े ध्यान और धैर्य से मेरी बातें सुनीं—आधे घण्टे का समय तो उन्होंने दिया होगा मुझे। अन्त में उन्होंने अपने निजी सचिव श्री बी० एन० कौल को बुलवाया और बड़े सहज भाव से आदेश दिया कि मेरे लिए 8000/- ब्लाक ग्रांट की व्यवस्था करा दी जाये। मैं उनकी उदारता पर अवाक् रह गया। लड़कपन में पढ़ी एक पंक्ति दिमाग में कौंध गयी :

जिसको न दे मौला
उसको दे आसफ़ुद्दौला।

मैं पण्डितजी को धन्यवाद देकर उनसे विदा लूँ कि बज़र आ गया, बोले, 'रुको, मौलाना साहब आ रहे हैं, उनसे मिल लो, तुम्हें तो कुछ देने से इनकार कर दिया था न!—कुछ व्यंग्य, कुछ विनोद, कुछ शरारत की-सी मुद्रा में। इतने में मौलाना साहब कमरे में दाखिल हुए। पण्डितजी उनको सम्बोधित करते हुए बोले, 'आइए मौलाना, ये बच्चन साहब हैं, हिन्दी के शायर, अंग्रेज़ी के लेक्चरर इलाहाबाद युनिवर्सिटी में, अपने रिसर्च के सिलसिले में केम्ब्रिज जा रहे हैं'—जैसे इलाहाबाद और केम्ब्रिज से अपने सम्बन्धों के प्रति वे सचेत हों।—और मौलाना साहब ने मुँह खोलकर कहा, 'बड़ी खुशी से जायें, खुशी-खुशी वापस आयें।' मौलाना साहब ने अपने काले चश्मे के पीछे छिपी आँखों से यह ज़ाहिर भी न होने दिया कि अभी दो हफ्ते पहले मैं उनसे मिल चुका था। इसके पहले कि कोई असमंजस की स्थिति आये, पण्डितजी ने मुझे संकेत किया और मैं उन्हें प्रणाम और मौलाना साहब को सलाम

कर विदा हुआ—'ब मुसल्मां अल्ला-अल्ला, बा बरहमन राम-राम।'

बाहर निकला तो कौल साहब ने मुझे बताया कि रिज़र्व बैंक के कुछ ऐसे नियम हैं कि 5000/- से अधिक विदेशी मुद्रा मैं बाहर न ले जा सकूँगा, इसलिए अभी वे मुझे केवल 5000/- का चेक दिलाने की व्यवस्था करेंगे, शेष 3000/- वे दो सौ पौण्ड की शक्ल में बाद को हाई कमीशन ऑफ इण्डिया—इण्डिया हाउस—के द्वारा भिजवा देंगे।

दिल्ली से लौटा तो कुछ भारीपन, और कुछ हल्कापन साथ-साथ अनुभव करता—भारीपन, पण्डितजी के प्रति कृतज्ञता के भार से, हल्कापन, एक भारी आर्थिक चिन्ता के दूर हो जाने से।

केम्ब्रिज-ऑक्सफोर्ड में प्रवेश पा लेने की सूचना मैंने पहले ही ब्रिटिश कौंसिल को दे दी थी, वहाँ रहने की आर्थिक व्यवस्था कर लेने की सूचना भी दे दी। न जाने क्यों मेरे मन में इस बात का पूरा विश्वास था कि अब तो ब्रिटिश कौंसिल मुझे आने-जाने का खर्च दे ही देगी। यात्रा की तैयारी करने लगा। पासपोर्ट बनवा लिया, युनिवर्सिटी से पन्द्रह महीने की छुट्टी ले ली, जो दस महीने के लिए सवेतन और पाँच महीने के लिए अवेतन मिली। मुझे 15 अप्रैल को केम्ब्रिज में उपस्थित हो जाना था, मध्य मार्च आ पहुँचा था, पर मार्ग-व्यय के सम्बन्ध में ब्रिटिश कौंसिल की ओर से कोई सूचना न मिली थी। सोचा, ब्रिटिश कौंसिल के दफ्तर में जाकर उसके सेक्रेटरी से मिलूँ और ठीक स्थिति का पता लगाऊँ। सेक्रेटरी महोदय जब एक बार इलाहाबाद आये थे, शायद वर्ड्सवर्थ की मृत्यु-शताब्दी के अवसर पर, तब उनसे मेरा व्यक्तिगत परिचय हुआ था।

उन दिनों ब्रिटिश कौंसिल का मुख्यालय आगरा में था। सेक्रेटरी मि० फिलिप्स से मिलकर मुझे ऐसा लगा कि जैसे मेरा व्यक्तिगत रूप से आकर उनसे मिलना कुछ अनुचित हो। बातें जो दो टूक हुईं उनका सारांश यह था कि ब्रिटिश कौंसिल द्वारा चुनाव केवल इस बात पर निर्भर न होगा कि किसी को ब्रिटिश युनिवर्सिटी में दाखिला मिल गया है। तुरन्त मेरे मन की प्रतिक्रिया हुई—तो ब्रिटिश युनिवर्सिटी में मेरा दाखिला भी इस आधार पर नहीं हुआ कि ब्रिटिश कौंसिल मार्ग-व्यय देने के लिए मुझे चुनेगी। अर्थात्, मुझे उस हालत में भी इंग्लैण्ड जाने को तैयार रहना चाहिए, जबकि ब्रिटिश कौंसिल मुझे मार्ग-व्यय न दे।

इंग्लैण्ड जाने के लिए मैं प्रतिबद्ध हो चुका था। मुझे कटिबद्ध भी होना था। मार्च के अन्त में ब्रिटिश कौंसिल से सूचना आयी कि इंग्लैण्ड भेजने के लिए मुझे नहीं चुना गया है। चुना भी नहीं जा सकता था। इसका रहस्य मुझे बाद को स्पष्ट हुआ, पर प्रसंग उठा है तो बात को यहीं कह दूँ। इंग्लैण्ड जाने के इच्छुक स्वयं हमारे विभाग के अध्यक्ष प्रो० एस० सी० देब थे, प्रयत्न भी कर रहे थे और इसकी खबर कानों-कान उन्होंने किसी को न होने दी। चुना उन्हीं को गया था, गो वे गये कुछ विलम्ब से, अवधि भी इंग्लैण्ड में रहने की उन्होंने कुछ कम करा ली, थोड़े-थोड़े समय के लिए कई युनिवर्सिटियों से सम्बद्ध रहे, विशेषकर लन्दन से, कुछ दिनों के लिए केम्ब्रिज भी आये थे। उनको साथ लेकर मैंने ही उन्हें केम्ब्रिज की खास-खास

जगहें दिखलाई थीं, पर वे अपने अध्ययन के आधार पर केम्ब्रिज के बारे में मुझसे कहीं ज़्यादा जानते थे। कुछ अंग्रेज़ी अध्यापकों की कक्षाओं में भी वे दर्शक के रूप में गये थे, गो उनकी शिक्षण-पद्धति से वे अधिक प्रभावित न प्रतीत हुए थे। मैंने उन्हें अपने निर्देशक मि० हेन से भी मिलाया था। अध्यापकों की एक गोष्ठी में, याद है, उन्होंने अपना एक बड़ा उपहासास्पद रूप उपस्थित कर दिया था।

जिस अध्यापक के पास देब साहब बैठे थे, किसी प्रसंग पर चर्चा के बीच उसका ध्यान अपनी ओर आकर्षित कर बोले, 'फलां पुस्तक तो आपने पढ़ी होगी।' और उसका कुछ वर्णन भी कर गये।

उसने कहा, 'माफ कीजियेगा, मैंने यह पुस्तक नहीं पढ़ी।'

थोड़ी देर बाद उसी को फिर सम्बोधित कर देब साहब ने कहा, 'हाँ, फलां पुस्तक तो आपने ज़रूर ही देखी होगी, एक समय विद्वानों में उस पर कितनी चर्चा थी—पेरिस में, न्यूयार्क में।'

उसने कहा, 'मुझे अफसोस है, मैंने वह पुस्तक नहीं देखी।'

तीसरी बार देब साहब फिर उसी अध्यापक से पूछ बैठे, 'क्या आपने वह किताब नहीं पढ़ी, जिस पर फलां-फलां कचहरी में मुकद्दमा चला था...'

अब तो अध्यापक का धैर्य टूट गया।

उसने अपनी कुर्सी देब साहब की तरफ घुमाई और बोला, 'Prof. Deb, could you please tell me what else you do besides reading?'

(प्रोफेसर देब, क्या आप यह बताने की कृपा करेंगे कि पढ़ने के अलावा आप और क्या करते हैं?)

उस पार्टी में फिर प्रो० देब ने मुँह न खोला।

खैर, बाद की बात पहले, पहले की बात बाद को, ऐसा तो इस संस्मरण में कई बार होगा। पहले भी हो चुका है। स्मृति की रेखा ज्यामिति की रेखा नहीं है। और अब तक तो शायद मेरे पाठक भी मेरी लेखनी की बहक-मिज़ाजी के अभ्यस्त हो चुके होंगे। इसलिए क्षमा-याचना की आवश्यकता नहीं समझता।

ब्रिटिश कौंसिल के पत्र ने वह आधार ही खींच लिया जिसके ऊपर मैंने विदेश-यात्रा का महल खड़ा किया था। पाँच महीने बगैर वेतन के घर चलाने की समस्या थी ही, अब जाने के लिए मार्ग-व्यय के बारे में सोचना था, और लौटने के लिए भी। क्या विदेश जाने का विचार छोड़ दूँ? ऑक्सफोर्ड-केम्ब्रिज को लिख दूँ कि मैं नहीं आ सकता? पण्डितजी को चेक लौटा दूँ? युनिवर्सिटी से ली छुट्टी खारिज कर दूँ? स्थिति बड़ी ही उपहासास्पद लगी। जीवन कभी-कभी हमें लाकर ऐसी जगह खड़ा कर देता है कि वहाँ से एक ही निर्णय लेना सम्भव होता है और वह भी तुरन्त। मैंने अपने खर्च से ही जाने का निश्चय किया, लौटने के खर्च की बात फिलहाल दिमाग से टाल दी। जो काम मैं स्वेच्छया करने जा रहा था, अब लगा कि वह मैं विवशता से कर रहा हूँ, कर क्या रहा हूँ, कोई मुझसे करा रहा है और अब न मुझमें मुकरने का बल है, न मुकरने का मौका ही है।

दिल्ली से लौटने के बाद से ही मैं एक तरह की भीतरी कमज़ोरी का अनुभव

करने लगा था। विदेश-यात्रा के लिए धन जुटाने में किसी हद तक सफल होने के बावजूद, मुझे लगता था कि जो मैंने पाया है, उसके एवज़ में कुछ अधिक मूल्यवान दे आया हूँ। किसी के सामने कुछ माँगने के लिए जाने में—चाहे अपने लिए हो, चाहे दूसरों के लिए—मैं महाभीरु और संकोची हूँ। ऐसी आवश्यकता जब-जब मेरे सामने आयी है, मैंने जहाँ तक हो सका है, उसे टालने का प्रयत्न किया है—उसके लिए सौ बहाने जानता हूँ, मेरी तबीयत खराब है, मुझे बहुत ज़रूरी काम है, सम्बद्ध व्यक्ति बाहर गया है, व्यस्त है, उपलब्ध नहीं है, वह मेरी बात क्यों मानने लगा, आदि-आदि। फिर भी ऐसे अवसर आये हैं, जब मुझे अपने लिए और दूसरों के लिए भी औरों के सामने जाना पड़ा है। जीवन में मुसीबतों की कमी नहीं रही। लेकिन अगर कोई मुझसे पूछे कि सबसे बड़ी मुसीबतें मैंने कब उठायीं तो सबसे पहले याद आयेंगे मुझे वे अवसर जब मुझे कुछ माँगने के लिए दूसरों के सामने उपस्थित होना पड़ा है—भले ही वह मेरा और दूसरों का प्राप्तव्य ही क्यों न हो। न जाने क्यों मन में विश्वास है कि मनुष्य का प्राप्तव्य तो उसे स्वयं मिल जाना चाहिए। माँगा तो केवल दाता की दया, कृपा, रियायत, मुलाहज़े पर जाता है। दूसरे तरह की मुसीबतें मुझे चुनौती देती हैं—अपने में जो शक्ति-सामर्थ्य हो, उससे उनका सामना करो। इस मुसीबत के सामने मैंने अपने को सर्वथा निःशक्त और असमर्थ पाया है। निश्चय ही जब-जब ऐसे अवसर आये हैं, मेरा आध सेर खून सूख गया है। 'रहिमन वे नर मर चुके जे कहुँ माँगन जांहिं,' यक्ष-प्रश्न के उत्तर में युधिष्ठिर ने भी तो कहा था, 'प्रार्थना विषं'।

पर विष तो अब पी चुका था, लगता था, शायद आगे और भी पीना पड़े। कुछ उपलब्ध करके ही इस विष का निराकरण किया जा सकता था। अगर विदेश जाकर शोध सामग्री एकत्र कर लाऊँ और देश लौटकर उसके आधार पर डॉक्टरेट ले सकूँ तो यही वह उपलब्धि होगी। कुछ इसी मनःस्थिति में मैं विदेश जाने के लिए कृत-संकल्प हुआ।

परिवार के बुज़ुर्गों में उस समय मेरे मामाजी थे, मेरी चाची थीं--गंसी चाचा की पत्नी। सोचा, जाने के पहले उनके आशीर्वाद ले लूँ। मामा वृद्ध थे, एकाकी, निःसन्तान। बोले, 'मैंने तो समझा था, तुम मेरी मिट्टी को पार लगाओगे, कल कुछ भी हो सकता है... ।' मैंने कहा, 'दिल छोटा न करें, अभी आप बहुत दिन जियेंगे, मुझे आशीर्वाद दें कि सकुशल लौटकर आपके दर्शन करूँ।' मेरी बात सच ही निकली। मेरे विदेश से लौटने के नौ वर्ष बाद वे संसार से गये और उनकी अन्तिम सेवा का अवसर भी मुझे मिला। अन्त समय में मेरी सेवा का संजोग मेरे परिवार का हर सदस्य अपने भाग्य में लिखाकर लाया था—नानी, मामी, मामा, पिता, माता, बड़ी बहिन, छोटे भाई, उनकी पत्नी, श्यामा—अपवादस्वरूप मेरी छोटी बहिन थी, जो अपनी सुसराल में मरी। मेरे रिश्तेदारों में यह कहन चल पड़ी है कि 'बच्चन ने जिसकी सेवा की वह बचा नहीं।' और यह कटु सत्य एक दुःखद स्मृति बनकर जब-तब मुझे शूल की तरह बेधा करता है, गो उसका एक विनोदी पक्ष भी है। मेरी एक रिश्ते की मामी हैं, उन्हें जीवन से बड़ा मोह है। कभी वे बीमार पड़ती हैं तो मैं

उन्हें लिखता हूँ कि 'जल्दी अच्छी हो जाइये, नहीं तो मैं आपकी सेवा के लिए आता हूँ।' और मामी मेरी धमकी से फौरन अच्छी हो जाती हैं।

चाची मेरे विदेश जाने के कार्यक्रम के बारे में सुनकर कुछ आश्चर्य, कुछ क्रोध और कुछ शिकायत की मुद्रा बनाकर बोलीं, 'बेटवा, तुम तो कुल में होत आई सगरी रीत, रसम, रवाज पर हर चलाय दिहे हौ, अब का समुन्दरौ कै जात्रा करबो?' मुझे एक बात सूझी। मैंने कहा, 'चाची, हम तो हवाई-जहाज़ से जाबै और सारी यात्रा में समुन्दर के एकौ बूँद से भेंट न होई।' भोली चाची आश्वस्त हो गयीं और मैं उनके पाँव छूकर चल दिया। चाची असीसती हुई दरवाज़े तक आयीं, 'बहुरानी के सोहाग और बेटवन के भाग से कुसल-छेम से लौटौ...।'

तेजी के साथ तो पंजा पकड़कर पहुँचा पकड़ने की बात हो गयी। आगे तो पहुँचा पकड़कर हाथ पकड़ने की बात होने वाली थी। मेरा मन साफ है। ज़बरदस्ती मेरी ओर से नहीं हो रही थी, परिस्थिति मुझसे जो करा रही थी उसमें उनका भी पूरा सहयोग था। योजना कौतूहल से आरम्भ हुई थी, पर उसके पूरी होने में उन्होंने मेरी उन्नति, प्रगति, विकास की सम्भावना भी देखी थी और उसके लिए वे सब प्रकार का दायित्व लेने और सब तरह का त्याग करने को तैयार थीं। फिर भी, जैसे-जैसे मेरे प्रस्थान का दिन निकट आने लगा, वैसे-वैसे उनके चेहरे का रंग उतरने लगा और वे खोई-खोई-सी रहने लगीं। इसके पीछे कोई आर्थिक चिन्ता न थी—दस महीने युनिवर्सिटी से वेतन मिलने को था ही, फिर किताबों की रायल्टी मिलने का समय आ जाने को था, कोई खास ज़रूरत पड़ने पर बैंक में थोड़ी-बहुत जमा राशि से रुपये निकलवाये जा सकते थे। जाने के पहले ही 3000/- निकलवाने थे, उन दिनों बम्बई से लन्दन तक का हवाई टिकट ही 2000/- से कुछ ऊपर में मिलता था। तेजी के मन की गिरावट के पीछे थी, नारी की सहज दुर्बलता। उनके व्यक्तित्व में अन्तर्निहित पुरुष की ओर मैंने पहले भी संकेत किया है, पर मेरे जीवन में ऐसे भी अवसर आये हैं जिनमें मैंने तेजी का विशुद्ध, सुकुमार, निर्भराकुल, नारी-रूप भी देखा है, जैसे कोई इस्पात की सीधी, कड़ी छड़ी किसी जादू से सलज, लचीली लतिका में परिवर्तित हो जाये। एक दिन उन्होंने कह ही दिया, 'इतने दिनों के लिए, इतनी दूर जा रहे हो, बच्चे छोटे-छोटे हैं, पता नहीं कैसी आये-जाये, मैं अकेली अबला-असहाय इस इतने बड़े नगर में...तुम कुछ भी न करो, कहीं मेरे साथ न जाओ, मैं सब कुछ अकेले कर लेती हूँ, पर मेरा सारा बल, सारा साहस तो इसीसे आता है कि तुम घर पर बैठे हो...तुम्हारे घर से दूर जाने की कल्पना से ही मैं अपने को बहुत निर्बल-कातर पा रही हूँ।' मैंने उन्हें समझाया, 'तुम यह क्या कह रही हो! मैं तो तुम्हारे बल पर ही विदेश जाने को तैयार हुआ था, अगर तुम इस समय ऐसी दुर्बलता दिखलाओगी तो इंग्लैण्ड में मेरा एक-एक दिन रहना कठिन और कष्टकर हो जायेगा। फिर मेरे प्रस्थान को गम्भीर अथवा अवसादपूर्ण अवसर बनाने का असर बच्चों पर अच्छा न पड़ेगा। तुमसे और बच्चों से अलग होना मेरे मन पर कम भारी नहीं पड़ रहा है, पर हमें कम-से-कम बाहर से प्रसन्न दिखना चाहिए, जिससे बच्चे समझें कि मेरा जाना एक सहज, साधारण-सी घटना है।'

महीने में एकाध बार बकस-बिस्तर लेकर मेरा यात्रा पर जाना और दो-चार दिन बाद लौट आना मेरे बच्चों के लिए हस्ब-मामूल-सा हो गया था। कांगड़ा और कश्मीर की यात्रा तथा लखनऊ में छोटे भाई की बीमारी के समय में एक-एक महीने से अधिक घर से बाहर रहा था। सच कहूँ तो मेरे बच्चे मेरे घर से बाहर जाने का स्वागत करते थे, क्योंकि उन्हें मालूम था कि जब मैं लौटूँगा, उनके लिए तरह-तरह की नयी चीज़ें—मिठाइयाँ, खिलौने आदि लाऊँगा। मेरे छोटे बेटे अजित ने, जिसे घर में हम बंटी कहते थे, पन्द्रह महीने की अवधि की लम्बाई की कल्पना शायद ही की हो, और उसने मेरे विदेश जाने की बात पर अपनी सहज, स्वाभाविक प्रसन्नता ही व्यक्त की—दो-चार रोज़ बाद मेरे खिलौने-मिठाई लिये लादे लौटने की तस्वीर आँखों में बसाये, गो बाद को मुझे पता लगा कि मेरी अनुपस्थिति का मानसिक तनाव उसी ने सबसे अधिक गहराई से अनुभव किया। उसके अन्दर एक प्रकार के भय और असुरक्षा की भावना घर कर गयी। वह रातों को सोते-सोते चौंकता-चिल्लाता, दिन को हर समय किसी-न-किसी के साथ रहने की ज़िद करता। उसकी भीति-कुण्ठा दूर करने के लिए तेजी को बड़े सूक्ष्म मनोवैज्ञानिक उपाय करने पड़े। मैं इंग्लैण्ड से उसे Brave Boy Bunty—बहादुर बेटे बंटी—करके सम्बोधित करता, जिसका उसके ऊपर अच्छा प्रभाव पड़ा और थोड़े दिनों बाद वह अपने को अपनी माँ और बड़े भाई का संरक्षक समझने लगा। आज तो बंटी बहुत स्वस्थ, सुगठित और साहसी युवक है और उसे यह यकीन कराना भी कठिन है कि वह बचपन में इतना डरपोक था।

मेरा बड़ा बेटा अमिताभ ज़्यादा समझदार था, साढ़े नौ का हो गया था। उसने अवश्य यह महसूस किया कि मैं एक लम्बे समय के लिए घर से बाहर जा रहा हूँ, पर वह उम्र अदृश्य के प्रति आशंकित होने की नहीं होती। मैं विनोद में उससे कहता कि 'देखो, अब घर में सबसे बड़े मर्द तुम हो, तुम्हें अपनी माँ और छोटे भाई की देख-रेख करनी है', और वह अपने दायित्व, अधिकार और सामर्थ्य का प्रदर्शन-सा करता अपना सिर ऊपर उठाता, अपनी उम्र के औसत लड़कों से वह ज़्यादा लम्बा था ही, वह अपने को ऊपर खींच कुछ और लम्बा दिखाने का प्रयत्न करता, कन्धे पीछे कर छाती फुलाता—हूँ...। और उसकी यह मुद्रा देख हम मुसकरा देते। उसके अन्दर का अभिनेता अपना संकेत देने लगा था, गो उसके भविष्य की हम अभी कल्पना भी नहीं कर सके थे। पर अपने महत्त्व का उसका बाल-गर्व प्रदर्शनमात्र न था। बाद को एकाधिक अवसरों पर उसने अपने दायित्व को सचमुच गम्भीरता से लिया और अपनी जैसी अवस्था के लड़के से अप्रत्याशित विवेक, सूझ-बूझ और कष्ट-सहिष्णुता का सबूत दिया।

तेजी ने इच्छा व्यक्त की कि वे मेरे साथ बम्बई तक जायेंगी और मुझे हवाई जहाज़ में बिठलाकर वापस आयेंगी। और यह एक तरह से अच्छा ही हुआ। बम्बई पहुँचकर मैं बीमार पड़ गया और तेजी ने ही मेरे लिए यात्रा का सामान जुटाया : पासपोर्ट पर रुपये जमा कराये, 12 अप्रैल को इण्डिया इन्टरनेशनल के हवाई जहाज़

से रवाना होने का टिकट खरीदा।

बम्बई में हम लाला कैलाशपत सिंहानियाँ के यहाँ ठहरे—जे० के० हाउस में। उनसे मेरा परिचय जमुनाप्रसाद सिंह ने कराया था। वे इलाहाबाद युनिवर्सिटी के छात्र थे, उम्र में मुझसे एक साल बड़े, वैसे ही पढ़ाई में एक दर्जे ऊपर, म्योर होस्टल में रहते थे—तन से लहीम-शहीम, बुद्धि से विचक्षण, पान, मधुपान, रसपान तीनों के समशौकीन—रस की रेंज अधर-सुधा-रस से काव्य-कला रस तक फैली। मेरी कविता के प्रेमी थे, इन्कमटैक्स विभाग में किसी ऊँचे पद पर थे। जहाँ कहीं उनकी पोस्टिंग होती, वे कवि-सम्मेलन कराते और मुझे निमन्त्रित करते। एक साल जब वे बम्बई में थे, उन्होंने जे० के० हाउस में कवि-सम्मेलन कराया था और मुझे बुलाया था। तभी मैं लाला कैलाशपत के सम्पर्क में आया था। उनकी दो पुत्रियाँ मंगला और शंकरा मेरी कविता पर मुग्ध थीं, उन्होंने मुझे अपना धर्म-बन्धु बना लिया था और हर वर्ष रक्षा-बन्धन पर वे मुझे राखी भेजती थीं—वह सम्बन्ध हमारा आज तक बना है।

बम्बई में कैलाशपतजी ने अपने परिवार के डाक्टर से मेरा इलाज कराया। पाँच दिन के बाद भी मैं पूर्णतया ज्वरमुक्त नहीं हुआ, छठे रोज़ मुझे लन्दन के लिए प्रस्थान करना था। लोग डराते, बुखार में अगर मैं लन्दन के हवाई अड्डे पर उतरा तो मुझे 'क्वारंटीन' में डाल दिया जायेगा—'क्वारंटीन' शायद फ्रेंच शब्द है, जिसका अर्थ है : चालीस—संक्रामक रोग से पीड़ित समुद्री जहाज़ के यात्री को पहले चालीस दिन तक बन्दरगाह से बाहर नहीं जाने दिया जाता था। शब्द अब भी वही प्रचलित है, अवधि कम कर दी गयी है। मैं कहता, 'चलो, उसका भी अनुभव हो जायेगा।' मैं अपना प्रस्थान स्थगित करने को तैयार न था। बच्चों को छोड़कर तेजी अधिक दिन बम्बई नहीं रुक सकती थीं, बीमार मुझे छोड़कर वे जाना भी नहीं चाहती थीं। बीमारी की मजबूरी से भी इलाहाबाद लौटने में मुझे बड़ा संकोच था, कितने लोगों ने इलाहाबाद स्टेशन पर मुझे विदा दी थी, फूल-माला पहनाकर, हाथ, रूमाल हिलाकर, शुभकामनाएँ, शुभाशीष देकर!—कितना अजीब लगेगा कि सात रोज़ बाद मैं फिर इलाहाबाद लौट जाऊँ! 'लौटना भी तो कठिन है, चल चुका युग एक जीवन' तो फिर लन्दन के लिए निश्चित तिथि को रवाना हो जाऊँ, शायद रास्ते में अच्छा हो जाऊँ, शायद और ज़्यादा बीमार पड़ जाऊँ—पड़ जाऊँ तो पड़ जाऊँ, जो होना है हो, पर लौटने की उपहासास्पद स्थिति का सामना मुझसे न किया जायेगा। तेजी ठीक समय पर मुझे हवाई अड्डे लिवा ले गयीं।

अब एक को विदा होना था।
अब एक को विदा देनी थी।—

'यह विदा का नाम ही होता बुरा है,
डूबने लगती तबीयत।'

और मैंने हफ्ते-भर की बीमारी से कमज़ोर शरीर और डूबती तबीयत से बम्बई से लन्दन तक का सफर किया। रास्ते में एक क्षण को नींद न आयी। ज़्यादातर वक्त मैं

कैसी घड़ी में उसे 'ममी' कहा था कि उसके किसी तन-प्रसूत ने उसे कभी 'ममी' न कहा और वह भी किसी को 'माई चाइल्ड' न कह सकी। मार्जरी एकाधिक असफल प्रेम-प्रसंगों से गुज़रकर आज तक अविवाहित है, और अब तो शायद वह विवाह करने का विचार भी छोड़ चुकी है—अपनी तीन मौसियों के समान, जो Spinster ही रह गयीं। (एक बार Spinster के लिए हिन्दी शब्द मुझे 'कठ-कुमारी' सूझा था, 'कठ-हुज्जती', 'कठ-मुल्ला' की समता पर, खैर।)

इण्डिया हाउस से मुझे जो सहायता मिली, उसे वाजबी-वाजबी ही कह सकते हैं। किसी ने मुझे पहले ही आगाह कर दिया था कि वहाँ से अधिक की प्रत्याशा न करनी चाहिए और मैंने की भी नहीं। जिन लोगों से मैं वहाँ मिला था, उनके चेहरे अब मेरी स्मृति में धुँधले पड़ चुके हैं—एक याद है तो मि० नैस्टर का चेहरा। इंग्लैण्ड जाने के सम्बन्ध में जो पत्र-व्यवहार मुझे इण्डिया हाउस से करना पड़ा था, उसका उत्तर उन्होंने बड़ी तत्परता के साथ दिया था। अधेड़ उम्र के होंगे, लम्बे, शरीर से कुछ भारी और प्रसन्न मुख। वे असिस्टेंट एडूकेशन आफिसर थे और अपने काम और दायित्व को खूब अच्छी तरह जानते और निभाते थे। नवागंतुकों की क्या-क्या मुश्किलें हो सकती हैं, उन्हें मालूम थीं, और वे उन्हें दूर करने को जो कुछ भी कर सकते थे, करते थे, कम-से-कम उनके प्रति सचेत कर देते थे। लन्दन से ही उन्होंने केम्ब्रिज में मेरे लिए रहने का स्थान निश्चित कर दिया था और लैण्डलेडी को मेरे पहुँचने की सूचना दे दी थी, केम्ब्रिज में जिन प्रोफेसरों से मुझे मिलना था, उनके नाम, परिचय-पत्र दे दिये थे और युनिवर्सिटी के जीवन के विषय में भी कुछ मोटी-मोटी बातें बता दी थीं।

मेरा अनुमान है कि वे स्काच थे या वेल्श। इंग्लैण्ड में तीन तरह के अंग्रेज़ हैं—ऐंग्लो-सैक्सन, स्काच और वेल्श। विशुद्ध ऐंग्लो-सैक्सन गम्भीर, चुप्पा, मुदम्मिग और आत्म-पर्याप्त होता है, औपचारिकता का पाबन्द, कुछ नफासत भी लिये। स्काच खुली प्रकृति का होता है, अपनी सामान्य बुद्धि का विश्वासी, अपने व्यवहार-बर्ताव में दिखावटी आत्मानुशासन और शिष्टता से दूर, अधिक स्वाभाविक। वेल्श स्काच से बहुत मिलता-जुलता है, पर उससे अधिक भावुक होता है—वास्तव में स्काच और वेल्श दोनों केल्ट रेस के हैं—आयरलैण्ड के निबासी भी इसी रेस के हैं—जो अपनी ख्वाब-खयाली, कल्पना और भावप्रवणता के लिए प्रसिद्ध हैं। नेस्टर के स्वभाव में निश्चय खुलापन, मिलनसारी और सहृदयता थी। वह जब भी केम्ब्रिज आता, मुझसे मिलता, और मैं भी जब लन्दन जाता, उससे मिले बगैर न लौटता। एक बार उसने अपनी पत्नी से भी मुझे मिलाया था।

केम्ब्रिज लन्दन से 90 मील उत्तर है, रेल से पहुँचने में डेढ़ घण्टे लगते हैं। जैसे कोई गहरे पानी में तैरता—घबराया, छिछले पानी में आकर खड़ा हो जाये, वैसे ही मैंने लन्दन से केम्ब्रिज में आकर अनुभव किया। मैं अस्सी लाख आबादी के विराट नगर से अस्सी हज़ार आबादी की लघु नगरी में आ गया था। कम चौड़ी सड़कों, पतली गलियों, कम ऊँचे मकानों, कम यातायात, कम चहल-पहल के

केम्ब्रिज में अपने को पाकर मैं मन-ही-मन आश्वस्त हुआ कि यहाँ प्रयाग जैसी लघु नगरी के अभ्यस्त व्यक्ति के लिए अपनी सहेज-संभाल करना कठिन नहीं होगा।

दो-डेढ़ मील की लम्बाई-चौड़ाई की प्राय: समतल भूमि पर बसे केम्ब्रिज ने प्रथम सम्पर्क में ही मुझे मोह लिया। यों तो सारा केम्ब्रिज ही स्वच्छ और सुन्दर है, पर मन्द-मन्द बहती बड़ी नहर-सी कैम नदी के किनारे-किनारे सदियों पुराने कॉलेजों की इमारतों के सिलसिले, उन्हें दूसरे किनारे से जोड़ने वाले विभिन्न आकार-प्रकार के कई पुल—जिनमें से एक सफेद संगमरमर का है, एक काली लकड़ी का—नदी पर तैरती रंग-बिरंगी बत्तखें और शंख-श्वेत हंसों के जोड़े, लग्गी से खेई जाती छोटी-छोटी नावें जिन्हें 'पंट' कहते हैं, उस पार झुकी शाखाओं से पानी की सतह को सहलाने वाले विलो वृक्षों की कतारें, उनके पीछे सुनहरे डैफोडिल के खेत और उनकी पृष्ठभूमि में झाड़ियों का हरियाला फैलाव—सब मिलकर एक ऐसा शान्त-स्वप्निल चित्र प्रस्तुत करते हैं कि उन्हें देखते आँखें नहीं अघातीं। और अगर केम्ब्रिज का थोड़ा-सा इतिहास ज्ञात हो तो स्मृति-पटल पर उभरती हैं—उन प्रतिभावानों की आकृतियाँ, जो केम्ब्रिज में विचरीं, जिन्होंने केम्ब्रिज से प्रेरणा ली, जो केम्ब्रिज में पनपीं, फूलीं, फलीं, और जिनके अवदान से विज्ञान और साहित्य समृद्ध हुए, सभ्यता और संस्कृति ने प्रगति की—आकृतियाँ न्यूटन, बेकन, डार्विन, स्पेंसर, क्रामवेल, मिल्टन की; मार्लो, ग्रे, थैकरे, वर्ड्सवर्थ, बाइरन, टेनिसन की; अपने देश के रामानुजम, अरविन्द, इकबाल, सुभाष बोस, जवाहरलाल की। मैंने पहली ही दृष्टि में केम्ब्रिज को समदिक् और ऊर्ध्व, दोनों आयामों में देखा, और उसके प्रति अपनी प्रथम प्रतिक्रिया बतलाना चाहूँ तो यही कहूँगा कि मैं अभिभूत हो गया—उसकी सौम्य सुन्दरता पर मुग्ध, उसकी चमत्कारी देन के प्रति नतमस्तक।

केम्ब्रिज विशुद्ध विश्वविद्यालयी नगर है—उसमें या उसके कुर्ब-जवार में कोई आधुनिक उद्योग-धंधे नहीं खड़े किये गये और इस प्रकार वह फैक्ट्रियों और चिमनियों के शोर-गुल और धुंध-धुएँ से आज भी बिल्कुल अछूता है। विश्वविद्यालयी नगर आक्सफोर्ड भी है, पर वहाँ विश्वविद्यालय नगर पर हावी नहीं है, और अब तो उस पर फैक्ट्रियों-कारखानों ने भी धावा बोल दिया है। आक्सफोर्ड और केम्ब्रिज की तुलना करते हुए किसी पुराने प्रसिद्ध अंग्रेज़ी निबन्धकार ने कहा था कि 'आक्सफोर्ड एक सिटी है जिसके बीच एक युनिवर्सिटी बनी है, केम्ब्रिज एक युनिवर्सिटी है जिसके बीच एक सिटी बसी है।' केम्ब्रिज की अस्सी हज़ार की आबादी में दस हज़ार विद्यार्थी हैं, पाँच हज़ार युनिवर्सिटी से सम्बद्ध अन्य लोग,—प्रोफेसर से पोर्टर तक, शेष उनकी किसी-न-किसी आवश्यकता की पूर्ति करने वाले काम-धंधों से सम्बद्ध। केम्ब्रिज की सड़कों पर सबसे ज़्यादा चलने वाली सवारी है—साइकिलें, जिन पर आते-जाते विद्यार्थियों के झुण्ड-के-झुण्ड किसी भी समय देखे जा सकते हैं—उनकी पीठ पर काले गाउन हवा से फूले, उड़ते दीर्घकाय चमगादड़ों के समान। प्रोफेसर, जिनके पास मोटरें हैं, वे भी एक कॉलेज से दूसरे कॉलेज, एक लेक्चर-हॉल से दूसरे लेक्चर-हॉल में जाने के लिए साइकिलों

का ही उपयोग करते हैं, केम्ब्रिज के सँकरे रास्तों पर अपनी मोटरें खड़ी कहाँ करें!

मनोरंजन, दिल-बहलाव और खेल-कूद के स्थानों, संस्थानों और संस्थाओं की केम्ब्रिज में कमी नहीं। कई सिनेमा हाउस हैं, एकाधिक नाचघर हैं, नाट्यशाला शायद एक ही है, खेलने के मैदान हैं, खुले पार्क हैं, तैरने का तालाब है, पंटिंग, बोटिंग करने के लिए कैम नदी है ही—विचित्र है कि कैम नदी में मैंने किसी को कभी नहाते या तैरते नहीं देखा—सौ से ऊपर क्लब हैं, विभिन्न रुचियों के, विचित्र रुचियों के भी—एक तो Night Climbers Club (रात को ऊँची इमारतों पर चढ़ने वालों का क्लब) है, जिसके सदस्य रातों को चोरी-छिपे ऊँची इमारतों, गुम्बदों और मीनारों पर चढ़ते हैं—इतने ही पब्स होंगे, पीने-पिलाने की जगहें, जिनको हम इलाहाबाद की बोली में 'हौली' कहते हैं, आप सम्मानसूचक नाम देना चाहें, तो इन्हें पान-शाला या मधुशाला कह सकते हैं। साल में एक-दो बार लगने वाले मेले-ठेले हैं, जिन्हें 'कार्निवल' कहते हैं और 'मेबाल' हैं, विशुद्ध विद्यार्थियों के मधुपान और नृत्य-गान के उत्सव, जो मई के महीने में परीक्षाओं के समाप्त होने पर मनाये जाते हैं। फिर भी, केम्ब्रिज के वातावरण में एक गहन गांभीर्य की अनुभूति हर समय होती है, कुछ लोगों ने उसे उदासी और कइयों ने उसे मनहूसियत तक कहा है। बाइरन ने केम्ब्रिज के बारे में लिखा था :

Where learning robed in sable reigns and melancholy pale.
(जहाँ पीतवर्णी उदासी और कृष्ण वस्त्राभूषित विद्वत्ता का शासन है)

और रुपर्ट ब्रुक ने—

In Cambridge people rarely smile. (केम्ब्रिज में कभी ही कोई मुसकराता है)।

प्रतियोगिता के लिए खेली जाने वाली मैचों और बोट-रेसों के अभ्यास में आप 'कोच' को—खेल के प्रशिक्षकों को—इस प्रकार डाँटते-डपटते सुन सकते हैं, Don't play at it. (खेल मत करो)। हद हो गयी, खेलो भी गम्भीरता के साथ। पर यह केम्ब्रिज के लिए सच है। वहाँ खेला भी गम्भीरता से जाता है, तो अध्ययन-अध्यापन की गम्भीरता का अनुमान आप सहज ही कर सकते हैं।

वास्तव में वहाँ की गम्भीरता के पीछे हैं—वहाँ के अध्यापक और विद्यार्थी। केम्ब्रिज में हर वर्ष लगभग 3000 नये विद्यार्थी लिये जाते हैं, परन्तु केवल मैट्रिक्यूलेशन की परीक्षा पास कर लेना ही, किसी उच्च श्रेणी में भी, वहाँ प्रवेश पाने के लिए पर्याप्त नहीं होता। इसके लिए युनिवर्सिटी की एक प्रतियोगिता परीक्षा में भी बैठना पड़ता है। कोई 30,000 विद्यार्थी बैठते हैं और उनमें से केवल 3000 दाखिले के लिए चुने जाते हैं। स्पष्ट है कि उनमें बहुत ऊँचे दर्जे की योग्यता होती है और वे कुछ विशिष्ट बनने का आदर्श सामने रखकर आते हैं और उन्हें जो अवसर मिलता है, उसका पूरा लाभ उठाना चाहते हैं। 'फेल' नाम की चीज़ केम्ब्रिज में सहन नहीं की जाती। फेल विद्यार्थी को केम्ब्रिज से निकाल दिया जाता है, जिसे वहाँ की शब्दावली में Sending down (सेंडिंग डाउन) कहते हैं, और किसी विद्यार्थी के लिए इससे बड़े अपमान की बात नहीं सोची जा सकती। जहाँ महत्त्वाकांक्षा

का इतना मानसिक तनाव और असफलता का ऐसा घनघोर आतंक हो, वहाँ के वातावरण में गांभीर्य न हो तभी आश्चर्य होगा।

और इस गांभीर्य को मैंने तो अपने स्वभाव के अनुकूल ही पाया। मैंने अपने स्वभाव की गम्भीरता की ओर पहले भी संकेत किया है। उसे मैं अच्छा तो नहीं समझता, पर मेरे ऊपर कुछ ऐसे संस्कार पड़े, मेरे जीवन में कुछ ऐसी त्रासदियाँ घटीं, मुझे अपने प्रतिकूल पड़ने वाले बहुत-कुछ से इतनी रगड़-झगड़ करनी पड़ी कि मेरे मन की सहज प्रसन्नता खो गयी। केम्ब्रिज में मैं बिना पर्याप्त आर्थिक साधन के उतर पड़ा था, अपने बीवी-बच्चों से बिछुड़ने का गम मुझे था ही, पर उसका केवल भावनात्मक पक्ष न था। मैं अपनी कच्ची गिरिस्ती छोड़कर आया था, और मुझे सात समुन्दर पार अकेले पड़े अपने सुकुमार परिवार की सुविधा, सकुशलता और सुरक्षा की भी चिन्ता थी। इसका तनाव मैंने अपने प्रवास में निरन्तर अनुभव किया।

अभी तो मैं थोड़े में आपको केम्ब्रिज युनिवर्सिटी और उसके कॉलेजों के इतिहास-विकास और उसके वर्तमान स्वरूप के विषय में बता दूँ। कहते हैं, तेरहवीं सदी के प्रारम्भ में ऑक्सफोर्ड युनिवर्सिटी से कुछ विद्यार्थी, वहाँ से किसी कारण असन्तुष्ट होकर, केम्ब्रिज आये और यहाँ उन्होंने 'स्टूडियम जनरेल' के नाम से एक शिक्षा-केन्द्र की स्थापना की, जिसे शताब्दी के तीसरे दशक के अन्त में युनिवर्सिटी के रूप में राजकाय मान्यता दी गयी। इस बात को ऑक्सफोर्ड वाले क्वचिद् अभिमान से कहते हैं कि केम्ब्रिज युनिवर्सिटी तो हमारी ही सन्तान है। उधर केम्ब्रिज वालों का दावा है कि ईस्ट ऐंग्लिया के राजा ने सातवीं शताब्दी में ही यहाँ एक स्कूल की स्थापना की थी, जिसमें ऑक्सफोर्ड के विद्यार्थी आकर भरती हुए और बाद को उसी को 'स्टूडियम जनरेल' का नाम दिया गया, उसी को केम्ब्रिज युनिवर्सिटी का। सच्चाई तो अतीत के धुंध में खो गयी है पर अस्तित्व में आ गयी है—ऑक्सफोर्ड और केम्ब्रिज की प्रतिद्वन्द्विता, जो समय-समय पर अनेक विनोदपूर्ण रूपों में प्रकट होती रहती है।

केम्ब्रिज के कॉलेज केम्ब्रिज युनिवर्सिटी के अविभाज्य अंग हैं। आजकल इनकी संख्या बाईस है—इनमें से सात कॉलेज चौदहवीं सदी में, चार पन्द्रहवीं में, सात सोलहवीं में और चार उन्नीसवीं सदी में स्थापित हुए थे। पहला कॉलेज पीटर हाउस था, जो सन् 1284 में स्थापित हुआ था, उन्नीसवीं सदी के कॉलेजों में गर्टन और न्यूनम, जो क्रमशः 1867 और 1871 में स्थापित हुए थे, लड़कियों के लिए हैं। कॉलेजों की इमारतें ऐतिहासिक, भव्य और दर्शनीय हैं।

युनिवर्सिटी विभिन्न विषयों में लेक्चरों का प्रबन्ध करती है, परीक्षा लेती है, डिग्री देती है, विद्यार्थियों के स्वास्थ्य की देख-रेख करती है—फेनर्स नामक संस्था द्वारा—खेल-कूद का इंतज़ाम कराती है और स्टूडेन्ट्स यूनियन चलाती है। कॉलेज विद्यार्थियों के आवास और भोजन की व्यवस्था करते हैं, छोटे-छोटे सेमिनारों द्वारा उनके शिक्षण पर वैयक्तिक ध्यान देते हैं और उच्च कोटि के विद्यार्थियों और

स्नातकों को अच्छी छात्रवृत्तियाँ देकर युनिवर्सिटी-शिक्षा पाने अथवा विभिन्न विषयों के विशेषज्ञ बनने में सहायता पहुँचाते हैं। कॉलेज का प्रमुख 'मास्टर' अथवा 'प्रोवोस्ट' कहलाता है, 'फेलो' उन स्नातकों को कहते हैं, जो कॉलेज की छात्रवृत्ति पर विशेषज्ञता के लिए स्वाध्याय करते हैं, एक निश्चित अवधि समाप्त होने पर उन्हें एक थीसिस भी प्रस्तुत करनी होती है, जिसे डॉक्टरेट की थीसिस से भी अधिक महत्त्व दिया जाता है। इन्हीं में से कॉलेज के सेमिनार टीचर नियुक्त होते हैं। 'स्कालर' उन विद्यार्थियों को कहते हैं जो कॉलेज की छात्रवृत्ति पर 'ट्राइपास' की परीक्षा की तैयारी करते हैं—'ट्राइपास' तीन बरस का कोर्स—जैसे अपने यहाँ का बी०ए०, पर स्तर की दृष्टि से उससे कहीं ऊँचा। 'पेन्शनर' वे विद्यार्थी हैं, जो अपने आवास-भोजन-शिक्षण सबके लिए कॉलेज को फीस देते हैं। कॉलेज में विद्यार्थियों के रहने के लिए कमरे होते हैं, एक बड़ा भोजन-भवन होता है, जहाँ सब विद्यार्थी-अध्यापक साथ बैठकर खाना खाते हैं, सेमिनार क्लासों के लिए अलग-अलग कक्ष होते हैं, एक अच्छी लाइब्रेरी होती है, विद्यार्थियों और अध्यापकों के उठने-बैठने अथवा संगोष्ठियों के लिए अलग-अलग बड़े कमरे होते हैं जिन्हें काम्बिनेशन रूम और स्टाफ रूम कहते हैं और प्रत्येक कॉलेज में एक गिरजाघर होता है। हमें न भूलना चाहिए कि इन कॉलेजों की स्थापना शुरू-शुरू में धार्मिक संस्थानों के रूप में हुई थी और कालक्रम में बहुत-सी रूढ़ियों से मुक्त होने के बावजूद, वह परम्परा अब तक चली आती है। कॉलेजों की इमारतें इस तरह बनी हैं कि उनमें आने-जाने का एक ही फाटक होता है और उससे मिला पोर्टर का कमरा होता है। पोर्टर कॉलेज सम्बन्धी सारी सूचनाओं का भण्डार होता है और कॉलेज में किसी से मिलने के लिए उससे सम्पर्क करना आवश्यक होता है। रात में एक निश्चित समय पर कॉलेज का फाटक बन्द कर दिया जाता है और विद्यार्थियों से प्रत्याशा की जाती है कि उसके पूर्व वे अन्दर आ जायें और फिर बाहर न निकलें। इसके बाद भी कुछ शरारती और दुःसाहसी खिड़कियों से अन्दर आने या बाहर निकलने का प्रयत्न करते हैं और कभी-कभी सफल भी हो जाते हैं।

युनिवर्सिटी के विभिन्न विभागों के प्रोफेसरों, रीडरों, लेक्चररों की नियुक्ति मुख्यतः कॉलेजों के फेलोशिप-प्राप्त लोगों में से की जाती है, युनिवर्सिटी का वाइस चांसलर कॉलेजों के मास्टरों और प्रोवोस्टों में से चुना जाता है। प्राक्टर, जिस पर विद्यार्थियों को अनुशासन में रखने का दायित्व होता है, युनिवर्सिटी की ओर से नियुक्त होता है, पर उसका अधिकार क्षेत्र कॉलेजों के बाहर होता है, भीतर नहीं। कॉलेज के अन्दर उसका मास्टर या प्रोवोस्ट वहाँ का सर्वेसर्वा होता है।

युनिवर्सिटी के लेक्चर हॉल, परीक्षा भवन, सेनेट हॉल, प्रमुख पुस्तकालय, यूनियन हाल, रेजिस्ट्री, विभिन्न फैकल्टियों के दफ्तर, युनिवर्सिटी-प्रबन्ध सम्बन्धी अन्य कार्यालय कॉलेजों से अलग हैं। केम्ब्रिज का विद्यार्थी युनिवर्सिटी और कॉलेज दोनों के सम्पर्क-सान्निध्य से अपने को शिक्षित-दीक्षित करता है। वस्तुतः शिक्षित करने का काम युनिवर्सिटी करती है, दीक्षित करने का काम कॉलेज करते हैं, अगर आप शिक्षित और दीक्षित दोनों में जो सूक्ष्म अन्तर है, उसे ठीक से समझ

सकें। केम्ब्रिज के युनिवर्सिटी और कॉलेज अपनी-अपनी सत्ता-इयत्ता और कार्यक्षेत्र के प्रति अलग-अलग सचेत रहते हुए जिस सहयोग, सद्भावना, समझदारी और सुचारुता से केम्ब्रिज के अकादमिक जीवन को परिचालित करते हैं, उसका कोई जोड़ नहीं। आश्चर्य होता है देखकर कि इतनी बड़ी युनिवर्सिटी में शिकायत, असन्तोष अथवा आक्रोश का स्वर शायद ही कभी उठता हो, पक्षपात या अन्याय का आरोप शायद ही कभी लगाया जाता हो। यह कितनी बड़ी बात है कि हर एक को, क्या अध्यापक, क्या विद्यार्थी, क्या अन्य कर्मचारी, सबको यह विश्वास है कि युनिवर्सिटी और कॉलेज जो कुछ भी करेंगे, वह नियमत: होगा, न्यायपूर्ण होगा।

केम्ब्रिज युनिवर्सिटी के बारे में दो-एक मनोरंजक बातें आपको और बता दूँ, जो मुझे याद आ गयी हैं। केम्ब्रिज युनिवर्सिटी में हाज़िरी नहीं ली जाती। हाज़िरी वहाँ मानी जाती है केम्ब्रिज में सोने की। आप दिन-भर कहीं घूमिये, रात को आकर आप केम्ब्रिज में सो जाइये, आप केम्ब्रिज में हाज़िर माने जायेंगे। कॉलेज में सोने का गवाह पोर्टर होता है, 'डिग' में सोने की, लैण्डलेडी। कॉलेजों में रहने की जगहें युनिवर्सिटी के सभी विद्यार्थियों के लिए पर्याप्त नहीं हैं, बहुतों को, जिनमें अधिकतर तीसरे वर्ष के विद्यार्थी अथवा वयस्क-शोध छात्र होते हैं, अलग मकानों में रहना पड़ता है, जिन्हें 'डिग' कहते हैं। कुछ डिगें ऐसी हैं, जिनमें केवल विद्यार्थी रहते हैं, इनमें रात के लौटने आदि के नियम कॉलेज के-से ही पाले जाते हैं, कुछ में सामान्य नागरिक भी ठहर सकते हैं। गाउन हमारे यहाँ केवल कन्वोकेशन के दिन पहना जाता है, केम्ब्रिज में अध्यापक-विद्यार्थी प्रतिदिन कक्षाओं में, भोजन के समय, गिरजाघर में गाउन पहने रहते हैं, विद्यार्थियों को रात में कॉलेजों के बाहर जाने पर भी गाउन पहनना ज़रूरी होता है। न पहनने पर जुर्माना होता है। केम्ब्रिज के कॉलेजों में बड़े सुन्दर 'लान' हैं, जिन पर चलने का अधिकार केवल 'डान्स'—यानी अध्यापकों को है, विद्यार्थी चलें तो उन पर जुर्माना होता है। अनुशासनविरुद्ध विद्यार्थियों की कई कार्रवाइयों के लिए जुर्माने तय हैं, पुराने ज़माने में तो उन पर कोड़े पड़ते थे, और कभी-कभी उन्हें कठ-बेड़ी में भी खड़ा होना पड़ता था। किसी विद्यार्थी को किसी अपराध के लिए अगर पुलिस भी पकड़े तो उसे केवल युनिवर्सिटी-प्राक्टर के हवाले कर सकती है, खुद सज़ा नहीं दे सकती, जब तक कि युनिवर्सिटी उसे निष्कासित ही न कर दे।

केम्ब्रिज में मैं जीजस लेन की एक डिग में ठहरा, जो कॉलेजों से बहुत दूर न थी। मेरे कमरे की खिड़की से ट्रिनिटी कॉलेज का ह्यूल कोर्ट दिखाई पड़ता था, जहाँ पण्डित नेहरू अपने विद्यार्थी-जीवन में रहा करते थे। लैण्डलेडी मिसेज़ मलेटका थी जिसने दूसरे विश्वयुद्ध के समय एक पोलिश शरणार्थी से शादी कर ली थी—मि० मलेटका अगर तीस के होंगे तो मिसेज़ मलेटका साठ की। केम्ब्रिज की लैण्डलेडियाँ 'गोल्ड डिगर' कहलाती हैं, क्योंकि वे कम-से-कम सुविधा और घटिया भोजन देकर अधिक-से-अधिक पैसे विद्यार्थियों से वसूलना चाहती हैं। सुनते हैं, कभी केम्ब्रिज में बहुत-से यहूदी आकर बसे थे, जो अपनी धन-लिप्सा के

लिए संसार-भर में कुख्यात हैं। ये लैण्डलेडियाँ उन्हीं की सन्तानें होंगी, मलेटका तो निश्चय थी। केम्ब्रिज के कॉलेजों में रिहायशी जगहों की तंगी हमेशा से रही होगी और बहुत-से विद्यार्थियों को डिगों में रहना पड़ता होगा। कहते हैं, 16वीं सदी में राजा हेनरी अष्टम को केम्ब्रिज की लैण्डलेडियों के विरुद्ध एक फरमान भेजना पड़ा था कि वे विद्यार्थियों को परेशान न करें। मलेटका मेरे केम्ब्रिज प्रवास में ही मर गयी थी, अपनी सारी सम्पत्ति अपनी बेटी के नाम कर गयी थी और मि० मलेटका के लिए झंझी कौड़ी भी न छोड़ी थी। मलेटका एक दिन सड़क पर घूमता मिला तो बोला, Wife has ruined me (बीवी ने मुझे बर्बाद कर दिया!) शायद अंग्रेज़ी कानून में पति की सम्पत्ति की उत्तराधिकारी तो पत्नी होती है, पर पत्नी की सम्पत्ति का उत्तराधिकारी पति नहीं हो सकता। मलेटका की डिग में मैं चार महीने रहा, वहाँ केवल विद्यार्थी ही नहीं रहते थे, इंग्लैण्ड और योरोप के और लोग भी वहाँ आकर कई-कई हफ्ते ठहरते थे, और इस प्रकार वहाँ रहते हुए इंग्लैण्ड, जर्मनी और फ्रांस के कई लड़के, लड़कियों से मेरा परिचय हुआ, मैत्री बढ़ी।

केम्ब्रिज युनिवर्सिटी में मेरे प्रवेश पाने के अर्थ थे कि मुझे visiting fellowship (अतिथि सह-अध्यापक की श्रेणी) मिली थी, जिसके अन्तर्गत मैं युनिवर्सिटी लाइब्रेरी का उपयोग कर सकता था, लेक्चर क्लास में बैठ सकता था, अध्यापकों से समय लेकर मिल सकता था, युनिवर्सिटी के उत्सवों में भाग ले सकता था, अपनी रुचि के क्लब अथवा क्लबों का सदस्य बन सकता था और दर्शक अथवा श्रोता के रूप में उन सारी जगहों पर जा सकता था जो युनिवर्सिटी विद्यार्थियों के लिए खुली थीं। और मुझे क्या चाहिए था! फीस, इस सबके लिए प्रति टर्म कुछ देनी थी। ब्रिटिश कौंसिल की ओर से जाता तो मुझे साहित्य-अध्यापन की विधि का विशेष अध्ययन करना होता, पर अब तो ईट्स सम्बन्धी शोध-सामग्री पर ध्यान देना मेरी प्राथमिकता थी। फिर भी, भारत लौटकर तो मुझे अंग्रेज़ी ही पढ़ानी थी, इसलिए अगर समय मिले तो अंग्रेज़ी अध्यापन-विधि का भी मुझे ज्ञान करना था। साथ ही, कवि होने के नाते आधुनिक अंग्रेज़ी कविता के प्रति भी मेरे मन में जिज्ञासा थी, विशेषकर उसके नये प्रयोगों के प्रति, जिनकी अनुगूँज अपने देश में भी सुन पड़ने लगी थी। मैंने इन्हीं तीन दिशाओं में अपनी शक्ति और समय लगाने का निश्चय किया।

अंग्रेज़ी विभाग के अध्यक्ष और पेम्ब्रोक कॉलेज के फेलो प्रोफेसर बेजिल विली ने मुझे सलाह दी कि अपने शोध-सम्बन्धी कार्य के लिए मैं सेंट कैथरीन्स कॉलेज के सीनियर ट्यूटर मि० टी० आर० हेन से विशेष सम्पर्क रखूँ क्योंकि केम्ब्रिज में वे ईट्स-साहित्य के विशेषज्ञ माने जाते थे और हाल ही में ईट्स पर उन्होंने एक बड़ी प्रामाणिक पुस्तक प्रकाशित की थी—The Lonely Tower (दि लोनली टावर)। यदा-कदा मैं क्राइस्ट कॉलेज के फेलो मि० ग्राहम हफ से भी सलाह-मशविरा कर सकता हूँ। उन्होंने ईट्स पर कोई खास काम तो न किया था पर अपने किसी आलोचना-ग्रन्थ में ईट्स पर एक बड़ा निबन्ध लिखा था जिसमें उन्होंने उनके काव्य पर कुछ मौलिक प्रकाश डाला था। ऐसे ही, ऑक्सफोर्ड युनिवर्सिटी के अंग्रेज़ी विभाग के अध्यक्ष प्रो० सी० एम० बावरा भी अपने केवल

एक निबन्ध के कारण ईट्स-साहित्य के मर्मज्ञ माने जाते थे। अंग्रेज़ी अध्यापन-विधि का अध्ययन करने के लिए प्रो० विली ने राय दी कि मैं उनके, डॉ० टिलयार्ड, विभाग के रीडर और किंग्स कॉलेज के फेलो मि० एफ़० एल० लूकस, मि० हेन, मि० हफ, मि० रेडपाथ, मि० रीलैण्ड तथा कुछ अन्य लेक्चरर्स के क्लास में जाकर बैठूँ—नाम अब सबके मुझे याद नहीं हैं, उनमें दो लेडी लेक्चरर्स भी थीं। आधुनिक और नयी कविता की विशेष जानकारी के लिए मैं डाउनिंग कॉलेज के फेलो डॉ० एफ़० आर० लीविस से मिलूँ, वे केम्ब्रिज में क्या, इंग्लैण्ड भर में नयी कविता के सबसे बड़े पैरोकार माने जाते थे और नयी कविता पर Scrutiny (स्क्रूटिनी) नाम की एक पत्रिका का सम्पादन भी करते थे। उनके नाम और उनकी एक प्रसिद्ध पुस्तक New Bearings in English Poetry (न्यू बेयरिंग्स इन इंगलिश पोयट्री) से मैं भारत में ही परिचित हो चुका था।

तो पहले मैं आपको आधुनिक अंग्रेज़ी कविता से अपने रब्त-ज़ब्त और केम्ब्रिज में अंग्रेज़ी साहित्य पढ़ाने के तरीके से अपनी जानकारी के बारे में कुछ बता दूँ, क्योंकि मेरे ये शगल ज़्यादा दिन नहीं चल सके।

डॉ० लीविस से मिलने पर मैंने उनमें आधुनिक अंग्रेज़ी कविता के प्रति वह उत्साह नहीं देखा, जिसकी मैंने प्रत्याशा की थी। वस्तुत:, पिछले पच्चीस वर्षों में कविता के नाम से जो कुछ भी लिखा गया था, उससे उन्हें बड़ी निराशा थी। टी० एस० इलियट की प्रतिभा के वे अब भी कायल थे, पर उनके व्यक्तित्व और कवित्व की कुछ सीमाएँ भी अब वे देखने लगे थे। बुद्धिजीवीवर्ग ने तो उनको समुचित आदर मान दिया था, पर सामान्य अंग्रेज़ जनता—और वह पढ़ी-लिखी और प्रबुद्ध जनता है—उनको अपने निकट न पा सकी। कारण कई थे। एक तो वे अमरीका-मूलक थे और देसी-विदेशी का अन्तर अंग्रेज़ के मन में कहीं बहुत गहरे काम करता रहता है। फिर, उन्होंने कुछ ऐसे मूल्यों के प्रति अपनी निष्ठा व्यक्त की थी, जिनके प्रति अंग्रेज़ों की आस्था सदियों पहले डिग चुकी थी, जैसे रोमन कैथलिक चर्च और ईसाई नैतिकता, जिसको खासा धक्का दो विश्वयुद्धों के समय लगा था। अंग्रेज़ी राज्य-तन्त्र की उनकी वकालत प्रगतिशील वर्ग को न भायी थी। इलियट का कवि Scholar Poet (विद्वान् कवि) था, कविता उनके लिए highest intellectual activity—उच्चतम-बौद्धिक प्रक्रिया—थी और कविता की श्रेष्ठता उनके अनुसार कुछ काव्येतर मान्यताओं और कुछ तकनीकी बारीकियों पर निर्भर थी। मगर अंग्रेज़ मानस में ऐसे जन्मजात कवि की तस्वीर अटकी थी जो युगीन और शाश्वत भावनाओं, आशाओं, आकांक्षाओं, आशंकाओं को वाणी देकर सामान्य जनता के साथ सहज संवाद स्थापित कर सके। ऐसे कवि के लिए एक ललक मैंने लीविस की आँखों में भी पाई थी, गो उनकी दृढ़ धारणा थी कि इलियट के बाद अंग्रेज़ी कविता वही नहीं रह सकेगी, जो उनके पहले थी।

मार्जरी को जब यह पता लगा कि मैं आधुनिक अंग्रेज़ी कविता में रुचि रखता हूँ तो उसने अपने निजी पुस्तकालय से इलियट के बाद उभरने वाले प्रमुख कवियों

के कोई पचास कविता-संग्रह मेरे लिए भेज दिये, कुछ आधुनिक काव्य-समालोचना की पुस्तकें भी। उनमें स्पेंडर और आडेन की कृतियों से मैं भी परिचित हो चुका था, नया परिचय एडिथ सिटवेल, मैक्नीस आदि कवियों से हुआ। स्पेंडर जिस तेज़ी से साम्यवाद-पोषित प्रगतिशीलता की ओर झुके थे, उसी तेज़ी से उससे निराश हो सौन्दर्यवादी हो गये, आडेन में यथार्थ की चेतना और उसके प्रति कटुताहीन व्यंग्य की भावना स्पष्ट थी, पर आडेन अध्यापन का कार्य करने के लिए अमरीका चले गये और उनका कवि धीरे-धीरे दबने लगा। सभी आधुनिक कवियों पर कमोबेश इलियट का प्रभाव देखा जा सकता था। काव्य के पुराने उपकरणों के प्रति सभी का विद्रोह था, पर नयी भाषा, नये मुहावरे, नये प्रतीकों को वांछित गरिमा कम ही लोग दे पाये थे। अत्याधुनिक कवि अपनी अद्भुत अनुभूतियों–जो प्रायः अपने अवचेतन के प्रति अधिक सचेत होने से जागी थीं–और एकदम वैयक्तिक अभिव्यक्तियों के कारण किसी वर्ग के पाठक के साथ अपना संवाद न स्थापित कर पाते थे। विचित्र है कि जिन दो कवियों को सामान्य अंग्रेज़ जनता अपने निकट पाती थी, वे थे–रुपर्ट ब्रुक और डीलन टामस। रुपर्ट ब्रुक के काव्य के ताने-बाने में राष्ट्रीयता का एक प्रबल सूत्र है। महायुद्ध के समय ऐसी कविता के लोकप्रिय होने का कारण सहज ही समझा जा सकता है, पर युद्ध के समय जनता ऐसी तटस्थ मनःस्थिति में नहीं होती कि काव्य के गुणों का सही मूल्यांकन कर सके। सम्भव है, युद्ध के दूर पड़ जाने पर उनके प्रति जन-रुचि बदल गयी हो, पर डिलन टामस की जन-मान्यता के कारणों पर कुछ विचार करना होगा। उन्होंने भी बहुत कुछ नये को अपनाया था, पर पुराने में जो स्वस्थ था, उसका बहिष्कार न किया था। उनकी अनुभूतियों में वैयक्तिकता है, पर वे उसे जिस गहराई तक ले जाते हैं, वहाँ दूसरे भी अपना कुछ पाते हैं। अपनी अभिव्यक्ति में वे कला अथवा तकनीक का बड़ा संयत उपयोग करते हैं–बस उतना ही, जितना पाठक के लिए भारी न पड़े। वे अपनी कविता में विद्वत्ता से अधिक मानवता को प्रक्षिप्त करते हैं। एक चौथी बात, विज्ञान की अधुनातनता, अद्यतनता से कविता होड़ नहीं ले सकती, न उसे लेना चाहिए, उसकी गरिमा समय से कुछ पीछे रहने में है या फिर समय से बहुत आगे रहने में। डिलन टामस इस रहस्य को जानते हैं। मेरी ऐसी धारणा है कि अंग्रेज़ जन-मानस जिस प्रकार के कवि की कल्पना अपने अन्दर बसाये हैं, उसे डिलन टामस का ही कोई विकसित रूप साकार कर सकता' है।

उस समय आधुनिक अंग्रेज़ी कविता के सम्बन्ध में मैं कुछ ऐसे ही परिणामों पर पहुँचा था। लीविस से तो मैं दुबारा मिला भी नहीं, पर केम्ब्रिज के और भी विद्वानों और विचारकों से जब कभी मेरी बातचीत हुई, मैंने उन्हें वर्तमान कविता से असन्तुष्ट और कविता के भविष्य के बारे में निराश पाया।

केम्ब्रिज युनिवर्सिटी एकमात्र 'ट्राइपास' परीक्षा के लिए विद्यार्थियों को तैयार करती है, पास करने पर विद्यार्थी अपने नाम के आगे बी०ए० लगा सकता है। एम०ए० नाम का कोई पाठ्यक्रम या परीक्षा नहीं है। ट्राइपास पास करने पर एक

निश्चित अवधि के बाद कुछ फीस देकर आदमी एम०ए० की डिग्री, अगर चाहे तो, ले सकता है। कहने का मतलब है; 'ट्राइपास' कोर्स के अन्तर्गत जो उच्चतम शिक्षा किसी विषय की आवश्यक है, वह युनिवर्सिटी दे देती है। ट्राइपास के अंग्रेज़ी साहित्य के पाठ्यक्रम के सम्बन्ध में मेरी जिज्ञासा थी। प्रत्याशा मेरी यह थी कि अंग्रेज़ी जहाँ की भाषा है, वहाँ तो साहित्य की नवीनतम उपलब्धियाँ—या उनमें जो उच्च कोटि का होगा, वह कोर्स में होगा ही। मुझे देखकर आश्चर्य हुआ कि साहित्य के कोर्स में कोई ऐसी पुस्तक न थी जो 40-50 वर्ष पहले प्रकाशित न हुई हो। अन्तिम कवि जो कोर्स में था, वह था—मेथ्यू आरनल्ड, जिसकी मृत्यु 19वीं सदी के अन्त में हुई थी। ईट्स, इलियट, गल्जवर्दी, शा को हम अपनी युनिवर्सिटियों में कोर्स में लगाये हैं, वहाँ इनमें से कोई कोर्स में न था। जो 'नवीनतम' उपन्यास कोर्स में लगा था, वह था—डी०एच० लारेंस का Sons and Lovers (सन्ज़ एण्ड लवर्स) जो 1913 में प्रकाशित हुआ था। चर्चा हम 1954 के कोर्स की कर रहे हैं। और, अपने यहाँ हिन्दी पाठ्यक्रमों की यह स्थिति है कि कवि जी तो साइकिल पर सड़क पर चल रहे हैं, और क्लास में उनकी कविता पढ़ाई जा रही है। मैं शायद एक व्यंग्य-चित्र प्रस्तुत करने के मोह में कुछ अतिशयोक्ति कर गया, पर मैं युनिवर्सिटी में लगे एक ऐसे संकलन के विषय में जानता हूँ, जिसमें जिन कवि जी की कविताएँ सम्मिलित थीं, वही 'प्रोफेसर' के रूप में उन कविताओं को पढ़ाते भी थे।

ऐसा नहीं है कि केम्ब्रिज में युगीन अथवा नवीन साहित्य को उपेक्षा की दृष्टि से देखा जाता है। उसे पुस्तकालयों में संजोया जाता है, लोग उसे पढ़ते हैं, उसकी चर्चा करते हैं, उसकी आलोचना-प्रत्यालोचना होती है, उस पर लेख अथवा पुस्तकें लिखी जाती हैं, पर कोई साहित्य पाठ्यक्रमों में स्थान तभी पाता है, जब वह अंग्रेज़ी समाज अथवा जीवन में कोई स्थान बना लेता है। वहाँ साहित्य एक स्वस्थ वृक्ष के समान जब जीवन में, समाज में अपनी जड़ें गहरे जमा लेता है, तब अपनी शाखाएँ, अपने फूल-फल युनिवर्सिटी की छतों तक पहुँचाता है। यहाँ हम युनिवर्सिटी की छतों पर उसकी जड़ों को जमाने का प्रयत्न कर उसकी शाखाओं को, फल-फूल को समाज की धरती पर उतारने का प्रयत्न करते हैं। लगता है, 'ऊर्ध्वमूलमधः शाखम्' का पाठ हमने बहुत ध्यान से पढ़ा है। हम ज़रा सोचें कि हम कितने सफल हुए हैं! अंग्रेज़ी समालोचना बहुत पैनी है, वह किसी रचना के गुण-दोष को बड़ी जल्दी ताड़ लेती है, फिर भी वह समय को सबसे बड़ा समालोचक मानती है। साहित्य का सबसे बड़ा गुण है, जीवन्तता। उसे जीना चाहिए, अपने बल पर जीना चाहिए। जो समय में नहीं ठहरता, वह दुर्बल था, निष्प्राण था। उसे स्वाभाविक गति से मरने देना चाहिए, हम कहाँ तक मुर्दे ढोएँगे, ढुलाएँगे। अंग्रेज़ी साहित्य से परिचित जानते हैं कि बहुत-से लेखक, कवि किसी समय बहुत बड़े लगे थे, बहुत पढ़े गये थे—मुझे जान मूर, मैरी कोरेली याद आ गये हैं—समय में नहीं ठहरे, युनिवर्सिटियों में कभी कोर्स में नहीं लगे। केम्ब्रिज के एक वयोवृद्ध प्रोफेसर ने मुझसे कहा था कि प्रौढ़ समालोचना का काम ही यह है कि वह साहित्य की जीवन्तता—उसके समय में ठहरने के कारणों का विश्लेषण करे। इसीसे साहित्य और समाज को जोड़ने

वाली बहुत-सी सूक्ष्म गाँठें खुलती हैं। बहरहाल, आज से बीस-पच्चीस वर्ष पहले केम्ब्रिज में बीसवीं सदी का साहित्य पाठ्यक्रमेतर (Extra Mural) व्याख्यानों का विषय तो था, पर पाठ्यक्रम में नहीं। यह (Extra Mural) शब्द ही बड़ा व्यंजक है। इसके अर्थ है बाहरी दीवार—यानी जो बाहरी दीवार पर हो, लेकिन जिसे कमरे में प्रवेश न मिला हो।

कक्षाओं में जो व्याख्यान होते थे, वे प्राय: लिखित होते थे—वक्ता और श्रोता दोनों के लिए इसके जो लाभ हैं, उनकी कल्पना सहज ही की जा सकती है। हम तो अपने यहाँ लेक्चर झाड़ते हैं। व्याख्यान के बीच कोई प्रश्न नहीं उठाये जाते थे, विद्यार्थी प्राय: नोट लेते थे। सप्ताह में एक बार Discussion Class (प्रश्नोत्तर कक्षा) होते थे और विद्यार्थियों के प्रश्नों का उत्तर दिया जाता था। ठीक तरह का प्रश्न उठाने के लिए भी कम योग्यता नहीं चाहिए।

व्याख्यान-कक्षाओं की पूरक होती थीं सेमिनार कक्षाएँ, जो युनिवर्सिटी की ओर से नहीं, कॉलेजों की ओर से आयोजित होती थीं—अब तक कॉलेज और युनिवर्सिटी का अन्तर तो आपको स्पष्ट हो गया होगा। मैं कुछ सेमिनारों में भी जाकर बैठा। लेक्चर क्लास में तो तीन-चार सौ विद्यार्थी भी बैठ सकते थे, सेमिनारों में तीन-चार। यहाँ विद्यार्थी अध्यापक के अधिक निकट सम्पर्क में आता था, वह अपनी व्यक्तिगत शंकाएँ अध्यापक के सामने रख सकता था और उनका समाधान पाता था। विद्यार्थी लिखित रूप में भी अपना बहुत-सा काम अध्यापक को दिखाते थे, और वह उसका यथोचित संशोधन करता था। पर सेमिनार में अध्यापक जो सबसे महत्त्वपूर्ण काम करता था, वह था, विद्यार्थियों के पाठ्यक्रमेतर स्वाध्याय को निर्देशित करना—उनकी योग्यता, रुचि, आवश्यकता को जाँच-परख कर। बिना इसके विद्यार्थी पुस्तकों के अरण्य में खो सकता था, जैसे मैं स्वयं अपने विद्यार्थी-जीवन में खो गया था। युनिवर्सिटी का बड़ा पुस्तकालय है ही, पर नगर के कॉलेजों के—कभी तो एक में एक से अधिक—अध्यापकों के निजी, इतने पुस्तकालय हैं कि ऐसा मैंने कभी नहीं देखा कि कोई विद्यार्थी कोई पुस्तक पढ़ना चाहता हो और वह उसे प्राप्य न हो। केम्ब्रिज में पुस्तकों की दुकानें भी इसको बुरा नहीं मानतीं, उल्टे इसको प्रोत्साहन देती हैं कि अगर कोई विद्यार्थी कोई किताब ख़रीदने में असमर्थ हो तो वहीं खड़े-खड़े पढ़े, नोट ले चाहे घण्टों—हाँ, किताबों को मैली न करे।

जब मैं केम्ब्रिज गया, युनिवर्सिटी-स्तर पर अंग्रेज़ी साहित्य पढ़ने-पढ़ाने का मेरा अनुभव 25 वर्ष का था। पर साहित्य की जो गहरी समझ, उसके प्रति जो व्यापक दृष्टिकोण मैंने वहाँ के अध्यापकों के व्याख्यानों में पाया, वह एक नयी चीज़ थी। हम बहुत प्रयत्न करके भी उसका आयात अपने देश में नहीं कर सकते, क्योंकि अंग्रेज़ी जिस प्रकार अंग्रेज़ी-जीवन से जुड़ी है, उस प्रकार हमारे जीवन से न जुड़ी है, न जुड़ सकती है। हाँ, अपनी भाषा, अपना साहित्य पढ़ाने में हम उससे प्रेरणा ले सकते हैं, उससे लाभान्वित हो सकते हैं। वहाँ साहित्य, चाहे वह कितनी ही बड़ी प्रतिभा की देन क्यों न हो, समाज की उपज माना जाता है, ऐतिहासिक,

राजनीतिक, धार्मिक, दार्शनिक, आर्थिक परिस्थितियों की उपज, क्योंकि प्रतिभा अपनी विशिष्टता के प्रति सचेत होकर भी इनसे अप्रभावित नहीं रह सकती। इसलिए, साहित्य-शिक्षण में उसकी उस पृष्ठभूमि को समझने-समझाने पर पर्याप्त बल दिया जाता है। फिर साहित्य समाज की अकेली अभिव्यक्ति नहीं। किसी भी युग के स्थापत्य, मूर्तिकला, चित्रकला, संगीत में जो सूक्ष्म एकसूत्रता होती है, उसे भी देखने-दिखाने का प्रयत्न किया जाता है, साथ ही कलाओं में साहित्य के उस अतिरिक्त गुण को भी, जिसे उसकी वर्धमानता कह सकते हैं। यानी जीवन्त साहित्यिक कृतियों में समय का एक आयाम जुड़ता चलता है, जिससे उनका महत्त्व और अर्थ बदलता रहता है। अध्यापकों में अगर कल्पनाप्रवणता और अन्तर्भेदी दृष्टि हो—और केम्ब्रिज में यह मैंने बहुतों में देखी—तो वह पुराने और घिसे-पिटे पाठ्यक्रम को भी बड़े रोचक ढंग से प्रस्तुत कर सकते हैं। मुझे एक वयोवृद्ध अध्यापक का 'रोमियो-जूलियट' पर दिया गया व्याख्यान याद आता है, जिसमें उसने यह दिखाने का प्रयत्न किया था कि जैसे शेक्सपियर को उस भावनात्मक समस्या का पूर्वाभास था, जो विश्वयुद्ध के पश्चात् योरोपीय समाज में उठेगी। पुराना साहित्य इसीलिए नहीं पढ़ाया जाता कि उसका ऐतिहासिक महत्त्व है, बल्कि इसलिए भी कि किसी अंश में वह आधुनिक परिस्थितियों-परिवेश से जुड़ा है और युगीन और नवीन को बड़े या महान् की संज्ञा तभी दी जाती है, जब वह किसी रूप में अपनी गौरवमयी परम्परा से सम्बद्ध हो।

अंग्रेज़ी साहित्य की धारा को प्राय: एक और बड़े प्रवाह के अंग के रूप में देखा जाता है—जिसे योरोपीय कह सकते हैं। योरोप अपनी अनेकरूपी विविधताओं के बावजूद एक इकाई है—ऐसी इकाई संसार में किसी भी महाद्वीप को नहीं मिली, न एशिया को, न अमरीका को, न अफ्रीका को, आस्ट्रेलिया को शायद कभी सुदूर भविष्य में मिल जाये। यूनानियों की मानववादिता, रोमनों की विधि-व्यवस्था, ईसाइयत का धर्म, विज्ञान का उत्कर्ष, और मशीनी उद्योगों का विकास और विस्तार—इन सबों ने पूरे योरोप को प्रभावित किया है और एक खास नमूने में ढाला है। योरोपीय सभ्यता, संस्कृति के समान योरोपीय साहित्य भी एक अलग इकाई है। अंग्रेज़ी साहित्य को, कहना चाहिए किसी भी योरोपीय भाषा के साहित्य को, तभी सम्यक रूप से समझा जा सकता है, जब उसे योरोपीय साहित्य के बीच में रखकर देखा-परखा जाये। मुझे यह देखकर आश्चर्य नहीं हुआ कि केम्ब्रिज में अंग्रेज़ी साहित्य के अध्यापक बिना किसी अपवाद के दो-तीन अन्य योरोपीय भाषाओं और साहित्यों के ज्ञाता थे।

मैं फिर कहना चाहूँगा कि भारत के अंग्रेज़ी अध्यापकों को इंग्लैण्ड भेजकर अगर यह दिखाना है कि वहाँ अंग्रेज़ी कैसे पढ़ाई जाती है और यह सिखाना है कि वे लौटकर उसी तरह से भारत में अंग्रेज़ी पढ़ायें तो ब्रिटिश कौंसिल बड़े भ्रम में है। वह अपने उद्देश्य में कभी सफल न होगी। जो सीखा जा सकता है, वह यह कि हम अपने देश में अपना साहित्य किस तरह पढ़ायें। मुझे हिन्दी पढ़ानी होती तो उसके तरीके में कुछ सुधार कर सकता था। पर मुझे हिन्दी पढ़ानी नहीं, और हिन्दी पढ़ाने

वाले अंग्रेज़ी पढ़ाने वाले से नये सुझावों का सबक क्यों सीखने लगे! चलिए, बात खत्म हुई।

अपने शोध-कार्य के सम्बन्ध में मैं मि० हेन से मिला। वे युनिवर्सिटी में अंग्रेज़ी के लेक्चरर थे और सेंट कैथरीन्स कॉलेज के फेलो और सीनियर ट्यूटर। हेन ऊँचे कद, भरे शरीर, भारी सिर, छोटी-नीली, पर दूर-भेदी आँखों और घनी-भूरी मूँछों से मुझे दबंग व्यक्ति लगे—पिछले महायुद्ध में पूरे छह वर्ष उन्होंने फौजी के रूप में काम किया था और लड़ाई जब रुकी थी, वे ब्रिगेडियर के पद तक पहुँच गये थे। पहले-पहल उन्हें देखकर कोई भी एक बार दहशत में आ सकता था—आवाज़ भी उनकी भारी, ठहरी-सी और कहीं गहरे से आती प्रतीत होती थी—कूप-गिरा-गम्भीर। पर यह उनका बाहरी रूप था। स्वभाव से वह कोमल और किसी हद तक भावुक भी थे, वास्तव में वे आइरिश थे—केल्ट रेस के, आयरलैण्ड के एक बड़े सम्भ्रान्त परिवार के—उनके पितामह आइरिश कचहरी में जज रह चुके थे, पिता मजिस्ट्रेट, पर उन्होंने किसी कारण ब्रिटिश नेशनैलिटी ले ली थी। उम्र उनकी पचास से कुछ ऊपर थी, पर लगते थे लगभग साठ के।

हेन अपने विद्यार्थी-जीवन में बड़े कुशाग्र थे और उन्होंने अपनी सारी परीक्षाएँ प्रथम श्रेणी में पास की थीं। केम्ब्रिज से ट्राइपास करने के बाद उन्होंने बर्मा शेल में नौकरी कर ली थी और उस सिलसिले में दो-तीन वर्ष भारत में भी रहे थे। सेंट कैथरीन्स कॉलेज की फेलोशिप मिलने पर उन्होंने अपनी नौकरी छोड़ दी थी और तब से बराबर केम्ब्रिज में अध्ययन और अध्यापन का काम करते आ रहे थे। फेलोशिप के काल में उन्होंने ईट्स को अपने विशेष स्वाध्याय का विषय बनाया था। विद्यार्थी-जीवन से ही उन्हें ईट्स की रचनाओं में रुचि थी। ईट्स से तो उनका पारिवारिक सम्बन्ध था, वे उनसे कई बार मिले थे, उनका ईट्स के साथ पत्र-व्यवहार भी था। अपनी परिस्थिति, योग्यता, रुचि सभी से हेन, ईट्स और उनकी रचनाओं को समझने के विशेष अधिकारी थे। आश्चर्य नहीं कि ईट्स पर लिखी उनकी पुस्तक को ईट्स के आलोचना-साहित्य में बहुत ऊँचा स्थान दिया जाता है। जिस समय मैं उनसे मिला, उस समय भी ईट्स-साहित्य पर मनन-चिन्तन की अनेक मौलिक योजनाएँ उनके दिमाग में थीं। वे ईट्स को बहुत बड़ा कवि मानते थे—मिल्टन नहीं तो, वर्ड्सवर्थ के बाद अंग्रेज़ी का सबसे बड़ा कवि, और उनकी धारणा थी कि ईट्स के साहित्य का अध्ययन अभी कई दिशाओं में और कई दृष्टियों से होना बाकी है।

जब उन्होंने मुझसे पूछा कि 'आप ईट्स के किस पक्ष पर काम करना चाहेंगे?' तो मैंने कहा कि मेरे दिमाग में तो यह विषय है—'ईट्स पर भारतीय दर्शन और दंतकथा का प्रभाव।' उनकी राय थी कि यह एकाध निबन्ध का विषय तो हो सकता है, पर शोध-प्रबन्ध का विषय नहीं। साथ ही, उन्होंने माना कि यह ईट्स के चिन्तन-मनन की दिशा थी और उसने किसी अंश में उन्हें प्रभावित भी किया था, पर ईट्स के चिन्तन-मनन की दिशाएँ और भी थीं, उनका मस्तिष्क बहुत जिज्ञासु और बड़ा ग्रहणशील था, और सभी से उन्होंने कुछ-न-कुछ लिया था, लेकिन उधार के रूप में नहीं, उसे अपनी प्रतिभा की आँच में गलाकर, ढालकर, किसी अभिनव

रूप में। हेन का विचार था, उसके विश्लेषण के लिए गहन अध्ययन, अन्तर्भेदी दृष्टि और सूक्ष्म कल्पना अपेक्षित है, फिर भी अपनी पकड़ और पहुँच की सीमा में जो मैंने जाना-समझा था, उसकी परख उन्होंने करनी चाही।

पहली बार जब मैंने हेन से मिलने का समय माँगा तो उन्होंने मुझे कॉलेज में खाने पर बुला लिया, खाना सात बजे शाम को होने को था। और खाने के पहले, खाने के दरमियान, खाने के बाद आधी रात तक वे मुझसे ईट्स के विषय में बात करते रहे, पूछते रहे और जब मैं उनसे विदा हुआ तो मुझे ऐसा लगा कि जैसे मैं ईट्स के सम्बन्ध में जो कुछ भी जानता था, जो कुछ भी मैंने सोचा था, जो कुछ भी सोच सकता था—सबका सब उनके सामने उँडेल आया। बहुत बाद को एक दिन उन्होंने मुझे बताया था, 'वह तुम्हारा पहला 'वायदा' (मौखिक परीक्षा) था। जब मेरे पास कोई शोधाकाँक्षी आता है तो मैं यह देखने का प्रयत्न करता हूँ कि वह शोध करने का अधिकारी है कि नहीं, उसके पास शोध करने वाला मस्तिष्क है कि नहीं ? इसके लिए केवल अकादमिक योग्यता अथवा स्वाध्याय पर्याप्त नहीं, कुछ और भी चाहिए। शोध के लिए एक खास तरह का दिमाग़ चाहिए, जिसमें याददाश्त का वह माद्दा हो जो अक्सर दूर पड़ी चीज़ों में सम्बन्ध बिठा सके, जो ऐसे तथ्यों अथवा तत्त्वों की खोज कर सके, उनको पकड़ सके जो नये सत्य का संकेत करते हों। वास्तव में, शोध-कार्य आरम्भ कराने के पहले निर्देशक को स्वयं एक शोध-कार्य करना पड़ता है, करना चाहिए, और वह है शोधक की शोध या खोज। अगर अधिकारी शोधक मिल गया तो शोध का आधा काम समाप्त समझो।' मैंने कहीं पढ़ा था कि प्राचीन काल में नालंदा के विश्वविद्यालय के फाटक पर दरबान की जगह पर एक महापण्डित बैठा रहता था और जब कोई विद्यार्थी वहाँ पढ़ने के लिए आना चाहता था, तब उसे उस दरबान से प्रश्नोत्तर करना पड़ता था। यदि वह उसकी क्षमता से सन्तुष्ट होता था तो उसे अन्दर प्रवेश करने देता था, वरना वहीं से लौटा देता था। उस रात हेन को मैंने नालंदा के महापण्डित के रूप में ही देखा।

जब मैं चलने लगा तो हेन ने मुझे एक अलमारी दिखलाई जिसमें ईट्स का और ईट्स पर जितना भी साहित्य उपलब्ध था, सब लगा था। पत्र-पत्रिकाओं में ईट्स पर जो अच्छे लेखादि निकले थे, वे भी टाइप कराके रखे हुए थे, एक पूरी फाइल ईट्स के साथ हेन के पत्र-व्यवहार की थी। यह सारी सामग्री हेन ने स्वयं अपनी पुस्तक लिखते समय जुटाई थी, जो दो ही वर्ष पूर्व प्रकाशित हुई थी। उन्होंने मुझसे कहा, 'तुम प्रतिदिन दो बजे से छह बजे तक मेरे कमरे में बैठकर इन पुस्तकों को पढ़ सकते हो, किसी पुस्तक को ले जाना चाहो तो ले भी जा सकते हो। पहला काम तो यह करो कि ईट्स-रचित और ईट्स पर जितना भी आलोचनात्मक साहित्य प्रकाशित हो चुका है, सबको पढ़ जाओ, सब तुम्हें यहाँ मिलेगा, यहाँ न मिला तो युनिवर्सिटी लाइब्रेरी में मिलेगा, कुछ बहुमूल्य दुर्लभ सामग्री ब्रिटिश म्यूज़ियम के पुस्तकालय में मिलेगी। अभी तो तुम इसी बात को नोट करने का प्रयत्न करो कि ईट्स की बौद्धिक जिज्ञासाएँ किस-किस दिशा में थीं।' आखिर में उन्होंने एक बात जोड़ दी कि 'सारे आलोचना साहित्य को पढ़ना इसलिए भी ज़रूरी है कि तुम जब

अपना प्रबन्ध लिखो तो उन बातों को मत दुहराओ, जो और लोग कह चुके हैं।' क्या हेन ने अपने प्रथम साक्षात्कार में ही मुझे शोध का अधिकारी समझ लिया था?

उन दिनों मेरी दिनचर्या प्राय: यह होती—मैं सुबह नाश्ता करके अपनी डिग से निकलता। पहले नगर की सेन्ट्रल लाइब्रेरी में जाता, पास ही थी। वहाँ खड़े-खड़े दैनिक पत्रादि देखता और युनिवर्सिटी लाइब्रेरी चला जाता। वहाँ एक-डेढ़ बजे तक पढ़ता। फिर वहीं के कैफिटेरिया में हल्का लंच ले सेंट कैथरीन्स कॉलेज में मि० हेन के कमरे में जा बैठता, वहाँ छह बजे तक पढ़ता। लौटकर खाना खाता और डिग की किसी लड़की या लड़के के साथ घूमने चला जाता, या कोई व्याख्यान सुनने, या किसी सभा-सोसायटी की बैठक में भाग लेने—केम्ब्रिज में सन्ध्या के कार्यक्रमों की कमी नहीं। कभी-कभी नाटक या सिनेमा देखता। लौटकर रात में देर तक आधुनिक अंग्रेज़ी काव्य के संग्रह पढ़ता, डायरी, आवश्यक पत्रादि लिखता और सो जाता।

कभी-कभी जब मैं हेन के कमरे में बैठा पढ़ता होता, वे आ जाते, पूछते, 'क्या पढ़ चुके, क्या पढ़ रहे हो? जो मैंने नोट करने को कहा था वह कर रहे हो न?' कभी-कभी कोई नयी किताब पढ़ने का सुझाव दे जाते। मेरे काम में उनके इतनी भी रुचि लेने से मुझे बड़ी प्रसन्नता होती। अगर उन्होंने मेरे शोधक को पहचान लिया था तो मैंने भी उनमें अपना सही निर्देशक पा लिया था। बिना सही निर्देशन के शोध-कार्य सफलतापूर्वक सम्पन्न नहीं होता। निर्देशन भी एक कला है। केवल बहुत अधीत होने अथवा विचारक और विद्वान् होने से यह नहीं आती। बहुत अधीत तो झा साहब भी थे, जिनके निर्देशन में मैंने अपना शोध-कार्य आरम्भ किया था, पर उन्होंने मुझे गलत रास्ते पर लगा दिया था। उस रास्ते से तो मुझे लौट आना पड़ा, नयी राह पकड़नी पड़ी। आध्यात्मिक खोज के लिए हमारे यहाँ एक कहावत प्रसिद्ध है—

'पानी पीजे छान,
गुरु कीजे पहचान।'

साहित्यिक खोज के लिए भी गुरु की पहचान ज़रूरी है। मैंने गुरु को खोजा न था। खोजने की स्वतन्त्रता शोधक को शायद ही कहीं मिलती हो। ऐसी हालत में निर्देशक से कुछ साहस और विवेक की प्रत्याशा की जा सकती है कि अगर वह देखे कि किसी विषय पर वह अधिकारपूर्वक निर्देशन नहीं दे सकता तो स्वयं हट जाये। मुझे बताया गया, ब्रिटिश युनिवर्सिटियों के सामने ऐसे अवसर आये हैं, जब किसी ने किसी विषय पर शोध करना चाहा, और युनिवर्सिटी अधिकारियों ने उससे कह दिया कि खेद है अमुक विषय पर पथ-प्रदर्शन करने वाला हमारे यहाँ नहीं है, आप किसी दूसरी युनिवर्सिटी में प्रयत्न करें। यह तो मेरा सौभाग्य था कि मि० हेन में मुझे ऐसा विज्ञ और विचक्षण निर्देशक मिल गया था, और उनसे मिलने के पहले दिन से ही मुझे यह विश्वास हो गया था कि उनके आदेशों पर चलने से मैं ठीक दिशा की ओर अग्रसर हूँगा। अभी तो मेरे शोध का विषय ही निर्धारित होना था, और

हेन चाहते थे कि उस पर भी मैं अपने प्रयत्न और अपनी सूझ-बूझ से पहुँचूँ। स्वस्थ सहायता इतनी ही होनी चाहिए कि आदमी अपनी सहायता स्वयं करने में समर्थ हो सके।

जैसे-जैसे मैं ईट्स-साहित्य पढ़ता गया--कितनी ही नयी पुस्तकें सामने आयीं, इलाहाबाद में तो उनकी सम्पूर्ण मौलिक रचनाएँ भी उपलब्ध न थीं—वैसे-वैसे मुझे यह स्पष्ट होता गया कि ईट्स की अभिरुचि, उनका कौतूहल, उनकी जिज्ञासा, उनका शोध-स्वाध्याय कितनी विविध और कैसी-कैसी विचित्र दिशाओं में था। भारत के प्रति उनके आकर्षण की चर्चा मैं पहले कर चुका हूँ, पर जिस भारत के प्रति वे आकर्षित थे, वह न तो ऐतिहासिक भारत था न राजनैतिक; वह था श्रीमद्भागवत्पुराणकार के शब्दों में 'भारतमद्भुतम्'—अद्भुत भारत—भारत का वह अद्भुत चाहे उसके पुरा साहित्य में मिले, चाहे उसके दर्शन में, चाहे उसकी दंतकथाओं में, चाहे उसके अंधविश्वासों में। बात यह थी कि ईट्स जिस युग में वयस्क हुए, उसमें तर्क-सम्मत वैज्ञानिक शोधों ने चर्च-सम्पोषित ईसाई धर्म की जड़ें हिला दी थीं—कम-से-कम बुद्धिजीवी वर्ग की आस्था तो उसमें बिल्कुल न रह गयी थी, और ईट्स की सही या गलत धारणा यह थी कि बिना किसी प्रकार की आस्था के उच्चकोटि की कविता नहीं लिखी जा सकती, भले ही उस आस्था की पटरी आधुनिक तार्किकता के साथ बैठती हो या न बैठती हो, बल्कि जो जितनी ही अतार्किक हो, वह उतनी ही कवि के लिए महत्त्वपूर्ण है--इसके लिए ईट्स के अपने तर्क थे जिन्हें दूसरों को मनवाने की कला उन्हें खूब आती थी। इसी धुन में आधुनिक सभ्यता से अछूते ग्रामीण जनों के अंधविश्वासों, उनके बीच प्रचलित लोक-कथा-वार्ताओं में, उनके द्वारा अज्ञात पीढ़ियों से अपनाये गये धर्म-सम्प्रदायों के कर्मकांडों में उनका कौतूहल बढ़ा, पुराने साहित्य, पुरानी सभ्यताओं, पुरानी धर्म-संस्थाओं में जो कुछ भी आश्चर्यजनक, चमत्कारी, रहस्यपूर्ण अथवा गुह्य था, सबकी ओर उनकी जिज्ञासा जागी। उन्होंने यहूदियों के आदि धर्म-ग्रन्थ कब्बाला का अध्ययन किया, प्राचीन यूनान और मिस्र के विख्यात और अल्पज्ञात मनीषियों को अवगाहा, जर्मनी के ईसाई रहस्यवादी जैकब बेहमेन--जो पेशे से जूता गाँठने वाले थे, हमारे यहाँ के भक्त रैदास के प्रतिरूप—और स्वीडेन के स्वप्नद्रष्टा—अक्षरशः जाग्रत स्वप्नद्रष्टा—दार्शनिक ईमनुएल स्वीडेनबार्ग के विचारों में डुबकी लगायी, मैडेम ब्लावाट्स्की के थियोसोफिकल आन्दोलन में सक्रिय रूप से भाग लिया और उनकी प्रायः सभी कृतियाँ मनोयोग से पढ़ीं, साथ ही उन्होंने हरमीटिक आर्डरों, मध्ययुगीन योरोपीय कीमियागरों—ये एक प्रकार के दार्शनिक ही थे, जो अपने को कीमियागरी की शब्दावली में अभिव्यक्त करते थे—रोसीक्रूशन, फ्रीमेसन मठों, मिस्मरेज़म, सिएंस—जहाँ प्रेतात्माएँ बुलाई जाती थीं और जिप्सियों के टैरट कार्ड—एक प्रकार के ताश के पत्ते, जिनसे जिप्सी मनुष्य का भाग्य बताते थे—और तरह-तरह के जादू-टोने में खुलकर रुचि ली, सारी ज़िन्दगी। अपने इस शुगल में ईट्स कितने गम्भीर थे, इसका इससे बड़ा और क्या सबूत होगा कि अपने जीवन के अन्तिम भाग में उन्होंने अपने सारे अतार्किक अध्ययन और अनुभव के आधार पर एक सुसम्बद्ध

सिस्टम, दर्शन, सिद्धान्त अथवा 'धर्म' को ही जन्म दिया—अपनी बहुचर्चित और विवादास्पद कृति A Vision (ए विज़न) के द्वारा, जिसकी भूमिका एज़रा पाउण्ड को भेजते हुए उन्होंने लिखा : I send you the introduction of a book which will, when finished, proclaim a new Divinity. (मैं तुम्हें अपनी नयी पुस्तक की भूमिका भेज रहा हूँ जो प्रकाशित होने पर एक नये ही धर्म अथवा अहदनामे की उद्घोषणा करेगी।)

यह सब जानकर ऐसी कल्पना करना मेरे लिए स्वाभाविक था कि इस सारे अनुशीलन, चिन्तन, मन्थन का प्रभाव किसी-न-किसी रूप में ईट्स के जीवन और सृजन पर निश्चय पड़ा होगा। इसी का विश्लेषण करना मेरे शोध का उद्देश्य हो सकता था। पर इस दर्जे पर तो केवल मेरे शोध का विषय अधिक विस्तृत होकर मेरे सामने स्पष्ट हो रहा था। एक दिन मौका पाकर मैंने मि० हेन से कहा कि अगर मैं अपने शोध का विषय W. B. Yeats and the Irrational (डब्ल्यू० बी० ईट्स और अतार्किकता) रखूँ तो कैसा रहेगा? उन्होंने कुछ देर सोचकर कहा कि 'तुम्हारे पहले विषय की अपेक्षा, ज़ाहिर है, यह अधिक व्यापक है, पर शोध-प्रबन्ध के लिए इसकी भी कुछ सीमाएँ निर्धारित करनी होंगी, गो इस पर अभी से सिर खपाने की आवश्यकता नहीं। तुम्हारे शोध का पहला चरण समाप्त हुआ—ठीक विषय मिल गया। दूसरे चरण में दो तरह का अध्ययन समानान्तर करना है। ईट्स के आलोचना-साहित्य को अब नहीं छूना है। अब एक ओर तो उनके मौलिक साहित्य का पारायण करना है और दूसरी ओर उस अतार्किक सामग्री का अध्ययन, जिसका अवगाहन-अवलोकन ईट्स ने स्वयं किया था। और अपनी स्मृति और कल्पना को इस भांति सजग रखना है कि एक को दूसरे से जोड़ने अथवा प्रभावित करने वाली कड़ियाँ चूकने न पायें।' उन्होंने मुझे आगाह किया कि 'ईट्स का मौलिक साहित्य तो बार-बार पढ़ा जा सकता है, पर जिस अतार्किक को उन्होंने पढ़ा—धोखा था, जिसमें वे भीगे-डूबे थे, उसे दुबारा पढ़ना तुम्हारे लिए सम्भव न होगा—तुम उस सामग्री को प्राय: शुष्क, उबाऊ, दुरूह और अस्पष्ट पाओगे, फिर तुम्हारे पास इतना समय भी कहाँ है! इस काम के लिए छह महीने का समय मेरी समझ में बहुत कम है, पर इतने समय में यह स्पष्ट हो जाना चाहिए कि अतार्किक के किन पक्षों का ईट्स के साहित्य पर विशेष प्रभाव पड़ा था और उन्हीं तक अपने को सीमित रखने और उन्हीं पर विशेष बल देने से विषय-प्रतिपादन में सुविधा होगी, उलझाव न आने पायेगा और कसाव भी बना रहेगा; आखिर शोध-प्रबन्ध की शब्द-सीमा तो हर विश्वविद्यालय में तय रहती है, केम्ब्रिज में एम० लिट० के प्रबन्ध की शब्द-सीमा 40,000 और पी-एच० डी० के प्रबन्ध की 60,000 है। विषय असाधारण अथवा विशिष्ट होने पर एक-चौथाई शब्द अधिक प्रयुक्त करने की अनुमति मिल जाती है। बी० राजन ने, जो केम्ब्रिज से अंग्रेज़ी साहित्य में डाक्टरेट लेने वाले पहले भारतीय थे, अपने शोध-प्रबन्ध में केवल 30,000 शब्दों का उपयोग किया था। हमारे यहाँ मात्रा से अधिक गुण को महत्त्व दिया जाता है।'

मि० हेन के आदेशानुसार मैंने लगकर पढ़ना और नोट लेना शुरू कर दिया।

मेरे पास खोने को समय न था। अभी तक केम्ब्रिज में केवल छह महीने रहने की मेरी योजना थी, और इस अवधि में मैं मि० हेन के निर्देशन का पूरा-पूरा लाभ उठा लेना चाहता था। अक्टूबर में मुझे ऑक्सफोर्ड पहुँच जाना था, और वहाँ मेरे लिए शोध-स्वाध्याय, निर्देशन की क्या व्यवस्था होगी, इसका मुझे कोई अनुमान नहीं था।

इस बीच मुझे तीन-चार दिन के लिए ऑक्सफोर्ड जाने का सुयोग मिल गया। इंग्लैण्ड में एक रायल इण्डिया सोसाइटी है, पुरानी संस्था है। इसकी स्थापना इस उद्देश्य से हुई थी कि इसके द्वारा इंग्लैण्ड के लोगों को भारतीय संस्कृति, सभ्यता, जीवन का कुछ ज्ञान कराया जाये—उद्देश्य व्यावहारिक था, जिन पर हमें हुकूमत करनी है, उनको किसी हद तक जानना-समझना भी चाहिए, हालाँकि इस संस्था के माध्यम से जो जानकारी भारत के विषय में दी जाती थी, वह प्राय: सतही होती थी। सोसायटी की ओर से प्रतिवर्ष इंग्लैण्ड के किसी प्रसिद्ध नगर में तीन-चार दिनों का एक सेमिनार आयोजित किया जाता था जिसमें विभिन्न भारतीय विषयों पर व्याख्यान अथवा चर्चा-गोष्ठियाँ होती थीं। पहले उसमें केवल अंग्रेज़ों को निमन्त्रित किया जाता था, अब उसमें भाग लेने के लिए कुछ भारतीयों को भी बुलाया जाता है। उस वर्ष यह सेमिनार ऑक्सफोर्ड में होने को था और किसी संयोग से मेरे लिए भी निमन्त्रण आ गया था—मार्ग-व्यय, आवास, भोजन सबकी व्यवस्था सोसायटी की ओर से होने को थी। मैंने निमन्त्रण स्वीकार कर लिया। सोचा, इसी बहाने ऑक्सफोर्ड देख आऊँगा और प्रो० सी० एम० बावरा से परिचय भी कर आऊँगा, जिनके निर्देशन में सम्भवत: मुझे अपने शोध-कार्य को आगे बढ़ाना होगा।

किसी नये नगर में प्रवेश करने पर आगंतुक की आँखें सबसे पहले उसकी इमारतों की ओर आकृष्ट होती हैं। ऑक्सफोर्ड पुराना विश्वविद्यालयी नगर है, शायद केम्ब्रिज से भी पुराना, और उसकी सबसे प्राचीन इमारतें हैं उसके कॉलेज और उसके गिरजे। ऑक्सफोर्ड को पहली नज़र से देखकर मुझे लगा जैसे उसकी सब अच्छी-बड़ी इमारतें बहुत पास-पास बना दी गयी हैं—केम्ब्रिज में वे ज़्यादा फैलाव में हैं। फिर केम्ब्रिज समतल भूमि पर बसा है, ऑक्सफोर्ड एक छोटी-सी पहाड़ी के ढलान पर, उसकी तराई में। निश्चय ही पहाड़ी पर से ऑक्सफोर्ड का विहगावलोकन करना बड़ा रोमहर्षक अनुभव होता, पर उसका संयोग मुझे न मिला। मुझे वाधम कॉलेज में ठहराया गया था, जिसके वार्डेन मि० बावरा थे, वे उन दिनों ऑक्सफोर्ड युनिवर्सिटी के वाइस चांसलर भी थे। उन्होंने ही रायल सोसायटी के सेमिनार का उद्घाटन किया था।

कार्यक्रमों को रोचक बनाने का पूरा प्रयत्न किया गया था, फिर भी व्याख्यान एकाध ही गम्भीर थे, बाकी सामान्य, सतही विषयों पर—ज्ञानवर्धक से अधिक कौतूहलशामक। एक गोष्ठी में मेरा कविता-पाठ भी हुआ, कई अंग्रेज़ लेखकों-कवियों से मैंने परिचय प्राप्त किया, एक अंग्रेज़-दम्पति मेरी कविताओं से इतने प्रभावित हुए कि उन्होंने बाद को मुझे अपने घर बुलाया, जो मानमथशायर में था। उन्होंने मेरी कविताओं के अंग्रेज़ी अनुवाद की एक योजना बनायी—मैं अपनी

कविताओं का शाब्दिक अनुवाद गद्य में दे दूँ और वे उसे कवित्वपूर्ण भाषा-छन्दों में बाँधें। परिणाम अधिक सन्तोषजनक नहीं लगे, फिर इस कार्य में मेरी विशेष रुचि भी नहीं थी, अभी तो मेरे सिर पर शोध का भूत सवार था और उसी से निपटने के लिए मेरे पास पर्याप्त समय न था।

ऑक्सफोर्ड में समय लेकर मैंने मि० सी० एम० बावरा से मुलाकात की। उन्होंने इस बात पर अपनी प्रसन्नता व्यक्त की कि केम्ब्रिज में मि० हेन की देख-रेख में मैं ईट्स पर शोध-कार्य कर रहा हूँ। मेरा विषय The Element of Irrational in the Poetry of W. B. Yeats (डब्ल्यू० बी० ईट्स की कविता में अतार्किकता के तत्त्व) उन्हें भी पसन्द आया। उनकी इच्छा थी कि मैं ईट्स की दर्शन-पुस्तक A Vision पर कुछ मौलिक सूझ-बूझ की बातें कह सकूँ, क्योंकि ईट्स स्वयं इस पुस्तक को बहुत महत्त्व देते थे और उनके कुछ समालोचक अगर उसे उनके ज्ञान का निचोड़ मानते थे तो कुछ उनकी सनक, बहक, बकवास। दो-ढाई महीनों में अपने कार्य की प्रगति का जो ब्यौरा मैंने बावरा को दिया था, उससे उन्हें सन्तोष था और चलते समय उन्होंने मुझसे पूछा था, 'अक्टूबर से तुम्हारे लिए यहाँ जगह सुरक्षित है, आ रहे हो न?' और मैंने तपाक से कहा था, 'निश्चय।'

तभी जैसे केम्ब्रिज से आता हुआ एक शंकालु स्वर मेरे कानों में गूँज उठा था, 'शायद नहीं।'

यह स्वर विश्वा का था।

'विश्वा' कौन?

हमारे देश में बहुप्रचलित विश्वास है कि नक्षत्र मनुष्यों के भाग्य को प्रभावित करते या बदल देते हैं। मैंने अपने जीवन के अनुभवों से जाना है कि हमारे भाग्य को मोड़ देने या बदलने के लिए लाखों-करोड़ों मील दूर पड़े ग्रह-नक्षत्रों को प्रयत्न करने की आवश्यकता नहीं, हमारे पथ में सहज गति से आ पड़े लोग प्राय: ऐसा काम अनजाने ही कर जाते हैं। अपने जीवन में आये ऐसे कई लोगों की मुझे याद है, न मैं उन्हें खोजने गया था, न वे मुझे खोजते आये थे, पर वे मिले तो परिचयों और घटनाओं की ऐसी श्रृंखला बनी कि उसका अनुसरण कर मैं ऐसी जगह या स्थिति पर पहुँच गया, जो मेरे लिए महत्त्वपूर्ण ही नहीं, भाग्य-निर्णायक भी थी। ऐसे व्यक्तियों को मैंने अपनी निजी शब्दावली में 'नक्षत्र-पुरुष' या नारी संज्ञा दे रखी है।

मेरे लड़कपन में मेरे परिवार-पास-पड़ोस में एक शब्द इस्तेमाल होता था—नछत्रहा—फलनवाँ बड़ा नछत्रहा है। यह शब्द ऐसे व्यक्ति के लिए प्रयुक्त होता था, जिसका संग-संसर्ग कुछ अनिष्ट कर दे। मेरा नक्षत्र-पुरुष उसी शब्द से प्रेरित है, पर वह अनिष्टकारी तक सीमित नहीं। नक्षत्र-पुरुष मैं हर ऐसे आदमी को कहना चाहूँगा जो भाग्य को किसी प्रकार प्रभावित करे।

केम्ब्रिज में भी मुझे एकाधिक नक्षत्र-पुरुष मिले।

सबसे पहले नक्षत्र-पुरुष विश्वनाथ दत्त थे।

विश्वनाथ दत्त, जिन्हें मैं बाद को विश्वा कहने लगा था, अमृतसर के निवासी

थे। उन्हें मैंने पहले-पहल अपने एक अध्यापक-मित्र के घर पर देखा था, जिनके वे प्रिय शिष्यों में थे। लखनऊ युनिवर्सिटी से इतिहास और शायद अंग्रेज़ी में भी एम० ए० करने के बाद वे डॉक्टरेट करने के लिए केम्ब्रिज आये थे, पिता उनके समृद्ध व्यापारी थे और बहुत बड़ा खर्च उठाकर उन्होंने अपने बेटे को सपत्नीक तीन बरस केम्ब्रिज में रहने और पढ़ने के लिए भेजा था। विश्वा की पत्नी का नाम कमला था। वे मुझसे दो वर्ष पूर्व केम्ब्रिज पहुँचे थे। कमला ने भी किसी डिग्री या डिप्लोमा के लिए पढ़ना शुरू कर दिया था। विश्वा की अवस्था उस समय लगभग पच्चीस की होगी—केम्ब्रिज के प्रभावों को सचेत ग्रहण कर सकने की उपयुक्त अवस्था। जिस समय मैं केम्ब्रिज पहुँचा, विश्वा पूरी तरह केम्ब्रिज की परम्परा में भिन चुके थे।

मैं केम्ब्रिज की परम्परा को परिभाषित करने नहीं जा रहा हूँ, पर उसका एक सतही और विनोदी पक्ष है--केम्ब्रिज और ऑक्सफोर्ड की प्रतिद्वन्द्विता के प्रति सचेत होना, केम्ब्रिज की महत्ता का गर्व करना और ऑक्सफोर्ड को उसकी तुलना में हीन समझना—इसकी ओर मैं पहले भी संकेत कर चुका हूँ। दोनों युनिवर्सिटियों के विद्यार्थी जब आपस में मिलते हैं तो दो-एक फिकरे एक-दूसरे की युनिवर्सिटी की अवमानना में ज़रूर कस देते हैं। और विद्यार्थी ही नहीं, बहुत ऊँचे दर्जे पर पहुँचे हुए लोग भी, शायद अपने विद्यार्थी-जीवन के संस्कारों से अभिभूत, ऐसी फिकरेबाज़ी से बाज़ नहीं आते। आर्चबिशप आफ कैण्टरबरी, जो ऑक्सफोर्ड के स्नातक थे, जब केम्ब्रिज की एक धर्म-सभा में बोलने के लिए बुलाये गये तो उन्होंने अपने पहले ही वाक्य में फब्ती कसी कि चूँकि पिछले पचास बरसों में केम्ब्रिज ने कोई आर्चबिशप नहीं पैदा किया। इसलिए उसने सोचा, चलो ऑक्सफोर्ड से उधार माँग लें। ऐसे और भी उदाहरण मेरी स्मृति में हैं।

मैंने ऑक्सफोर्ड न जाने और केम्ब्रिज में ही सारा समय बिताने का जो निश्चय किया, उसका मुख्य श्रेय विश्वनाथ दत्त को है।

आते ही मैंने अपनी योजना उनसे बताई थी कि मैं छह महीने केम्ब्रिज रहूँगा और नौ महीने ऑक्सफोर्ड, और उन्होंने पहले दिन से ही मेरे ऑक्सफोर्ड जाने का विरोध किया था। इसमें केवल ऑक्सफोर्ड के प्रति उनकी विपक्षधरता (प्रेजुडिस) ही न थी। केम्ब्रिज में ही रहने के पक्ष में उनके पास कुछ तर्क भी थे। उनका कहना था, 'आप छह महीने केम्ब्रिज रहेंगे, नौ महीने ऑक्सफोर्ड रहेंगे, आप अपने शोध-विषय पर अच्छी-से-अच्छी नोट-सामग्री एकत्र करेंगे, इंग्लैण्ड की सबसे बड़ी दो युनिवर्सिटियों के दो ईट्स-विशेषज्ञों का निर्देशन आपको प्राप्त होगा, फिर भी जब आप अपना शोध-प्रबन्ध प्रस्तुत करेंगे और आपको डॉक्टरेट मिल जायेगी--मिल तो शायद जायेगी ही—तो डिग्री आपकी हिन्दुस्तानी मानी जायेगी—घी नहीं, डालडा। हिन्दुस्तान में जैसी मनोवृत्ति है, जिससे मैं बखूबी परिचित हूँ और जिससे आप भी अपरिचित न होंगे, उसमें 'फारेन' डिग्री के लिए जितनी इज़्ज़त है, उतनी 'नेटिव' डिग्री के लिए नहीं। आदमी रुपये खर्चता है, मेहनत करता है, अपनी योग्यता बढ़ाता है तो यह भी चाहता है कि उसको मान्यता मिले, उसको उसका प्राप्तव्य

दिया जाये। फिर आपका विषय इतिहास या अर्थशास्त्र होता तो बहुत फर्क न पड़ता कि आप डिग्री इंग्लैण्ड से ले रहे हैं या हिन्दुस्तान से; आपका विषय तो अंग्रेज़ी भाषा और अंग्रेज़ी साहित्य से सम्बद्ध है। आपकी डिग्री तो टकसाली तभी साबित होगी, जब आप अंग्रेज़ों की चोटी की युनिवर्सिटी से, अंग्रेज़ी के गढ़ से अंग्रेज़ी डिग्री लें। आपने पन्द्रह महीने विदेश में रहने का प्रबन्ध किया है, केवल नौ महीने और रहने का इंतज़ाम कर लें, एक ही युनिवर्सिटी से सम्बद्ध रहें—ज़्यादा अच्छा होगा केम्ब्रिज से, और किसी वजह से नहीं तो सिर्फ इस कारण कि आप यहाँ पहले आ गये हैं—और यहीं से डॉक्टरेट लेकर देश वापस लौटें।'

विश्वा जब भी मुझे मिलते इन्हीं बातों को दुहराते, केम्ब्रिज के डॉक्टर के भविष्य जीवन के सुखद सपने दिखलाते—सब्ज़बाग—'इस डिग्री के पाने पर आप किसी बड़ी युनिवर्सिटी में अंग्रेज़ी के विभागाध्यक्ष के रूप में ले लिये जायेंगे। आक्सफोर्ड या केम्ब्रिज से अंग्रेज़ी में डॉक्टरेट किये हुए कितने लोग हैं भारत में—केम्ब्रिज से एकमात्र बी० राजन, और वे फारेन सर्विस में ले लिये गये हैं। आपको भी कोई उच्च पद सरकार दे सकती है,' वगैरह, वगैरह। आश्चर्य है कि कभी-कभी विकसित मस्तिष्क वाले भी कल्पना के क्षणों में भविष्य की सच्चाइयों की धुँधली झाँकी पा जाते हैं।

केम्ब्रिज से डॉक्टरेट कर लेने पर—करना आसान तो नहीं था—भविष्य में किसी ऊँचे पद पर अथवा ऊँचे वेतन का अनिश्चित सपना विदेश में और नौ मास ठहरने के लिए मुझे मुश्किल से प्रेरणा दे सकता था। अलबत्ता एक ही जगह रहने और एक ही के निर्देशन में काम करने में जो संगति सम्भव थी, वह मुझे बावरा से केवल आधे घण्टे बातचीत करके स्पष्ट हो गयी थी—हेन के और उनके दृष्टिकोण में वैपरीत्य नहीं तो अन्तर अवश्य था। और उससे मेरे शोध की एकता विखण्डित हो सकती थी। साथ ही केम्ब्रिज में जो प्रचुर सामग्री उपलब्ध थी, उसे देखकर, और हेन के निष्णात निर्देशन में थोड़ा-बहुत काम करके, मेरी ऐसी धारणा हो चली थी कि यहाँ रहकर मैं अपने शोध-कार्य को जिस परिपूर्णता से सम्पन्न कर सकूँगा, उससे हिन्दुस्तान में नहीं। मैं अपने नाम के आगे केवल एक डिग्री जोड़ने के प्रलोभन में ईट्स पर काम करने को तत्पर नहीं हुआ था। ईट्स के काव्य ने मेरे मन में एक समस्या उठाई थी और उसी का समाधान पाने को मैं पिछले दस-बारह बरसों से छटपटा रहा था। मेरा शोध मेरी दृष्टि में विधिवत समाधान पाने की प्रक्रिया मात्र थी, और डिग्री होती—चाहे केम्ब्रिज की चाहे इलाहाबाद की—मेरे समाधान पाने की सफलता पर प्रामाणिकता की मुहर, केम्ब्रिज की, निश्चय ही, अधिक सन्तोषप्रद होती, क्योंकि वह निर्विवाद रूप से अधिक अधिकारी विद्वानों द्वारा लगाई जाती।

अपने प्रवास को नौ मास और बढ़ाने का निर्णय लेने के पहले मुझे तेजी से सलाह करनी थी। साथ ही घर की और अपनी आर्थिक स्थिति और आवश्यकता को भी ध्यान में रखना था। तेजी को 14 महीने बिना युनिवर्सिटी के वेतन के, मेरी रायल्टी और बैंक में जमा थोड़ी-बहुत राशि के बल पर घर चलाना होता। मुझे 9 मास केम्ब्रिज में रहने के खर्च के अतिरिक्त 6 टर्म की (साल में तीन टर्म होते हैं—

ईस्टर टर्म, माइकेलमास और लेंट टर्म) कॉलेज की फीस की भी व्यवस्था करनी होती, क्योंकि युनिवर्सिटी से सम्बद्ध किसी कॉलेज का नियमित विद्यार्थी रहकर ही मैं वहाँ की डिग्री के लिए शोध-प्रबन्ध प्रस्तुत कर सकता था; शोध-प्रबन्ध प्रस्तुत करने की फीस अलग लगती और वापस सफर-खर्च का इंतज़ाम तो मुझे करना ही था। इस सबके लिए बड़े संयत अनुमान से मुझे 10,000/- की ज़रूरत होती। मेरे प्रवास की अवधि में 9 मास और जोड़ लेने पर अगर तेजी को आपत्ति न होती तो 10,000/- और ब्लाक ग्रान्ट की आशा मैं नेहरूजी अथवा मौलाना आज़ाद की सिफारिश पर शिक्षा मन्त्रालय से कर सकता था—आशाएँ कितनी बड़ी छलना सिद्ध होती हैं।

तेजी को अपने नये प्रस्ताव के विषय में मैंने बहुत डरते-डरते लिखा। जब बात छह महीने मेरे इंग्लैण्ड में रहने की उठी थी, तब उन्होंने अपनी प्रसन्नता व्यक्त की थी, जब दस महीने प्रवास में रहकर लगे हाथ योरोप-भ्रमण की, तब उन्होंने अपना समर्थन दिया था, जब पन्द्रह महीने केम्ब्रिज और ऑक्सफोर्ड में रहकर शोध-सामग्री एकत्र करने की, तब उन्होंने कोई आपत्ति न की थी, और अब जब चौबीस महीने केम्ब्रिज में रहकर शोध-कार्य वहीं पूरा करके लौटने की बात खड़ी हुई तो मुझे पता नहीं था, उनकी प्रतिक्रिया क्या होगी। उनके पत्र मेरे पास बराबर आया करते थे। केम्ब्रिज में अपने मानसिक तनाव की बात मैं पहले लिख चुका हूँ, तेजी भी इलाहाबाद में बैठी उसी प्रकार का मानसिक तनाव अनुभव कर रही थीं। अक्सर उन पर कमज़ोरी और उदासी के दौर आते, उन्हें लगता कि उनकी हिम्मत और ताकत आधी रह गयी है, और अब वे मुश्किलों और मुसीबतों का सामना करने में उतनी समर्थ नहीं हैं, जितनी मेरे सान्निध्य में थीं। कभी-कभी उन्हें लगता कि मेरे बिना इलाहाबाद में वे सर्वथा अजनबी और असुरक्षित हैं और अगर उन पर कोई खतरा आये तो उन्हें और उनके बच्चों को बचाने वाला कोई नहीं है। मैं अपने पत्रों से उन्हें दिलासा देता, ढाढस बँधाता, जीवन में आयी अनेक परिस्थितियों का सामना करने की उनकी क्षमता की उन्हें याद दिलाता, उनका हौसला बढ़ाता, पर मुझे यह ख्याल भी आता कि ढाई-तीन महीने में उनका यह हाल है तो पन्द्रह महीने कैसे कटेंगे! कभी-कभी मुझे आशंका होती कि उनकी मानसिक स्थिति ऐसी ही रही तो सम्भव है, एक दिन अचानक मुझे देश लौट जाना पड़े। पर तेजी ने अपने उत्तर से मुझे आश्चर्यचकित कर दिया। एक झटके से जैसे उन्होंने अपनी सारी दुर्बलता दूर हटा दी और मेरे सामने एक स्पष्ट लक्ष्य देखकर उन्होंने बड़े आत्मविश्वास से मुझे लिखा—'अगर नौ महीने और वहाँ रहने से आपका शोध-कार्य वहीं पूरा हो जाता है तो आप खुशी से उसे पूरा करके ही लौटें। हाँ, इतना ज़रूर निश्चित कर लें कि आपको वहाँ का खर्च शिक्षा मन्त्रालय से मिल जायेगा। यहाँ की चिन्ता करने की आपको ज़रूरत नहीं। यहाँ जो कुछ उपलब्ध है और होगा, उसी से हम अपना काम चला लेंगे। कष्ट अगर उठाना ही पड़ा तो मैं उठाऊँगी, बच्चों को किसी प्रकार की तकलीफ न होने दूँगी। आप वहाँ एकाग्रता से काम करें। बच्चे प्रतिदिन यहाँ आपकी सफलता के लिए प्रार्थना करेंगे, देखिये, उन्हें निराश न होना पड़े, नहीं तो

ईश्वर पर से ही उनका विश्वास हट जायेगा।' श्रम-संघर्ष के लिए तेजी मुझे प्रेरित कर सकती हैं, यह तो मैं जानता था, पर वे मुझे सफल होने की इतनी बड़ी कसम भी दिला सकती हैं, इसकी कल्पना मैंने न की थी। नारी, तू अपनी भीरुता को इतनी जल्दी कैसे अपनी धीरता में बदल देती है—अपनी मृदुता को अपनी दृढ़ता में!

तेजी से लाइन क्लियर मिलने पर मैं मि० हेन से मिला। वे इस बात से बहुत प्रसन्न हुए कि मैंने दो वर्ष केम्ब्रिज में ही रहकर अपना शोध-कार्य पूरा करने और यहीं से पी-एच०डी० के लिए शोध-प्रबन्ध प्रस्तुत करने का इरादा किया है। उन्होंने यह तो माना कि जिस प्रकार का शोध-कार्य मेरे मन में है, उसे पूर्ण करने के लिए दो वर्ष का समय पर्याप्त है, पर पी-एच०डी० की डिग्री शायद मुझे न मिल सके। उन्होंने मुझे बतलाया कि 'शोध के लिए केम्ब्रिज में बाहर से बहुत-से लोग आते हैं। कुछ लोगों के पास यहाँ रहने को साल-भर का समय होता है, कुछ के पास दो वर्ष का और कुछ के पास तीन वर्ष या इससे अधिक का। यहाँ की आर्ट्स फैकल्टी ने शोध-सम्बन्धी कार्य को तीन श्रेणियों में बाँट दिया है कि सभी तरह के लोग अपनी रुचि-सामर्थ्य-सुविधा के अनुसार इनसे लाभान्वित हो सकें। जो केवल एक वर्ष यहाँ रह सकते हैं, उनके लिए शोध-विधि (Method of Research) पर व्याख्यान होते हैं, उन्हें पुराने ग्रन्थों को सम्पादित अथवा संशोधित करना सिखाया जाता है, शोध की नैतिकता (Ethics of Research) का व्यावहारिक ज्ञान कराया जाता है और शोध-प्रबन्ध प्रस्तुत करने की तकनीक बताई जाती है—एकरूपता और व्यवस्था लाने के लिए योरोप में प्रायः हर काम वैज्ञानिक ढंग से किया जाता है, शोध-प्रबन्ध प्रस्तुत करने की भी एक वैज्ञानिक रीति है। कोर्स पूरा करने पर शोधार्थी को रिसर्च का एक डिप्लोमा दिया जाता है। जो लोग दो वर्ष के लिए आते हैं, उन्हें एम० लिट० की डिग्री के लिए तैयार किया जाता है। वे किसी बड़े विषय के एक अंग को अपने शोध के लिए चुनते हैं। उनसे किसी मौलिक खोज की प्रत्याशा नहीं की जाती। प्रायः वे अपने विषय में व्यक्त किये गये, इधर-उधर फैले ज्ञान को, अपनी स्थापना (hypothesis) के अनुरूप—और स्थापना तो उन्हें बनानी ही पड़ती है—संचित, सुव्यवस्थित करते हैं, अधिक-से-अधिक वे उस पर टिप्पणी करते हैं। जो लोग तीन वर्ष का समय दे सकते हैं, उन्हें पी-एच०डी० के लिए रजिस्टर किया जाता है। वे शोध का कोई सम्यक् विषय लेते हैं, उनसे उम्मीद की जाती है कि वे अपने विषय पर कोई ऐसी मौलिक खोज करेंगे, जिससे किसी लेखक अथवा उसकी रचना अथवा उसके युग के सम्बन्ध में पुरानी और प्रायः प्रचलित या स्वीकृत धारणा को बदला जा सके, कम-से-कम उसे चुनौती दी जा सके। संक्षेप में, उनका शोध ज्ञान-वृद्धि में योगदान (Contribution to knowledge) हो। डी० लिट्० तो प्रायः मानद डिग्री है जो किसी-किसी वयोवृद्ध स्कालर को उसके जीवन-भर के सृजनशील समालोचनात्मक कार्य पर दी जाती है। केम्ब्रिज में साहित्य के एकमात्र डी० लिट्० डॉ० टिलयार्ड हैं। उदाहरण के लिए W. B. Yeast and India एम० लिट्० का विषय हो सकता था। W. B. Yeast and the Irrational

पी-एच० डी० का विषय है, और चूँकि तुम केवल दो वर्ष उसे दे सकोगे, इसलिए फैकल्टी ऐसा समझेगी कि तुम उसके साथ पूरा न्याय नहीं कर सकोगे और नियमत: वह तुम्हें एम० लिट्० के लिए रजिस्टर करेगी।

यह सब बतलाने के बाद मि० हेन ने मुझे राय दी कि 'तुम्हें डिग्री के नाम का ख्याल छोड़कर शोध पर ध्यान देना चाहिए। नियम हमारे यहाँ के रूढ़ नहीं हैं। अंग्रेज़ जब भी नियम बनाते हैं तो यह ध्यान में रखकर कि सम्भव है, जीवन की कोई परिस्थिति उनके अन्तर्गत न आ सके, यानी वे अपने नियमों में अपवाद के लिए कोई-न-कोई लूपहोल छोड़ देते हैं। एम० लिट्० की थीसिस बहुत अच्छी हो तो डिग्री कमेटी को यह अधिकार है कि वह उसे पी-एच० डी० की डिग्री के योग्य करार दे। इसी प्रकार पी-एच० डी० की थीसिस अगर स्तरीय न हो तो उस पर केवल एम० लिट्० की डिग्री दे या उसे बिल्कुल अस्वीकार कर दे। यहाँ ऐसे उदाहरण हैं कि लोगों ने चार-चार बरस काम कर थीसिस प्रस्तुत की है और उसे रिजेक्ट कर दिया गया है या उस पर एम० लिट्० दी गयी है, ऐसे एक अध्यापक फिट्ज विलियम हाउस में अब भी हैं। और ऐसे भी उदाहरण हैं—गो बहुत कम—कि एम० लिट्० के लिए थीसिस तैयार की गयी है, परन्तु निर्देशक अथवा परीक्षकों ने उसे पी-एच० डी० के योग्य समझा है और डिग्री कमेटी को उनकी अनुशंसा (Recommendation) माननी पड़ी है।' अन्त में मि० हेन ने कुछ रुककर और थोड़ा मुसकराते हुए कहा, 'मैं आशा करता हूँ कि तुम एक अच्छी थीसिस लिखोगे और मुझे उसके गुणों के आधार पर उसे पी-एच० डी० के लिए अनुशंसित करने का अवसर मिलेगा।'

मैंने मि० हेन को बतलाया कि 'मैं दो बरस से अधिक केम्ब्रिज में रहने की स्थिति में नहीं हूँ। शोध-कार्य मैं अवश्य पूरा करना चाहता हूँ, डिग्री मुझे कोई भी मिले।'

मैंने अपना नाम सेंट कैथरीन्स कॉलेज में लिखा लिया, और एम० लिट० की रजिस्ट्री के लिए जो प्रमाणपत्रादि आवश्यक थे, वे आर्ट्स फैकल्टी में प्रस्तुत कर दिये, जिनमें प्रस्तावित शोध-विषय पर 2000 शब्दों का एक निबन्ध भी लिखकर देना था।

मि० हेन ने ऐसी व्यवस्था करा दी कि जिस दिन से मैंने केम्ब्रिज में रहना शुरू किया था—वहाँ जितनी रातें मैं सोया था, उसका प्रमाण-पत्र मिसेज़ मलेटका ने दिया—उस दिन से मैं कॉलेज का विद्यार्थी समझा जाऊँ, गो पिछले टर्म की फीस भी मुझे देनी पड़ी। इससे लाभ यह हुआ कि छह टर्म पूरा होने पर, यानी अप्रैल '54 में मैं अपना शोध-प्रबन्ध प्रस्तुत कर सकने का अधिकारी हो गया।

अब मि० हेन युनिवर्सिटी की ओर से मेरे निर्देशक नियुक्त हुए और मैं हफ्ते में एक बार नियमित रूप से निर्देशन के लिए उनके पास जाने लगा। सप्ताह-भर में जो कुछ मैं पढ़ता, उस पर जो कुछ मुझे सूझता, उसकी जो प्रतिक्रिया मेरे ऊपर होती उससे मैं मि० हेन को अवगत कराता, वे उस पर मुझसे सवाल पूछते या उस पर

हमारी बहस-चर्चा होती। काफी दिनों तक उनके निर्देशन का रूप केवल मौखिक रहा। कभी मैं कॉलेज के उनके कमरे में उनसे मिलता और कभी वे मुझे अपने बंगले पर बुला लेते—अधिकतर शाम को बंगले पर ही।

मि० हेन का बंगला शहर से कुछ दूर हटकर मिलिंगटन रोड पर था, जिस पर आमद-रफ्त ज़्यादा न थी। वहाँ मैं इतनी बार गया था कि आज भी उसकी याद आने पर उसका पूरा नक्शा मेरी आँखों के आगे खड़ा हो जाता है। बंगला लाल ईंट का दुमंज़िला होकर भी छोटा था। प्रवेश द्वार आगे से न होकर बगल से था, जो एक पतली गैलरी में ले जाता था, जिसके सिरे पर ऊपर जाने का जीना था। गैलरी के एक ओर था किचन, खाने का कमरा और मिसेज़ हेन के उठने-बैठने का कमरा, दूसरी ओर थी मि० हेन की काफी कुशादा स्टडी, जिसका एक हिस्सा ड्राइंग रूम की तरह इस्तेमाल होता था। ऊपर की मंज़िल पर तीन बेडरूम थे। बंगले के आगे एक अच्छा-खासा लॉन था, जिसके तीन ओर मौसमी फूलों की क्यारियाँ बनी थीं—बागवानी का काम मिस्टर और मिसेज़ हेन अपनी फुरसत की घड़ियों में खुद करते थे। पीछे सेब की एक छोटी बगीची थी, जिसके पेड़, मि० हेन ने मुझे बताया था, उनकी पैतृक भूमि स्लाइगो (जहाँ ईट्स की ननिहाल थी) से लाकर लगाये गये थे। उसके सेबों को खाने का अवसर मुझे बहुत बार मिला था। उनके एक खास तरह के स्वाद, सुगन्ध (Flavour) को मैं आज तक नहीं भूला।

मकान में केवल हेन-दम्पति रहते थे। उनकी बेटी अपनी शिक्षा समाप्त कर कनाडा चली गयी थी, जहाँ वह किसी स्कूल में पढ़ाती थी, और बेटा केम्ब्रिज से ट्राइपास करने के बाद लन्दन की किसी अच्छी फर्म में काम करने लगा था। दोनों उस समय तक अविवाहित थे। पर उनके विवाह के लिए चिन्तित अथवा उत्सुक मैंने हेन-दम्पति को कभी नहीं देखा था। मिसेज़ हेन का नाम विवियन था, जिन्हें मि० हेन 'वी-वी' कहकर पुकारते थे और शुरू-शुरू में मैं समझता था कि वे शुद्ध हिन्दुस्तानी शब्द 'बीबी' का प्रयोग करते हैं; अनुमान करता था कि यह शब्द शायद उन्होंने अपने भारत-प्रवास में किसी हिन्दुस्तानी परिवार से सीखा होगा।

मैं हेन के यहाँ जाता तो उनकी स्टडी में बैठता, जिसकी दीवारें किताबों-भरी कद्दे-आदम अलमारियों से ढकी थीं—हेन बताते कि उनमें बहुत-सी किताबें उनके पिता और पितामह के पुस्तकालय की हैं, कभी वे कोई-कोई निकालकर मुझे दिखाते भी। इंग्लैण्ड में किताबों की उम्र बड़ी होती है, उन पर जल्दी न तो मौसम का असर होता है और न उनमें कीड़े लगते हैं, शायद वहाँ की ठण्डी आबोहवा के कारण। स्टडी में ईट्स की वृद्धावस्था की एक तस्वीर लगी थी, मि० हेन ने अपने कैमरे से खींची थी और बाद को बड़ी करवाई थी। काम करने की मेज़-कुर्सी के अलावा उसमें एक गद्देदार आरामकुर्सी भी थी। हेन आते तो प्रायः आरामकुर्सी पर बैठते और मैं मेज़ वाली कुर्सी पर। मिसेज़ हेन एक ट्रे में चाय लाकर हमारे सामने रख जातीं, घर में कोई नौकर नहीं था, वे खुद ही बनातीं।

अपने प्रवास में मुझे कई अंग्रेज़ घरों में जाने का मौका मिला, मैंने किसी के यहाँ घरेलू काम-काज करने वाला नौकर नहीं देखा, गो वे अच्छी-खासी माली

हालत वालों के थे। कभी-कभी जब हमारी बातें ज़्यादा देर खिंच जातीं और सन्ध्या गहराने लगती तो मि० हेन कोई ड्रिंक लेते—मदिरा, मेरे लिए कोई साफ्ट-ड्रिंक मँगाई जाती। यदा-कदा जब हमारी बातें खत्म न होतीं और खाने का समय आ जाता तो मि० हेन मुझे खाने के लिए रोक लेते—इंग्लैण्ड में रात का खाना लोग जल्दी ही खाते हैं, यही कोई सात-साढ़े सात बजे, डिग में हम साढ़े छह बजे खाया करते थे। मिसेज़ हेन मेरे लिए जल्दी-जल्दी कोई शाकाहारी भोजन तैयार करतीं और बात हमारी खाने की मेज़ पर भी चलती जाती।

जब शोध-सम्बन्धी बातें अधिक करने को न होतीं या जल्दी खत्म हो जातीं, तब हेन ईट्स से अपनी मुलाकातों या उनके व्याख्यानों या उनकी गोष्ठियों के अनेक रोचक संस्मरण सुनाते। शायद ही कोई ऐसा प्रसंग हो जिस पर वे ईट्स की कुछ पंक्तियाँ नहीं उद्धृत कर सकते थे, उन्हें ईट्स की पचासों कविताएँ याद थीं, किन्हीं-किन्हीं नाटकों के पूरे-के-पूरे कथोपकथन। कभी-कभी वे ईट्स की कविताओं को बड़े ही भावपूर्ण अथवा आवेशपूर्ण ढंग से सुनाते—उनकी कविताएँ रसात्मक (Sentimental) भी हैं और प्रवचन-परक (Rhetorical) भी। ईट्स की कविताएँ तो मैंने भी कई-कई बार पढ़ी थीं, उन दिनों अधिक ही पढ़ रहा था, पर मि० हेन के काव्य-पाठ से जो अर्थ खुलता, जो संकेत मिलते, जो भावों और विचारों का उद्बोधन होता वह मेरे लिए अभूतपूर्व था।

ईट्स अपने एक कथन को अक्सर दुहराते थे कि कविता मन्त्र है—Incantation। एक दिन, मुझे याद है, हेन से इसी पर चर्चा चल पड़ी। हेन की यह धारणा मात्र नहीं, स्वयं उनकी खोज थी कि ईट्स यह मन्त्र-प्रभाव शब्दों की अन्तर्ध्वनि से उत्पन्न करते थे—बिना उनके अर्थों से किसी प्रकार का समझौता किये। उदाहरण के लिए उन्होंने ईट्स की वे पंक्तियाँ सुनायीं, जो उन्होंने अपनी कब्र पर खुदवाने के लिए लिखी थीं—

Cast a cold eye
On life, on death
Horseman, pass by!
कास्ट ए कोल्ड आई
आन लाइफ, आन डेथ,
हार्समन, पास बाई!

फिर इनमें प्रयुक्त शब्दों की अन्तर्ध्वनि को उभारने के लिए, उन पर बल देने के लिए, उन्होंने इन पंक्तियों को इस प्रकार पढ़ा—

कास ए को
आई आन
लाई आन
डेथ हास
मन पास
बाई...

जब उन्होंने पंक्तियाँ समाप्त कीं तो ऐसा लगा कि जैसे अब कोई उनमें 'छू:' जोड़ दे तो तत्काल कोई जादू खड़ा हो जायेगा। वास्तव में उस सन्ध्या को ईट्स की पंक्तियों में मन्त्र (Incantation) खोजने का स्वयं एक मन्त्र मुझे मिल गया था।

हेन के पास ईट्स के काव्य-पाठ के कुछ रिकार्ड भी थे—उन्हीं के स्वर में। ईट्स अपनी सभी कविताएँ स्वर-लयबद्ध कर पढ़ते थे, जिसे अपने यहाँ कहेंगे, तरन्नुम के साथ। कभी-कभी हेन उन्हें मुझे सुनाते, एक पुरानी चाल के ग्रामोफोन पर बजाकर। ईट्स की कुछ कविताएँ अच्छे गायकों के स्वर में भी रिकार्ड की गयी थीं, विशेष याद है इस गीत की 'O, who could have foretold that the heart grows old.' (किसने यह समझा था कि हृदय भी वृद्ध हो जाता है!) इस गीत की हू-ब-हू नकल मिसेज़ हेन अपनी आवाज़ में कर सकती थीं और एकाध बार इसे उनसे सुनने का अवसर भी मुझे मिला था। उनके एक गीत पर बैण्ड-ध्वनि भी बाँधी गयी थी। गीत था—'Down by the sally garden my love and I did meet.' (मिली प्रेयसी मेरी मुझको उस सैलानी बाग में।)

ईट्स के सम्बन्ध में मैं बहुत-सी पुस्तकें, पत्रिकाएँ पढ़ रहा था, पर उन सबसे, मैं नि:संकोच कहना चाहूँगा, मुझे ईट्स को समझने में उतनी सहायता न मिली थी, जितनी हेन के साथ उनकी चर्चा में बिताई सन्ध्याओं से। शोध की प्रक्रिया से गुज़रे हुए सभी लोग इस बात की हामी भरेंगे कि यह काम बहुत नीरस हो सकता है। कम-से-कम अपने शोध के सम्बन्ध में मुझे जो 10-12 घण्टे रोज़ पढ़ना पड़ता था, वह तो महा नीरस था। वह तो ऐसा ही था, जैसे रेगिस्तान में सफर करना—इसी शीर्षक से मैंने केम्ब्रिज में एक कविता लिखी थी,[1] शायद वह उसी अनुभव से प्रेरित हुई हो। सुनते हैं, रेगिस्तान के यात्रियों का यह अनुभव है कि महाबंजर, बालुए मैदानों के बीच में भी कहीं-कहीं हरियाली होती है, छायादार वृक्ष होते हैं, पानी के चश्मे होते हैं, जिन्हें oasis या शाद्वल भूमि कहते हैं। मैं अपने रेगिस्तान के सफर की शाद्वल भूमियाँ उन सन्ध्याओं को कहना चाहूँगा, जो मैंने मि० हेन के सान्निध्य में गुज़ारी थीं।

कभी मैंने पढ़ा था, 'काव्यशास्त्र विनोदेन कालो गच्छति धीमताम्।' मैं हमेशा सोचा करता था कि इसका लेखक काव्य को आनन्द के लिए पर्याप्त नहीं मानता, काव्य के गुण-दोष विवेचन की चर्चा में सुख मानता है, काव्य का 'शास्त्र' तो वही हुआ। निश्चय इसका लेखक कोई काव्य-रसिक नहीं, किसी विद्यापीठ में पाठ्यपुस्तक पढ़ाने वाला अध्यापक होगा। हेन के सम्पर्क में मुझ पर इस संस्कृत की पंक्ति का एक दूसरा ही अर्थ खुला। हेन के साथ 'काव्य' की भी चर्चा होती और 'शास्त्र' की भी—यानी शोध-सम्बन्धी छानबीन की, विश्लेषण-परीक्षण की। और यह मि० हेन जैसे कुशल कीमियागर का ही काम था कि वे 'काव्य' को 'शास्त्र' की चर्चा से ज्ञानमय और 'शास्त्र' को 'काव्य' की चर्चा से रसमय कर देते थे। हेन ने मेरे शोधार्थी को ही नहीं सँवारा, मेरे अध्येता और अध्यापक को भी,

---

1. देखिये 'रेगिस्तान का सफर' शीर्षक कविता, मेरे काव्य-संग्रह 'बुद्ध और नाचघर' में।

लेकिन इसका मुझे बड़ा खेद है कि उसका लाभ मुझे जिन्हें पहुँचाना था, उन्हें मैं न पहुँचा सका।

सृजन के सम्बन्ध में एक समस्या मेरे मन में बहुत दिनों से उठती रही है और उस पर मैंने बहुत सोचा-विचारा है, पर उसका कोई समाधान मुझे अब तक नहीं मिला। समस्या संक्षेप में इस प्रकार रखी जा सकती है कि सृजन के लिए—और सृजन को मैं कविता लिखने तक ही सीमित न रखना चाहूँगा, इसके अन्तर्गत शोध-प्रबन्ध जैसी चीज़ लिखना भी रखा जा सकता है—शान्त मनःस्थिति अधिक अनुकूल पड़ती है या उद्विग्न, यानी मन की उपशमित, विश्रान्त स्थिति या तनाव-खिंचाव की स्थिति। दुनिया के सर्जकों ने शायद दोनों मनःस्थितियों में सृजन किया है। मैं स्वयं अपने सृजन की घड़ियों को याद करता हूँ तो लगता है कि मैंने दोनों स्थितियों में लिखा है। दोनों स्थितियों में सृजन की सम्भावना मान लें तो एक दूसरा सवाल उठता है कि किस स्थिति में सृजन ज़्यादा अच्छा होता है, और यहाँ मुझे भय है, सर्जक स्वयं निष्पक्ष निर्णय नहीं दे सकता। समीक्षक शायद बुरे-अच्छे या ज़्यादा अच्छे का विवेचन कर सकता है, किसी हद तक निष्पक्षता से भी, पर वह कैसे जानेगा कि कौन रचना किस मनःस्थिति में की गयी, जब तक कि सर्जक ही उसे उसका ज्ञान न करा दे। और सर्जक का ज्ञान सदा विश्वसनीय होगा, इसमें मुझे सन्देह है। क्यों?

क्योंकि सृजन का क्षण सर्जक को अपनी सृष्टि में इतना डुबाने वाला होता है कि उसे यह ज्ञान ही नहीं रहता कि वह किस मनःस्थिति में है। सृजन बड़ी पेचीली प्रक्रिया है और मन पारे से भी अधिक चंचल। सृजन आरम्भ होते ही, माध्यम कोई भी हो, सर्जक अपनी सृष्टि का अंग बन जाता है, और मेरा ऐसा अनुभव है, वह अपने मन की स्थिति का न स्वामी रह जाता है, न दास, न भोक्ता ही। सृजन की प्रेरक स्थिति को परिणाम और परिणाम को सृजन की प्रेरक स्थिति समझना मन के लिए बायें हाथ का खेल है। हो सकता है, उद्विग्न मन विश्रान्ति पाने के लिए ही सृजन करता हो। अंग्रेज़ी में सृजन के लिए एक शब्द compose (कम्पोज) करना भी प्रयुक्त होता है, विशेषकर संगीत के सन्दर्भ में। compose होने का अर्थ विश्रान्ति पाना भी है। शायद composed स्थिति पाने के लिए मन compose करना आरम्भ करता हो या compose करते-करते मन composed (विश्रान्त) हो जाता हो। एक ही शब्द के दो अर्थों के बीच सूक्ष्म मनोवैज्ञानिक अनुभव नहीं छिपा, इसे मानने को मैं सहसा तैयार नहीं हो सकता। शायद मेरा सृजन ही खिंचाव, तनाव अथवा उद्विग्नता की मनःस्थिति की उपज हो, विश्रान्त मन सृजन के झंझट में क्यों पड़ना चाहेगा, गो मन इतना अनग्रकथनीय (unpredictable) है कि उससे यह बईद नहीं कि वह बैठे-बिठाये बुलाये कि आ बैल मुझे मार। फिर एक बात और समझ लेनी चाहिए, जो ज़्यादा बारीक है और शायद सर्जक के लिए ही अनुभवगम्य—सृजनशीलता अपने आपमें एक तनाव पैदा करती है—कलात्मक तनाव—भाव और अभिव्यक्ति के माध्यम के बीच। यह भी हो सकता है कि सर्जक

वास्तविक तनाव के अभाव में तनाव का रस पाने के लिए अपने को एक कलात्मक तनाव में डाल देता हो—विश्रान्ति की स्थिति से तनाव की स्थिति अधिक जीवन्त है, इतना तो मानना ही होगा, फिर उसके 'रस' में क्या आपत्ति हो सकती है!

एक और स्थिति हो सकती है। सृजन से विश्रान्त मन के उद्विग्न होने की बात शायद ही कभी सुनी गयी हो, विश्रान्त मन सम्भवतः सृजन से परम शान्ति को उपलब्ध होता हो—शायद सन्त सर्जकों का ऐसा ही अनुभव हो, और कलात्मक या सृजनात्मक तनाव केवल उस परम शान्ति की पूर्व स्थिति—वास्तविकता तो यही है कि शान्ति का अनुभव परिपूर्ण तभी हो सकता है, जब उसकी पूर्व पीठिका में किसी तरह तनाव हो, भले ही वह कलात्मक अथवा कृत्रिम ही क्यों न हो।

इस ऊहापोह में तुलसीदास हमारी कुछ सहायता कर सकते हैं। 'मानस' तो सृजन ही कहा जायेगा। उसके सृजन के हेतु में तुलसीदास ने दो बातें कहीं—'स्वांतः सुखाय' और 'स्वांतस्तमः शांतये'। 'सुख' से शान्ति का अर्थ सहज ही ले सकते हैं, 'तम' से उद्विग्नता, खिंचाव, तनाव, अशान्ति का। कह सकते हैं कि तुलसी ने स्वांतः तम से सृजन आरम्भ किया, और सृजन करते-करते स्वांतः सुख को उपलब्ध हुए, गो तुलसीदास ने मानस के आरम्भ में 'स्वांतः सुखाय' लिखा, और अन्त में 'स्वांतस्तमः शांतये:'। सृजन की यात्रा में यह बिल्कुल सम्भव है कि यात्री प्रस्थान-बिन्दु पर लक्ष्य की ओर देखे और लक्ष्य पर पहुँचने पर उलटकर प्रस्थान-बिन्दु की ओर।

आप पूछ सकते हैं कि यहाँ इतने विस्तार से सृजन की इस प्रक्रिया की चर्चा करने की क्या आवश्यकता पड़ गयी? मैं आपसे एक वाक्य में कहना चाहता था कि केम्ब्रिज में चाहे मैंने कविता लिखी, चाहे डायरी, चाहे शोध-प्रबन्ध, सिवा एकाध अपवाद के, सब कुछ मैंने एक तनाव की स्थिति में किया। हो सकता है, जैसा कि मैंने ऊपर सुझाव दिया है, उस तनाव से मुक्ति पाने को ही मेरा मन यह सब कुछ सृजन करता रहा। तनाव की स्थिति में जो लिखा गया, वह किस स्तर का है? वही बगैर तनाव की स्थिति में लिखा जाता तो मेरे कैसा होता? तनाव की स्थिति में सृजन न किया जाता तो मन पर उसका क्या प्रभाव पड़ता?—आदि कई प्रश्न हैं, जिन पर आप भी सोच सकते हैं।

केम्ब्रिज में लिखी मेरी कविताएँ तीन संग्रहों में आ चुकी हैं, डायरी भी प्रकाशित हो चुकी है, मेरे शोध-प्रबन्ध के दो संस्करण हो चुके हैं। इनका आपकी दृष्टि में कुछ मूल्य हो तो उनके पीछे जो तनाव रहे हैं, शायद उनके प्रति भी आपका कौतूहल हो।

अपनी मुझ पर सर्वथैव निर्भरा पत्नी और अपने दो छोटे-छोटे, प्यारे-प्यारे बच्चों को छोड़कर दो बरस के लिए सात समुन्दर पार जा बैठने से जो तनाव मेरे मन में हो सकता था, उसे मैं कितनी ही बार दोहराऊँ, कितनी ही तरह से, उसका पूरा आभास मैं आपको नहीं करा सकता। इसलिए उसे मैं आपकी ही कल्पना पर छोड़ता हूँ। मेरे लिए और तरह के भी तनाव थे। उन तनावों के लिए समय पर मैंने

समाज-संसार से लेकर नियति-नियन्ता तक सबको कोसा था। अब समय बीत जाने पर, मैं ऐसा समझने लगा हूँ कि तब जो कुछ मैं उपलब्ध कर सका, चाहे शोध-साफल्य के रूप में, चाहे काव्य के रूप में, चाहे गद्य-रचना के रूप में, वह सब उन तनावों के कारण ही सम्भव हो सका—उनकी चुनौती स्वीकार करने से, उनके साथ संघर्ष करने से, उनसे पराजित न होने से और उनकी कटुता और कठोरता से भी अपने लिए—शायद औरों के लिए भी—कुछ प्रेरक, कुछ उत्साहवर्द्धक संजो लेने से—

Then, welcome each rebuff
That turns earth's smoothness rough,
Each sting that bids nor sit nor stand
But go!
तो फिर हर अड़ंगे का स्वागत,
जो ज़िन्दगी के चौरस रास्ते को ऊबड़-खाबड़
बना देता है,
हर ठोकर का (स्वागत), जो कहती है, न बैठो,
न खड़े रहो,
बस आगे बढ़ते चलो।

मुझे 24 महीने प्रवास में रहने और पढ़ाई के खर्च की आवश्यकता थी, और मैं दस महीने का केवल रहने-सहने का खर्च पास में रखकर केम्ब्रिज में बैठा था। जिसे मोटर से किसी ऐसे लम्बे सफर पर जाना हो, जिसके रास्ते में पेट्रोल मिलने की कोई सम्भावना न हो, वह निश्चिन्ततापूर्वक तभी अपनी कार चला सकता है, जब उसका टैंक फुल हो। और जिसका टैंक फुल न हो, उसकी आशंका और भय का अनुमान सहज ही किया जा सकता है—न जाने कब, कहाँ पेट्रोल खत्म हो जाये और उसे अपनी यात्रा स्थगित कर देनी पड़े। क्या ऐसी मन:स्थिति शोध जैसे एकाग्रता माँगने वाले काम के लिए अनुकूल हो सकती है?

दो वर्ष केम्ब्रिज में रहने की योजना बनाने के पूर्व मैंने कुछ सोचकर अपने को आश्वस्त कर लिया था—बी० एन० कौल ने जिस राशि को इण्डिया हाउस के द्वारा भेजने का वादा किया था, उसे वे वित्तीय वर्ष के अन्त में भेजवा ही देंगे, जिससे मुझे पाँच महीने और रहने का खर्च मिल जायेगा। बाकी 10,000/- रुपये जो मुझे नौ महीने और केम्ब्रिज में रहने, कॉलेज की फीस देने, और वापसी सफर के लिए चाहिए, उसके लिए मैं शिक्षा मन्त्रालय को प्रार्थना-पत्र भेजूँगा। नेहरूजी ने मौलाना आज़ाद से मेरा परिचय करा दिया था, मेरी 'बोनाफाइड'—हिन्दी में क्या कहेंगे, 'नाम-काम-धाम'?—की तसदीक कर दी थी, केम्ब्रिज मैं किसलिए जा रहा था, यह भी उन्हें बता दिया था, साथ ही मेरे प्रति अपनी कृपा नहीं तो सहानुभूति और मेरे कार्य के प्रति अपनी अभिरुचि का संकेत कर दिया था। मैं आशा कर सकता था कि मेरे प्रार्थनापत्र पर अवश्य ध्यान दिया जायेगा, पर शिक्षा-मन्त्रालय से उत्तर की

प्रत्याशा में केवल दिन बीतते रहे, याद दिहानी के पत्रों का भी कोई असर न हुआ। अन्ततोगत्वा मैंने नेहरूजी को लिखा, पर पत्र जाने और उत्तर आने की संभाव्य अवधि के बाद मैंने केवल प्रतीक्षा और निराशा के दिन ही गिने। कारण क्या था?

मेरे एक मित्र थे, जो कि शिक्षा मन्त्रालय में काफी ऊँचे पद पर काम कर रहे थे। उन दिनों उनकी पोस्टिंग अमरीका-स्थित भारतीय राजदूतावास के शिक्षा विभाग में हो गयी थी, वे श्रीमती पण्डित के प्रिय पात्रों में थे, जो उस समय वहाँ राजदूत थीं।

मित्र किसी निजी या सरकारी काम से भारत जा रहे थे और दो-चार दिनों के लिए लन्दन रुके थे। मुझे उनके कार्यक्रम का पता लगा तो मैं लन्दन जाकर उनसे मिला। कई घण्टे उनके साथ रहा, बहुत दिनों बाद उनसे मिलना हुआ था, अपने-अपने अतीत, वर्तमान और भविष्य की योजनाओं के विषय में दोनों को बहुत कुछ कहना-सुनना था।

मैं अपना शोध-कार्य पूरा करने को दो वर्ष केम्ब्रिज में रह रहा हूँ, मेरी इस बात को उन्होंने कुछ सन्देह की मुद्रा से सुना, जैसे भीतर-भीतर कह रहे हों, गैरों से कहने के लिए यह अच्छा है, पर अपने दोस्त से ही क्यों छिपाने की कोशिश करते हो?

आखिर उनसे न रहा गया। बोले, 'अमरीका में फलाँ से तो तुम्हारे बारे में मैं कुछ और ही सुनकर आया हूँ कि तेजी से तुम्हारा विवाह-सम्बन्ध विच्छेद होने की सीमा पर पहुँच गया है, कि तुम इलाहाबाद की एक मुसलमान लड़की के प्रेम में हो जो आजकल इंग्लैण्ड में है और उसी के साथ शादी करके तुम यहीं व्यवस्थित होना चाहते हो, कि तेजी के भरण-पोषण के लिए तुमने कुछ भी वहाँ नहीं छोड़ा, यहाँ तक कि अपने छोटे-छोटे बच्चों का भी कुछ ख्याल नहीं किया। इसीलिए तेजी किसी प्रकार की नौकरी की खोज में है।'...

मेरी स्मृति सहसा बारह बरस पीछे जाकर घटनाओं के अम्बार को खुलिहारने लगी।

उस मुसलमान लड़की का जन्म एक उदार संभ्रांत परिवार में हुआ था, शिक्षा उसकी कान्वेन्ट में हुई थी, पर विवाह उसका एक निहायत दकियानूसी परिवार में हो गया। ससुराल कारागार हो गयी, जिससे निकलने को वह तड़प रही थी। तभी किसी ने उसका परिचय मुझसे कराया था। परिचय ने निकटता का रूप लिया। किसी क्षण में अपनी बेड़ियों से त्राण पाने को उसने मेरी ओर भी देखा था, सम्भवत: मुझे अपने उन दिनों के अन्धकार से त्राण दिलाने के लिए भी। और एक-दो बार उसने मेरे 9-ए, बेली रोड में आकर मेरे एकाकीपन को सहलाया भी था। उसके आगे कुछ नहीं...

क्या मैंने उसकी चर्चा कभी किसी से की थी? की हो तो कुछ अस्वाभाविक नहीं। किसी खास नारी से उपेक्षित हो, किसी आम नारी को आकर्षित करने का गर्व पुरूष शायद ही छिपा पाता हो। घटित ठहर गया था, पर कथित चलता गया था।

कहानियाँ मेरे साथ 'मधुशाला' की रचना के समय से ही जुड़ने लगी थीं और कभी-कभी वे बड़ी ही अजीबो-गरीब शक्ल में मेरे कानों तक पहुँचती थीं और एक दिन उनसे खिन्न होकर मैंने लिखा था, 'आकुल अन्तर' की पंक्ति है, 'नहीं यह कोई बात नयी; जहाँ कहीं मैं गया कहानी मेरे साथ गयी।'

मैंने मित्र को विश्वास दिलाया कि जो उन्होंने सुना है उसमें कोई तत्त्व नहीं। बातें बहुत से कानों, ज़बानों पर उतरती-चढ़ती एकदम विकृत हो गयी हैं। मेरे लिए तो कब की समाप्त, पर मुझमें रुचि रखने वाले न जाने किस कारण उन्हें अपनी स्मृति में बनाये, दुहराये, अदलते-बदलते चले जाते हैं।

मित्र को मेरी बातों पर विश्वास नहीं हुआ।

किसी अन्य परिस्थिति में मित्र की बात सुनकर शायद मैं हँसकर टाल देता। पर उन दिनों मैं जिन मानसिक तनावों में था, उसमें मैं बहुत उद्विग्न हुआ। अब तो उस उद्विग्नता की साक्षी 'कड़ुआ अनुभव'[1] की पंक्तियाँ हैं, जो मैंने उस समय लिखी थीं।

कुछ दिनों के बाद मित्र वही कहानी दिल्ली की एक पार्टी में सुना रहे थे, जिसमें नेहरू-पण्डित के सदस्य उपस्थित थे।

सुनने वालों में थे इलाहाबाद के मेरे एक मित्र भी।

उन्होंने वहाँ से लौटकर सारी बातें तेजी को बतायीं।

तेजी अपनी छोटी-मोटी परेशानियाँ, जो दिनानुदिन के जीवन में खड़ी ही हुआ करती थीं, मुझे न लिखती थीं, पर इस अफवाह को वे मुझसे न छिपा सकीं।

मुझमें उनका इतना दृढ़ विश्वास था कि इस पर अपनी प्रतिक्रिया बतलाते हुए उन्होंने मुझे लिखा कि अगर ईश्वर भी आकर मेरे सामने ऐसा कहता तो मैं उससे फौरन कहती कि तू झूठा है।

फिर भी उसकी सच्चाई की आशंका का एक सूक्ष्म सूत्र उनके पत्र में मौजूद था, जिसने उनकी शब्दावली को कातर कर दिया था।

तेजी की तेजी—जो वे कभी-कभी दिखा ही जाती थीं—तो मैं बर्दाश्त कर जाता था, वह मुझे प्रिय भी हो गयी थी, पर उनकी विनम्रता, उनका दैन्य भाव, उनके साश्रु नयन मेरे लिए असह्य थे। मैंने तेजी को एक छोटा-सा पत्र लिखा, पर एक-एक शब्द जैसे अपने रक्त से कि उनकी सच्चाई में मेरे शत्रु को भी सन्देह न हो।

पर उन्हें आश्वस्त करने से अधिक मैं स्वयं अपने को आश्वस्त करना चाहता था।

मित्र ने कहाँ-कहाँ यह कहानी न सुनाई होगी? क्या शिक्षा मन्त्रालय में भी नहीं?

क्या उन्हें पता न होगा कि मेरा प्रार्थनापत्र वहाँ पहुँचा था, एक बड़ी आवश्यक माँग के लिए, जिस पर मेरा भविष्य निर्भर था?

---

1. देखिये 'कड़ुआ अनुभव' शीर्षक कविता, मेरे काव्य संग्रह 'बुद्ध और नाचघर' में।

क्या उन्हें इसका ध्यान न होगा कि यह कहानी मेरे कितने विरुद्ध जायेगी?

क्या वे जानबूझकर मेरा अहित करना चाहते थे?

क्या मैंने कभी उनका अहित किया था, और वे मुझसे अपना बदला चुका रहे थे?

नहीं, नहीं, मैंने उनके साथ कुछ असाधारण भलाई की थी। इसीलिए मेरे साथ बुरा करना उनके लिए स्वाभाविक था :

हमें भी आ पड़ा है दोस्तों से काम कुछ यानी
हमारे दोस्तों के बेवफा होने का वक्त आया।
(हरीचन्द अख्तर)

मनस्विद कहते हैं, जिसके साथ तुम उपकार करते हो, वह दबता है, हीन-भावना ग्रस्त होता है, अपने में अपमानित, लज्जित अनुभव करता है और इस कारण वह तुम्हें अपमानित-लज्जित करने का अवसर ढूँढ़ता है। किसी के प्रति कुछ उपकार करो तो उसे भी अपने प्रति कुछ उपकार करने का अवसर दो, वरना तुम उसे अपकार करने का अवसर दोगे। कहते हैं, ईश्वरचन्द्र विद्यासागर की किसी ने बड़ी बुराई की तो उन्होंने अपनी डायरी खोलकर देखी कि आश्चर्य है, इस आदमी के साथ तो मैंने कभी कोई भलाई नहीं की।

शिक्षा मन्त्रालय और प्रधानमन्त्री-सचिवालय के मौन का रहस्य खुल गया। मेरी कहानी की प्रतिध्वनियाँ शायद वहाँ पहुँच गयी थीं। एक कहावत प्रसिद्ध है, अफसर के आँख नहीं होती, केवल कान होते हैं।

कुछ दिनों बाद शिक्षा मन्त्रालय से पत्र मिला, सौ पौण्ड आपके लिए भेजे जा रहे हैं, अगर विदेश में अपने खर्च पर आप अपनी पढ़ाई न कर सकें तो इस राशि से अपने लौटने का प्रबन्ध कर लें।

प्रधानमन्त्री-सचिवालय से पत्र मिला कि आपसे दो सौ पौण्ड भिजवाने का जो वादा किया गया था, वह भेजा जा रहा है, आगे यहाँ से किसी प्रकार की सहायता की आशा न रखें।

बीवी का पंजा पकड़कर तो मैंने पहुँचा पकड़ लिया था, पर जब मैंने सरकार का पंजा पकड़कर पहुँचा पकड़ना चाहा तो उसने हाथ झटककर मुझे अँगूठा थमा दिया। क्या उसके कानों में मित्र ने कुछ कह दिया था?

मेरा अनुमान गलत नहीं था।

सबूत जल्दी मिल गया।

थोड़े दिनों बाद नेहरूजी केम्ब्रिज आये। अवसर था—रानी एलिज़ाबेथ द्वितीय का राज्यारोहण समारोह। उन्हें उस अवसर पर केम्ब्रिज युनिवर्सिटी की तरफ से डॉक्टर ऑफ लॉ की मानद उपाधि दी गयी थी, टामस मन को डॉक्टर ऑफ लिटरेचर की, ऐसी उपाधियाँ पाने वालों में और कई विश्वविख्यात विभूतियाँ थीं।

मैंने पण्डितजी से मिलने का समय माँगा। खड़े-खड़े दो मिनट उन्होंने मुझसे

बात की—उनकी मुद्रा से मुझे लगा, जैसे उन्हें मेरे बारे में कुछ सन्देह हो, पर जिसका निवारण वे मुझसे ही कर लेना चाहते हों, साथ ही ऐसी सहज मुसकान बिखेरते हुए जिसके सम्मोहन में केवल सच-सच कहना ही सम्भव हो।

'तुम अभी तक यहीं हो! पहले तो इतने दिन ठहरने का इरादा नहीं था! क्या कर रहे हो यहाँ पर?'

'यहीं पर अपना शोध-कार्य पूरा कर लेने का इरादा बन गया और उसके लिए यहाँ दो बरस रहना ज़रूरी है।'

'मैंने तो कुछ और बातें सुनी हैं तुम्हारे बारे में।'

इस वाक्य के साथ पण्डितजी ने सीधे मेरी आँखों में अपनी आँखें डालीं, जैसे वे मेरे बिना कुछ कहे हुए भी मेरे मन की बात जान लेंगे।

काश, उनके पास कुछ समय होता और अकेले में बैठकर मैं उनको अपनी तरफ से सफाई दे सकता। पर समय उनके चारों और तेज़ी से भाग-दौड़ रहा था। कितने ही लोग थोड़े-से फासले पर खड़े थे, उनकी ओर उत्सुकता से देखते हुए कि वे उन्हें परिचय-पहचान की मुसकान दें और वे उनसे दो बातें कर लें। मेरे मुँह से सिर्फ एक वाक्य निकला—

'सच्चाई किसी दिन खुलेगी...।'

मेरे इन शब्दों से उनकी सुनी हुई बातों का प्रतिकार उनके चेहरे पर रजिस्टर हो, इसके पूर्व ही पास खड़ी किसी लड़की ने अपनी आटोग्राफ बुक उनकी ओर बढ़ा दी थी, और नेहरूजी ने उस पर अपने हस्ताक्षर करने के बजाय उसके गाल पर एक हल्की-सी चपत लगा दी थी। मैं उन्हें प्रणाम कर पीछे हट आया था। उस चपत में क्या मेरे लिए भी कुछ संकेत था?

फिर मैंने आर्थिक सहायता के लिए न उन्हें लिखा, न शिक्षा मन्त्रालय को।

केम्ब्रिज में दो बरस रहकर वहीं अपना शोध-कार्य पूर्ण करने की योजना मैंने जिस आर्थिक आधार पर बनाई थी, वह मुझे इस तरह दगा दे जायेगी, इसकी कल्पना मैंने नहीं की थी, फिर भी केवल आर्थिक कारणों से मैं अपनी योजना को छोड़ने के लिए तैयार न था। इस योजना को पूर्ण करने के लिए बहुत-सी ऐसी बातें करनी थीं, जिनमें अर्थ की बड़ी-से-बड़ी राशि सहायक नहीं हो सकती थी। उनके लिए अपने को तैयार करके, उनके लिए अपने में क्षमता का विश्वास जगा करके, उनके लिए अपने निकटस्थों से वांछित सहयोग का आश्वासन पा करके यदि मैं कुछ चाँदी के टुकड़ों के अभाव में अपनी योजना को अधूरी छोड़ने के लिए बाध्य होता तो इसे मैं अपने जीवन की सबसे दयनीय त्रासदी समझता।

फिर भी इतना तो सीख ही चुका था कि दुनिया में जहाँ चाँदी के टुकड़े काम आते हैं, वहाँ कोई दूसरी चीज़ काम नहीं आती।

मेरे कार्य ने मेरी योग्यता-क्षमता को चुनौती पहले ही दे रखी थी। अब दुनिया ने मेरे चरित्र को भी चुनौती दी थी। इस कलंक को मैं अपने कार्य की सफलता से ही धो सकता था। मैंने निश्चय किया, अब मैं अपने बल पर उन चाँदी के टुकड़ों को जुटाऊँगा, जो मेरे काम के लिए आवश्यक हैं :

मैंने अपने कलम की ओर देखा।

जो अप्रत्याशित परिस्थिति मेरे सामने आ पड़ी थी, उसकी चुनौती तेजी ने अपने स्वभाव के अनुरूप और ज़्यादा तेज़ी से ली। उन्होंने फौरन मुझे लिखा, आप अपना काम करते जायें, आपको जितने खर्च की ज़रूरत पड़ेगी, मैं आपको भेजूँगी।

शायद उन्होंने अपने ज़ेवरों की ओर देखा।

मैंने अपने प्रकाशक से 'सोपान' के प्रकाशन की बात फिर चलायी। अगर वे 5000/- अग्रिम रायल्टी नहीं दे सकते तो कुछ कम कर सकते हैं। बात 3000/- पर तय हो गयी। तेजी ने 2000/- अपने पास से मिलाकर मुझे 5000/- भेज दिये। उन्होंने तो और भेजने का आश्वासन दिया था, पर मैंने यह अन्तिम राशि उनसे ली, मेरा अन्दाज़ था, अब कम ही पैसे उनके पास बचे होंगे। अब अधिक-से-अधिक किफायत करके देखना था कि अपने अनुमान से कितने कम पर मैं अपना काम चला सकता हूँ, गो अपने कलम के बल पर कुछ और कमा सकने की योजना भी मेरे दिमाग में चल रही थी।

केम्ब्रिज में अपने काव्य-सृजन की चर्चा मैंने अभी तक नहीं की, पर इस दर्जे पर वह अनिवार्य हो उठी है।

मैंने 'नीड़ का निर्माण फिर' में संकेत किया था कि मैं अपनी प्रस्तावित 'प्रणय पत्रिका' के द्वारा राग का एक दर्शन प्रतिपादित करना चाहता था। मेरी वह योजना पूरी नहीं हुई। आज लगता है कि बहुत अच्छा हुआ जो मेरी वह योजना पूरी नहीं हुई। मैं एक बड़ा खतरनाक काम करने जा रहा था। दर्शन कितना ही गम्भीर-सूक्ष्म क्यों न हो, वह जीवन नहीं हो सकता; जीवन का स्थानापन्न नहीं हो सकता। दर्शन के प्रतिपादन में इस बात का बड़ा भय था, सम्भावना तो थी ही कि मेरा सृज़न वैचारिक अथवा मानसिक स्तर से होने लगता, अनुभूतियों के अथवा जैविक प्राणों के स्तर के विपरीत। उस स्तर से मैंने कभी नहीं लिखा था, लिखता तो निश्चय असफल होता, कम-से-कम मुझे तो उससे सन्तोष नहीं होता। उसमें बारीकी होती, कला होती, अभिव्यक्ति की सफाई होती, परिष्कार-निखार होता, एक स्वीकृत, मान्यता प्राप्त मानदण्ड से शायद उसे उच्च कोटि की कविता की श्रेणी में मान लिया जाता, ऊँची कक्षाओं के पाठ्यक्रम में रखने योग्य, पर उसमें ज़िन्दगी का सबूत देने वाली साँसें न होतीं, उसके पदों, उसकी लयों में रक्त दौड़ता हुआ न प्रतीत होता, उसके वाङमय शरीर में जीवन का ताप न महसूस होता—जीवन का स्पन्दन। विदेश पहुँचने पर मेरी जिन मानसिक अथवा भौतिक परिस्थितियों ने मुझे लिखने को विवश किया, उन्होंने और कुछ न किया हो, एक बार फिर मुझे जीवन से जोड़ दिया। मैं जीवन की खुरदुराहट को, यहाँ तक कि उसके भदेसपन (भनिति भदेस) को कला की चिकनाहट पर तरजीह देता हूँ, दर्शन की अरूपता, वायवीयता पर तो सौ-सौ बार। जीवन का जीवन्त स्वर ही कविता, नहीं तो कविता मुझे बख्शे।

मेरे अन्दर कहीं जो एक ठोस कर्मठ बैठा है, वह कविता को—काव्य-रचना को—जीवन का विलास (Luxury) मात्र समझता है। जब वह जागता है, सक्रिय होता है, तब वह मेरे कवि को एक कोने में ले जाकर बिठा देता है—अब आप थोड़ी देर के लिए चुप रहिये। पर मेरा कवि भी बड़ा ज़िद्दी है, मेरा कर्मठ ज़रा-सा गाफिल हुआ नहीं कि वह खिसककर बीच कमरे में पहुँच जाता है और अपना राग अलापने लगता है। 'अपना' कहने में ही भूल हो गयी। राग उसका अपना नहीं होता। उसमें मेरा कर्मठ अपने ही अन्तर की प्रतिध्वनि सुनने लगता है, इसलिए उसका विरोध नहीं कर पाता।

एम० ए० (फाइनल) की तैयारी करते समय, मेरे पाठकों को याद होगा, मैंने प्रतिज्ञा कर ली थी कि अब जब तक परीक्षाएँ समाप्त नहीं हो जातीं, मैं कविताओं को हाथ नहीं लगाऊँगा, पर नतीजा क्या हुआ था? परीक्षा के ठीक पहले कविता की पंक्तियाँ मेरे दिमाग में गूँजने लगी थीं और बिना उन्हें रूप दिये मैं अपने मन को पाठ्यक्रम की ओर एकाग्र नहीं कर पाता था।

बारह बरस बाद मैं वही गलती फिर दुहराने चला था।

मैं एक सीमित समय में एक सीमित उद्देश्य पूरा करने के लिए विदेश जा रहा था। मैंने समझा था कि मैं अपने शोधक, अध्यापक, अधिक-से-अधिक कविता के विद्यार्थी-पारखी को साथ लेकर जा रहा हूँ, अपने कवि को पीछे ही छोड़े जा रहा हूँ, पर मेरा कवि मेरे दिमाग की किसी परत में छिपकर केम्ब्रिज पहुँच गया था।

हवाई जहाज़ी यात्रा के कारण जिस तेज़ी से मैं अपने स्नेह-सुगठित परिवार से बीस घण्टे के अन्दर छह हज़ार मील की दूरी पर फेंक दिया गया था, उसमें मेरा भावाकुल होना स्वाभाविक था। अगर मैं चौबीस-पच्चीस की रूमानी उम्र में अपने को ऐसी स्थिति में पाता तो बड़े आँसू बहाता, बड़ी आहें भरता, रामगिरि आश्रम में पड़े विरही यक्ष के समान। यक्ष निश्चय अपनी जवानी में शापग्रस्त हुआ होगा। कहते हैं, यक्ष सदा जवान रहते हैं। न भी होते तो कालिदास उन्हें बना देते। कम-से-कम अपने यक्ष को उन्होंने ऐसा ही बना दिया है। यह तो मैं नहीं कहूँगा कि अपनी 45 वर्ष की अवस्था में मैं कम भावुक या कम भावप्रवण हो गया था, पर मेरा विवेक इतना अवश्य जग गया था कि भावनाओं पर अंकुश लगा सके, उन्हें अपने इच्छाबल से दबाकर रख सके। और इन्हीं दबी भावनाओं की परतों में ही तो मेरे कवि को छिपने की जगह मिल गयी। भावनाएँ एक सीमा के बाद कोई दबाव सहन नहीं कर पातीं, और जब-जब ये सीमाएँ टूटीं, मेरे कवि को शब्दों में मुखरित होना पड़ा।

मुझे अच्छी तरह याद है, केम्ब्रिज में मैंने अपनी पहली कविता विश्वा के जन्मदिन पर लिखी थी।[1] 'कवियों की कौम होती है बड़ी बदजात, लिखें वे किसी पर, करते हैं अपनी ही बात।'—इस कविता में भी मैंने जीवन की गम्भीरता की वकालत की थी, जो मेरे स्वभाव का अंग थी ही, और जिसे केम्ब्रिज के गम्भीर वातावरण में और प्रश्रय मिला था। विश्वा और उनकी पत्नी कमला ने जो स्नेह,

1. 'देखें...का जन्मदिन' शीर्षक कविता, 'बुद्ध और नाचघर' में।

सद्भाव, समादर मेरे प्रति दिखाया था, उससे मैं दिन-प्रतिदिन उनके निकट आता गया था। किसी दिन न जाने किस प्रसंग में विश्वा के जन्मदिन की चर्चा आ गयी और अनायास मेरे मुँह से निकल गया, 'विश्वा, तुम्हारे जन्मदिन पर मैं तुम्हें एक कविता लिखकर दूँगा।'

कविता क्या मैंने लिखकर दी, पंडोरा का बाक्स ही खोल दिया। यूनानी दंतकथा के अनुसार पंडोरा एक स्वर्ग-बाला थी, जिसे देवताओं ने प्रोमीथियस के भाई एपीमीथियस की पत्नी के रूप में भेजा था और दहेज में उसे एक सन्दूक दिया था, पर उसे खोलने की मनाही कर दी थी। नारी-सुलभ कौतूहल से एक दिन पंडोरा ने यह देखने को कि उस वर्जित बाक्स के अन्दर क्या है—वर्जित फल में एक अतिरिक्त आकर्षण होता ही है—उसका ढक्कन उठा दिया था और मानव की सारी आपदा-विपदाएँ उसके अन्दर से निकल-निकलकर संसार में फैल गयी थीं। सब के नीचे 'आशा' थी। इसके पूर्व कि वह भी निकले, पंडोरा ने ढक्कन छोड़ दिया था, और वही 'आशा' अब मनुष्य की सारी दुरवस्थाओं में उसे संभालती है। विश्वा के जन्मदिन पर लिखी रचना से मैंने कविता के बाक्स का ढक्कन ढीला कर दिया था और अपने प्रवास-भर उसे बन्द न कर सका। जैसे पंडोरा के बाक्स से 'आशा' मात्र न निकल पायी थी, वैसे ही मेरे बाक्स से भी शोध-कार्य पूरा करने की लगन न निकल पायी थी। उसी ने मेरी काव्य-रचना पर यत्किंचित नियन्त्रण रखा, वरना मैं थीसिस लिखने के बजाय दो-चार कापियाँ कविता से भरकर लौट आता; और लोगों को कहने का मौका मिलता—'गये रहे हरि भजन को ओटन लगे कपास।' गनीमत यह हुई कि मैं हरि-भजन भी करके लौटा और 'कपास ओटन' करके भी, पर इन दोनों में कितनी कशमकश मैंने झेली, इसे मैं ही जानता हूँ।

हरि-भजन तो बड़ा सरस हो सकता है, पर अपने शोध के सम्बन्ध में अतार्किकता का जो साहित्य मुझे पढ़ना था, उससे अधिक शुष्क और नीरस से कभी मेरा साबका न पड़ा था। वह तो मरुभूमि के बीच यात्रा करने जैसी अनुभूति थी, जहाँ न कहीं हरी घास, न शीतल छाया, न कहीं जल-धार, न विहगों का स्वर-विहार, न कोई संगी, न साथी। ऐसे यात्री के लिए अपना मन बहलाने को कभी-कभी गा लेना कितना ज़रूरी था! उस परिस्थिति में अपने को रखकर ही शायद यह महसूस किया जा सके कि

'होगा सबसे बड़ा वरदान
मेरे सफर में गाया हुआ गान'

और कुछ ऐसी घटनाएँ भी घटती रहीं, अपने सर्वथा प्रतिकूल, सर्वथा विरुद्ध, और उनका प्रतिकार करने में मैं अपने को सर्वथा असमर्थ पाता रहा, सिवा इसके कि अपने कुछ शब्दों से अपने भीतर की भड़ास निकाल लूँ या अपने अन्दर किसी सैद्धान्तिक शक्ति का संचार कर लूँ। मेरे मित्र ने मेरे बारे में जो अफवाहें फैलाई थीं और उनका जो दुष्परिणाम मुझे भोगना पड़ा था, वे ऐसी ही घटनाएँ थीं और उन्हीं की प्रतिक्रिया में 'कड़ुवा अनुभव' और 'दोस्तों के सदमे' जैसी कविताएँ लिखी

गयी थीं।[1]

मैंने केम्ब्रिज-प्रवास में सौ से ऊपर कविताएँ लिखीं। आप घबराएँ नहीं कि मैं हर एक कविता की पृष्ठभूमि आपको बताने जा रहा हूँ। मैं जानता हूँ कि केवल कविताओं की बातें बहुत-से लोगों को रुचिकर नहीं होतीं। 'नीड़ का निर्माण फिर' के बहुत-से पाठकों की यही शिकायत थी कि उसमें मैं अपने कवि के प्रति अधिक सचेत हो गया हूँ। मैं यहाँ केवल एक ही बात कहना चाहता हूँ कि केम्ब्रिज में बैठकर मैंने जितनी भी कविताएँ लिखीं, हर एक के पीछे एक ठोस घटना है, ठोस जीवानुभूति है, ठोस पृष्ठभूमि है, ठोस मनोभूमि है—और यह बात मेरी प्राय: सभी कविताओं पर लागू है। इस आधार से जो अभिव्यक्ति हुई है, उसे कोई कविता माने, न माने, अच्छी कविता माने या बुरी कविता माने, मेरे लिए कोई फर्क नहीं पड़ता। मैंने अपनी भावनाओं के विस्फोट से, अनुभूतियों की कचोट से ही अपना कलम चलाया है, अपनी ज़बान खोली है। कलम चलाने और ज़बान खोलने की कला की अनेक श्रेणियाँ हैं, इससे मैं अनभिज्ञ नहीं हूँ। आप श्रेणियों की ऊँचाई-नीचाई की जाँच-पड़ताल करें, मैं तो जीवन की सच्चाइयों से चिपका अभिव्यंजन-कला की निम्नतम श्रेणियों पर भी सन्तुष्ट हूँ। सच कहूँ तो जीवन की कविता को सँवारने से कभी मुझे फुरसत ही न मिल सकी कि शब्दों की कविता को सँवारूँ। वह तो सहज-स्वाभाविक गति से जैसी निकल गयी, निकल गयी।

केम्ब्रिज में हर बार कविता लिखकर मुझमें एक अपराध की भावना जागती थी कि जो समय मुझे शोध-कार्य को देना था, वह मैं अन्यायत: कविता को दे रहा हूँ, फिर भी मैंने काव्य-प्रेरणा के क्षणों पर अधिक नियन्त्रण नहीं रखा था। मेरे पास जितने पैसे थे, उतने से काम न चला तो मुझे अपना एक और संग्रह तैयार कर रखना था, अग्रिम रायल्टी पर देने को या उसका कॉपीराइट बेच देने को। कुछ छन्दोबद्ध कविताएँ केम्ब्रिज आने के पूर्व मैंने लिख रखी थीं, केम्ब्रिज में मैंने कुछ मुक्त छन्द की कविताएँ लिखीं। सोचा था, दोनों को मिलाकर, कुछ अजीब-सा नाम देकर, 'कुछ टूटे कुछ साबित' छपने के लिए तैयार कर दूँगा। सद्य: उपयोग इन कविताओं का यह भी था कि इन्हें भारत भेज देता था और वह वहाँ के मासिक-साप्ताहिकों में प्रकाशित हो जाती थीं और उनका थोड़ा-बहुत पारिश्रमिक तेजी को मिल जाता था। जब वहाँ आमदनी के सारे ज़रिये बन्द हो गये थे—प्रकाशक ने 'सोपान' पर अग्रिम रायल्टी क्या दी थी, शेष पुस्तकों पर सालाना रायल्टी भी बन्द कर दी थी—तब तेजी के लिए पारिश्रमिक-रूप में मिले एक-एक पैसे की कीमत थी। प्रस्तावित संग्रह प्रकाशक मेरी शर्तों पर लेने को तैयार न हुए और उनकी शर्तों पर मैं देने को मजबूर भी न रहा। मेरी आर्थिक आवश्यकताएँ कुछ और तरीकों से पूरी हो गयीं।

> थी नवामोज़ फ़ना हिम्मते-दुश्वार-पसन्द,
> सख्त मुश्किल है कि यह काम भी आसां निकला

वास्तविकता यह है कि शोध-कार्य को साधना इतना मुश्किल था कि उसके

---

1. देखिये : 'बुद्ध और नाचघर'।

सामने आर्थिक कठिनता आसान ही लगी।

केम्ब्रिज के पुराने विद्यार्थियों ने मुझे बताया था कि वहाँ रहने वालों को एक खास बीमारी होती है, जिसे 'थाइमिस' के जोड़ पर 'केम्ब्रिजाइटिस' कहते हैं। केम्ब्रिज में लगातार बहुत दिनों तक—यानी दो-तीन महीने—रहने वालों पर अचानक एक उदासी का दौरा आता है, जिसमें वहाँ के वातावरण का सारा गांभीर्य जैसे छाती पर बैठ जाता है, उस समय न वहाँ भूख लगती है, न नींद आती है, न पढ़ने में मन लगता है, न किसी का संग-साथ सुहाता है, यहाँ तक कि केम्ब्रिज का प्राकृतिक सौन्दर्य भी उस स्थिति से उबारने में कारगर नहीं होता। उसकी दवा केवल एक है कि दो-चार दिनों के लिए आदमी केम्ब्रिज के बाहर चला जाये। लौटने पर दिमाग तरोताज़ा मालूम होता है और केम्ब्रिज एक नयी तरह से आकर्षक और सुन्दर प्रतीत होता है।

केम्ब्रिज में मुझे भी इस प्रकार के दौरे कई बार आये, हालाँकि कारण मेरे लिए केम्ब्रिज का लगातार निवास ही नहीं था। और मैंने बीच-बीच में ब्रिस्टल, मानमथ, ब्लैकपूल, लेक डिस्ट्रिक्ट, स्टोक्स (जहाँ मर्जरी बोल्टन का घर था) और हेक्सम (जहाँ वह काम करती थी) की यात्रा की। अधिक के लिए न मेरे पास पैसे थे, न मेरे पास समय था, और न शायद मेरी आवश्यकता ही थी। 'केम्ब्रिजाइटिस' से त्राण दिलाने के लिए निश्चय मेरी कविता-कल्पना की यात्राएँ कम सहायक नहीं सिद्ध हुई होंगी—

हर रात तुम्हारे पास चला मैं आता हूँ।
जब घन अँधियारा तारों से ढल धरती पर
आ जाता है,
जब दर-परदा-दीवारों पर भी नींद-नशा
छा जाता है,
तब यन्त्र-सदृश अपने बिस्तर से हो बाहर
चुपके-चुपके
हर रात तुम्हारे पास चला मैं आता हूँ।
समतल भू-तल, बत्ती की पाँतों के पहरे
में सुप्त नगर,
अंबर को दर्पण दिखलाते सरवर, सागर,
मधुबन, बंजर,
हिम तरु-मंडित, नंगी पर्वत-माला, मरुथल,
जगल, दलदल,
सबकी दुर्गमता के ऊपर मुसकाता हूँ।
हर रात तुम्हारे पास चला मैं आता हूँ।

केम्ब्रिज से बाहर पाँव रखते ही मेरा कार्य मुझे पीछे खींचने लगता था और मैं

जल्दी-से-जल्दी वापस लौटने के लिए आतुर हो उठता था, सिवा इसके कि जब मैं लन्दन जाता था, क्योंकि वहाँ जाना सिर्फ तफरीह के लिए नहीं होता था, बल्कि ब्रिटिश म्यूज़ियम के पुस्तकालय में काम करने के लिए।

कई तरह के मानसिक व्याघातों के बीच भी मैं अपना शोध-कार्य एक सन्तोषजनक ढर्रे पर चलाये जा रहा था, पर दुर्भाग्यवश उसके रास्ते में भी एक बाहरी अवरोध आकर खड़ा हो गया। मुझे हेन का निर्देशन पाँच-छह महीने ही मिला था कि उनके लिए अमरीका से एक व्याख्यान-परियात्रा (Lecture tour) का निमन्त्रण आ गया और वे युनिवर्सिटी से चार महीने की छुट्टी लेकर चले गये। उनके जाने के समाचार से मैं बड़ा दुखी हुआ। उससे निश्चय मेरे काम में बाधा पड़नी थी। जब मुझे दो वर्ष के अन्दर अपने शोध की लम्बी यात्रा तय कर लेनी थी, तब मेरे लिए उनके एक-एक दिन के पथ-प्रदर्शन का मूल्य था और हेन 120 दिनों के लिए मुझे बीच रेगिस्तान में दिग्विमूढ़ छोड़कर यू० एस० ए० चले जा रहे थे! पर उन्हें मैं रोक भी कैसे सकता था! युनिवर्सिटी की ओर से उनके स्थान पर मि० ग्राहम हफ मेरे निर्देशक नियुक्त हुए। हेन के बाद वही केम्ब्रिज में ईट्स के सबसे बड़े विशेषज्ञ माने जाते थे। वे क्राइस्ट कॉलेज (जिसमें किसी समय मिल्टन रहा करते थे) के फेलो और युनिवर्सिटी में अंग्रेज़ी साहित्य के लेक्चरर थे। हेन जाते समय मुझे आश्वस्त कर गये थे कि उन्होंने हफ को मेरे कार्य की दिशा और प्रगति से अवगत कर दिया है और वे मेरे काम को आगे बढ़ाने में समुचित सहायक होंगे।

हफ हेन से उम्र में कुछ कम ही होंगे, कद-काठी में उनसे उन्नीस नहीं, बल्कि पन्द्रह-सोलह। पिछले महायुद्ध में वे पूर्वी मोर्चे पर बन्दी बना लिये गये थे और उन्हें कई वर्षों तक जापानियों की कैद में रहना पड़ा था, जिसका असर उनके स्वास्थ्य पर ही नहीं पड़ा था, उनके दिमाग-स्वभाव पर भी। उनके सिर पर असमय गंज आ गयी थी और उनके चेहरे पर झुर्रियाँ। वैसे वे ऐंग्लो-सैक्सन रेस के थे जो अपनी प्रकृति से ही अपने में खिंचे और अपने अन्दर ही सिमटे रहने में एक प्रकार के गर्व का अनुभव करते हैं। उनका-मेरा सम्बन्ध निर्देशक-शोधार्थी की औपचारिक सीमा से कभी ऊपर न उठ सका।

उनके सम्पर्क में आने से पहले ही मैं अपने शोध-विषय की सीमाएँ बना चुका था। भारतीय प्रभाव ईट्स पर पड़ा ही था, इसके अतिरिक्त उन पर मुख्य प्रभाव थे—कब्बाला के, स्वीडेनवार्ग के और जैकब बेहमेन के। मडाम ब्लावाट्स्की की थियोसोफी के प्रभाव में वे अपनी युवावस्था में ही आ गये थे, पर अपनी बढ़ती उम्र के साथ उसके सम्बन्धों से वे बराबर इनकार करते रहे, हालाँकि मेरा ऐसा अनुमान था कि अपने दर्शन के मूल तत्त्व उन्होंने मडाम ब्लावाट्स्की से ही लिये थे। इसे सिद्ध करने के लिए मुझे सबूत खोजने थे। इस दर्जे तक मैं अपना ध्यान इसी पर केन्द्रित कर रहा था कि इन तत्त्वों से ईट्स के मस्तिष्क का निर्माण किस रूप में हुआ था या उनकी विचार-प्रक्रिया किन तन्तुओं को पकड़कर चलती थी। मैं अपने पाठकों को याद दिला दूँ कि मैंने W. B. Yeats : His Mind and Art

(डब्ल्यू० बी० ईट्स—उनका मनस् और उनकी कला) पर शोध आरम्भ किया था। और इस आरम्भिक चिन्तन के कारण, अब भी मेरा मुख्य आकर्षण ईट्स के 'माइंड' की ओर था।

हालाँकि हफ़ को मालूम था कि वे केवल चार महीने के लिए मेरे निर्देशक नियुक्त हुए हैं, फिर भी उन्होंने मेरे कार्य में पूरी तरह रुचि ली। उन्होंने सबसे पहले मेरे शोध-प्रबन्ध की रूप-रेखा माँगी और इलाहाबाद में किये गये मेरे काम को भी देखने की इच्छा व्यक्त की।

उनकी राय थी कि मैंने अपने शोध की समस्या को साहित्यिक रखने के बजाय मनोवैज्ञानिक बना दिया है। उन्होंने मुझसे कहा कि हम ईट्स की कद्र इसलिए नहीं करते कि उन्हें गुह्य या रहस्य में रुचि थी, और न इसलिए कि उन्हें किसी प्रकार की पराभौतिक शक्ति में विश्वास था या वह उन्हें प्राप्त थी—ऐसा दावा उन्होंने कभी-कभी किया भी था—बल्कि इसलिए कि उसके द्वारा या उसके प्रभाव में उन्होंने उच्च कोटि की कविता कैसे लिखी, एक नयी तरह की कविता, एक नयी अभिचेतना (Sensibility) जगाने वाली कविता। मुझे पता नहीं कि हेन मुझे किस दिशा में ले जाते, पर हफ के अभिमत ने निश्चय ही मेरे शोध को एक नया मोड़ दिया और मैं ईट्स की चित्र-विचित्र अभिरुचि और उनके सृजन में सम्बन्ध देखने की ओर अधिक उन्मुख हुआ।

हफ ने मेरे शोध-विषय के शीर्षक पर भी आपत्ति की। और इसके लिए उनके पास कुछ अकाट्य तर्क थे। अतार्किकता के अन्तर्गत मैं भारतीय प्रभावों को भी रख रहा था, जिसमें उपनिषद् भी अनिवार्यतः सम्मिलित थे। पुरोहित स्वामी के सहयोग से ईट्स ने दस उपनिषदों का अनुवाद किया ही था। हफ का कहना था कि हम उपनिषदों को अतार्किकता के अन्तर्गत कैसे रख सकते हैं—वे तो तर्क की सबसे ऊँची उड़ानों से उच्चरित हुए हैं। मैं यह बता दूँ कि अपने बन्दी जीवन में हफ को बौद्ध और हिन्दू दर्शन पर पढ़ने को कुछ किताबें मिल गयी थीं। उन्हीं के सुझाव पर, मैंने अपने शोध-शीर्षक को बदलकर W. B. Yeats and Occultism (डब्ल्यू० बी० ईट्स के साहित्य में निगूढ़ तत्त्व) किया।

हफ के ही निर्देशन में मैंने W. B. Yeats and India (डब्ल्यू० बी० ईट्स और भारत) पर अपना पहला निबन्ध लिखा, जिसे बाद को मैंने दो में विभाजित किया।

(i) Yeats and Mohini Chatterji and Tagore.
(ईट्स और मोहिनी चटर्जी तथा टैगोर)

(ii) Yeats and Purohit Swami and the Upanishads.
(ईट्स और पुरोहित स्वामी तथा उपनिषद्)

आगे चलकर यही मेरे शोध-प्रबन्ध के दो अध्याय बने।

प्रबन्ध लिखने की मेरी प्रक्रिया यह थी : पहले मैं पेंसिल से एक रफ़ ड्राफ्ट तैयार करता, फिर उसको संशोधन कर कलम से साफ कापी बनाता। चूँकि मेरी हस्तलिपि पढ़ने में हफ को कठिनता होती इसलिए मैं उसे टाइप करा लेता। टाइपिंग

का खर्च बहुत आता था : मैंने एक पोर्टेबल टाइपराइटर खरीद लिया कि सीखकर खुद टाइप किया करूँगा। सीख तो थोड़ा-बहुत मैंने लिया पर तेजी न पकड़ सका। उस पर बहुत-सा समय बर्बाद होते देख, मैंने बाहर की टाइपिंग की ही शरण ली। हफ की टिप्पणी जब लेख पर मिल जाती तो उनके सुझावों के प्रकाश में मैं उसे एक नये रूप में ढालता। उसकी तीन टाइप-कापियाँ बनवाता। एक मार्जरी बोल्टन को भेज देता, उसकी टिप्पणी के लिए—उसने शुरू से मेरे काम में रुचि ली थी। एक अपने सहयोगी शोधार्थी को—केम्ब्रिज में ऐसी प्रथा है कि शोधार्थी एक-दूसरे के प्रबन्ध को पढ़कर उसकी त्रुटियों की ओर संकेत करते हैं। एक अपने पास रखता। जब मार्जरी और सहयोगी की टिप्पणियाँ और सुझाव आ जाते तो अपनी प्रति पर 'मास्टर कापी' तैयार करता। वही अन्तिम रूप से शोध प्रबन्ध में सम्मिलित की जाती।

शोध-विषय से सम्बद्ध साहित्य का अध्ययन करना, उस पर नोट लेना, निर्देशक से चर्चा-विवाद करना, चिन्तन करना, यह सब अपनी जगह पर ठीक था, पर मुख्य बात तो यह थी कि उसको शोध-प्रबन्ध के अंग के रूप में कैसे प्रस्तुत किया जाये? मुझे यह देखकर सन्तोष था कि हफ एक व्यावहारिक दृष्टि से मुझसे काम करा रहे थे। उन्होंने विश्लेषणात्मक रीति से काम करने का सुझाव देकर मेरे लिए सुविधाजनक कर दिया था कि मैं एक बड़ी समस्या को अंशों में विभाजित कर उसका हल निकाल सकूँ। हेन का दृष्टिकोण संश्लेषणात्मक था, ईट्स का दिमाग़ पूरे का पूरा अपने उलझे-पुलझे रूप में जब मेरे सामने आता था तो मैं समझ नहीं पाता था कि किस ओर से उसे निरुवाना शुरू करूँ। यह बात भी मुझे हफ के निर्देशन से स्पष्ट हुई कि ईट्स के दिमाग की सुलझाहट कविता के सिरे से शुरू की जा सकती थी। दूसरे शब्दों में, ईट्स के चित्र-विचित्र दार्शनिक विचारों का उलझा-पुलझापन सृजन के, कला के, कविता के स्तर पर उतरकर सुलझाहट में बदल जाता था। इसी में उनकी कविता का आकर्षण भी था, उनकी कविता की मौलिकता भी थी। हफ का निर्देशन एक तरह से मेरे लिए सौभाग्यपूर्ण ही रहा, बाद को मेरे शोध-प्रबन्ध के दो परीक्षकों में एक वे रखे गये।

जब हेन अपनी छुट्टी से वापस लौटे, तब फिर उन्होंने मुझे अपने निर्देशन में लिया। उन्होंने हफ़ द्वारा कराये गये काम के प्रति अपनी सहमति प्रकट की और उसी प्रकार कब्बाला, स्वीडेनबार्ग और जैकब बेहमेन पर अध्याय तैयार करने का आदेश मुझे दिया। ईट्स के दर्शन की संश्लिष्ट व्याख्या पर फिर भी उनका आग्रह बना रहा, यानी उनकी दर्शन पुस्तक A Vision पर। मुझे स्मरण आया कि प्रोफेसर सी० एम० बावरा ने भी मुझसे यह प्रत्याशा की थी कि मैं उक्त ग्रन्थ पर कुछ नया प्रकाश डाल सकूँगा। ईट्स के समालोचकों के लिए यह अद्भुत पुस्तक एक पहेली बनकर खड़ी थी। इस पुस्तक को, और इस पर जितना मैंने पढ़ा-सोचा था, और इसके रचयिता के दिमाग को जैसा मैंने समझा था, उससे मेरी यह धारणा बन गयी थी कि इसका उत्स मैडम ब्लावाट्स्की की थियोसोफी में है, पर इसे सिद्ध

करने के लिए केवल थियोसोफिकल साहित्य का अवलोकन ही पर्याप्त न था, इसके लिए मुझे लन्दन और डबलिन की थियोसोफिकल सोसायटी से सम्पर्क करना था, उनके प्रारम्भिक रिकार्ड को देखने के लिए, और अगर सम्भव हो तो श्रीमती ईट्स से भी मिलना था, जो उस समय तक जीवित थीं और डबलिन में रहती थीं।

हेन मुझसे कहते कि 'इस काम के लिए तुम्हें एकाध महीने आयरलैण्ड में जाकर रहना भी पड़ सकता है—श्रीमती ईट्स के पास ईट्स के पुराने-से-पुराने कागद-पत्र सब सुरक्षित हैं, उनमें तुम्हारे काम की बहुत महत्त्वपूर्ण सामग्री मिल सकती है। A Vision के सम्बन्ध में एक स्थान पर ईट्स ने स्वयं कहा था कि वह श्रीमती ईट्स की 'आटोमेटिक स्क्रिप्ट' के आधार पर लिखी गयी थी। तुम्हें श्रीमती ईट्स आटोमेटिक स्क्रिप्ट दिखा सकती हैं, अगर वह वास्तव में हो। फिर अभी आयरलैण्ड में डबलिन की थियोसोफिकल सोसायटी के कुछ पुराने सदस्य जीवित मिल सकते हैं, जो ईट्स के यौवन के साथी थे और उनसे इस सम्बन्ध में बड़ी रहस्योद्घाटनकारी सूचनाएँ इकट्ठी की जा सकती हैं।'

शोध की पूर्णता के लिए आयरलैण्ड की यात्रा ज़रूरी।

यात्रा के लिए अतिरिक्त खर्च ज़रूरी।

मुझे चिन्ता बनी रहती, खर्च कहाँ से आयेगा, जब केम्ब्रिज में ही पूरा समय रहने के लिए मेरे पास पैसे नहीं थे।

मैंने इतने दिनों में यह हिसाब लगा लिया था कि मेरे रहने-खाने और कुछ ऊपर खर्च पर लगभग एक पौण्ड प्रतिदिन आता है। मैं हर रात कंजूस के समान अपने पौण्ड गिनता। कॉलेज की फीस के लिए आवश्यक राशि अलग करके देखता तो बस इतना ही बचता कि चार-पाँच महीने मुश्किल से चल सकता और रहना मुझे था बारह महीने और।

इस चिन्तनीय स्थिति से कुछ त्राण मुझे एक दूसरे नक्षत्र-पुरुष ने दिलाया।

उनका नाम रनवीरसिंह बावा था।

उनसे मेरा प्रथम परिचय 1950 में धर्मशाला में हुआ था, जहाँ मैं अपने मित्र महाराज कृष्ण रसगोत्र के साथ कुछ समय बिताने के लिए गया था। उस समय तक वे दोनों कुँवारे थे और अपने एक और कुँवारे मित्र के साथ 'माउंट प्लेजेण्ट' में रहते थे। तीनों साथी वहाँ के एक डिग्री कॉलेज में अध्यापक थे। मुझे 'माउंट प्लेजेण्ट' की विशेष स्मृति इसलिए है कि वहाँ रहते हुए मैंने अपनी 'मिलन यामिनी' को अन्तिम रूप दिया था, और उसकी प्रेस कापी बनाई थी।

केम्ब्रिज में बावा स्टेटिसटिक्स (सांख्यिकी) में डिप्लोमा करने के लिए आये थे। एक दिन किसी बातचीत के सिलसिले में उन्होंने बताया कि उनका साप्ताहिक खर्च तीन-साढ़े तीन पौण्ड आता है। मैं तो फौरन इसका गुर सीखने के लिए उत्सुक हो गया।

बावा ने रहने के लिए एक ऐसी 'डिग' खोज ली थी, जहाँ कमरे में गैस का चूल्हा था, और वे अपने लिए रात का खाना स्वयं बनाते थे। उन्होंने बताया कि यहाँ

खाने-पीने की चीज़ें महँगी नहीं हैं, हाँ, आदमी ज़रूर महँगा है, वह जिस चीज़ में अपना श्रम लगायेगा, वह ज़रूर महँगी हो जायेगी। सूप, सब्ज़ी, डबलरोटी वही; लैण्डलेडी गरम कर देगी, उबाल देगी, टोस्ट बना देगी तो उसका दाम चौगुना लेगी। ज़रूरी बर्तन लैण्डलेडी से मिल जाते हैं। सब्ज़ी, डबलरोटी, अण्डा, नमक, चीनी, चीज़, मक्खन, फल आदि हफ्ते में एक बार लाकर रख दो, खराब नहीं होते, सारा मुल्क ही फ्रीजिडेयर है—ठण्ड इतनी पड़ती है। कितनी ही चीज़ें टिन-बन्द मिलती हैं, उन्हें बस खोलो, गरम करो, खाओ। उन्होंने मुझे बताया कि खाना बनाने पर वे पन्द्रह मिनट से ज़्यादा सर्फ़ नहीं करते।

बावा ने मेरे लिए गैस चूल्हे वाले कमरे की डिग खोज दी। एक दिन मेरे साथ चलकर ज़रूरी सामान खरीदवा दिया। मेरे कमरे में आकर कई शामों को उन्होंने मुझे खाना बनाने की शिक्षा दी। मेरा इम्तहान भी उन्होंने लिया। और मैं अच्छे नम्बरों से पास हुआ, यानी एक दिन मैंने उन्हें अपने हाथ से बनाकर खाना खिलाया और वे खाकर प्रसन्न-सन्तुष्ट हुए। केम्ब्रिज में आकर मैंने बहुत-कुछ नया सीखा और बहुत-से गुरु किये। सुनते हैं, दत्तात्रेय ने चौबीस गुरु किये थे। 'एकाक्षर प्रदातारं योन गुरुमभि मन्यते' की आन पर चलूँ तो केम्ब्रिज में किये मेरे गुरुओं की संख्या चौबीस से कम न आयेगी। मुझे याद आ रहा है, डिग की एक लड़की ने मुझे कमीज़ में बटन लगाना सिखाया था। बटन तो कमीज़ों के टूटते ही थे, और तेजी वहाँ टाँकने के लिए नहीं, या टाँकना भूल जाने पर डाँटने के लिए। वहाँ तो किसी-न-किसी तरह अपने आप ही टाँकना पड़ता था और हर बार इस काम को बिना उँगलियों का दो-चार बूँद रक्त-दान किये मैं न कर पाता था। एक दूसरी फ्रेंच लड़की ने मुझे मोज़े रफू करने की विधि बताई थी। इंग्लैण्ड में पहुँचते ही मार्जरी और नैस्टर ने मुझे कितनी ही ज़रूरी बातें बताई-सिखाई थीं, उनको गुरु न मानना कृतघ्नता होगी। पंटिंग—कैम नदी में नाव चलाना—मुझे एक अंग्रेज़ लड़के ने सिखाया था। टाइपिंग सीखी ही थी, लौटने के पहले डांसिंग के भी दो-चार क्लासों में गया था। शोध से सम्बद्ध मेरे दो निदेशक थे ही, फिर केम्ब्रिज के बहुत-से व्याख्यानों से मैंने कितना ज्ञान संचित किया। इन सब वक्ताओं को अपना गुरु मानूँ—मानना तो चाहिए—तो दत्तात्रेय, शायद, मेरे गुरुओं की संख्या पर मुझसे ईर्ष्या करेंगे।

साढ़े तीन पौण्ड प्रति सप्ताह की बचत पर मैं बहुत प्रसन्न हुआ, बहुत पछताया भी। बावा से मेरी भेंट पहले क्यों न हुई!

पर केम्ब्रिज में बावा के भी एक गुरु थे, रूपचन्द साहनी। उनका रहने-खाने का खर्च केवल ढाई पौण्ड प्रति सप्ताह आता था। उन्होंने एक ऐसी डिग खोज ली थी, जहाँ सेल्फ सर्विस थी। कमरे का किराया एक पौण्ड प्रति सप्ताह था—कमरे की सफाई और बिस्तर लगाने का काम खुद करना पड़ता था। वे अपना सुबह का नाश्ता भी खुद बनाते, रात का खाना भी, लंच तो हल्का जहाँ लोग काम करते हैं, वहीं ले लेते हैं। उन्होंने साइंस के किसी विषय पर पी-एच० डी० की, और करते ही उन्हें अमरीका की किसी युनिवर्सिटी में बड़ी अच्छी जगह मिल गयी। किफायतशारी के उनके पास अचूक नुस्खे थे। कान्वोकेशन में डिग्री लेने के लिए

केम्ब्रिज में काला सूट और काला जूता पहनना पड़ता है। डॉ० साहनी के पास जूता ब्राउन था। जूते इंग्लैण्ड में बहुत महँगे मिलते थे। साहनी ने एक डिब्बी काले पालिश की खरीदी और रात में कई बार जूते पर पालिश कर-करके सुबह तक उसे काला कर दिया।

बावा बाद को एक कमरा खाली होने पर उसी डिग में चले गये।

जब साहनी ने अमरीका के लिए प्रस्थान किया तो बावा ने उनका कमरा मुझे दिला दिया। बावा के और मेरे कमरे तीसरी मंज़िल पर थे, साथ मिले। साथ रहने से हम एक-दूसरे के बहुत निकट आये। फिर तो हमने एक ही 'रसोई' कर ली। सुबह दोनों के लिए नाश्ता मैं तैयार करता, शाम को दोनों के लिए खाना बावा बनाते। इससे हमारे खर्च में और भी कमी आयी। औसतन दो-दो पौण्ड से अधिक प्रति सप्ताह हमारे खर्च न आते!

पाँच पौण्ड प्रति सप्ताह की बचत!

मेरे लिए तो यह बहुत बड़ा वरदान सिद्ध हुई।

मेरे शोध का दो-तिहाई काम हो चुका था। केवल ईट्स-दर्शन पर मुझे जो कहना था, उस पर मैं समुचित सामग्री न एकत्र कर सका था। लन्दन की थियोसोफिकल सोसायटी से जो सामग्री मिल सकती थी, वह तो मैं वहाँ कुछ रोज़ रहकर देख-परख आया। वह मेरे बड़े काम की थी, पर उससे अधिक महत्त्वपूर्ण सामग्री डबलिन में थी, विशेषकर श्रीमती ईट्स के पास।

मैंने आयरलैण्ड की यात्रा करने का निश्चय किया।

इस बीच घर पर—इलाहाबाद में—एक बड़ी विषम परिस्थिति उठ खड़ी हुई, और मुझे लगा कि अब तो शायद आयरलैण्ड न जाकर मुझे भारत ही लौट जाना पड़ेगा। मैंने किस बुरी साइत में विदेश के लिए प्रस्थान किया था!

तेजी घर-गिरिस्ती और बच्चों की देख-रेख के लिए सर्व समर्थ है, यह मानते हुए भी, चलते समय इस बात से मैं अतिरिक्त आश्वस्त था कि यदा-कदा मर्द की आड़ को पूरा करने के लिए राजन वहाँ हैं। उनकी कानून की अन्तिम परीक्षा होने वाली थी, पर वकालत की ट्रेनिंग के लिए फिर भी लगभग एक साल उनको इलाहाबाद में ही रहना था, और तेजी ने भी जब-तब अपने नारी-स्वभाव की भीरुता में राजन की उपस्थिति से कुछ बल-संबल ग्रहण किया था।

लेकिन अपनी ट्रेनिंग समाप्त करने के बाद राजन को अपनी प्रैक्टिस आरम्भ करने के लिए अपने घर बाँदा जाना था, जहाँ उनके वृद्ध पिता अकेले रहते थे।

मेरे विदेश चले जाते ही, अपने अन्दर सामर्थ्य-साहस की कमी की बात तेजी ने अपने पत्रों में बहुत बार लिखी थी, पर वास्तव में अपने अकेले, असुरक्षित और असहाय होने की अनुभूति उन्हें राजन के बाँदा चले जाने के बाद हुई। हमने संस्कारों से अपनी नारी को कितना पुरुष-निर्भरा बना दिया है!

नगर में अगर हमारी घनिष्ठता किसी से न थी तो हमारी शत्रुता भी किसी से न थी। अगर मुझे इसकी आशा नहीं थी कि किसी मुसीबत में कोई हमारी मदद

करेगा तो इसका भय भी नहीं था कि कोई अकारण हमारे निरीह परिवार को नुकसान पहुँचायेगा।

फिर मेरे तो लड़कपन और यौवन के कई वर्ष गली-मुहल्लों में बीते थे। गली-मुहल्ले के जीवन की कुछ खराबियाँ हैं तो कुछ खूबियाँ भी हैं। वहाँ आपके निजी जीवन में ताक-झाँक तो की जायेगी, पर साथ ही अगर आपका परिवार किसी ऐसी स्थिति में है, जैसी स्थिति में दुर्भाग्यवश मेरा परिवार था, तो उसकी मान-मर्यादा की रक्षा का दायित्व सारा मुहल्ला अपना समझेगा। मैं भूल गया था कि अब मैं सिविल लाइन में रहता हूँ, जहाँ आपके यहाँ कुछ अनहोनी हो जाय तो उसका पता आपके पड़ोसी को अखबारों से लगता है। जहाँ आस-पड़ोस के हस्तक्षेप की कोई आशंका न हो, वहाँ कोई सिरफिरा किसी की नाज़ुक हालत का नाजायज़ फायदा उठाने की बात सोचे तो आश्चर्य नहीं होना चाहिए। 'सिविल' लाइन ने 'अनसिविल' नहीं तो कैसी नकारात्मक शालीनता विकसित की है!

तेजी ने अपनी एकाकी और अरक्षित स्थिति में—एकाकी नारी तो सीता के समय से अपने को अरक्षित समझती आयी है—एक ऐसे ही सिरफिरे 'सज्जन' की काली छाया अपने निकट घनीभूत होती देखी।

'सज्जन' मेरे हमउम्र, पढ़े-लिखे, प्रकाशन के व्यवसाय में थे। उनके पिता ने कहीं बाहर से आकर इलाहाबाद में प्रेस का काम शुरू किया था और उसमें बहुत सफल हुए थे। इलाहाबाद की मिट्टी में एक खसूसियत है—बाहर से आकर उस पर जमनेवालों के लिए वह बहुत अनुकूल पड़ती है। इलाहाबाद में जितने जाने-माने, नामी-गिरामी लोग हैं, उनमें से 99% आपको ऐसे मिलेंगे जो बाहर से आकर इलाहाबाद में बस गये, खासकर उसकी सिविल लाइन में—स्यूडो इलाहाबादी। और हाँ, एक बात और गौर करने के काबिल है कि इलाहाबाद का पौधा तभी पलुहाता है, जब वह इलाहाबाद छोड़ दे।

छोटे शहर में भी बिना किसी समान रुचि के लोगों का आपस में मिलना-जुलना कम ही हो पाता है। लेखक-प्रकाशक का सम्पर्क कभी-न-कभी हो ही जाना था। 'सज्जन' से किसी पार्टी में परिचय हुआ था और कई वर्षों तक हमारी निकटता उससे आगे नहीं बढ़ी, जिसे अंग्रेज़ी में सोशल फ्रेंडशिप कहते हैं, यानी कहीं हम मिल जाते तो सलाम-दुआ हो जाती या कभी-कभार एक-दूसरे के घर हो आते।

प्रकाशन के अतिरिक्त उन्हें बागबानी का शौक था, विशेषकर गुलाब उगाने का, जिसमें एक समय तेजी की भी बड़ी रुचि थी, और उसके कारण हमारा एक-दूसरे के यहाँ आना-जाना बढ़ा था।

मेरे विदेश जाने के बाद वे तेजी के पास अधिक आने लगे—बहाना, उनके गुलाब के बाग की देख-रेख।

पहले जब आते, अपनी पत्नी को साथ लाते।

बाद को यदा-कदा अकेले भी आने लगे।

फिर तो जब आते, पत्नी को कभी साथ न लाते।

राजन जब तक घर पर थे, उनके व्यवहार में एक सुसंस्कृत नागरिक का

शिष्टाचार दृष्टिगोचर होता।

राजन के जाने के बाद, धीरे-धीरे उनकी चेष्टाओं में परिवर्तन आने लगा।

तेजी को उनके इरादों को भाँपते देर न लगी।

और एक दिन उन्होंने अपना बाहरी भिखारी भेस उतारकर अपने को अपने असली राक्षसी रूप में प्रकट कर दिया।

कामातुराणां न भयं न लज्जा

पर जिस धनुर्ही को अपनी ओर झुकाकर उन्होंने उस पर प्रत्यंचा चढ़ाने की कल्पना की थी, वह तो शंभु-शरासन सिद्ध हुआ। 'टरइ न संभु सरासन कैसे'...

और जो तेजी की ओर से उन्हें विरोध मिला तो वे उग्रता, उद्दंडता पर उतर आये।

कामात् जायते क्रोधः।

और उस क्रोध में उन्होंने जो अनर्गल बातें कहीं और जो अशोभन, असभ्य और वहशियाना हरकतें कीं, उनको अगर तेजी ने मुझे ज्यों-का-त्यों लिख दिया होता तो मैं पत्र पाने के बाद पहले हवाई जहाज़ से घर लौट आता और उनका...।

पर तेजी ने अपने ऊपर संयम रखा।

मूल बात का संकेत तो उन्होंने कर दिया, पर स्थिति की गम्भीरता मुझ पर न व्यक्त होने दी। फिर भी वे जानती थीं कि उनके पत्र की प्रतिक्रिया मुझ पर क्या होगी। आवेश में आकर लौट आने की मुझे उन्होंने मनाही की थी। सूचित किया था कि उन्होंने सम्बद्ध व्यक्ति को आगाह कर दिया है कि भलमंसी इसी में होगी कि वे आगे से हमारे घर पर पाँव न रखें। साथ ही राजन को तार देकर बुला रही हैं, और 'सज्जन' की पत्नी को उनके पति की सारी हरकतों से अवगत करा रही हैं।

तेजी के ये दोनों कदम कारगर सिद्ध हुए।

राजन के पिता ने उन्हें फौरन इलाहाबाद भेजा और उन्हें ताकीद की कि जब तक मैं न लौटूँ, तब तक वे तेजी के पास ही रहें और उनकी और उनके बच्चों की पूरी तरह देखभाल करें। अपने किसी सम्बन्धी से मुझे उनकी जैसी आत्मीयता नहीं मिली।

'सज्जन' ने अपने घर जो नाटक देखा होगा, उसका मज़ा तो वे ही जानते होंगे।

मेरे घर तो फिर उन्होंने मुँह न दिखाया, सिवा एक बार के।

फिर भी हैरानी, परेशानी और बेचैनी के मैंने कितने दिन काटे, कितनी रातें काटीं!

और मेरा मन आश्वस्त नहीं हुआ, जब तक राजन ने इलाहाबाद पहुँचकर मुझे विश्वास नहीं दिलाया कि वहाँ सब कुछ ठीक है और मुझे चिन्ता करने की कोई आवश्यकता नहीं है। पर चिन्ता ने मुझे जल्दी न छोड़ा।

तेजी ने बार-बार मुझे पत्र लिखा—'आपने जो काम उठाया है, उसमें सफल होने को हमने बहुत कुछ दाँव पर लगा दिया है।

एक जुआ के दाँव पर हम सब दीन लगाय
लाज बचै, इज्जत रहै राम जो देयँ जिताय।

अगर इस काम में भी व्याघात पहुँचता है तो हम सब प्रकार वंचित होंगे। वह तो आपको पूरा करके ही लौटना है। मेरी इज़्ज़त को जो चुनौती मिली थी, उसका उत्तर मैंने अपनी दृढ़ता के साथ दिया है। आपका काम भी आपकी इज़्ज़त के लिए एक चुनौती ही है। आप भी इसका उत्तर अपने श्रम-संकल्प से दें। किसी भी कारण आपको असफलता मिली तो कितनी भी व्याख्याओं से आप उसे सफलता में नहीं बदल सकेंगे। अपने जीवन-भर का अर्जित धन, मान लुटाकर अगर हम दुनिया की हँसी के पात्र ही बनकर रह गये तो हमसे अधिक अभागा कौन होगा!'

उन दिनों के मानसिक तनावों में मैंने एक कविता लिखी थी—शीर्षक था... 'तेरे कूचे से हम निकले'

ग़ालिब का शे'र याद आया था—

'निकलना खुल्द से आदम का सुनते आये थे लेकिन
बहुत बे-आबरू होकर तेरे कूचे से हम निकले।'

वह कविता मैंने प्रकाशित नहीं की। कर देता और उसे 'सज्जन' देखते और उनमें हया होती तो वे आत्महत्या कर लेते।

ठण्डे दिमाग से सोचने पर मैंने भी यही समझा कि मेरे लिए 'नान्यः पन्था विद्यते अयनाय'—शोध-कार्य को किसी भी हालत में पूरा करना ही है।

पर इसके बाद विदेश में एक भी दिन मैंने शान्ति और निश्चिन्तता से न बिताया। हर दिन का महत्त्व केवल इतना रह गया कि वह आकर मुझे अपने कार्य-लक्ष्य की ओर बढ़ाये और जाकर मेरे और मेरे घर-परिवार के बीच समय की दूरी को कम करे।

शोध-कार्य की पूर्णता के लिए मुझे आयरलैण्ड जाना ही था।

मैंने सारी तैयारी कर ली।

हेन ने मुझे श्रीमती ईट्स तथा अन्य कई ईट्स और ईट्स-साहित्य में रुचि रखने वालों के नाम पत्र दिये, सीधे भी उन्हें पत्र लिखे। एक पूरी शाम उन्होंने मुझे देकर बताया कि 'मैं तुम्हें आयरलैण्ड वहाँ केवल कुछ कागद-पत्रों को देखने-परखने के लिए नहीं भेज रहा हूँ, गो यह काम भी ज़रूरी है और वहीं हो सकता है, मैं तुम्हें इसलिए भेज रहा हूँ कि वहाँ तुम घूम-फिरकर विभिन्न वर्गों के लोगों से मिलो—नगर, कस्बों, गाँवों में, शिक्षा-संस्थानों, हाट-बाज़ारों में, क्लबों-पबों में, गिरजाघरों में, मेले-ठेले में। आइरिश चरित्र की एक अपनी विशेषता है, जो उसे औरों से अलग करती है। मेरी ऐसी धारणा है कि उसे समझे बिना कोई ईट्स को पूरी तरह नहीं समझ सकता—ईट्स टिपिकल (नमूने के?) आइरिशमैन हैं। अतार्किकता की ओर उनका झुकाव भी ईट्सियन से अधिक आइरिश है।'

पिछले दिनों जिन तनावों से मैं गुज़रा था, उनकी चर्चा मैंने हेन से न की थी,

पर वे समझ गये थे कि किसी कारण मैं उखड़ा-उखड़ा-सा रहता हूँ और मेरा मन काम से उचट गया है, क्योंकि उन दिनों विशेष बल देकर वे मेरे कुशल-क्षेम के विषय में पूछा करते थे। चलते समय उन्होंने कह दिया, 'अपनी ऐसी मानसिक स्थिति में तुम्हें आयरलैण्ड की यात्रा सुखद होगी, आयरलैण्ड बड़ा सुन्दर देश है, उसके निवासी और सुन्दर हैं, पुरुषों से अधिक स्त्रियाँ, विशेषकर उसकी 'कोलीन्स'[1]।' फिर उन्होंने हँसकर जोड़ दिया, 'देखो, किसी 'कोलीन' के सम्मोहन में न पड़ जाना। वे बहुत आकर्षक होती हैं। मुझे आशा है, तुम अपनी यात्रा से तरो-ताज़ा होकर लौटोगे, साथ ही अपने काम के लिए बहुत-सा उपयोगी मसाला भी इकट्ठा करके।'

इंग्लैण्ड-निवासियों को आयरलैण्ड जाने के लिए आइरिश वीज़ा की ज़रूरत नहीं होती, यह छूट इंग्लैण्ड से सम्बद्ध और कई देशों के लिए है, जिनमें भारत भी सम्मिलित है। पर ट्रेवल एजेन्ट के द्वारा ट्रेवलर्स आइडेंटिटी कार्ड बनवा लेना अच्छा रहता है। जहाँ तक आइरिश सरकार का सम्बन्ध है, आयरलैण्ड में प्रवेश करने पर चुंगी के दफ्तर में जो अता-पता माँगा जाता है, उतना ही पर्याप्त होता है। मेरे पास अपना पासपोर्ट था ही, मैंने थामस कुक से समुद्री मार्ग से आयरलैण्ड जाने का टिकट खरीद लिया।

उन दिनों लिवरपूल से रात को एक स्टीमर छूटता था जो सुबह-सुबह डबलिन पहुँचा देता था। थामस कुक से ही मैंने डबलिन में प्रथम सप्ताह रहने का प्रबन्ध भी पक्का करा लिया।

ट्रेन से लिवरपूल पहुँचकर मैंने स्टीमर पकड़ा। स्टीमर बहुत बड़ा नहीं था—कुल यात्री डेढ़-दो सौ के लगभग होंगे। अगस्त का महीना था, न बहुत ठण्डा, न बहुत गरम, प्राय: लोग खुली डेक पर पड़ी बेंचों और कुर्सियों पर बैठकर यात्रा कर रहे थे। स्टीमर पर आइरिश बियर बहुत सस्ती मिलती है, और 99% यात्रियों ने तो बोतलों पर बोतलें चढ़ाई होंगी। बीच रास्ते में हवाएँ तेज़ हो गयीं और हमारा स्टीमर हिचकोले खाने लगा। छोटे स्टीमर वैसे भी ज़्यादा हिलते-डुलते हैं। मैंने सुन रखा था कि अंग्रेज़ समुद्र-यात्रा की अभ्यस्त कौम है—द्वीप में रहने वाले जो हुए। पर मुझे यह देखकर आश्चर्य हुआ कि आधे से अधिक मुसाफिरों को सी-सिकनेस हुई और बहुतों ने उलटियाँ कीं। समुद्र में स्टीमर से यह मेरी पहली यात्रा थी, फिर भी दूसरों को उल्टी करते देखकर भी मुझे मतली तक न आयी।

उठ पड़ा तूफान, देखो,
मैं नहीं हैरान, देखो,

एक झंझावात भीषण मैं हृदय में से चुका हूँ।
मूल्य अब मैं दे चुका हूँ।

(निशा निमन्त्रण)

आयरलैण्ड की यात्रा की छाप मेरे मानस-पटल पर जितनी स्पष्ट, जितनी

---

1. Colleens—आयरलैण्ड की वारांगनाएँ

गहरी है, उतनी कम जगहों की है। वहाँ मैंने जो कुछ भी देखा-सुना, वह अपने पूरे विस्तार में मेरी स्मृति में अंकित है और आज चौबीस वर्षों के बाद भी धुँधला नहीं पड़ा। मैं सोचता हूँ, ऐसा क्यों हुआ होगा? कारण शायद यह है कि मैं एक बड़े दु:ख की अनुभूति के बाद आयरलैण्ड गया था। अज्ञेय की एक पंक्ति है :

दु:ख सब को माँजता है।

यह सच है। दु:ख मनुष्य के मन को माँजकर दर्पण-स्वच्छ कर देता है। फिर जो भी उसके समक्ष आता है, वह उसमें अविकल, अविरल प्रतिबिम्बित होता है। मुझे भय हो रहा है—कहीं मैं अपनी आयरी-यात्रा को अनुपात से अधिक स्थान न दे दूँ।

बन्दरगाह से डबलिन सात मील दूर है, बन्दरगाह डुनलियरी कहलाता है। शहर को बस या टैक्सी से जाते हैं। क्षितिज से निरभ्र आकाश में उठते हुए सूर्य के प्रकाश में डबलिन को देखकर मुझे ऐसा लगा जैसे मैं आँखों पर हरा चश्मा लगाकर वहाँ उतर पड़ा हूँ—चारों ओर हरियाली ही हरियाली। हरी घास-भरी भूमि, हरे पेड़-पौधों की सघनता की प्रत्याशा तो मैं करता हुआ आया ही था—इसी कारण तो आयरलैण्ड को 'एमरल्ड आइलैण्ड' कहते हैं—मरकत द्वीप। पर मैं यह नहीं जानता था कि यहाँ मनुष्य ने प्रकृति की हरियाली से होड़ लगाने में कोई कोर-कसर नहीं छोड़ी—यहाँ ट्रेन के डिब्बे हरे हैं, ट्रामें, बसें हरी हैं, लेटर-बाक्स हरे हैं, मार्ग-निर्देशक स्थान हरे हैं, पुलिस—जिन्हें आयरलैण्ड में 'सिविक गार्ड्स' कहते हैं—और फौजियों की पोशाकें हरी हैं, लाल ईंट के बने मकानों के दरवाज़े-खिड़कियाँ हरी रँगी हैं, वैसे ही जगह-ब-जगह रेलिंगें हरी हैं, करेंसी नोट भी हरे रंग के हैं। पर इतनी हरियाली का शौकीन यहाँ का बाशिन्दा स्वयं हरा नहीं है—'हरा' इस अर्थ में कि कच्चा! वह पकी, सिझी, मेच्योर कौम का है। उसके पास अपना इतिहास है, अपनी परम्परा है, अपनी संस्कृति है और इन पर उसे गर्व है। 'हरा' खुश व खुर्रम के अर्थ में लें—'राम भरोसे जो रहै जंगल में हरियायँ'—तो भी आयरवासी 'हरा' नहीं। इसके लिए एक तो उसका रोमन-कैथलिक धर्म उत्तरदायी है, जिसमें हर ईसाई आदम की आदि अपराध-भावना से दबा रहता है; दूसरे, उसके देश पर हुए आक्रमणों की शृंखला, और सात सौ वर्षों की दासता और उससे त्राण पाने का उनका अनवरत संघर्ष, जिसमें भोगी-झेली यातनाएँ आयरी जनता को ऐसी ही याद हैं, जैसे वे कल की घटनाएँ हों। अच्छी स्मृति कितना बड़ा अभिशाप है, इसे मुझसे अधिक कौन जानेगा! कभी-कभी मैं सोचा करता हूँ कि पूर्व जन्म में मैं आइरिशमैन रहा हूँगा। उसके चेहरे पर सस्ती हँसी नहीं, उसकी आँखों में मूल्य देकर सँजोई गम्भीरता है, संजीदगी है,

आये थे हँसते-खेलते मैखाने में 'फ़िराक'
जब पी चुके शराब तो संजीदा हो गये।

उसने कटु अनुभवों की शराब छक कर पी है। वह संजीदा है, पर मनहूस नहीं। उसने शायद अपनी गम्भीरता की अतिशयता से राहत पाने के लिए ही एक Sense of Humour (सेंस आफ ह्यूमर), एक विनोद-वृत्ति, एक व्यंग्य-वृत्ति विकसित की है। वह अपनी चुटीली बातों से, बिना खुद हँसे, आपको हँसा सकता है। वह बोलता है, प्रायः अधिक ही, तो अपने को हल्का करने के लिए। वह भीतर कहीं भारी है।

डबलिन पहुँचकर सबसे पहले मैंने श्रीमती ईट्स से सम्पर्क किया, फोन से। मेरे बारे में मि० हेन ने उन्हें अलग से पत्र लिख दिया था, जो उन्हें मिल चुका था। उन्होंने मुझसे कहा कि 'आजकल 'अन्तर्राष्ट्रीय अश्व प्रदर्शनी सप्ताह' चल रहा है। आप फोनिक्स पार्क आ जायें और प्रदर्शनी में कुआला प्रेस स्टाल पूछ लें। मैं दिन-भर वहीं रहती हूँ।'

कुआला प्रेस ईट्स ने अपनी दो विधवा बहिनों के भरण-पोषण के लिए अपने मकान के निचले हिस्से में खुलवा दिया था। वे ईट्स की छोटी-मोटी पुस्तकों का प्रथम संस्करण सीमित संख्या में हाथ-बने काग़ज़ पर स्वयं अपने हाथों से ट्रैडिल मशीन चलाकर छापती थीं, प्रतियों का दाम अधिक होता था, पर उनकी बड़ी माँग रहती थी, कभी-कभी ईट्स प्रतियों पर अपने हस्ताक्षर भी कर देते थे। उनके दूसरे संस्करण नहीं छप सकते थे। ईट्स के देहावसान के बाद कुआला प्रेस आर्ट-प्रिंटर हो गया था। ईट्स की पंक्तियाँ, अक्सर उन पर चित्र बनवाकर, मोटे कागज़ों पर छपती थीं, जिन्हें लोग अपने ड्राइंग रूमों में टाँगने के लिए खरीदते थे। पंक्तियों पर हाथ-बने चित्र भी बेचे जाते थे। कुछ चित्र ईट्स की बेटी के बनाये होते थे, वह चित्रकार थी, चित्रकारी ईट्स परिवार में पुश्तैनी थी। ईट्स के पिता जान ईट्स चित्रकार थे, छोटे भाई जैक ईट्स भी, ईट्स ने स्वयं कई वर्षों तक चित्रकारी की नियमित शिक्षा ली थी और इसका प्रभाव उनकी कविताओं पर स्पष्ट है।

डबलिन का हार्स-शो एक तरह से नागरिक मेले का अवसर प्रदान करता है और आयरलैण्ड की कला-कारीगरी-व्यवसाय की बहुत-सी चीज़ें वहाँ बिकने को आती हैं। कुआला प्रेस स्टाल भी इसी ध्येय से लगाया गया था। वहीं मैं पहले-पहले मिसेज़ ईट्स से मिला, जो अपनी ननदों की सहायता करने के लिए स्टाल पर बैठती थीं। स्टाल छोटा था, सहायता की कोई विशेष आवश्यकता न थी, पर मुझे उनके चेहरे से लगा कि वे अपने पति के प्रेमियों, प्रशंसकों को देखकर हर्षित होती थीं, जो उनकी पंक्तियों से सज्जित चित्रों को खरीदने आते थे। श्रीमती ईट्स-सी पतिपरायणता मैंने पश्चिम में शायद ही कोई दूसरी देखी हो।

अश्व-प्रदर्शनी की जो छाप मेरे दुःख-मँजे मन पर पड़ी, वह मेरे अगले तीन जन्मों तक भी मिटाई न जा सकेगी। अमृतोद्भव उच्चैःश्रवा के वंशजों का ऐसा चुस्त, दुरुस्त, स्वस्थ, सुन्दर, जीवन्त स्वरूप न मैंने पहले कभी देखा था और न बाद को ही देखा। कोलीनों के सम्मोहन में तो मैं न पड़ा, पर घोड़ों के सम्मोहन से मैं अपनी रक्षा न कर सका। वे मुझे पीठ पर चढ़ा साहित्य-क्षेत्र के न जाने कितने घोड़ों से मेरा परिचय करा लाये। ईट्स ने तो एक बादल से दूसरे बादल पर छलाँग मारने वाले घोड़ों से लेकर ऊबड़-खाबड़ सड़कों पर गाड़ी खींचने वाले घोड़ों तक का

ज़िक्र किया है। अपने ऐपीटाफ में जिस 'हार्समैन' को उन्होंने सम्बोधित किया है उसका घोड़ा कितना थका है!—'न' होते घोड़े पर 'हार्समैन' का दीर्घ स्वर-भार—वह तो बीतती उम्र का प्रतीक है—घुड़सवार जीवात्मा। याद आया, ग़ालिब ने भी घोड़े को उम्र का प्रतीक माना है, पर वह किस तेज़ी से उम्र को काट रहा है, और घुड़सवार का कोई बस उस पर नहीं चलता,

रौ में है उम्रे-अस्प कहाँ देखिये थमे,
नै बाग हाथ में है न पा है रकाब पर।

शेक्सपियर के घोड़ों पर तो एक पुस्तक लिखी जा सकती है। एन्टनी के प्रेम में पड़ी क्लियोपैट्रा उस घोड़े से ईर्ष्या करती है, जिसे अपनी पृथुल जाँघों से दबाकर एन्टनी दौड़ाता है। 'मैकबेथ' में डंकन की हत्या की भीषण रात को घोड़े एक-दूसरे को खाने को उद्यत हो उठते हैं—कैसा भयःवना दृश्य है!

औ' यह जितना अद्‌भुत है, उतना ही सच है—
डंकन के घोड़े मस्ताने, तेज़ तुखारी,
ताज़ी तड़पे, तोड़ अस्तबल बाहर झपटे,
बँधे न बाँधे; जैसे वे विरुद्ध मानव के
युद्ध छेड़ने को उद्यत हों
और यह सुना
गया, उन्होंने एक दूसरे को खा डाला।

और तुलसी के 'सावँकरन' हयों को कोई कैसे भूले

जे जल चलहिं थलहिं की नाईं
टाप न बूड़ बेग अधिकाई।

ईट्स के घोड़े बादलों पर चलते हैं, तुलसी के जलाशयों पर। किस पर किस को तरजीह दें?
और

जेहि बर बाजि राम असवारा,
तेहि सारदउ न बरनै पारा।

क्लियोपैट्रा ने तो एन्टनी के घोड़े के प्रति अपनी ईर्ष्या व्यक्त की, शारदा से इतना भी न हुआ। चुप ही हो गयीं। और राम को वन में छोड़कर सुमंत के रथ के घोड़ों की मूक-मुद्रा व्यक्त विरह-वेदना किसे न विचलित कर देगी :

चरफराहिं मग चलहिं न घोरे,
बन मृग मनहु आनि रथ जोरे।
अढ़ुकि परहिं फिरि हेरहिं पीछे,
राम वियोगि विकल दुख तीछें।

जो कह रामु लखनु वैदेही,
हिंकरि हिंकरि हित हेरहिं तेही।
बाजि विरह गति कहि किमि जाती,
बिनु मनि फनिक विकल जेहिं भाँती।

कभी मैंने 'मानस' के पशु-पक्षियों पर एक निबन्ध लिखना चाहा था। शायद अब भी कभी लिखूँ। कोई और भी इस विषय पर लिख सकता है।

अश्व-प्रदर्शनी से अश्व काव्य-प्रतीक रूप में शायद मेरे दिमाग में भी पैठा। इससे पहले घोड़े को प्रतीक-रूप में अपनी कविता में सम्भवत: मैं कभी नहीं लाया था। इसके बाद तो कई बार लाया हूँ। 'आरती और अंगारे' से 'जाल समेटा' तक अगर मेरे घोड़ों में कोई दम-खम, कोई सजीवता हो तो मैं चाहूँगा उसका श्रेय आप डबलिन के हार्स शो को दें।

सुन्दर-स्वस्थ घोड़ों को देखकर चमकती आयरी आँखों से मुझे यह समझने में देर न लगी कि हिन्दुओं ने जो भक्ति गाय को दी है, अंग्रेज़ों ने जो प्रेम कुत्तों को, वह आयरवासियों ने घोड़ों को दिया है। पशु-प्रेम प्रकृति से जोड़ने वाली ऐसी कड़ी है, जिसकी मशीनी युग में उपेक्षा कर मनुष्य अपनी बहुत बड़ी हानि करेगा। खैर, हम तो पशुपतिनाथ के उपासक ही हैं।

अश्व-प्रदर्शनी जब तक चलती रही, मैं बराबर वहाँ जाता रहा। वहाँ मुझे आयरी जनता का एक प्रतिनिधि क्रास-सेक्शन (लघु संस्करण?) देखने को मिला और उससे आयरी चरित्र को समझने में मुझे बड़ी सहायता मिली। बीच-बीच में मैं कुआला प्रेस के स्टाल पर जाकर बैठता और श्रीमती ईट्स से बात करता।

पहले उन्हें मुझसे बात करने में कुछ हिचक थी। कारण यह था कि एक साक्षात्कार करने वाले से उन्हें बड़ा कटु अनुभव हुआ था। वह अमरीकी था। उसने ईट्स के जादू-टोने में विश्वास और उसके कुछ प्रयोगों के विषय में मिसेज़ ईट्स से कुछ गोपनीय बातें कहलवा लीं जो एक छिपे टेपरिकार्डर पर रिकार्ड होती रहीं। अमरीका जाकर उसने Yeats and Black Magic (ईट्स और जादू-टोना), W. B. Yeats the Magician (जादूगर डब्ल्यू० बी० ईट्स) शीर्षक से कई लेख लिखे। अमरीका में ऐसे सनसनीखेज लेखों के लिए बड़ा बाज़ार है। मैंने मिसेज़ ईट्स को यकीन दिलाया कि मैं कोई ऐसी धोखेबाज़ी करने नहीं आया हूँ, मेरा ध्येय विशुद्ध साहित्यिक है। मुझें प्रसन्नता हुई कि मैं जल्दी ही उनका विश्वास प्राप्त कर सका और उनसे मुझे जो सूचनाएँ मिलीं, जो सहयोग मिला, वह मेरे शोध के लिए उपयोगी सिद्ध हुआ।

मुझे दूसरे-तीसरे दिन ही पता चल गया कि थामस कुक ने मेरे ठहरने की जो जगह तय की है, वह ईट्स के मकान से बहुत दूर है। मिसेज़ ईट्स ने मुझे एक 'डिग' का पता दिया, जो उनके यहाँ से नज़दीक थी और सस्ती भी थी।

मैं सुबह नाश्ता लेकर उनके यहाँ पहुँच जाता और दिन-भर ईट्स के अध्ययन कक्ष में बैठकर काम करता, लंच पास के एक रेस्टराँ में कर आता।

ईट्स को दिवंगत हुए लगभग पन्द्रह वर्ष बीत चुके थे, पर ईट्स की कोई

पुस्तक, कोई पाण्डुलिपि, कोई चीज़ उन्होंने इधर-उधर न होने दी थी; बल्कि ईट्स के जीवनकाल में जो चीज़ें इखरी-बिखरी थीं, उन्हें भी उन्होंने संभालकर रख दिया था। यह काम बिना अपने पति के प्रति अनन्य प्रेम और उनके कार्य के प्रति अदम्य आस्था के सम्भव नहीं था।

ईट्स का मकान काफी बड़ा था—उसके चारों ओर बहुत-सी खुली ज़मीन। उनका अध्ययन-कक्ष एक हॉल-जैसा था—मकान का सबसे बड़ा कमरा, चारों ओर ऊँची शीशेदार अलमारियाँ किताबों से भरी, एक सिरे पर काम करने की मेज़ और कुर्सी, पीछे आतशदान, कारनिस पर कलाकृतियों के कुछ नमूने—एक चीनी कृति थी, जिससे प्रेरित होकर ईट्स ने अपनी Lapiz Lazuli (लापीज़ लाजूली= नील मणि) कविता लिखी थी, दीवारों पर ब्लेक के कुछ चित्र, जिनकी कविता के भी ईट्स बड़े प्रेमी थे, और जिन पर अपने एक मित्र के सहयोग से उन्होंने एक बड़ी प्रामाणिक पुस्तक लिखी थी। मिसेज़ ईट्स ने पहले ही दिन जैसे किसी पुरानी यादगार को सहलाते हुए, और उसे सुरक्षित रखने के अपने प्रयत्नों पर कुछ गर्व-सा करते हुए, मुझसे कहा था, 'विली का अध्ययन-कक्ष'—वे अपने पति के लिए 'विलियम' का संक्षिप्त रूप 'विली' नाम का प्रयोग करती थीं—'अब भी वैसा ही है, जैसा वे छोड़कर गये थे'...

ईट्स के पुस्तकालय की पुस्तकों का नाम देखना भी अपने आप में एक शिक्षा थी। उसमें एक अलमारी में मैडम ब्लावाट्स्की की कृतियों को देखकर मैं बड़ा आश्वस्त हुआ। मेरी स्थापना थी कि ईट्स ने अपने दर्शन के मूल सिद्धान्त मैडम ब्लावाट्स्की से लिये थे, यहाँ एक सबूत था। पुस्तकों पर लगे निशानों ने कुछ और संकेत दिये।

ईट्स ने अपने हाथ से जिस कागज़ पर कुछ भी लिखा था, श्रीमती ईट्स ने उसे नष्ट नहीं होने दिया था। ऐसे पन्नों की संख्या सत्तर हज़ार से ऊपर थी, और कमाल तो यह था कि इन सबकी श्रीमती ईट्स ने विषय-काल के क्रम में तालिका बना रखी थी।

मुझे ईट्स का सम्बन्ध थियोसोफिकल सोसायटी से जताने वाले कागद-पत्रों की आवश्यकता थी। श्रीमती ईट्स ने उन्हें मेरे लिए निकाला।

डबलिन-लन्दन थियोसोफिकल सोसायटी की सदस्यता के समय ईट्स ने कुछ पैम्फ्लेट लिखे थे; ये छपे भी थे; इनकी प्रतियाँ केवल श्रीमती ईट्स के पास थीं। ये D.E.D.I. (डी० ई० डी० आई०) के नाम से छपी थीं। सदस्यों को इस तरह का एक गुप्त नाम दिया जाता था। यह नाम ईट्स को मिला था। यह लैटिन में 'डेविल एस्ट डियस इनवर्सस' का सांकेतिक रूप है—शैतान है खुदा का उलटा। इस शीर्षक से मैडम ब्लावाट्स्की की पुस्तक The Secret Doctrine (दि सीक्रेट डाक्ट्रिन) का एक अध्याय ही है। मैंने इस पैम्फ्लेट से कुछ उद्धरण अपनी थीसिस में दिये हैं।

A Vision, ईट्स की दर्शन-पुस्तक के सम्बन्ध में मेरी जिज्ञासा होने पर मिसेज़ ईट्स ने मुझे उसके सात ड्राफ्ट दिखाये। उन दिनों मिसेज़ ईट्स ने ईट्स की

टाइपिस्ट का काम किया। प्रथम ड्राफ्ट ईट्स की हस्तलिपि में है। उसे मिसेज़ ईट्स ने टाइप किया। हर बार ईट्स उसमें कुछ काट-छाँट कर देते और मिसेज़ ईट्स फिर-फिर टाइप करके नया ड्राफ्ट उनके सामने प्रस्तुत करतीं। इन ड्राफ्टों के सूक्ष्म अध्ययन से दो बातें स्पष्ट हुईं—

1. पहले और अन्तिम ड्राफ्ट में लगभग बारह वर्ष का अन्तर है।

2. अन्तिम ड्राफ्ट में जिन विश्वविश्रुत दार्शनिकों के नाम जोड़े गये हैं, उनकी प्रथम ड्राफ्ट में कोई चर्चा नहीं है।

इससे यह परिणाम सहज ही निकाला जा सकता है कि उनके दर्शन का उत्स कहीं और है। बाद के दार्शनिकों के अध्ययन से क्रमश: उनका अधिकाधिक समर्थन लिया गया है। पर एक समस्या बनी की बनी रह गयी। A Vision का प्रथम ड्राफ्ट किस आधार पर तैयार किया गया? ईट्स ने ऐसा संकेत दिया था कि वह मिसेज़ ईट्स की 'आटोमेटिक स्क्रिप्ट' के आधार पर तैयार किया गया। मैंने श्रीमती ईट्स से जानना चाहा कि क्या 'आटोमेटिक स्क्रिप्ट' सुरक्षित है और क्या वे मुझे दिखा सकती हैं? श्रीमती ईट्स ने मुझसे कहा कि आटोमेटिक स्क्रिप्ट है, परन्तु वे अभी उसे दिखाने के लिए तैयार नहीं हैं। यहीं बात खत्म हो गयी।

डबलिन में मैं मि० जे० एम० होन से भी मिला। वे ईट्स के Official Biographer (अधिकार प्राप्त जीवनीकार) बनाये गये थे और उन्होंने 1942 में ईट्स का सम्यक् जीवन-चरित प्रकाशित किया था। ईट्स के आदेशानुसार उनके सारे कागद-पत्र होन के देखने-परखने के लिए उपलब्ध कराये जाने को थे—निजी और गोपनीय सभी प्रकार के। उन्होंने मुझसे बताया कि श्रीमती ईट्स ने उनसे कुछ भी नहीं छिपाया, पर जब आटोमेटिक स्क्रिप्ट की बात उठी तो उन्होंने अपना मुँह बन्द कर लिया। जहाँ होन को भी सफलता न मिली थी, वहाँ मेरी दाल क्या गलती! मुझे कुछ निराशा हुई, पर मिसेज़ ईट्स के प्रति किसी प्रकार की शिकायत का भाव मेरे मन में नहीं उठा। प्राप्त तथ्यों से जो परिणाम मैंने निकाले, वे मेरी थीसिस में हैं, यहाँ उनका विस्तार सामान्य पाठक के लिए शायद ही रुचिकर हो।

फिर भी मिसेज़ ईट्स ने मुझे बहुत सहयोग दिया और मेरे प्रति बड़ी सद्भावना दिखायी।

वे बड़ी ममतामयी थीं और अपने पति के जीवन और काव्य में रुचि लेने वालों को बड़े स्नेह और समादर से देखती थीं। मैंने उनके घर में बैठकर लगभग एक मास काम किया। मुझे याद आता है, कभी लंच के समय वर्षा हो रही होती तो वे मुझे बाहर न जाने देतीं, कहतीं, 'मुझे अपने लिए तो खाना बनाना ही है, तुम्हारे लिए भी कुछ बना दूँगी—तुम खाते ही क्या हो, अण्डा, टोस्ट, उबली हुई सब्ज़ियाँ, फल! शाकाहारी जो ठहरे।' वे मुझे अपनी ही टेबल पर बिठाकर खाना खिलातीं और अपने और मेरे घर-परिवार के विषय में बातें करतीं। लड़का उनका विवाहित था और उसके अपने बाल-बच्चे थे, अलग रहते थे, इतवार-इतवार मिलने आते थे। आज़ादी मिलने के बाद आयर की अपनी राष्ट्रभाषा गेलिक के प्रचार पर ज़ोर दिया जा रहा था, स्कूलों में वह अनिवार्य कर दी गयी थी। मिसेज़ ईट्स को शिकायत

थी, 'मेरे पोते-पोतियाँ जो भाषा बोलते हैं, वह मैं नहीं समझ पाती। पता नहीं, भविष्य में वे अपने दादा की लिखी हुई चीज़ें पढ़ पायेंगे या नहीं।' उनकी लड़की किसी स्कूल में पेंटिंग की शिक्षा देती थी, सुबह ही घर से निकल जाती थी और शाम को लौटती थी। बेटा उनका आइरिश पार्लियामेन्ट में सेनेटर था, ईट्स भी अपने अन्तिम वर्षों में थे। विचित्र है कि बेटे को अपने पिता के साहित्य में कोई रुचि नहीं थी, कुछ थी तो बेटी को। मिसेज़ ईट्स अक्सर चिन्ता व्यक्त करतीं, 'विली की चीज़ों का, जो मैंने सालों से जोगा कर रखी हैं, पता नहीं, मेरे बाद क्या होगा!'

ईट्स की एक-एक चीज़ के साथ जो स्मृतियाँ जुड़ी थीं, उन्हें वे माला की तरह फेरती थीं। एक दिन याद है, उन्होंने मुझे वह प्रशस्ति-पत्र और तमगा दिखाया था, जो उन्हें नोबेल पुरस्कार प्राप्त करने पर दिया गया था। उस अवसर पर ईट्स ने जो व्याख्यान दिया था, बड़ा ही मार्मिक है। सोने के तमगे के एक ओर ईट्स का पूरा नाम खुदा है, दूसरी ओर कविता की देवी खड़ी है और एक नवयुवक उसके चरणों में बैठा वीणा बजा रहा है। ईट्स ने उसे देखकर कहा था, 'एक दिन मैं जवान था और मेरी कविता निर्बल-जर्जर थी, आज मैं बूढ़ा हो गया हूँ और मेरी कविता जवान हो गयी है'—विरोधों को एक-दूसरे के समक्ष लाकर उनके प्रभाव को बढ़ाना ईट्स की कला की विशेषता है, जो ईट्स के कथनानुसार, उन्होंने कब्बाला के प्रतीकों से सीखी थी। मैंने ईट्स के भावों को कभी अपने शब्दों में रखा था—

है कहा किसी ने, जब शायर बूढ़ा होता,
उसकी कविता तब नौजवान हो जाती है।

शायद सरोजिनी नायडू पर लिखी मेरी कविता में ये पंक्तियाँ हैं।

एक दिन ईट्स के प्रतीकों पर हमारी बात हो रही थी। वे प्रायः दो तरह के हैं—एक, जो सीधे अपने लक्ष्य पर जाते हैं और दूसरे, जो गोल-गोल घूमते हैं, चक्कर काटते हैं। सीधे जाने वाले दार्शनिक दृष्टि के प्रतीक हैं, गोल-गोल जाने वाले काव्यात्मक दृष्टि के। ईट्स कवि और दार्शनिक दोनों होना चाहते थे, दोनों के संघर्ष में, तनाव में सदा रहे, और न जाने कितने प्रतीकों से उन्होंने इसे व्यक्त किया :

कवि का पंथ अनंत सर्प-सा
जो है मुख में पूँछ दबाये,
और मनीषी तीर सरीखी
सीधी अपनी लीक बनाये

काव्य और दर्शन के द्योतक सर्प और तीर भी कब्बाला के आदि प्रतीक हैं।

श्रीमती ईट्स उठीं और एक छोटी-सी डिबिया लायीं। उसमें एक सोने की अँगूठी थी। अँगूठी के ऊपर बाज़ और तितली की शक्ल बनी हुई थी—बाज़ सीधे झपटने वाला, तितली गोल-गोल घूमने वाली। यह अँगूठी ईट्स ने खुद डिज़ाइन की थी और अपनी छिगुनी में हमेशा पहने रहते थे—जैसे उन्हें याद दिलाते रहने को कि वे बाज़ भी हैं, तितली भी, दार्शनिक भी, कवि भी। मिसेज़ ईट्स ने मेरी छिगुनी पकड़ी और वह अँगूठी उस पर खिसका दी, जब वह ठीक फिट हो गयी तो

गौर से उसकी ओर देखकर बड़े स्मृति-करुण स्वर में बोलीं, 'विली की उँगली ठीक तुम्हारी-जैसी थी।' मैं किन भावों में डूब गया, मैं नहीं कह सकता; जैसे उस अँगूठी की किसी जादुई शक्ति ने मुझे छू दिया।

एक शाम को वे मुझे एबी थियेटर में एक नाटक दिखाने ले गयीं। एबी थियेटर को राष्ट्रीय रंगमंच के रूप में स्थापित करने वालों में ईट्स का प्रमुख योगदान था। कहते हैं, पहले यह मुर्दाघर था—शायद ईट्स को लगा कि यहीं से आयर का भूत-अतीत बोल सकता है। ईट्स ऐसे प्रतीकात्मक काम बहुत करते थे। एक बार जब उनका दार्शनिक उनमें प्रखर था, तब थूर बलाइली में अपने रहने को उन्होंने एक पुराना कासिल खरीद लिया था, जिसमें एक टावर था, जिसकी सबसे ऊँची मंज़िल पर उन्होंने अपनी स्टडी बनाई थी—टावर, सीधी ऊर्ध्वगामी दृष्टि का प्रतीक। उस शाम एबी थियेटर में जो नाटक खेला गया था, गेलिक भाषा में था। गेलिक, ध्वनि से मुझे सशक्त भाषा लगी। अंग्रेज़ों ने व्यर्थ ही उसे नेस्त-नाबूद करने का प्रयत्न किया, वह मारी नहीं जा सकती। काश, आयरी लोगों ने गेलिक की अपनी लिपि का भी आग्रह न किया होता। तब योरोपीय भाषाओं के साथ उसका मेल-जोल जल्दी बढ़ता। दूसरे की भाषा के सम्बन्ध में मैं कुछ कहने का अधिकारी नहीं, शायद भाषा और लिपि का कोई अनिवार्य सम्बन्ध हो। वर्तनी और उच्चारण के अन्तर में गेलिक अंग्रेज़ी के भी कान काटती है।

डबलिन की थियोसोफिकल सोसाइटी का मुझे कुछ अता-पता न मिला। किसी ने मुझे बताया, डबलिन की आग और बमबारी में बहुत-सी इमारतें नष्ट हो गयी थीं, शायद थियोसोफिकल सोसायटी की इमारत भी उन्हीं में हो—प्रसंगवश बता दूँ कि संसार में सबसे पहली हवाई बमबारी सहने वाली डबलिन की ही धरती थी।

ईट्स-सम्बन्धी कुछ कागद-पत्र मुझे डबलिन के नेशनल म्यूज़ियम में मिले, पर वे मेरे लिए अधिक उपयोगी न थे। ईट्स को लिखे गये टैगोर के कुछ पत्र भी वहाँ सुरक्षित थे और एक बार उन्हें देखकर मेरे मन में यह लोभ समाया कि इन्हें नकल करके ले जाऊँ तो 'विश्व भारती' में इनका बड़ा स्वागत होगा। कुछ पत्र मैंने नकल भी किये, फिर किसी ने मुझसे कहा कि ये पत्र दुर्लभ नहीं, शायद प्रकाशित भी हो चुके हैं, टैगोर अपने महत्त्वपूर्ण पत्रों को भेजने के पहले उनकी प्रतिलिपि अपने पास रख लेते थे। प्रतिभा अपने महत्त्व के प्रति कितनी सचेत होती है और अपनी कृति को सुरक्षित रखने के लिए कितना श्रम करती है! मैं प्रतिभा को अपने महत्त्व के प्रति लापरवाह पाऊँ तो निश्चय मैं उसे अधिक आदर दूँ।

ईट्स के पुस्तकालय के बाद मुझे सबसे अधिक उपयोगी सामग्री डबलिन युनिवर्सिटी के ट्रिनिटी कॉलेज में मिली। वहाँ के अंग्रेज़ी विभाग के अध्यक्ष प्रो० व्हाइट को हेन ने मेरे बारे में पत्र लिख दिया था। पर वे छुट्टी पर जा रहे थे और मेरी सहायता करने का काम अपने एक सहयोगी को सौंप गये थे। उनकी सहायता से मुझे 'डबलिन युनिवर्सिटी रिव्यू' की पूरी-की-पूरी फाइल मिल गयी, केम्ब्रिज

की लाइब्रेरी में केवल कुछ अंक उपलब्ध थे। इसमें ईट्स की कविताएँ सबसे पहले प्रकाशित हुई थीं। कइयों को तो ईट्स ने बाद में अपनी कृतियों में सम्मिलित ही न किया। साधारण पाठक के लिए न हों, पर शोधार्थी के लिए ये रचनाएँ बड़े महत्त्व की हैं। कवि की नवीनतम रचनाओं से भले ही इस बात का पता लगे कि उसने अपनी कला में कितना ऊँचा स्थान प्राप्त किया है, लेकिन यह उसकी पहली और प्रारम्भिक रचनाएँ ही बतायेंगी कि कवि ने कहाँ से चलकर और किन साधनाओं द्वारा वह उच्चता प्राप्त की है। फल का पूरा महत्त्व तभी समझा जा सकेगा, जब बीज के महत्त्व को समझ लिया जाये। 'डबलिन युनिवर्सिटी रिव्यू' से जो सामग्री मुझे मिली थी, उसके प्रकाश में मुझे अपने प्रारम्भिक अध्यायों को फिर से लिखना पड़ा।

ट्रिनिटी कॉलेज के पुस्तकालय में दो और अद्‌भुत वस्तुएँ देखने की याद मुझे बनी है, हालाँकि मेरे शोध-कार्य से उनका कोई सम्बन्ध नहीं था—एक थी—'बुक आफ केल्स' और दूसरी थी 'बार्कले की टेबिल'।

'बुक आफ केल्स' एक मज़बूत शीशे के केस में रखी बाइबिल की सचित्र प्राचीनतम पाण्डुलिपि है। कहते हैं, यह छठी शताब्दी में सेंट कोल्बा के केल्स स्थित मठ में सन्तों द्वारा तैयार की गयी थी। इसके चित्रों में रंग-रेखाओं की जो ज्यामिति कलाकारी दिखाई गयी है, उसके बारे में यही कहा जाता है—'न भूतो न भविष्यति'। इस पाण्डुलिपि की जिल्द सोने के मोटे पत्र से मढ़ी गयी थी, जिसमें बहुमूल्य हीरे-जवाहरात जड़े थे। दसवीं शताब्दी में मठ पर आक्रमण हुआ और यह बहुमूल्य पाण्डुलिपि हमलावरों के हाथ लगी, फिर इसे चोर उठा ले गये और उन्होंने इसके सोने के पत्र उधेड़े, उनके हीरे-जवाहरात उखाड़े। फिर यह कई अनाड़ी हाथों में पड़ती मध्ययुग में इंग्लैण्ड के राजा हेनरी अष्टम के पास पहुँची, 1661 में उसके बचे-खुचे 339 पन्ने डबलिन के ट्रिनिटी कॉलेज के अधिकार में आये और तब से आज तक उसी के पास हैं। इसके किसी पन्ने का चित्रांकन दूसरे पन्ने की तरह नहीं है। नियमपूर्वक इसका एक पन्ना प्रतिदिन उलटा जाता है और फिर शीशे का केस चौबीस घण्टों के लिए बन्द कर दिया जाता है। आयरनिवासी सैकड़ों की संख्या में प्रतिदिन इसे देखने जाते हैं और इसे अपनी सबसे पवित्र और सबसे मूल्यवान सम्पत्ति समझते हैं। बहुतों को आश्चर्य हो सकता है कि ईट्स ने 'बुक आफ केल्स' पर कुछ नहीं लिखा। सच्चाई तो यह है, कला के सामने कला उसकी प्रतिद्वन्द्विता में नहीं खड़ी होती। अजंता, एलोरा पर कविता की एलोरा, अजंता तक्षित चित्रित हुई? कोणार्क, ताजमहल पर काव्य का कोणार्क, ताजमहल खड़ा हुआ? कविता पर कविता क्या लिखी जायेगी! लिखी जायेगी तो उससे बहुत-बहुत फीकी होगी। 'बुक आफ केल्स' का हर पृष्ठ कविता है, कला है, साधना है, पूजा है, आत्मसमर्पण है—कलाकार सन्तों ने इस पर कहीं भी अपना नाम नहीं लिखा, पर इसके किसी पृष्ठ पर एक नाम लिखा है। किसका? क्वीन विक्टोरिया का। कहते हैं, जब क्वीन विक्टोरिया आयरलैण्ड की राजसी यात्रा पर आयी थीं, तब उन्होंने उस पर अपने हस्ताक्षर कर दिये थे। 'बुक आफ केल्स' का यह एकमात्र कलंक है—'केहि न

राजमद दीन्ह कलंकू'। हम अजंता, एलोरा के चित्रकारों-तक्षकों का नाम जानते हैं?

दार्शनिक बार्कले के नाम से सब पढ़े-लिखे लोग परिचित हैं। उनका दर्शन पाश्चात्य-दर्शन के इतिहास में प्रगति का एक प्रमुख सोपान है। उचित ही है कि उनकी स्मृति में उनकी टेबिल ट्रिनिटी कॉलेज में सुरक्षित रखी गयी है। (लगता है, प्रसिद्ध लेखकों की टेबिल को आयरवासी विशेष महत्त्व देते हैं, सेंट पेट्रिक हास्पिटल में डीन स्विफ्ट की टेबिल भी रखी है, जिस पर, कहा जाता है, स्विफ्ट ने अपनी प्रसिद्ध रचना 'गुलिवर्स ट्रैवेल्स' लिखी थी।) इसी टेबिल के सामने बैठकर, या खड़े होकर बार्कले ने अपना दर्शन लिखा होगा। मैंने उसका अध्ययन बी० ए० में किया था। 'खड़े होकर' शब्द से आप चौंके होंगे। यही तो इस टेबिल की विशेषता है। यह इस तरकीब से बनाई गयी है कि उसे इच्छानुसार ऊँचा या नीचा किया जा सकता है। मेरे गाइड ने बताया कि इस पर बिस्तर पर लेटे-लेटे भी लिखा जा सकता है। उसके ऊपर का पटरा भी इच्छानुसार विभिन्न कोणों पर झुकाया-उठाया जा सकता है।

केम्ब्रिज लौटने पर मुझे घण्टों कुर्सी पर बैठकर लिखना पड़ता था, जिससे मेरी कमर दुखने लगती थी। बार्कले-टेबिल से प्रेरणा लेकर मैंने एक टेबिल बनवाई, जिसके सामने खड़े होकर मैं देर तक काम कर सकता था। वह इच्छानुसार उठाई- गिराई, झुकाई-उठाई तो नहीं जा सकती थी। अब जब से मुझे स्पांडिलाइटिस की तकलीफ हुई है, डाक्टर गर्दन झुकाने को मना करते हैं, ज़्यादा तकलीफ होने पर गर्दन में पट्टा भी पहना देते हैं—पर लिखना तो गर्दन झुकाकर ही किया जा सकता है। बिना गर्दन झुकाये लिखना हो तो एक दूसरी तरकीब की जा सकती है, लिखने की टेबिल को सामने से झुकाया और पीछे से उठाया जाये। कहाँ तक तरह-तरह की टेबिलें बनवाता फिरूँ, रखने को जगह भी चाहिए। इन दिनों मुझे बार्कले की टेबिल बहुत याद आई है। काश, मुझे उसका डिजाइन मिल जाता तो मैं एक अपने लिए ज़रूर बनवाता। फिलहाल, लिखना ही बन्द करने की बात सोच रहा हूँ। क्षमा करेंगे, मुख्य प्रसंग से कुछ बाहर चला गया।

डबलिन में मैं अपने शोध के सम्बन्ध में जिन लोगों से मिला, उनमें से दो के नाम और लेना चाहूँगा, एक थे आरलैण्ड अशर और दूसरी थीं सालकेल्ड ब्लनेड।

अशर मेरी ही उम्र के होंगे, स्वतन्त्र लेखन करते थे, स्वस्थ, हट्टे-कट्टे, पता नहीं अपने सिर के बाल प्राय: मुँडा क्यों रखते थे! साल-भर पहले उनकी पुस्तक Three Great Irishmen (थ्री ग्रेट आयरिशमैन) लन्दन से प्रकाशित हुई थी—तीन बड़े आयरी जनों में उन्होंने ईट्स, बर्नार्ड शा और जेम्स ज्वायस को रखा था। मुझे देखकर कुछ आश्चर्य होता था, कुछ प्रसन्नता भी होती थी कि ईट्स के जिस पक्ष पर मैं काम कर रहा था उसमें बहुत लोगों की रुचि थी, शायद वे इसी कारण ईट्स के प्रति आकर्षित होते थे और कुछ दिन उस गोरखधंधे को सुलझाने में सिर खपा, प्राय: असफल हो, उनकी कविता के प्रेमी बनकर रह जाते थे। कुछ लोगों

को यह सन्देह होने लगा था कि ईट्स की यह प्रदर्शनकारी विचित्र अभिरुचि महज मज़ाक तो नहीं थी, जिससे वे लोगों को अपनी ओर खींचते थे। इसी को लेकर एक दिन अशर से मेरी लम्बी बातचीत हुई। अन्त में, हम इसी परिणाम पर पहुँचे कि आयरिश आदमी कब गम्भीरता में मज़ाकिया और कब मज़ाक में गम्भीर हो जायेगा, कोई नहीं कह सकता।

उन्होंने 'टैरट' कार्डों पर अपना एक अप्रकाशित लेख भी मुझे पढ़ने को दिया था। टैरट कार्डों की एक गड्डी ईट्स के सामान में भी थी। अशर का ख्याल था कि ईट्स ने अपने कुछ प्रतीक टैरट कार्ड से उठाये थे। यह अंशतः ठीक हो सकता है, पर प्रतीकों के चुनाव के विषय में हेन की राय मुझे अधिक ठीक लगती है। जब कोई प्रतीक ईट्स को आकर्षित करता था, तब वे साहित्य, चित्रकला, लोककथा, दंतकथा, पुरा इतिहास सबमें उसे पहचानने-परखने का प्रयत्न करते थे और जब वह कई सन्दर्भों में अपनी अर्थवत्ता सिद्ध करता था तभी उसे स्वीकार करते थे। हेन का ख्याल था कि समय-स्वीकृत प्रतीकों से ईट्स के अपने गढ़े प्रतीकों की संख्या कम-से-कम चौगुनी होगी। इनमें अर्थ-संकेतों की कितनी सम्भावना छिपी है, इसे तो आगे के प्रयोग बतायेंगे, अगर आगे के कवियों ने इन्हें स्वीकारा और इन्हें प्रयुक्त किया।

डबलिन में मैंने जिन लोगों से ईट्स के सम्बन्ध में बातें कीं, उनमें सबसे अधिक तत्त्व की बातें शायद ब्लनेड सालकेल्ड ने कहीं। जिस समय मैं उनसे मिला, उनकी उम्र लगभग सत्तर की होगी। ईट्स उस समय जीवित होते तो नब्बे के होते। वे ईट्स की पीढ़ी की कवयित्री थीं, ईट्स के यौवन की प्रेयसी माडगान की सहेलियों में, विशुद्ध आइरिश, आयरीजन की विनोद-व्यंग्य वृत्ति से पूर्णतया चेतन्त!

उन्होंने अपनी बातों से मुझे जितना हँसाया, उतना आयरलैण्ड में किसी ने न हँसाया होगा। वे अपने बेटे-बहू और दो सुन्दर पोतियों के परिवार में चौधरानी की तरह रहती थीं, जो कुछ उनके चारों ओर था, जैसे उससे पूर्णतया सन्तुष्ट-प्रसन्न। क्या आप विश्वास करेंगे कि इस बुढ़िया ने अपनी 65 वर्ष की अवस्था में अपनी पोतियों के साथ गैलिक सीखनी शुरू की थी और अब उसमें बखूबी बात कर सकती थीं!

उन्होंने ईट्स के सम्बन्ध में जो कहा, अब उसे मैं हिन्दी में आदरसूचक क्रिया के साथ न कहूँगा। शायद इससे ब्लनेड का मूड शब्दों में अधिक प्रतिबिम्बित हो सके। अंग्रेज़ी में आदरसूचक क्रिया है भी नहीं।

ईट्स की चर्चा चलने पर उन्होंने कहा, जैसे वे ईट्स के चरित्र का कोई सूत्र ही दे रही हों।

'वह व्यक्ति नहीं था, वह एक विरोधाभास था, जो उसके नामकरण के साथ ही शुरू हो गया था, विलियम बटलर ईट्स—विलियम=राजा; बटलर=कलवार...'

इतना कहकर वे ठठाकर हँसीं।

मैंने कहा, 'हमारे यहाँ एक कहावत है, कहाँ राजा भोज, कहाँ भोजवा तेली।'

बोलीं, 'ईट्स दोनों एकसाथ था, एक दिन वह लन्दन के हाउस आफ लार्ड्स

में भाषण दे सकता था और दूसरे दिन गालवे के मछुआरों से गप लड़ा सकता था।

‘शिक्षा उसने ली चित्रकारी की,
लिखता रहा वह कविता।
पैदा हुआ प्रोटेस्टेंटों के घर,
पूजता रहा कैथलिक सन्तों को।
प्रेम करता रहा माडगान से,
पतित्व निभाता रहा जार्ज से।
(जार्ज ईट्स की पत्नी का नाम था)
जवानी में बूढ़े होने की कल्पना करता था,
बुढ़ापे में जवान होने की।

‘सत्तर वर्ष की उम्र में यौन-शक्ति प्राप्त करने के लिए डा० वारनाफ से ऑपरेशन भी कराया था।’

(हमारे यहाँ इन्दौर के सेठ हुकुमचन्द ने भी कराया था।)[1]

और बीस मिनट तक वे ईट्स के जीवन के विरोधाभासों की गणना ही कराती गयीं।

अन्त में वे सहसा गम्भीर हो गयीं।—

‘ज़िन्दगी-भर उसका एक हिस्सा अपने ही दूसरे हिस्से से लड़ता रहा। उसका जीवन एक लम्बा तनाव था। वह बहुत दुखी आदमी था।...’

आरलैण्ड अशर ने ठीक ही कहा था कि पता नहीं कब आयरीजन मज़ाक करते-करते गम्भीर हो जायें।

यह बहुत बड़ा सत्य है कि ईट्स का जीवन तनावों का जीवन था। मैं यह भी मानता हूँ कि कुछ तनाव उनके जीवन में अपने आप आ गये थे, पर कुछ उनके स्वनिर्मित भी थे। किसी दर्जे पर, अपनी अनुभूति से या साहित्य और इतिहास के किसी उदाहरण से उन्हें यह स्पष्ट हो गया था कि ज़िन्दादिल तो तनावों में ही जीता है,

मुर्दादिल खाक जिया करते हैं।

ईट्स बड़े ही जीवट के आदमी होंगे कि प्रकृति-नियति के विहित तनावों के बावजूद उन्होंने कुछ और भी अपने पर आरोपित कर लिये थे। और मैं समझता हूँ कि मैं बहुत गलत नहीं हूँ, अगर मैं ऐसा कहूँ कि इन परस्पर विरोधी तनावों ने कभी-कभी एक-दूसरे के प्रभाव को नकारकर ईट्स को एक सन्तुलन की अनुभूति

---

1. सुना था, डा० वारनाफ यह ऑपरेशन करने के लिए एक लाख रुपये लेते थे। इसमें अण्डकोश की ग्रन्थि को बन्दर की ग्रन्थि से बदल दिया जाता था! इसकी ओर संकेत करने को व्यंग्य से डबलिन में ईट्स को Grand old man के बजाय Gland old man कहा जाता था।

भी कराई होगी, जिसे पहुँचे हुए योगी ही प्राप्त करते हैं—समत्वं योग उच्यते। अन्यथा उनसे ऐसी पंक्तियाँ न निकलतीं :

एक दृष्टि निरपेक्ष
डालता हूँ जीवन पर और मरण पर
औ' घोड़े को एड़ लगाता
विदा विधाता[1]—

ब्लनेड सालकेल्ड ने मुझे अपनी कविताओं का एक संग्रह दिया था—The Engine is left running[2] (दि एनजिन इज़ लेफ्ट् रनिंग)—नाम का। उसकी एक पंक्ति मुझे बहुत अच्छी लगी थी, जिसका उपयोग मैंने अपनी एक कविता में किया है—सार्त्र के नोबेल पुरस्कार ठुकरा देने पर'

आइरिश कवि की लिखी
यह पंक्ति
स्मृति में कौंध जाती—
The Kings are never more royal
Than when abdicating.
राजसी लगता अधिकतम
जबकि राजा
राजसिंहासन स्वयं ही त्याग देता।

कुछ लोगों ने समझा था कि ये पंक्तियाँ ईट्स की हैं। इन पंक्तियों का सत्य भारत-भूमि पर जितनी बार मूर्तिमान हुआ है, उतनी बार संसार में शायद और कहीं नहीं।

डबलिन में जिन लोगों से मिलने के लिए हेन ने मुझे पत्र दिये थे, वे सभी ईट्स के प्रेमी और प्रशंसक नहीं थे, कुछ उनके कटु आलोचक और निन्दक भी थे। कभी-कभी मैं सोचता था कि हेन ने क्यों चाहा होगा कि मैं उनसे मिलूँ, पर कभी-कभी निन्दक कुछ ऐसे सत्य प्रकट करते हैं जो प्रशंसक दबा जाते हैं। कबीर ने निन्दक को नेड़े रखने की सलाह शायद इसीसे दी होगी। ईट्स के पथ में आयरलैण्ड ने सदा फूल ही नहीं बिछाये थे, उनका विरोध भी किया गया था। वे आस्था से प्रोटेस्टेन्ट नहीं थे, पर प्रोटेस्टेन्ट परिवार में जन्मे तो थे। आयरलैण्ड का राष्ट्रीय आन्दोलन मुख्यतया कैथलिक आन्दोलन था। कभी-कभी, इसी कारण ईट्स के राष्ट्रप्रेम को भी सन्देह की दृष्टि से देखा गया था। उनके कतिपय नाटकों को धर्मविरोधी अथवा राष्ट्रविरोधी घोषित किया गया था, और जब वे खेले गये थे, तब उन पर धरना भी लगा था। नयी पीढ़ी के लोग अतार्किकता के प्रति उनके

1. उनके Epitaph (एपीटाफ—मृत्युलेख) का मेरा अनुवाद।
2. The Gayfield Press, 1937, Dublin

झुकाव को नापसन्द ही नहीं करते थे, उसे घृणा की दृष्टि से देखते थे। ऐसे लोगों में स्वयं ईट्स के सुपुत्र थे। उनका ख्याल था कि आयरलैण्ड के एक ऐसे विश्वविख्यात व्यक्ति का ऐसी तर्कहीन, दकियानूसी बातों में रुचि लेना आयरलैण्ड की मनीषा को लांछित करने के साथ, उसकी बौद्धिकता को निम्नस्तरीय सिद्ध करता है। जब उन्हें मालूम हुआ कि मैं ईट्स की 'ओकल्टिज़्म' पर शोध कर रहा हूँ, तब उन्होंने मुझसे मिलने से ही इनकार कर दिया—'आपको मुझसे कोई सहायता नहीं मिलेगी, मुझसे मिलकर आप अपना समय ही नष्ट करेंगे।' वे तो शायद समझते होंगे कि इस विषय में उलझकर मैंने अपने जीवन के दो-ढाई वर्ष नष्ट ही किये। आज चौबीस वर्षों बाद भी मैं अपने उन दो-ढाई वर्षों को अपने जीवन के सबसे अधिक सार्थक वर्षों में गिनता हूँ, अन्यथा उनकी स्मृति को संजोए रखने और उन्हें इस लेखन के द्वारा एक बार फिर, शायद अधिक सघनता से, जीने के अर्थ क्या हैं!

डबलिन में रहते हुए मैं छह दिन काम करता, लोगों से मिलता-जुलता और सातवें दिन, यानी रविवार को सरकारी टूरिस्ट बसों से दिन-भर के लिए आयरलैण्ड के विभिन्न भागों की यात्रा के लिए चला जाता।

आयरलैण्ड के कितने पहाड़, नदी, झील, झरने, वन, उद्यान, ऐतिहासिक इमारतें, पुराने गढ़, गिरजे, खण्डरात, अनगढ़ पत्थरों से बनी गोली ऊँची कुकुरमुत्ता-शक्ली मीनार, शिला-सलीब, बारीक से भद्दे नक्काशियों तक के, और बलुहे, पथरीले, कँकरीले, गहरे, छिछले समुद्र-तट मेरी आँखों के सामने घूम गये हैं, कानों में गूँजने लगी हैं गाइडों द्वारा बतायी हर स्थान से जुड़ी कहानियाँ, दंतकथाएँ, अन्धविश्वास, झूठे-सच्चे इतिहास। अगर मैं सबका वर्णन करूँ तो यह आत्मकथा नहीं, आयरलैण्ड की गाइड-बुक हो जायेगी। प्रकृति और मानव के विभिन्न रूप भी, केवल मेरी गहरी भावनाओं की छाया में सजीव हो पाते हैं और गहरी भावनाओं में आदमी ज़्यादा देर नहीं ठहर सकता। कभी किसी गहरी भावना में डूबे हुए मेरे मुँह से कविता फूटती है, इन क्षणों की उपेक्षा न कर सकूँ तो आप मेरे कवि को क्षमा करेंगे। इन सारी यात्राओं में एक समुद्र-तट भुलाये नहीं भूलता।

सूर्यास्त हो गया है, पर सन्ध्या के नारंगी रंग के बादलों से अभी समुद्री क्षितिज आलोकित है, पीछे निचली बंजर पहाड़ी पर एक छोटा-सा पत्थर का कॉटेज है, खस्ता हालत में, शायद बहुत दिनों से इसमें कोई रहता नहीं, कौन आया होगा कभी एकाकी इस सुनसान में रहने को! पहाड़ी की तराई से लगी सड़क पर आकर हमारी टूरिस्ट बस रुकी और सब लोग उतरकर सहसा चुप क्यों खड़े हैं! यहाँ का उदास सौन्दर्य चुप-निश्चल होकर ही देखा जा सकता है।

सिन्धु का छिछला-छिछला तीर,
अकंपित, नीर मुकुर-सा नीर।
यहाँ लगता है कोई छोड़
गया है मन की गहरी पीर।

यह कविता मैंने किसी संग्रह में नहीं दी। हाँ, यह पूरी कविता है, पर इसी समुद्र-तट पर सुनने, सुनाने को।

आयरलैण्ड में मैं बहुत देर ठहर गया। अब बस दो कुछ लम्बी यात्राएँ करके मैं केम्ब्रिज लौट जाऊँ—एक डबलिन से स्लाइगो तक की, आयरलैण्ड के उत्तर आर-पार, पूर्व से धुर पश्चिमोत्तर; दूसरी डबलिन से किलानी तक की, आयरलैण्ड के दक्षिण आर-पार, पूर्व से धुर पश्चिम-दक्षिण। थीसिस तैयार करने के लिए अब सिर्फ छह महीने हाथ में हैं।

हेन ने मुझसे बार-बार आग्रह किया था कि जब मैं आयरलैण्ड जाऊँ तो तीन-चार दिन स्लाइगो में ज़रूर बिताऊँ, और वहाँ से कुछ मील पर ड्रमक्लिफ भी जाऊँ, जहाँ बेन बुलबेन पहाड़ी के चरणों में ईट्स अनन्त निद्रा में सोये हैं।

'वहाँ जाकर तुम कुछ देर क़ब्र के सामने खड़े होना। तुम ईट्स की मिट्टी के इससे अधिक निकट न आ सकोगे।'

हेन ने स्लाइगो के एक वयोवृद्ध सज्जन बर्टी ऐन्डरसन से भी मिलने को कहा था, जो ईट्स को भली-भाँति जानते थे और उनके पारिवारिक मित्र थे। 'तुम उन्हें स्लाइगो में सबसे अधिक रोचक व्यक्ति पाओगे।'

स्लाइगो मैं ट्रेन से गया, बस से भी जा सकता था, लगभग डेढ़ सौ मील की दूरी पर है डबलिन से, कोई चार घण्टे लगे होंगे सफर में। आयरलैण्ड में चाहे आप बस से यात्रा करें, चाहे रेल से, दोनों ओर आपको घनी हरियाली ही दिखाई देगी, और थोड़ी-थोड़ी दूर पर पानी के लम्बे-चौड़े फैलाव, हरे-भरे खेतों के बीच पन्द्रह-बीस घरों के छोटे-छोटे गाँव, और कहीं-कहीं पुराने या नये गिरजे आसमान में अपना सिर उठाये हुए, किसी नज़दीक के गाँव से गुज़र रहे हों तो मोटे-टाँठे गधों पर सामान लादे किसान या बिना ज़ीन-रकाब ऊँचे घोड़ों की नंगी पीठों पर सिर्फ लगाम के सहारे घोड़े भगाते लड़के, लड़कियाँ भी। नवयुवती माडगान ऐसे ही घोड़े पर चढ़कर जब पहले-पहल डबलिन आयी थी, तब ईट्स उसे देखते ही अपना दिल खो बैठे थे।

ट्रेन में ज़्यादा भीड़ नहीं, स्टेशन पर कोई चालीस-पचास आदमी उतरे होंगे, इससे ज़्यादा लोग तो हमारे छोटे-छोटे गाँवों के स्टेशनों पर उतरते-चढ़ते हैं। स्लाइगो टर्मिनस है, वहाँ जाते हैं या तो सैलानी या मछली के व्यापार से सम्बद्ध लोग। स्लाइगो के समुद्री तटों पर जो मछलियाँ मिलती हैं, उनकी आयरलैण्ड भर में माँग है, स्टेशन की मत्स्य-गन्ध ही यह बता देती है। ईट्स ने यहाँ के मछली-मछुआरों को अपनी कविता में कितना उठाया है, यहाँ तक कि कवि को भी मछली के रूप में देखा है—

Shakespearean fish swam the sea far away from land;
Romantic fish swam in nets coming to the hand;
What are all those fish that lie gasping on the strand!
(शेक्सपियरी मछली तट से दूर समुद्र में तैरी;

रूमानी मछली तट के इतने निकट तैरी कि जाल में आ फँसी;
ये कैसी मछलियाँ हैं जो तट पर पड़ी तड़फड़ा रही हैं!)

अंग्रेज़ी के आधुनिक कवियों को तीसरी पंक्ति की कटिया अपने मुँह में पाकर नाराज़ न होना चाहिए। हिन्दी के आधुनिक कवि, 'अब के कवि खद्योत सम जहँ-तहँ करहिं प्रकास' की कटूक्ति बहुत पहले से सहते आये हैं। खैर, खूबी कवि को गिराने में नहीं, मछली को उठाने में थी, पर यहाँ कम-से-कम हमें लज्जित होने की ज़रूरत नहीं, हम भगवान् को भी मछली के रूप में देख चुके हैं।

डबलिन से स्लाइगो आकर मैंने ऐसा ही अनुभव किया जैसे लन्दन से केम्ब्रिज आकर किया था—कुल जमा आबादी यहाँ की 14,000 और गिनती की तीन ऊँची इमारतें—यानी स्लाइगो टाउन हॉल, स्लाइगो एबी और स्लाइगो कैथीड्रल—के साये में सारा शहर या कस्बा।

ठहरा मैं लेक आइल गेस्ट हाउस में जो स्टीफेन स्ट्रीट और माल रोड के नुक्कड़ पर था, सस्ती और सुविधाजनक जगह। श्रीमती ईट्स यहीं ठहरती थीं। उन्होंने मुझे बताया था, वे हर वर्ष ईट्स के मृत्यु-दिवस पर ड्रमक्लिफ जाती हैं और उनकी समाधि पर माल्यार्पण करती हैं। हम लोग जन्म-जयन्ती मनाते हैं, पाश्चात्य मृत्यु-दिवस। उनका कहना है कि जन्म से जो जीवन आरम्भ होता है, वह मृत्यु पर समाप्त हो जाता है, पर मृत्यु से जो जीवन आरम्भ होता है, वह अनन्त होता है। अपना-अपना दृष्टिकोण।

जिस दिन पहुँचा, व्यवस्थित होते-होते शाम हो गयी। दूसरे दिन सवेरे गेस्ट हाउस में पूछने पर पता लगा कि यहाँ गाइड तो बस जब-तब टूरिस्ट बसों के साथ आते हैं, जो डबलिन से आती है, लेकिन यहाँ का हर आदमी गाइड है। आप किसी से पूछें, निराश नहीं होंगे।

बर्टी ऐण्डरसन को यहाँ कौन नहीं जानता?—'That old man young or young man old' (जिसे बूढ़ा-जवान भी कहा जा सकता है और जवान-बूढ़ा भी) शहर से कुछ दूरी पर रहते थे। मौसम सुहाना था, पैदल ही चलकर उनके घर पहुँच गया। गाल्फ खेलकर लौटे थे, प्लसफोर में, कद से मँझोले, शरीर से कुछ स्थूल, पर हर अंग अनुशासन में, जैसे कभी फौज में रहे हों और बदन तब की कवायद-कमाई अब तक खा रहा हो।

मैं अप्रत्याशित नहीं पहुँच गया था।

हेन का पत्र उन्हें मेरे बारे में मिल चुका था।

काउण्टी स्लाइगो का चप्पा-चप्पा उनका जाना-पहचाना, वहाँ के कितने परिवारों का इतिहास उनकी आँखों के आगे घटित, उनकी स्मृति में टंकित। उनकी ज़बान का घोड़ा जो छूटा तो भूसे-दाने की आवश्यकता पड़ने पर ही रुका, यानी लंच टाइम पर।

'स्लाइगो बहुत बड़ी जगह नहीं है, पर बहुत खूबसूरत, कार्लाइल तक ने इसकी तारीफ की है (जैसे कार्लाइल बड़ी मुश्किल से किसी जगह की तारीफ करते हों) उनकी 'फ्रेंच रेवोल्यूशन' तो आपने पढ़ी होगी? यहाँ आपका स्वागत।

यहाँ बहुत-से अमरीकन आते हैं The Lake Isle of Innisfree (दि लेक आइल आफ इनिसफ्री) देखने। लूगिल झील में है। यहाँ से दक्षिण बस दो मील पर। एक मील और आगे 'डूनी राक' है। ईट्स की एक कविता है The Fiddler of Doony (दि फिड्लर आफ डूनी)। कविता इसी राक से सम्बद्ध है। वह भी देखने की चीज़ है। आप तो अभी जवान हैं, पैदल जायें। मैं अस्सी का हूँ, फिर भी दस मील रोज़ चलता हूँ। कई द्वीप हैं, किसी-किसी पर पुराने गिरजों के खण्डरात हैं, पहले वहाँ किश्तियाँ जाती थीं, अब तो मोटरबोट मिलती है। किसी ज़माने में लूगिल पर रईसों की अपनी-अपनी किश्तियाँ होती थीं, हेन के पिता की किश्ती पर हम लोग कितनी बार लूगिल पर घूमे हैं। ईट्स किसी द्वीप के खण्डहर में अपने नये धर्म (cult) का मन्दिर स्थापित करना चाहते थे, ऊँचे ख्वाबों के आदमी थे। इस जगह को अमर कर गये। नहीं कौन इसे जानता! यहाँ से उत्तर पाँच मील पर ड्रमक्लिफ़ है। ईट्स ने वसीयत की थी कि उन्हें इसी जगह पर दफनाया जाये। वे यहाँ की मिट्टी को कितना प्यार करते थे, इसकी हर जगह, हर चीज़ को उन्होंने अपनी कविता में स्थान दिया। आप ड्रमक्लिफ ज़रूर जाइये। सुबह एक बस जाती है, एक शाम को। ईट्स के नाना वहाँ के गिरजे के पादरी थे। हेन के दादा की यहाँ बड़ी जायदाद थी, सेब के खुशनुमा आर्चर्ड थे, पता नहीं वे सब कुछ बेच-बाचकर इंग्लैण्ड क्यों जा बसे? उनका लड़का आजकल कहाँ है? वह एक बार इधर आया था, कहता था, वह फिर यहीं आकर घर बसायेगा। मिट्टी-मिट्टी को खींचती है। आपको समुद्री किनारों से प्रेम है? स्लाइगो के कई समुद्री किनारे बहुत सुन्दर हैं। रासेज़ प्वाइन्ट तो नजदीक ही है, यहाँ से पच्छिम पाँच मील पर, दिन में कई बसें वहाँ जाती हैं। वहाँ स्लाइगो का सबसे अच्छा गाल्फ टर्फ है, मैं रोज़ वहाँ तक पैदल जाकर गाल्फ खेलता हूँ, मौसम अच्छा हुआ तो पैदल ही लौटता हूँ। खेल के दौरान जो चलता हूँ, वह अलग। रासेज़ प्वाइन्ट पर ईट्स के नाम पर 'ईट्स कन्ट्री होटल' है। शनिवार को गाल्फ खेलने के बाद मैं स्लाइगो नहीं लौटता। 'ईट्स कन्ट्री होटल' में ठहर जाता हूँ, इतवार को वहीं रहता हूँ। सोमवार को गाल्फ खेलकर स्लाइगो आता हूँ। हर वीकएण्ड के लिए मेरे नाम वहाँ एक कमरा सुरक्षित रहता है। ईट्स का छोटा भाई चित्रकार था। उसने रासेज़ प्वाइन्ट की एक पेंटिंग की थी। असली कापी 'ईट्स कन्ट्री होटल' में अब भी लगी है। स्लाइगो और उसके आसपास को हम लोग ईट्स कन्ट्री कहते हैं। आप कितने दिन यहाँ हैं? 'ईट्स कन्ट्री' को जितना देख सकिये, देख लीजिये। पैदल घूमकर देखिये तो सबसे अच्छा। ईट्स न जाने यहाँ कितना पैदल घूमे होंगे। पैदल चलकर देखना किसी नयी जगह को देखने का सबसे अच्छा तरीका है। चलते-चलते इस भूमि की सुगन्ध लें। यहाँ के जलाशयों की लहरियों को कलकल-छल-छल, यहाँ के पशु-पक्षियों का स्वर सुनें। यहाँ के पेड़-पौधों की रंगीनी देखें। फिर कभी आप ईट्स की कविताएँ पढ़ेंगे तो आपको पता लगेगा कि इसकी कितनी चेतना अपने मन में बसाकर ईट्स ने अपनी कलम चलाई है। ईट्स प्रकृति के कवि नहीं हैं, जैसे वर्ड्सवर्थ थे, पर प्रकृति का संस्पर्श वे कभी भूलते नहीं। वे सस्ते मानों में राष्ट्रकवि भी नहीं हैं। पर

राष्ट्र की मिट्टी, पानी, हवा उनकी कविता की पृष्ठभूमि में सदा अपनी उपस्थिति का आभास देती है।'...

बीच-बीच में ऐन्डरसन की एकाध बातों का जवाब देने के अतिरिक्त वे जो कहते रहे, मैं उसकी हुँकारी भरता रहा। लौटा तो लगा निर्जीव पृष्ठों पर ईट्स की आलोचना पढ़ने से यह कितना भिन्न अनुभव था! किसी कवि का सच्चा महत्त्व समालोचना-ग्रन्थों में नहीं लिखा जाता, वह अंकित किया जाता है—उसके प्रेमियों के हृदयपटल पर।...

अपराह्न में मैं पैदल जाकर लूगिल के तटीय वन-पर्वती सौन्दर्य को उसके नील जल-दर्पण में प्रतिबिम्बित देख आया। किनारे की सड़क के एक कोने से इनिसफ्री का द्वीप भी दिखाई देता है। ईट्स का वह छोटा-सा गीत बहुत लोकप्रिय हुआ। सीधी-सादी अभिव्यक्ति है, भावनाओं की कोई गहराई नहीं, कल्पना की कोई उड़ान नहीं। सादगी को भी ईट्स ने उद्बोधक कैसे बनाया है! गीत को शुरू करते हैं बाइबिल की शब्दावली से—I will arise and go to my father—St. Luke (आई विल एराइज एण्ड गो टू माई फादर—मैं यहाँ से उठूँगा और अपने पिता के पास चला जाऊँगा—सेंट लूक), जो अपने ध्वनि संस्कार से हमें भौतिक संसार से ऊपर उठा देती है, फिर तो ईट्स हमें अध्यात्म की दुनिया में न ले जाकर, रूमान की दुनिया में ले जाते हैं और हम कोई एतराज नहीं कर पाते।

कुछ दूर और आगे बढ़कर 'डूनी राक' भी देख आया। राक की छाया में नीची छतों के थोड़े-से घरों की बस्ती। लगता है, किसी घर से निकलकर डूनी का फिडलर अभी अपनी फिडिल बजाने लगेगा और फिर यहाँ से लौटना असम्भव होगा। उसके आने के पहले ही यहाँ से चल देना चाहिए।

> When I play on my fiddle in Doony
> Folk dance like the wave of the sea.
> (जब डूनी में बजता मेरा इकतारा
> तब डूनी के लोग नाचते हैं ऐसे
> जैसे लहरें नाच रही हों सागर पर।)

अपने मुरलीधर का ही कोई विदेशी संस्करण है।

> 'नाद सुनि बनिता विमोहीं घर बिसारे चीर
> मुरली अधर सजी बलबीर।'

शाम को बस से रासेज़ प्वाइन्ट गया। कितने लोग, कितने जोड़े, कितने अकेले। पर वे रासेज़ प्वाइन्ट के फैलाव को भर नहीं पाते। फैलाव—जैसे किसी की प्रतीक्षा में पलक पाँवड़े बिछाये पड़ा है, अभी आये हैं, वही नहीं आया,

> 'आवन कह गये, अजहूँ न आये दिवस रहे अब थोरी'

मीरा, तुम्हारा स्वर कहाँ-कहाँ प्रध्वनित होता है।

दूसरे दिन सबेरे-सबेरे ड्रमक्लिफ गया, पैदल, साथ कुछ फूल ले गया था, मेरे लिए तीर्थयात्रा ही थी—रास्ते में बर्टी ऐंडरसन के आदेशानुसार ईट्स-प्रदेश के सौन्दर्य को आँखों से पीता।

ड्रमक्लिफ में सड़क के एक ओर पत्थर की गोल मीनार है, ऊपर से खण्डित; इस तरह की गोल मीनारें आयरलैण्ड में सब जगह हैं, स्लाइगो काउंटी में यह एकमात्र। बताते हैं, पुराने ज़माने में इन मीनारों का उपयोग हमलावरों पर निगहबानी रखने के लिए किया जाता था। एक के बाद एक उत्तरी योरोप की चार-पाँच जातियों ने आयरलैण्ड पर हमले किये। केवल रोमन वहाँ नहीं पहुँचे, जिनसे योरोप का कोई प्रदेश नहीं बच सका था। इतिहासवेत्ताओं का कहना है कि केवल इस एक बात ने आयरलैण्ड की सभ्यता और संस्कृति को एक विशिष्टता दे दी है। खण्डित मीनार के पास ही पत्थर का बड़ा-सा सलीब खड़ा है—बारीक नक्काशी की गयी है उसके ऊपर। आयरलैण्ड के शिलासलीबों की एक विशेषता है, इनके ऊपरी हिस्से को एक चक्र से घेरा गया है। ऐसा क्यों किया गया होगा, इसका रहस्य अभी तक नहीं खुला। ईट्स को तो अपने लम्बे-गोल प्रतीकों को साथ रखने के औचित्य का एक साक्ष्य इन सलीबों में भी मिला होगा—तीर के साथ साँप, बाज़ के साथ तितली, दर्शन के साथ काव्य। एक अनुमान है, ईसाईयत के साथ लोकविश्वास को मान्यता देने का संकेत तो इन सलीबों से नहीं किया गया? ईट्स को निश्चय ऐसी कल्पना सन्तोषप्रद लगती।

सड़क के दूसरी ओर ड्रमक्लिफ गिरजा है—सामने कुछ दूरी पर कब्रों का सिलसिला है। ईट्स की कब्र को कोई विशिष्टता नहीं दी गयी। कई कब्रों पर भटकने के बाद उनकी कब्र पर पहुँचा। कोई ऊँचाई भी उसे नहीं दी गयी, भूमि से समतल, शरीर की लम्बाई-चौड़ाई की ज़मीन पक्की ईंटों से घेर दी गयी है, बीच की ज़मीन कच्ची है, सिर की ओर तीन फीट ऊँचे पत्थर पर ईट्स की पंक्तियाँ, जिनकी चर्चा पहले कर चुका हूँ, उनका नाम, जन्म और निधन तिथि। घेरे के अन्दर की कच्ची ज़मीन पर उन दिनों कम ऊँचाई के लाल फूलों के पौधे उग रहे थे—

उमर खयाम की रुबाइयों के अपने अनुवाद का एक पद याद आता है :

वही होते अति लाल गुलाब
जड़ें जिनकी कर पातीं पान
गड़े अवनी पतियों का खून
देख यह आता मुझको ध्यान—
हाय, वन की हार, सुम्बुल बेलि
रही जो हिल-खिल आज समोद,
किसी सुमुखी की कुंतल राशि
पड़ी जो गिर उपवन की गोद।

फूल जो मैं लाया था, पाँवों की ओर रख दिये। ये फूल तो मुर्झा जायेंगे, पर मेरी श्रद्धा ताज़ी रहेगी। दूर बेन बुलबेन पहाड़ी पर नज़र जाती है—ईट्स का यश इन्हीं

चट्टानों के समान अटल है।

ईट्स की समाधि के सामने खड़े होकर एक प्रार्थना करता हूँ—

तुम पर कुछ कहने जा रहा हूँ,
तुम को सही प्रस्तुत करूँ;
तुम को गलत न प्रस्तुत करूँ।

मुझे न और कुछ करना था, न और किसी से मिलना था। स्लाइगो की ओर जाने वाली बस आने में बहुत देर थी। पैदल ही वापस चल पड़ा। रास्ते में उधर जाती एक मोटर दिखी। मैंने अँगूठा दिखाया—यह संकेत है कि अगर मोटर में जगह हो तो मुझे भी बिठा लो। मोटर में दो नवयुवक जा रहे थे। उन्होंने मुझे बिठा लिया और लेक आइल गेस्ट हाउस पर छोड़ गये।

डबलिन के लिए गाड़ी सवेरे मिलती थी। एक दिन वहाँ और गुज़ारना था। बर्टी ऐन्डरसन के ही पास कुछ वक्त काट सकता था। शनिवार था, आशा नहीं थी कि वे रासेज़ प्वाइंट से आज स्लाइगो लौटे होंगे। शाम को फोन किया। घर पर ही थे, मुझे बुला लिया, 'मुझे मालूम था, आज आप मुझसे मिलना चाहेंगे, इसीलिए मैं रासेज़ प्वाइंट में नहीं रुका।'

वे इस बात से बड़े खुश हुए कि ड्रमक्लिफ तक मैं पैदल गया था। उन्होंने मुझे चाय पिलाई और देर शाम तक बातें करते रहे। ऐन्डरसन अपने छोटे भाई के साथ रहते थे, विधुर थे, सन्तान कोई न थी। छोटे भाई एक्सपोर्ट-इम्पोर्ट के व्यापार में थे। ऐन्डरसन भी उनका कुछ हाथ बँटाते थे। ट्रिनिटी के पुराने छात्र थे। किसी समय थियोसोफिकल आन्दोलन से सक्रिय रूप में सम्बद्ध थे। थियोसोफी की ओर प्रोटेस्टेंट नवयुवकों के झुकाव का उन्होंने एक नया कारण बताया। राष्ट्रीय आन्दोलन कैथलिक आन्दोलन था, प्रोटेस्टेंट अंग्रेज़ी सरकार के खिलाफ। जो प्रोटेस्टेंट राष्ट्रीय आन्दोलन के साथ थे, उन्हें सन्देह की दृष्टि से देखा जाता था। उन्होंने प्रोटेस्टेंटिज़्म को भी तिलांजलि दे दी, थियोसोफिस्ट हो गये। प्रोटेस्टेंटों ने एक दूसरी तरह राष्ट्रीय आन्दोलन को सहायता पहुँचाने की सोची—आयरलैण्ड का सांस्कृतिक पुनर्जागरण लाकर। डा० हाइड इन लोगों के नेता थे। ईट्स, लेडी ग्रिगोरी, सिंज, जार्ज रसेल—सब उन्हीं से प्रेरणा लेकर साहित्यिक और सांस्कृतिक आन्दोलन में कूदे।

ऐन्डरसन ने मुझे अपने परिवार का पुराना अलबम दिखाया। उसमें ईट्स के भी कई चित्र थे। ईट्स किसी भी कम्पनी में कवि ही लगते। माडगान के यौवन की एक बहुत ही सुन्दर तस्वीर थी। सम्भव है, बर्टी ने भी अपने यौवन में उस पर तबीयत फेंकी हो। कहते थे, 'माडगान की आँख बड़ी पैनी थी। उसने ताड़ लिया था कि लेडी ग्रिगोरी भी ईट्स को प्रेम करती थी और वे भी उससे किसी रूप में सम्बद्ध थे, बस उसने ईट्स से शादी करने से इनकार कर दिया।'

जार्ज की उन्होंने बड़ी तारीफ की—'वह लाखों में एक स्त्री है। वह जानती थी कि ईट्स माडगान को नहीं भूले, लेडी ग्रिगोरी से उनका कोई सम्बन्ध है, फिर

भी उसने ईट्स के साथ अपना वैवाहिक जीवन गरिमा के साथ बिताया। ईट्स तो अपनी वृद्धावस्था में भी एक नवयुवती के प्रेम में थे—डोरोथी के; जार्ज यह जानती थी, पर उसने इसे कभी पारिवारिक कलह का कारण नहीं बनाया।'

बर्टी सचमुच बड़े आशावादी थे। ईट्स जन्मशती आने को अभी बारह वर्ष थे, पर वे तभी से उनकी शती-जयन्ती स्लाइगो में मनाने का सपना देख रहे थे। वे बड़े गर्व से कहते थे, 'ईट्स ने अपनी अस्थियाँ हमें सौंपी हैं तो हम भी उनकी कीर्ति की रक्षा करने का दायित्व निभाएँगे।'

मुझे खबर मिली थी कि ईट्स की जन्मशती स्लाइगो में मनाई गयी थी और मि० हेन प्रमुख वक्ता के रूप में वहाँ गये थे, पर बर्टी ऐन्डरसन तब मौजूद थे या नहीं, मैं नहीं कह सकता। न रहे होंगे तो भी, मुझे विश्वास है, वे जन्मशती मनाने की सारी तैयारी कराके गये होंगे। रहे हों तो आश्चर्य नहीं, तब वे 92 वर्ष के होंगे। मेरे एक चाचा, मेरी बुआ दादी के पुत्र, 97 वर्ष की अवस्था में भगवान् की दया से अभी मौजूद हैं—बाबू हरनारायण लाल—अकोढ़िया, रायबरेली में। अभी तक अपने हाथ से मुझे पत्र लिखते हैं। चार वर्ष पहले उन्होंने मुझे लिखा था, 'सुना है कि तुम्हारा लड़का अमिताभ फिल्म अभिनेता हो गया है, मैं कभी लखनऊ जाकर उसकी फिल्म देखूँगा।' ये पुराने लोग जीवन से अपने को कितना जुड़ा रखते हैं, तभी शायद वे बहुत दिन जीते भी हैं।

डबलिन लौटकर केम्ब्रिज जाने के पहले मुझे सिर्फ दो काम करने थे, एक किलार्नी देख आना; दूसरे श्रीमती ईट्स और डबलिन के मित्रों को भोज देना। जब से वहाँ पहुँचा था, हर एक ने मुझे लंच या डिनर पर बुलाया था—लौटने के पहले मुझे भी एक दिन सबको खाने पर बुलाना था—'मित्र के जेंयिये तो आप हू जेंवायिये।'

किलार्नी के प्राकृतिक सौन्दर्य का वर्णन हर आयरी ने मुझसे इस तरह किया था जैसे वह वहाँ का कश्मीर हो। और हर एक का आग्रह था कि उसे देखे बगैर मैं इंग्लैण्ड न लौटूँ।

मैंने टूरिस्ट ट्रेन से जाने के लिए टिकट ले लिया; साथ चलने को नैनसी तैयार हो गयी, मेरी ही डिग में रहती थी, किसी पास के कस्बे की लड़की, शहर की किसी लाइब्रेरी में काम करती थी। मैंने सोचा, चलो साथ रहेगा। प्रकृति का सौन्दर्य घूरते अकेले बौंड़ियाते फिरने में मुझे विशेष रस नहीं।

टूरिस्ट ट्रेन सुबह-सुबह डबलिन से चली थी—सीटें हर यात्री के लिए अलग, कुशादह, आरामदेह। रास्ते में जिस प्रदेश से हम गुज़र रहे होते उस पर कमेन्ट्री होती चलती थी, कमेन्ट्री एक डिब्बे से होती पर लाउडस्पीकरों से हर डिब्बे में साफ सुनाई पड़ती। कुछ जगहें केवल ट्रेन से देखने की होतीं, ट्रेन यथावश्यकता रोक दी जाती या धीमी कर दी जाती। कुछ जगहें ट्रेन से उतरकर देखने की होतीं। ट्रेन रुकती, मुसाफिर उतरते, जगह लाइन से करीब होती तो हम वहाँ तक पैदल जाते-आते, दूर होती तो टूरिस्ट विभाग की बसें खड़ी मिलतीं।

सबको जगह दिखला, फिर ट्रेन पर छोड़ जातीं। इतने गढ़, गिरजों, खण्डरातों की कथा-व्यथा कौन याद रखे। नज़र से हटे, ध्यान से हटे, आगे जाने वालों के लिए कौतूहल।

पैक लंच ट्रेन में मिल गया था।

अपराह्न में हम किलार्नी पहुँच गये।

कश्मीर पहली बार मैं पठानकोट से जम्मू, जम्मू से श्रीनगर बस से गया था। मुझे याद है, पीर पंजाल की सीढ़ीदार सड़कों को पार कर जब आख़िरी टनल में होकर हमारी बस बाहर निकली थी तो कश्मीर घाटी का अफाट सौन्दर्य सहसा हमारी आँखों के सामने फट पड़ा था। किलार्नी देखकर मुझे कुछ ऐसी ही अनुभूति हुई। कुछ क्यों? पूरी क्यों नहीं? इसलिए कि किलार्नी के नेत्रों के समक्ष आने के साथ वह अचानकता का तत्त्व न था जो कश्मीर में था। किलार्नी के निकट पहुँचते रास्ते की मनोज्ञता से जैसे हम उसकी मनोरमता के लिए तैयार होते गये थे।

पहाड़ियाँ, नदी, झील, झरना, बन, उद्यान, नहरें, पुराने खण्डर, नये निर्माण, इतिहास, विज्ञान, प्रकृति, मानवी कौशल—सबका कैसा यथास्थान समायोजन, सम्मिलन यहाँ किया गया था!

इस सारे सौन्दर्य को हमने बस से देखा था, बोट से देखा था, घोड़े की पीठ से, और 'ऊँटाँगे' से। 'ऊँटाँगा' आपने नहीं समझा होगा। आयरलैण्ड में एक तरह का टाँगा होता है जो ऊँट जितना ऊँचा होता है, इसको 'जांटिंग कार' कहते हैं। इसको 'ऊँटाँगा' नाम मैंने दिया है। इसके पुश्तैनी पेशेवर हाँकने वाले अपनी व्यंग्य-विनोदी बतकही के लिए भी विख्यात हैं।

किलार्नी में आँखों को ही नहीं खुला रहना होता, कानों को भी। कितनी तरह की ध्वनियाँ आपको सुनाई पड़ती हैं, पशु-पक्षियों की, नदी-झरनों की, तरह-तरह के वृक्षों से गुज़रती हवाओं की और चट्टानों की। आश्चर्य न करें, किलार्नी की चट्टानें बोलती हैं। पोनीमैन—घोड़ों की रास पकड़कर चलने वाले—तरह-तरह के बिगुल और गाँवों में बनी सिंगी या हार्न रखते हैं। जब वे उन्हें बजाते हैं तो विभिन्न चट्टानों से भिन्न-भिन्न प्रकार की प्रतिध्वनियाँ निकलती हैं—कोई मनोहारी, कोई भयावनी भी। कोई तो इतनी भयावनी कि कोई अपरिचित लड़की भी यदि आपके पास खड़ी हो तो आपसे चिपक जायेगी।

प्रकृति का सौन्दर्य मौसम के साथ उभरता, दबता, बदलता है।

अगर किलार्नी पर बदली घिर आती?

अगर किलार्नी पर चाँदनी छा जाती?

उस सन्ध्या को किलार्नी पर पूरा चाँद निकल आया था।

चाँद से ताजमहल का सौन्दर्य ही नहीं निखरता, किलार्नी का भी।

सफेदी पर सफेदी एक चीज़ है।

रंगीनी पर सफेदी दूसरी ही चीज़ है।

मैंने चाँदनी में ताजमहल भी देखा है, किलार्नी भी देखी है। सौन्दर्य की सौन्दर्य से तुलना नहीं करनी चाहिए। इस समय किलार्नी के सौन्दर्य को पूरी तरह

भोगने के लिए ताजमहल को याद भी न करना चाहिए।

नैनसी अधिक सौभाग्यवान है। उसने ताज नहीं देखा है।

वह किलार्नी के ही सौन्दर्य में डूब गयी है।

टूरिस्ट बसों से हार्न बजने लगे हैं। वापस जाने के लिए बुलावा है। मुसाफिरों के कदम सब ओर से बसों की ओर बढ़ने लगे हैं।

नैनसी को हिलाता हूँ—लौटने का समय हो गया है।

नैनसी धीमे से कहती है—

हम टूरिस्ट ट्रेन से आये ज़रूर थे, हम टूरिस्ट ट्रेन से वापस जाने के लिए बाध्य तो नहीं हैं? कि हैं?...

वह रात हमने चाँदनी और किलार्नी के साथ बिताई।

और बहुत-से लोग रुक गये थे।

फिर हम सब साथ मिलकर एक फूलों के झुरमुट के पास बैठे।

सबने अपने-अपने देश के गीत गाये-सुनाये या मनोरंजक 'एनेक्डोट्स'।

सुबह की गाड़ी से हम डबलिन लौटे।

खिड़की से ठण्डी-ठण्डी हवा के झोंके आ रहे थे और मैं अधसोया-अधजागा-सा आड़ लगाकर बैठा था, बिल्कुल विश्रांत, और मेरे कानों में एक गीत गूँजने लगा था—जैसे कोई दूसरा गा रहा हो और मैं सुन रहा हूँ।

डिग में आकर मैंने बड़े सहज भाव से वह गीत लिख डाला—देर कर दूँ तो शायद वह मेरी स्मृति से उतर न जाये।

वह गीत मैं पूरा यहाँ देना चाहता हूँ। पंक्तियों का संकेत कर दूँ और वह गीत आप इसी वक्त अपने निकट न पा सकें तो आपका सारा मज़ा किरकिरा हो जायेगा, और इस गीत पर जो मैं कहना चाहता हूँ, वह भी आपके पल्ले न पड़ेगा।

तुम्हारे नील झील-से नैन,
नीर-निर्झर-से लहरे केश।
तुम्हारे तन का रेखाकार
वही कमनीय कलामय हाथ
कि जिसने रुचिर तुम्हारा देश
रचा गिरि-ताल-माल के साथ
करों में लतरों का लचकाव,
करतलों में फूलों का वास,
तुम्हारे नील झील-से नैन,
नीर-निर्झर-से लहरे केश।
उधर झुकती अरुनारी साँझ,
इधर उठता पूनों का चाँद,
सरों, शृंगों, झरनों पर फूट
पड़ा है किरनों का उन्माद,
तुम्हें अपनी बाँहों में देख

नहीं कर पाता मैं अनुमान,
प्रकृति में तुम बिम्बित चहुँ ओर
कि तुम में बिम्बित प्रकृति अशेष।
तुम्हारे नील झील-से नैन
नीर-निर्झर-से लहरे केश।

जगत है पाने को बेताब
नारि के मन की गहरी थाह—
किये थी चिन्तित औ' बेचैन
मुझे भी कुछ दिन ऐसी चाह—
मगर उसके तन का भी भेद
सका है कोई अब तक जान।
मुझे है अद्‌भुत एक रहस्य
तुम्हारी हर मुद्रा, हर वेष।
तुम्हारे नील झील-से नैन,
नीर-निर्झर-से लहरे केश।

कहा मैंने, मुझको इस ओर
कहाँ फिर लाती है तकदीर,
कहाँ तुम आती हो उस ओर
जहाँ है गंग-यमुन का तीर,
विहंगम बोला, युग के बाद
भाग से मिलती है अभिलाष,
और...अब उचित यहीं दूँ छोड़
कल्पना के ऊपर अवशेष।
तुम्हारे नील झील-से नैन,
नीर-निर्झर-से लहरे केश।

मुझे यह मिट्टी अपनी जान
किसी दिन कर लेगी लयमान,
तुम्हें भी कलि-कुसुमों के बीच
न कोई पायेगा पहचान,
मगर तब भी यह मेरा छन्द
कि जिसमें एक हुआ है अंग
तुम्हारा औ' मेरा अनुराग
रहेगा गाता मेरा देश।
तुम्हारे नील झील-से नैन
नीर-निर्झर-से लहरे केश।

पीछे मैंने तनाव और विश्रांति से सृजन की चर्चा चलाई है। बहुत-सी रचनाओं के तनाव में सृजन की चेतना के साथ ही, अपने इस उपर्युक्त गीत को मैं विश्रांति से

सृजन की कृति कहता हूँ। इसको रचकर मुझे कुछ क्षणों के लिए परम शान्ति की-सी उपलब्धि हुई। यह मेरा एकमात्र गीत, एकमात्र कविता है—जो मैंने आयरलैण्ड की भूमि पर लिखा। मुझे अपने सैकड़ों गीतों में अगर पाँच सर्वश्रेष्ठ गीत चुनने हों तो मैं एक इसको रखना चाहूँगा। वस्तुतः इस गीत को मैं अपने लिए आयरलैण्ड की सबसे मधुर भेंट समझता हूँ। काश, मैं ऐसे बहुत-से गीत लिख सकता जो मन को ऐसी शान्ति की अनुभूति कराते हैं। ऐसी मनःस्थिति-परिस्थिति को, किसी उपाय से तैयार कर लेना शायद सम्भव नहीं। यह कभी-कभी भाग्य से बन जाती है। ऐसी स्थिति को स्थायी बना लेना बहुत बड़ी साधना है, जो कवीन्द्र रवीन्द्र जैसी विभूतियों के बस की है—ईट्स के बस की भी नहीं। वे तो सदा तनाव के ही कवि रहे। उन्हें टैगोर से शिकायत थी कि वे शान्ति की अतिशयता में लिखते हैं। प्रायः टैगोर के और ईट्स के समान रहस्यवादी होने की बात समालोचकों द्वारा कही गयी है। सरासर भ्रम है। वे समान कद के कवि हों, समान पद के नहीं। टैगोर शान्ति के कवि हैं, ईट्स संघर्ष के। टैगोर सन्त हैं, ईट्स योद्धा। मैंने अपने को प्रायः ईट्स के वर्ग का पाया है, कभी-कभी टैगोर के वर्ग का। यदा-कदा टैगोर के तनाव और ईट्स के शान्ति के क्षण भी आते हैं।

मैंने डबलिन पहुँचकर श्रीमती ईट्स को शाम के खाने के लिए निमन्त्रित किया, उन्हीं से पूछा, 'आप और किसको बुलाना चाहेंगी?' उन्होंने कहा, 'आप जिसे भी बुलाना चाहें, होन, अशर-दम्पति और ब्लनेड की कम्पनी अच्छी रहेगी।' मैंने ट्रिनिटी के अंग्रेज़ी लेक्चरर को भी बुला लिया, जिन्होंने मुझे वहाँ की लाइब्रेरी से पुरानी पत्र-पत्रिकाएँ सुलभ कराने में सहायता दी थी।

भोज का प्रबन्ध मैंने शेलबोर्न होटल में किया था जो ईट्स का प्रिय होटल था और जहाँ वे अक्सर जाते थे। प्रसिद्ध था—वहाँ थैकरे, बर्नर्ड शा, आस्कर वाइल्ड जैसे लोग भोजन कर चुके थे।

खाने के पहले थोड़ी ड्रिंक ली गयी—

सबने मेरे लिए 'टोस्ट' उठाया—To your success in your research work!

(आपके शोध-कार्य में सफलता के लिए हमारी शुभकामनाएँ!)

मैंने अपनी स्लाइगो, किलार्नी यात्रा के अनुभव बताये। औरों ने और-और रोचक-विनोदपूर्ण बातें कीं। ब्लनेड की उपस्थिति से पार्टी में विशेष जीवन्तता बनी रही।

भोजन समाप्त होने के बाद बिल की प्रतीक्षा।

बिल मेरे सामने लाया गया।

देखकर चकित।

You are our guest. We are honoured by your visit. No charges.

(आप हमारे अतिथि हैं; हम आपके पधारने से गौरवान्वित हुए, आपको कुछ देना नहीं है।)

मैनेजर से मेरा कोई अनुरोध न चला।

शायद श्रीमती ईट्स ने पहले ही मैनेजर को फोन करके कह दिया था कि आज शाम का बिल उनके हिसाब में डाल दिया जाये।

मेरे पास कृतज्ञता-ज्ञापन के लिए शब्द नहीं थे।

मैंने कहीं पढ़ा था, आयरलैण्ड का दूसरा नाम अतिथि-सत्कार (Hospitality) है, उसका यहाँ सद्भावनापूर्ण सबूत मिला।

दूसरे दिन मैं केम्ब्रिज के लिए रवाना हो गया।

आयरलैण्ड से मैं बहुत कुछ लेकर लौटा।

डेढ़ महीने बाद केम्ब्रिज लौटा हूँ। मौसम पर ध्यान जाता है। इंग्लैण्ड में रहते-रहते मौसम के प्रति अधिक सचेत हो गया हूँ। यहाँ के आदमी की आँख तो हर समय मौसम पर रहती है। हर अभिवादन के साथ मौसम याद किया जाता है— गुड मार्निंग, गुड ईवनिंग चाहे बैड मार्निंग बैड ईवनिंग ही क्यों न हो। कभी-कभी होती ही है। खैर, पतझड़ अब पक गया है, पेड़ों के पत्ते पीले पड़ गये हैं और टूट-टूटकर गिरने लगे हैं, नवम्बर तक डालें नंगी हो जायेंगी, दिसम्बर से तो उन पर बरफ जमने लगेगी, दिन छोटे होने लगे हैं। और सब तो केम्ब्रिज में वैसा ही है, जैसे पहले था।

समय लेकर मैंने मि० हेन को बता दिया, जो मैंने आयरलैण्ड में देखा, सुना, किया था।

बोले, 'तुमने आयरलैण्ड-यात्रा का अच्छा उपयोग किया है, अब थियोसोफी के प्रभाव में, जैसी कि तुम्हारी स्थापना है, ईट्स के ओकल्ट-दर्शन पर अपना प्रबन्ध लिख डालो। यह काम सितम्बर के अन्त या अक्टूबर के मध्य तक हो जाना चाहिए। दो और छोटे अध्याय तैयार करने होंगे, एक भूमिका के रूप में, एक उपसंहार के रूप में। उसके बाद निर्देशन समाप्त। तुम अपने शोध-प्रबन्ध को अन्तिम रूप दो। इस काम में प्रायः छः महीने लगते हैं। तुमने कहा था कि तुम 24 महीने से अधिक यहाँ नहीं रुक सकोगे। तुमने '52 के ईस्टर टर्म, यानी अप्रैल से काम शुरू किया था, '54 के लेट टर्म पर, यानी मार्च के अन्त तक तुम छह टर्म पूरे कर लोगे। उसके बाद तुम्हारे लिए दो रास्ते खुले हैं।

'अगर मार्च के अन्त में तुम्हें स्वदेश लौट जाना है, तो तुम वहाँ से भी, यथा सुविधा, अपनी थीसिस प्रस्तुत कर सकते हो, साल-छह महीने बाद भी। अगर परीक्षक तुम्हारी थीसिस से सन्तुष्ट हुए तो वे तुम्हें मौखिक परीक्षा से छूट भी दे सकते हैं। किसी कारण कुछ संशोधन करने का सुझाव उनको देना पड़ा तो तुम वहीं से संशोधित रूप भी भेज सकते हो।

'अगर तुम दो-ढाई महीने और केम्ब्रिज में रुक सको तो मैं दूसरा रास्ता बताऊँ। मैंने युनिवर्सिटी कैलेण्डर देख लिया है। व्यक्तिगत रूप से मैं दूसरे रास्ते को तरजीह दूँगा, पर तुम अपनी सुविधा देख लो। तुम मार्च के अन्त तक अपनी थीसिस को अन्तिम रूप दे दो। एक महीने टाइपिंग, प्रूफ रीडिंग—थीसिस में

टाइपिंग की कोई गलती नहीं रहनी चाहिए, इससे परीक्षक चिढ़ जाता है और शोधार्थी को लापरवाह समझता है--जिल्दबंदी में लगेंगे। अप्रैल के अन्तिम सप्ताह में तुम अपनी थीसिस यहीं प्रस्तुत कर दो। परीक्षक प्राय: एक महीना लेते हैं। मई के अन्तिम सप्ताह में तुम्हारा 'वाइवा' हो जायेगा। और दोनों परीक्षक अलग-अलग और एक साथ अपनी रिपोर्ट दे चुके होंगे। पहली जून को डिग्री कमेटी की मीटिंग है जिसमें अगले कान्वोकेशन पर दी जाने वाली सब डिग्रियों का फैसला होगा। कान्वोकेशन 12 जून को है। अगर तुम्हारी थीसिस स्वीकृत होती है तो तुम युनिवर्सिटी के कान्वोकेशन में डिग्री लेकर जाओ।'

(केम्ब्रिज में थीसिस को 'डिस्सर्टेशन' और 'कान्वोकेशन' को 'कानग्रिगेशन' कहते हैं। मैं अपने पाठकों की सुविधा के लिए भारत में प्रचलित शब्दावली का प्रयोग कर रहा हूँ।)

मैंने हेन से कहा, 'तरजीह तो मैं भी दूसरे रास्ते को देना चाहूँगा; पहले काम तो पूरा करूँ।'

दूसरे रास्ते का निर्णय लेने से पहले मुझे बहुत-बहुत कुछ सोचना, करना था।

फिलहाल, अपने शोध-कार्य के सम्बन्ध में ही एक बड़ी समस्या मेरे सामने खड़ी हो गयी थी। शोध-कार्य तभी निर्बाध गति से आगे बढ़ता है, जब निर्देशक और शोधार्थी में ताल-मेल हो। हफ के और मेरे दृष्टिकोण में जो अन्तर था, उससे शुरू-शुरू में उन्हें भी कुछ बौद्धिक व्यायाम करना पड़ा होगा, मुझे अपनी ओर लाने को और मुझे भी कुछ दबना-हटना पड़ा होगा, उनके अनुरूप होने को। शोध के स्तर पर यह तो हो नहीं सकता कि मौलवी साहब कान पकड़कर जिधर चाहें शागिर्द को घुमा दें और न शागिर्द ही अपने कान को इतना मज़बूत समझ सकता है कि मौलवी साहब को जिधर चाहे, खींच ले जाये। लेकिन अगर निर्देशक और शोधार्थी में संघर्ष की स्थिति आये तो न तो वह शोभन होगी, न हितकर, निश्चय ही शोधार्थी के लिए, क्योंकि निर्देशक फिर भी शोधार्थी का बहुत कुछ बना-बिगाड़ सकता है, न्यायत: अथवा अन्यायत:।

बिना आपको तकनीकी विस्तार से खींचे, संक्षेप में समस्या को इस प्रकार रखना चाहूँगा। ईट्स के दर्शन-स्रोतों के सम्बन्ध में जो धारणा मेरी बन रही थी, उससे हेन की पूर्ण सहमति न थी और वे अधिकाधिक अकाट्य सबूतों की माँग करते रहते थे। आयरलैण्ड में मुझे जो सामग्री मिली थी, उसको देख-परखकर मैं अपनी धारणा में अधिक दृढ़ हो गया था। स्थिति अब और नाज़ुक इसलिए हो गयी थी कि कुछ कविताएँ जिनको मैं अपने समर्थन में प्रस्तुत करना चाहता था, उन्हीं के सम्बन्ध में हेन कुछ दूसरी बातें अपनी पुस्तक में कह चुके थे। बिना उनको गलत साबित किये हुए मैं अपने तर्क में आगे नहीं बढ़ सकता था। मेरे सामने तरह-तरह के प्रश्न उठते थे, क्या मैं उनको गलत साबित करूँ? अगर मैं ऐसा करता हूँ तो क्या हेन मेरे तर्कों को स्वीकार करेंगे? अगर वे तर्क मानने ही पड़े तो क्या हेन इससे

नाराज़ नहीं होंगे? उस नाराज़गी में क्या यह सम्भव नहीं कि वे मेरी थीसिस को ही रिजेक्ट कर दें। तब तो मेरा दो वर्ष में किया-कराया सारा काम ही चौपट हो जायेगा। मैं तो इस आशा में काम कर रहा था कि वे मेरी एम०लिट० की थीसिस को पी-एच० डी० की थीसिस की समता का समझेंगे। क्या अपनी इस धृष्टता के बाद भी मैं ऐसी प्रत्याशा कर सकता हूँ? क्या मैं इन कविताओं का ज़िक्र लाये बगैर अपनी बात नहीं सिद्ध कर सकता? अगर नहीं, तो क्या मैं अपने तर्कों को स्वयं कमज़ोर नहीं बनाऊँगा? इन प्रश्नों की उधेड़-बुन में कई दिनों तक मैंने कुछ काम नहीं किया। फिर मैंने प्रयोगात्मक रीति से अपना लेख लिख डाला। कई बार मैंने उसको इस दृष्टि से पढ़ा कि अगर हेन उसे पढ़ेंगे तो उनको कैसा लगेगा? उनकी प्रतिक्रिया क्या होगी? निर्देशन का दिन समीप आता जा रहा था और मैं अपने संकोच में डूब-उतरा रहा था। मैंने अपनी शैली को बार-बार माँजा, बातें बड़े संयत ढंग से कहीं, फतवेबाजी की कहीं बू तक न रखी, आक्रामकता उसमें कहीं भी न आने दी। साथ ही, जो बातें मुझे कहनी थीं, निश्चयात्मकता के साथ कहीं, असंदिग्धता के साथ।

हेन ने लेख मेरे सामने ही पढ़ा। मुझे देखकर आश्चर्य हुआ कि उन्होंने मेरे उस प्रबन्ध में कम-से-कम संशोधन सुझाये। उनके सम्बन्ध में जो मैंने लिखा था, उस पर तो उन्होंने एक शब्द भी न कहा, वे लेख इस तरह पढ़ गये जैसे वे किसी तीसरे व्यक्ति के बारे में पढ़ रहे हों। उनकी इस निरपेक्षता से मैं बहुत दिनों आशंकित रहा। इससे तो अच्छा होता, वे मेरा विरोध करते, किसी अंश में सही, या मेरा लेख बिल्कुल रिजेक्ट कर देते। उस दर्जे पर मेरा ऐसा समझना मेरी अहम्मन्यता की हद ही होती कि जो मैंने कहा था, वह सवा सोलह आने ठीक था और उसमें एक शब्द भी जोड़ने-घटाने की आवश्यकता न थी।

दूसरा लेख, भूमिका वाला, मैंने दो सप्ताह के अन्तराल पर पूरा कर दिया और उसमें कोई विवादास्पद बात न थी।

पर तीसरे, उपसंहार वाले लेख ने फिर एक समस्या खड़ी कर दी।

संक्षेप में और अ-तकनीकी ढंग से, उसे मैं इस प्रकार रखना चाहूँगा।

उन्नीसवीं सदी की वैज्ञानिक खोजों ने परम्परागत ईसाई धर्म में लोगों की आस्था डिगा दी थी।

लेकिन आस्था, आध्यात्मिक नहीं तो कलात्मक आवश्यकता थी ईट्स की।

उसका आधार उन्होंने देश-काल में दूर-सुदूर ज्ञात-अल्पज्ञात स्रोतों से, सभ्यता की दौड़ में पीछे रह गये, प्रकृति के निकटतम रहकर जीवन जीने वाले ग्रामीणों के अन्धविश्वासों से और कुछ अतिशय तार्किकता के विद्रोह में उग्र अतार्किकता की आग्रहपूर्ण कल्पनाओं से एकत्र किया था।

इससे उनकी कलात्मक आवश्यकता की पूर्ति हुई थी, पर क्या पूर्णतया उसी से? क्या ईसाइयत की उस परम्परा से उन्हें कोई सहायता न मिली थी, जिसमें रहकर पिछले दो हज़ार वर्षों से योरोप की साहित्य-कला-साधना होती आयी थी? क्या परम्पराएँ केवल सचेतन रूप से प्रभावित करती हैं, अचेतन रूप से नहीं?

अपनी आस्था के नये (या नये रूप में प्रस्तुत अति प्राचीन?) आधार से कलात्मक तुष्टि पाकर, जब ईट्स ने उसे आध्यात्मिक तुष्टि का साधन बनाने का भी अध्यवसाय किया था, तब क्या उन्हें सफलता मिली थी, या सफलता मिलने की आशा थी?

ईट्स ने सचेतन रूप से ईसाइयत की अवहेलना की थी, यह स्पष्ट है। पर ईसाई समालोचक फिर भी उन्हें ईसाई-परम्परा के घेरे से बाहर न जाने देना चाहते थे। उनका कहना था, अचेतन रूप से ईसाइयत ने ईट्स पर काफी प्रभाव डाला था, यहाँ तक कि उसके प्रभाव के बिना वे वह ऊँचाई और बड़प्पन प्राप्त ही नहीं कर सकते थे, जो उन्होंने की। वे दान्ते, मिल्टन की परम्परा (यानी ईसाई परम्परा) में हैं, उससे अलग नहीं।

इसको अनुभव करने के लिए ईसाइयत की एक सूक्ष्म समझ चाहिए, जो प्रोफेसर विली ऐसे ऊँचे पाये के स्कालर और अध्यापक-आलोचक ने घोषित किया था, केवल जन्मजात ईसाई में विकसित हो सकती है।

यहाँ मेरी सीमा थी।

मैं तो ईट्स को गैर-ईसाई दृष्टि से ही देख सकता था।

इससे बहुत सम्भव था कि ईट्स में ईसाई-परम्परा के अवदान की ओर मुझसे उपेक्षा हो जाये।

मुझे आगाह किया गया था कि ब्रिटिश युनिवर्सिटियाँ बहुत आधुनिक होकर भी ईसाई युनिवर्सिटियाँ हैं। उनके हर कॉलेज में चर्च है और उनके सारे पुराने कॉलेजों की स्थापना धर्मशिक्षा-संस्थानों के रूप में हुई थी। उस परम्परा से वे जुड़े ही नहीं, उसके प्रति सचेत हैं और कहीं-न-कहीं उस पर गर्व भी करते हैं। उनकी युनिवर्सिटियों में भोजन से लेकर पदवीदान तक धार्मिक कर्मकाण्ड के रूप में किया जाता है। यदि मैंने ईट्स द्वारा ईसाइयत की अवहेलना पर बल दिया तो बहुत सम्भव है, मेरी थीसिस को रिजेक्ट कर दिया जाये या मुझसे उसे संशोधित रूप में प्रस्तुत करने को कहा जाये।

विस्तार से बातें मैं जल्दी कह लेता हूँ।

संक्षेप में कहने में मुझे देर लगती है।

मुझे उपसंहार का लेख छोटा ही रखना था। मैं अपने थीसिस की शब्द सीमा पहले ही पार कर चुका था, और मैंने डिग्री कमेटी से एक-चौथाई शब्द अधिक रखने की विशेष अनुमति ली थी।

लेख मुझे बड़ी सतर्कता से लिखना था।

ईट्स के ओकल्ट-दर्शन को महत्त्व न दूँ तो हेन मुझसे खुश न हों।

ईट्स में ईसाई-परम्परा को महत्त्व न दूँ तो युनिवर्सिटी मुझसे खुश न हो।

एक तरफ खाई, एक तरफ खंदक।

मैंने अपने को खुश करने को महत्त्व दिया।

इसके अलावा कोई दूसरा रास्ता न था, उपसंहार को मेरी सारी थीसिस का प्रतिफलन होना था। कई बार मैंने पिछले अध्यायों को पढ़ा, गो मैं उन्हें अन्तिम रूप

पाकर उसने एक सनसनीखेज़ घटना की भूमिका रच डाली, पर तेजी ने मुझसे इसकी साँस तक न ली। और इसका पता मुझे तब लगा जब मैं घर लौटा।

तो उसकी चर्चा कालक्रम में।

अगर समय पर मुझे इसका पता लगता तो मुझे अपने शब्दों की सौगन्ध खाकर कहना पड़ता,

काम ऐसा कौन जिस को
छोड़ मैं सकता नहीं हूँ
कौन ऐसा, मुँह कि जिससे
मोड़ मैं सकता नहीं हूँ
शृंखला वह कौन जिसको
तोड़ मैं सकता नहीं हूँ
चाँद-सूरज भी पकड़
मुझको नहीं बिठला सकेंगे।

मैं बुझाता हूँ पगों से
आज अंतर के अंगारे,
और वे सपने कि जिनको
कवि करों ने थे सँवारे,
आज उनकी लाश पर मैं
पाँव धरता आ रहा हूँ...
खींचती किन मौन दृग के जल-कणों से
जो कि रुक सकता नहीं मैं...

तेजी की बात मानकर मैंने हेन से कह दिया था कि मैं ढाई महीने और केम्ब्रिज में रुककर थीसिस यहीं प्रस्तुत करूँगा और 'वायवा' देने के पश्चात् डिग्री कमेटी के निर्णय की प्रतीक्षा करूँगा।

खर्चे का हिसाब लगाया तो मैंने पाया, कॉलेज की फीस और थीसिस प्रस्तुतीकरण से सम्बद्ध और खर्चे तो मैं उठा लूँगा पर छह महीने रहने-खाने का खर्च मेरे पास न होगा और न वापस जाने का—क्या छह महीने चिड़िया की तरह पेड़ों पर रहना और पंखों पर उड़कर घर पहुँचना सम्भव होगा?

मैं किस बल पर तेजी से खर्च भेजने को कहूँगा?
क्या यहाँ कुछ अर्जित करना सम्भव होगा?
क्या यहाँ कुछ काम मिल सकेगा?
काम कर भी क्या सकता हूँ सिवा ट्यूशनगिरी के?
अंग्रेज़ी कौन यहाँ पढ़ना चाहेगा हिन्दुस्तानी से?
हिन्दी पढ़ने वाला कोई मिल सकता है?
जिन खोजा तिन पाइयाँ...

केम्ब्रिज में बस्ती से दूर एक साहित्य-कला प्रेमी दम्पति रहते थे—कोट्स। शायद उनके पास कुछ अच्छी पुश्तैनी सम्पत्ति थी। बड़ा-सा एकमंज़िला मकान था, जिसमें पति-पत्नी रहते थे, बाल-बच्चा कोई नहीं। रोटी कमाने का, जहाँ तक मुझे मालूम है, वे कोई काम नहीं करते थे। पति मि० कोट्स संगीतज्ञ थे, उन दिनों भारतीय संगीत में रुचि ले रहे थे, इसराज पर कभी-कभी अभ्यास करते उन्हें देखा था। पता नहीं, भारतीय संगीत की प्रारम्भिक शिक्षा उन्होंने किससे, कहाँ ली थी। पत्नी आइरीन कोट्स कवयित्री थीं, Poetry Periodical (पोएट्री पीरियाडिकल) नाम की एक मासिक पत्रिका निकालती थीं, पर अकादमिक रुचि से, किसी व्यावसायिक दृष्टि से नहीं। दोनों ने अगले वर्ष भारत जाने और कुछ समय दिल्ली में रहने की योजना बनाई थी। उन्हें किसी ऐसे टीचर की ज़रूरत थी जो उन्हें हिन्दी का साधारण ज्ञान करा दे। मैं तैयार हो गया। हफ्ते में दो संध्याएँ—शनिवार और रविवार की मैं उनके साथ बिताता, उन्हें कुछ बोल-चाल की हिन्दी सिखाता, वे मुझे भोजन कराते और दो पौण्ड प्रति सप्ताह दक्षिणा के रूप में देते। बावा के साथ जिस सस्ती डिग में मैं रहता था, उसमें दो पौण्ड सप्ताह भर रहने-खाने के लिए पर्याप्त होते।

चिड़ियों की तरह अब पेड़ों पर न रहना होगा।

पर वापस जाना तो पंखों पर उड़कर ही होगा।

किसी ने बताया, अगर कोई हिन्दुस्तानी यहाँ 'स्ट्रैंडेड' हो जाये, यानी अगर उसके पास न यहाँ रहने का खर्च रह जाये, न भारत वापस जाने का, तो 'इण्डिया हाउस' उसे 'लोन' देता है।

इण्डिया हाउस से पूछा कि 'लोन' लेने की प्रक्रिया क्या है तो इतने तरह के फार्म आये कि उन्हें भरने और भरे वक्तव्य की प्रामाणिकता के लिए उचित अधिकारियों के समुहर हस्ताक्षर लेने में महीनों लगते, फिर फार्म दिल्ली जाते, वहाँ से पुलिस की तफतीश के लिए इलाहाबाद जाते और जो कुछ लिखा था, सब कुछ ठीक पाये जाने पर सरकार निर्णय देती कि मुझे लोन मिल सकता है या नहीं।—नाम, बाप का नाम, जिन्दा हैं कि मुर्दा, जिन्दा हैं तो उनकी आमदनी कितनी, चल-अचल सम्पत्ति कितनी, किसी के नाम तय हुई कि नहीं, लोन वापस न दे सकने की हालत में गारन्टी देने वाले का नाम पता, जो उसकी जगह लोन अदा करेगा, उसके बाप का नाम, उसकी आमदनी, जमा, जायदाद और गारन्टी लेने वाले की गारन्टी देने वाले का अता-पता वगैरह-वगैरह-वगैरह। अपने से तो यह झंझट न सपरेगा। किसी ने ठीक आगाह किया था कि 'इण्डिया हाउस' से कुछ प्रत्याशा न करनी चाहिए, वह किसी का काम नहीं करता।

देस चोरी परदेस भीख।

देस यह है नहीं, और इस परदेस में भीख माँगना अपराध है। कोशिश करने पर जेल पहुँच जाऊँगा।

पर वापस जाने की चिन्ता में घुला करूँगा तो थीसिस को सही, साफ-सुथरे रूप में कैसे प्रस्तुत करूँगा?

बहुत काम है : अपने पास चार महीने से ज़्यादा नहीं।

शायद तेजी कुछ भेज ही दें।

शायद यहीं किसी से कर्ज़ मिल जाये।

चार महीने भूत की तरह काम करना पड़ा। मूल पाठ को दुहरा-तिहरा कर अन्तिम रूप दिया, एक-एक कामा, फ़ुलस्टाप ठीक जगह पर लगाये, उद्धरणों को मूल पुस्तकों से चेक किया, फ़ुटनोट में पुस्तक, लेखक, प्रकाशक, प्रकाशन वर्ष, प्रकाशन स्थान, उद्धरण की पृष्ठ संख्या सब कुछ एक-एक पुस्तक से चेक करके लिखी, प्रयुक्त सामग्री की तालिका बनाई, पुस्तकों की, पत्र-पत्रिकाओं की, अप्रकाशित लेख आदि की। 18 घण्टे रोज़ काम करना पड़ता—कई घण्टे नीची मेज़ के सामने बैठकर, कई घण्टे ऊँची मेज़ के सामने खड़े होकर।

मार्च का अन्त आ गया है।

थीसिस की मास्टर कापी तैयार हो गयी है।

तीन कापियों में टाइप कराने को दे देता हूँ।

टाइप पृष्ठों का मूल कापी से मिलान करता हूँ—मैगनीफाइंग ग्लास लगाकर स्पेलिंग जाँचता हूँ—हेन ने कहा था स्पेलिंग, पंक्चुएशन की गलतियाँ शोधार्थी की लापरवाही बताती हैं। ऐसा अवसर क्यों देना!

टाइप किये पृष्ठ जिल्दसाज़ को दे देता हूँ।

अप्रैल का अन्तिम सप्ताह आ गया है। थीसिस की तीन कापियाँ जिल्द बँधकर आ गयी हैं।

मेरे दो वर्षों का अध्ययन, चिन्तन, मनन, मंथन, लेखन स्थूल रूप में।

देखने में सुन्दर। भीतर की सामग्री भी अधिकारी विद्वानों द्वारा सुन्दर समझी जाये, तब तो सम्यक सुन्दरता सिद्ध हो। हेन ने मुझसे कहा था, जब थीसिस तैयार हो जायेगी, तब वे एक बार शुरू से आखिर तक पढ़ेंगे। उसके बाद ही उसे डिग्री कमेटी में परीक्षण के लिए प्रस्तुत किया जाना चाहिए।

कैथरीन्स कॉलेज के उनके कमरे में जाकर मैंने थीसिस की एक प्रति उनके सामने रख दी।

वे इस बात से खुश हुए कि काम शिड्यूल से हो रहा है।

उन्होंने मुझसे कहा, 'तीसरे दिन आकर थीसिस ले जाना और डिग्री कमेटी के दफ्तर में जाकर वांछित फीस, यानी दस पौण्ड के साथ दो प्रतियाँ जमा कर देना।'

तीसरे दिन जब मैं मि० हेन से मिलने गया, वे प्रसन्न दिखे, उन्होंने मेरी थीसिस पूरी पढ़ ली थी। वे मेरे काम से सन्तुष्ट थे। उन्होंने कहा, 'मैं डिग्री कमेटी को लिख रहा हूँ कि तुम्हारा डिस्सर्टेशन पी-एच० डी० के लिए परखा जाये। इससे तुम्हारे शोध-प्रबन्ध से परीक्षकों की प्रत्याशा ज़रूर बढ़ जायेगी, पर यह खतरा उठाने योग्य है।'

मैंने उनसे कहा, 'आपने इसे पी-एच० डी० के योग्य समझा यह मेरे लिए अपने आप में बड़े सम्मान की बात है, अब डिग्री कमेटी इसे पी-एच० डी० के

योग्य समझे, न समझे, इस पर मुझे एम० लिट्० दे या मेरी थीसिस को बिल्कुल रिजेक्ट कर दे। जहाँ तक खतरा उठाने की बात है, मैंने पहले ही बहुत-से खतरे उठा रखे हैं।'

मि० हेन ने कहा, 'मैं जानता हूँ।'

उनका संकेत क्या था ?

जैसे-जैसे थीसिस सम्बन्धी दिमागी काम से मुझे फुरसत मिल रही थी वैसे-वैसे मेरा मूड हल्का होने लगा था, और तेजी के पत्रों से लगता था कि वे गम्भीर होती जा रही हैं। बाईस महीने उन्होंने जिस धीरज-हिम्मत से काटे थे, लगता था कि वह टूट रही है। हिम्मत तो मैं भी उन्हें बराबर बँधाता रहता था, कभी पत्रों से, कभी कविताओं से–

बीच खड़ी हैं हम दोनों के
अभी न जाने कितनी रातें–
अभी बहुत दिन करनी होंगी
केवल इन गीतों में बातें
कितने रंजित प्रात, उदासी
में डूबी कितनी संध्याएँ,

सब के बीच पिरोना होगा, प्रिय, हमको धीरज का धागा।
याद तुम्हारी लेकर सोया, याद तुम्हारी लेकर जागा।

जब चौदह महीने लौटने को शेष थे, तब लिखा था–

अलग हुए कितने दिन बीते
सोच गलत घबराना,
गये हुए की ओर न देखो
देखो जिसको आना
दूर नहीं सब साँझ मिलन की,
लो, गिन कर बतलाता–
ऐसे ही चौदह चाँद फकत हैं बाकी
यह चाँद नया है नाव नई आशा की।

अब तो चार ही महीने रह गये थे, एक हल्की-फुल्की तुकबंदी कर डाली। गीत शायद गम्भीर क्षणों की वाणी है। जीवन में कभी अगम्भीर बनने की भी ज़रूरत है।

लो फरवरी भी गयी,
मार्च, अप्रैल, मई,
जून में लिया जहाज़,
लन्दन बाई-बाई

करते हुए कल-आज
पहुँच गये बम्बई,
बम्बई से ली रेल,
तेज़ चला मेल,
किसी जुलाई की रात
पहुँच गये इलाहाबाद
स्टेशन पर अमित-अजित-तेज;
घर पर सुख की सेज,
न लन्दन, पेरिस, डबलिन,
न रोम, बेनिस, बर्लिन
न केम्ब्रिज, न ऑक्सफोर्ड
जो सत्रह क्लाइव रोड।

'जो बलख न बुखारे, वह छज्जू के चौबारे' की आधुनिक प्रतिध्वनि। अपने छज्जू का चौबारा तो 17 क्लाइव रोड ही था।

तेजी न मुसकरायीं।

फिर दूसरा प्रयत्न किया।

तेजी और गम्भीर हो गयीं।

थीसिस जब टाइप हो रही थी, तब मैंने तेजी को चिट्ठी लिखी और मज़ाक-मज़ाक में कहा कि 'तुमने तो मुझे 5000/= और भेज देने के लिए कहा था, अब अगर भेज दो तो मैं योरोप का भ्रमण कर आऊँ। मैंने बहुत मेहनत की है और मुझे कुछ मनोरंजन, कुछ सैर-सपाटे की ज़रूरत है।' उन्होंने मुझे पाँच-पाँच हज़ार के मेरे तीनों जानबीमों के नम्बर और उन्हें चुकता करा लेने के लिए फार्म वगैरह भेज दिये कि मैं उन पर हस्ताक्षर करके लौटा दूँ और वे मुझे 5000/= भेज देंगी। मुझे स्पष्ट हो गया था कि जब तेजी बचत के इस अन्तिम स्रोत को छूने के लिए विवश हो गयी हैं तो उनकी आर्थिक स्थिति क्या होगी।

मैंने उन्हें लिख दिया, 'बच्चों की शिक्षा के लिए जमा राशि को न चाहते हुए भी अपनी शिक्षा पर खर्च करके मैं वैसे ही अपराध-भावना से दबा हुआ हूँ, अब जो किसी आकस्मिक घटना के लिए यह राशि जमा है, उसे मैं न छूना चाहूँगा।'

बावा अपना डिप्लोमा कोर्स खत्म करके अमरीका होते हुए भारत लौटना चाहते थे। उनके मित्र डा० साहना वहाँ पहले ही पहुँच चुके थे, उनका निमन्त्रण भी था। पर अचानक बावा के पिता का देहावसान हो गया था, घर पर केवल उनकी विधवा माँ, छोटे भाई, छोटी बहन थी, इसलिए परीक्षा देते ही, अब वे सीधे भारत लौट जाना चाहते थे। बावा मेरी आर्थिक परिस्थिति से अवगत थे, उन्हें यह भी मालूम था कि लौटने का खर्च पास न होने से मैं चिन्तित हूँ। एक दिन उन्होंने मुझे अपने एहसान और स्नेह-सद्भावना से दबा दिया। जब वे 16 जून के जहाज़ से अपने लिए टिकट बुक कराने लन्दन गये, तो उसी जहाज़ से मेरे लिए भी एक

टिकट बुक करा आये। टूरिस्ट क्लास का टिकट लगभग 80 पौण्ड का मिला था। यदि वे मुझे इस चिन्ता से मुक्त न करते तो मैं नहीं जानता कि स्वदेश लौटने के लिए मुझे क्या करना पड़ता!

अब पंखों पर उड़कर स्वदेश लौटने का दु:साहस न करना पड़ेगा।

दुनिया बड़ी विचित्र है।

इंसानियत के कैसे-कैसे नमूने यहाँ हैं!

एक मेरे वह दोस्त थे कि मेरे बारे में झूठी खबरें फैलाकर उन्होंने मुझे सब प्रकार की आर्थिक सहायता से वंचित करा दिया था।

एक मेरे वह दोस्त थे जिन्होंने मेरी अनुपस्थिति में मेरे घर-परिवार की इज़्ज़त मिट्टी में मिला देने को कुछ न उठा रखा था।

एक मेरा यह दोस्त था जिसने बिना मेरे माँगे, मेरी ऐसी सहायता की थी जैसी कोई दूसरा उस अजनबी देश में न कर सकता था।

मेरी थीसिस के दो परीक्षक नियुक्त किये गये थे। एक थे वीवियन डि सोला पिन्टो, जो नाटिंघम युनिवर्सिटी के अंग्रेज़ी विभाग के अध्यक्ष थे, दूसरे थे ग्राहम हफ, क्राइस्ट कॉलेज के फेलो और सीनियर इंगलिश ट्यूटर, जिन्होंने हेन की अनुपस्थिति में 4 मास मेरा निर्देशन भी किया था।

थीसिस प्रस्तुत करने के बाद अब केवल 'वाइवा' की तैयारी करनी थी। हेन ने मुझसे कहा था कि मैं अपनी थीसिस को बराबर देखता रहूँ। 'वाइवा' के समय थीसिस की एक-एक प्रति मेरे दो परीक्षकों के हाथ में होगी और एक मेरे हाथ में। मैं उनके प्रश्नों के उत्तर के लिए अपनी थीसिस भी खोल सकूँगा, मगर अगर मैं अपनी थीसिस बिना देखे, उनके उत्तर दे सकूँ तो वे अधिक प्रभावित होंगे।

इसी प्रकार, मुझे उनके प्रश्नों के उत्तर के लिए अपनी थीसिस में दिये तर्कों या आधारों तक सीमित रहना ज़रूरी नहीं। अगर मैं थीसिस के अतिरिक्त भी कुछ सार्थक जोड़ सकूँ तो उसका अधिक प्रभाव पड़ेगा।

ज़रूरी नहीं कि परीक्षक ईट्स अथवा उनके ओकल्टिज़्म तक अपने को सीमित रखें। वे उनके समय और समकालीनों के विषय में भी कुछ प्रश्न उठा सकते हैं या कुछ ऐसे प्रश्न, जो शोध-विषय से सीधे सम्बद्ध न हों। उनके सन्तोषजनक उत्तर परीक्षकों पर अच्छा प्रभाव डालेंगे।

वस्तुत: अच्छे परीक्षक शोध-प्रवृत्ति की सूक्ष्म परख के लिए निश्चित विषय से कुछ बाहर की ही बात करते हैं। वे जानते हैं कि शोध-विषय को तो तुमने दो वर्षों से घोटा है। उस पर तुमने सटीक उत्तर दिये तो क्या कमाल किया! वे देखना यह चाहते हैं कि शोध-कार्य करके तुम्हारा बौद्धिक स्तर कुछ बढ़ा, कुछ व्यापक हुआ है या नहीं।

मई का महीना थीसिस का आधा दर्जन पारायण, और ईट्स के इर्द-गिर्द के विषयों पर बहुत कुछ पढ़ते, चिन्तन, मनन करके बीता।

वाइवा के विषय में तरह-तरह की आशंकाएँ मन में उठतीं।

पिछले दिनों हिन्दुस्तानी विद्यार्थियों ने केम्ब्रिज में अच्छा प्रभाव न डाला था।

विश्वनाथ दत्त ने तीन वर्ष तक पी-एच० डी० के लिए काम करके थीसिस प्रस्तुत की थी और परीक्षकों ने उन्हें केवल एम० लिट० दी थी। कैसी विडम्बना है कि जिसने मेरे लिए डॉक्टरेट का सपना सँजोया था, वह खुद केम्ब्रिज से डॉक्टरेट न ले सका। जाते समय विश्वा-कमला कितने निराश और दुखी थे!

कहीं मुझे भी ऐसे ही न जाना पड़े।

शिवकुमार ने भी तीन वर्ष तक The Current of Unconscious in Modern Novel (आधुनिक उपन्यास में अवचेतन की लहर) पर काम करके पी-एच० डी० के लिए थीसिस प्रस्तुत की थी, पर वाइवा के बाद उन्हें कोई डिग्री न दी गयी थी, परीक्षकों ने उन्हें साल भर का समय दिया था कि वे अपनी थीसिस को संशोधित कर पुनः प्रस्तुत करें।

मेरे लिए भी यही कहा गया तो मैं तो काम ही छोड़ बैठूँगा।

जो मैं कर सका हूँ, उससे बेहतर अब इस दिशा में मैं और कुछ नहीं कर सकूँगा। हर एक की शक्ति की सीमा होती है। मैंने अपनी पूरी शक्ति लगाई है। इससे अधिक की प्रत्याशा किसी को मुझसे या मुझे अपने से नहीं करनी चाहिए।

सिद्ध गिरकर कर दिया मैंने कि अपनी
शक्ति भर ऊपर उठा मैं।

इन्हीं ऊहापोहों में दिन कटते गये और वाइवा की तारीख आ गयी।

मेरा वाइवा मई के अन्तिम सप्ताह में क्राइस्ट कॉलेज में था।

केम्ब्रिज में डॉक्टरेट की डिग्री शोधार्थी को अच्छी तरह ठोंक-बजाकर दी जाती है। लिखित प्रबन्ध से अधिक महत्त्व 'वाइवा' को दिया जाता है। लिखने में आप पुस्तकों से या दूसरे जानकार लोगों से वांछित अथवा अवांछित सहायता लेकर कुछ ऐसा भी प्रस्तुत कर सकते हैं, जो अपनी सूझ-बूझ या आपकी योग्यता से उद्भूत न हो, पर मौखिक परीक्षा में आप परीक्षक के रू-ब-रू हैं। जो आप हैं, जो आप सोच रहे हैं, जो आपकी स्थापना है, जो आपका तर्क है, वह आपकी आँखों से प्रतिबिम्बित, आपकी मुखमुद्रा से प्रतिच्छायित हो रहा है। आपके लब-लहजे ही बताते हैं कि जो आप कह रहे हैं वह कहाँ तक स्वयं आपकी प्रतीति है। अब न धोखाधड़ी से काम चल सकता है, न उधारी से। यही कारण है कि कई मामलों में शोध-प्रबन्ध तो स्तरीय माना गया पर शोधार्थी को डिग्री का हकदार नहीं करार दिया गया।

मौखिक परीक्षा के विषय में मैंने तरह-तरह की बातें सुन रखी थीं कि परीक्षक लोग थीसिस की धज्जियाँ उड़ा देते हैं—Tear it to bits; कि परीक्षा खुले कमरे में होती है, जिसमें श्रोता और प्रश्नकर्त्ता के रूप में भी युनिवर्सिटी के अध्यापक और शोधार्थी उपस्थित रह सकते हैं। ट्राइपास की परीक्षाएँ एक समय इसी प्रकार होती ही थीं। मेरे कुछ सह-शोधार्थियों ने तो मुझे विनोदपूर्ण धमकियाँ भी दे रखी थीं कि वे मेरी मौखिक परीक्षा में आयेंगे और मुझे embarrass

करेंगे—यानी मुझे छेड़ेंगे, और मैंने उनसे चिरौरी की थी कि 'बाबा, बख्शो मुझे।'

मेरा 'वाइवा' दो बैठकों में हुआ—11 से 1 तक की पहली बैठक में, जिसमें प्राय: वीवियन डि सोला पिन्टो ने मुझसे प्रश्न किये, फिर लंच के बाद—2 से 4 तक की दूसरी बैठक में, जिसमें प्राय: ग्राहम हफ ने मुझसे प्रश्न किये।

हेन ने 'वाइवा' के सम्बन्ध में जो हिन्ट्स मुझे दिये थे उनका मैंने ध्यान रखा। मैं समझता हूँ कि 'वाइवा' मैंने अच्छा किया।

स्वाभाविक था कि अपने परीक्षकों का चेहरा देखकर मैं यह भाँपना चाहूँ कि मेरी थीसिस अथवा मेरे मौखिक उत्तरों के सम्बन्ध में उन्होंने कैसी राय कायम की—अनुकूल कि प्रतिकूल। स्फिंक्स का चेहरा भले ही अपना भेद कभी कह दे, पर अंग्रेज़ का 'स्टोनी फेस' (ईट्स के शब्द हैं) अपने भीतर के भाव को कभी बाहर न झलकने देगा।

एक जून को डिग्री कमेटी की मीटिंग थी। 2 जून को दस बजे कार्यालय के बाहर के नोटिस बोर्ड पर परिणाम टाँग दिये जाने के पूर्व मुझे यह पता न लग सका कि मेरी थीसिस पी-एच० डी० के लिए स्वीकृत कर ली गयी है और मैं अगले कान्वोकेशन में डिग्री ले सकता हूँ।

मुझे याद है, मैं बावा को साथ लेकर गया था और उसी को आगे भेजकर मैंने नोटिस बोर्ड देखने के लिए कहा। वह दौड़ता हुआ आया और उसने मुझे बाँहों में भर लिया।

> मेरे मुँह से सहसा एक वाक्य निकला,
> 'इज़्ज़त रह गयी।'

मैंने सबसे पहले मि० हेन के पास जाकर उन्हें खबर दी और उन्हें प्रणाम किया, फिर मैं मि० हफ के पास गया।

हेन और हफ ने सबसे पहले 'डॉक्टर' कहकर मुझे सम्बोधित किया और मुझे बधाई दी। उनसे विदा लेकर मैंने तेजी को तार दिया।

श्रम सुफल होने पर मुझे खुशी तो बहुत हुई थी।

पर उसे मनाने के साधन का सर्वथा अभाव था।

गरीब के घर लड़का पैदा हुआ था।

जो ही मिलता था बधाई देता था और कहता था The occasion should be celebrated (इस अवसर पर तो दोस्तों को दावत दी जानी चाहिए), और मैं था कि आँखें चुराता था।

मैंने उस रात अपने को कमरे में बन्द कर लिया और रामायण का अखण्ड पाठ किया।

दूसरे दिन तेजी और बच्चों की बधाई का तार आया।

सबकी बधाई फीकी पड़ गयी।

चार दिन बाद तेजी का पत्र मिला। उनकी भी प्रतिक्रिया वही थी—मेरी इज़्ज़त रह गयी।

तेजी ने मेरे डॉक्टरेट पाने की खबर मेरे चित्र के साथ पत्रों में प्रकाशित करा दी थी और उसकी कटिंग मुझे भेज दी थी।

फिर तो कॉलेजों में डिनर के सिलसिले शुरू हुए। कॉलेज के मास्टरों अथवा प्रोवोस्टों ने मुख्य अतिथि के रूप में मुझे निमन्त्रित कर हाई टेबल पर अपने दाहिनी ओर बिठलाकर मुझे खाना खिलाया। यह केम्ब्रिज के कॉलेजों में सबसे बड़ा सम्मान समझा जाता है।

मेरी सफलता पर सबसे अधिक उत्साह-उल्लास सेंट कैथरीन्स कॉलेज की शर्ले सोसायटी के सदस्य-विद्यार्थियों ने दिखाया, मैं भी उसका सदस्य था। उन्होंने आपस में चंदा करके मुझे एक शाम काकटेल पार्टी दी। वे जानते थे, कई अवसरों पर देख चुके थे कि मैं शराब नहीं छूता, पर उस सन्ध्या को उनका आग्रह ज़बरदस्ती की सीमा पर पहुँच गया। सबने डा० बच्चन के लिए जामे-सेहत उठाये और कुछ ने एक शैम्पेन की बोतल खटाक से खोलकर उसकी फेनदार शराब मेरे सिर पर उलट दी।

मैं कैसे कहूँ कि उसकी कुछ बूँदों का स्वाद मेरे अधरों तक न पहुँचा!

उनकी स्नेह-सुरा से मैं भीग गया।

आज तक भीगा हूँ।

तेईस वर्ष बाद, जब ये पक्तियाँ मैं लिख रहा हूँ, उस शराब की ठण्ड अपने माथे, पलकों, गालों पर अनुभव कर रहा हूँ, होंठों पर उसका स्नेह-स्वाद भी।

इसका मलाल भी आज तक सँजोये हूँ—

मैं उन्हें कोई पार्टी न दे सका।

मैंने कभी एक गीत लिखा था, प्रथम पंक्ति थी,

'प्यार की असमर्थता कितनी करुण है!'

उस शाम को जी चाहा इसे थोड़ा बदल दूँ,

'दैन्य की असमर्थता कितनी करुण है!'

तब से वह शाम मुझे जितनी बार याद आयी, मैंने वह बदली हुई पंक्ति मन में दुहराई है।

कान्वोकेशन की तारीख नज़दीक आ रही थी।

नियमानुसार डिग्री लेने के लिए फीस के रूप में पाँच पौण्ड कॉलेज और छह पौण्ड युनिवर्सिटी को देने थे। यह भी बावा ने मेरे लिए चुकाये।

कान्वोकेशन के अवसर पर डिग्री लेने वालों को एक खास तरह की पोशाक पहननी पड़ती है। कॉलेज से आदेश उसके लिए आ गया—काला जूता, काला मोजा, काला डिनर-जैकेट-सूट, सफेद कमीज़, सन्ध्या को बाँधी जाने वाली सफेद टाई, सबके ऊपर एम० ए० का गाउन और सिर पर पी-एच० डी० की काली-चौखंटी-चोटीदार टोपी।

नये स्नातक बड़े उत्साह से नया सूट सिलवाते हैं; उनके जीवन का एक

महत्त्वपूर्ण अवसर होता है, फिर-फिर तो नहीं आने वाला है। केम्ब्रिज भर के दर्जी व्यस्त।

मैं तो नया बनवाने की स्थिति में नहीं था।

पर कपड़ों के सम्बन्ध में युनिवर्सिटी के नियम की अवहेलना नहीं की जा सकती थी।

किसी से मँगनी माँगने पड़े।

पहनकर चार्ली चेपलिन लगता हूँ।

अपने पर ठठाकर हँसता हूँ।

रुदन कभी-कभी हँसी का बाना भी धारण करता है। छिपता है क्या?

केम्ब्रिज युनिवर्सिटी का कान्वोकेशन बड़ा चित्रात्मक अवसर होता है।

वाइस चांसलर का जलूस चलता है, कॉलेजों के सामने के मार्ग के बायें फुटपाथ पर, सेनेट हॉल की ओर, जो बायीं ही तरफ पड़ता है। दर्शक दाहिने फुटपाथ पर लाइन लगाकर देखने को खड़े हो जाते हैं।

आगे-आगे खास तरह की काली वर्दी, काली टोपी में प्राक्टर और उसके दो सहायक चलते हैं, काँधों पर चाँदी की चमकती गदा रखे, गदा अपने हनुमानजी की-सी नहीं, मोटे डण्डे-सी, एक सिरे पर कुछ ज़्यादा मोटी। वाइस चांसलर काला, ऊपर कुछ चमकीले काम का, लम्बा गाउन पहनते हैं, दो 'पेज ब्वाइज़' काली वर्दियों में उसे पीछे से उठाये रहते हैं, फिर कोर्ट के सदस्य, बड़े अध्यापक अपनी-अपनी डिग्री के अनुरूप रंग-बिरंगे गाउनों में।

वाइस चांसलर सेनेट हॉल में आकर एक सिरे पर ऊँचे डायस पर बीचोंबीच में रखी एकमात्र कुर्सी पर बैठ जाते हैं। प्राक्टर-पेज ब्वाएज़ पीछे खड़े हो जाते हैं।

कार्रवाई सब लैटिन में होती है। अपने पल्ले कुछ नहीं पड़ती। संस्कृत में जैसे अनुस्वार-मकार की ध्वनि बहुतायत से आती है वैसे ही लैटिन में भी। ध्वनि से लगता है जैसे कोई बड़ी गम्भीर बात कही जा रही है। वातावरण गम्भीरता का होता ही है। ऊँची छत से आवाज़ प्रतिध्वनित होती गूँजती है।

स्नातक वाइस चांसलर के सामने जाकर घुटनों के बल बैठ जाता है, अपना हुड उतारकर दाहिनी तरफ रख देता है। बिल्कुल भारतीय पद्धति से हाथ जोड़कर बैठता है। वाइस चांसलर उसका जुड़ा हुआ हाथ अपने दोनों हाथों में लेते हैं, लैटिन में कुछ कहते हैं, स्नातक दाहिने हाथ से हुड उठाकर सिर पर रखता है, खड़ा होता है और बायीं ओर को मुड़ जाता है, जहाँ दरवाज़े पर उसकी डिग्री का कागज़ी सर्टिफिकेट उसे दिया जाता है, जिसे लेकर वह हॉल से बाहर निकल जाता है। अभी तक वह युनिवर्सिटी के सामान्य विद्यार्थी का गाउन ही पहने रहता है, बाहर निकलने पर वह अपनी विशेष डिग्री का गाउन पहन सकता है।

मुझसे पूछा गया था, डिग्री आप ईसाई पद्धति से लेंगे या गैर-ईसाई पद्धति से। शायद डिग्री देते समय जो शपथ दिलाई जाती है वह एक में फादर, सन एण्ड होली गोस्ट के नाम पर होगी, दूसरी में सिर्फ परमात्मा के नाम पर। अन्तर समझ में तो आने वाला था नहीं, फिर भी मैंने कह दिया था, गैर-ईसाई पद्धति से।

काश, तेजी और बच्चे यहाँ मौजूद होते और मुझे डिग्री लेते देखते।

ऐसे अवसरों पर अपने प्रियजनों का अभाव बहुत खलता है। शोक शायद हम अकेले भी मना लें, खुशी मनाने के लिए दो-चार अपने निकट होने ही चाहिए।

हेन और श्रीमती हेन मुझे डिग्री लेते देखने के लिए आ गये थे।

बावा अपना कैमरा लेकर आया था। उसने बाहर मेरी कुछ तस्वीरें लीं।

मिसेज़ हेन बोलीं, 'आज मैं तुमको पी-एच० डी० के शानदार गाउन में देखने की प्रत्याशा कर रही थी।'

मि० हेन ने उनका हाथ दबाया। वे मेरी आर्थिक स्थिति से अनभिज्ञ न थे। मिसेज़ हेन ने उनका संकेत समझा, और फिर पी-एच० डी० के गाउन की बात न की।

मेरे दो साथी अपने पी-एच० डी० गाउन में पास ही खड़े थे, उन्हें भी मेरे साथ ही डिग्री मिली थी।

एक हीन भावना का मन में उठना स्वाभाविक है।

मैंने पी-एच० डी० का गाउन और हुड दुकानों पर शीशे के लम्बे केसों से सजा अक्सर देखा था। अक्सर उनके सामने से जाते हुए सोचा था, एक दिन मैं ऐसा गाउन पहनने का अधिकारी बनूँगा, कितनी बार अपनी पीठ पर उस गाउन की कल्पना भी की थी, अच्छा सजता मुझ पर।

आज जब मैं उसे पहनने का अधिकारी हूँ, उसे नहीं पहन सका, नहीं खरीद सका।

लाचारी अपने को सन्तोष देने के बहुत से तर्क खोज लेती है।

गाउन न पहनने से मेरी डिग्री तो मुझसे नहीं छिन जायेगी।

'दिल के बहलाने को गालिब यह खयाल अच्छा है'

रात को कॉलेज में मुझे डिनर पर बुलाया गया। चूँकि सेंट कैथरीन्स कॉलेज से डॉक्टरेट लेने वाला एकमात्र मैं था, इसलिए मुझे टेबल पर प्रमुख स्थान दिया गया।

आज जो भी मुझे सम्बोधित करता है डा० बच्चन कहता है। नाम से पहले यह विशेषण पहले-पहल सुनता हूँ तो अनभ्यस्त होने से कभी-कभी लगता है जैसे किसी दूसरे को बुलाया जा रहा है।

खाना खत्म होने के बाद ऐन्टी-रूम में बैठता हूँ। सभी लोग मेरे शोध की उपलब्धि पर मुझसे बात करना चाहते हैं। मुझसे कोई बात करे भी तो किस विषय पर! मैं दो वर्ष से ऊपर इस विषय पर इतनी बातें करता-सुनता रहा हूँ कि अब चाहता हूँ लोग मुझसे इसकी चर्चा बन्द करें। अब मैंने अपने दिमाग का गियर बदल दिया है।

घर लौटने के सपने देख रहा हूँ।

बावा की भी परीक्षा का परिणाम घोषित हो गया है। 'स्टेटिस्टिक्स' में उसे

डिप्लोमा मिला है। प्रथम स्थान जिसकी उसे आशा थी, शायद, उसे नहीं मिला।

हम दोनों ही अपने-अपने कमरों में अपने-अपने सामान की पैकिंग में लगे हैं। कितना सामान इकट्ठा हो गया है मेरे चारों तरफ! सोचना है, क्या ले जाना है, क्या छोड़ना है, क्या सामान लकड़ी के क्रेटों में जायेगा, क्या बक्सों में। 'हल' में जाने वाले कौन-से बक्से होंगे, केबिन में रखने वाला कौन-सा बॉक्स। कागज़ों की छँटाई भी घण्टों होती है। शोध के लिए एकत्र नोटों की कापियाँ और थीसिस के सातों ड्राफ्ट बचाकर रखता हूँ। तेजी मेरे श्रम का सबूत पायेंगी, बच्चे कभी उनसे अपने काम के लिए प्रेरणा लेंगे।

डिग के कमरों में सेल्फ सर्विस थी, यानी हमें अपना कमरा अपने आप साफ करना पड़ता था।

सात-आठ दिन से बावा ने अपने कमरे की सफाई बन्द कर दी है। इतने रद्दी कागज़ फाड़-फाड़कर उसने फेंके हैं कि उसका कमरा चिरे-फटे-गन्दे कागज़ों का एक समुद्र हो गया है, उसी में छोटे-छोटे टापुओं के समान उसके दो बॉक्स, एक बड़े टापू के समान उसकी चारपाई।

मुझे भी अपने बहुत-से कागज़ों को नष्ट करना पड़ा है, पर मैं रोज़ उन्हें ले जाकर बाहर फेंक आता हूँ। कमरे की झाड़-पोंछ भी रोज़ करता हूँ। कमरे को पहले से ज़्यादा ही साफ रखता हूँ।

बावा मुझे यह सब करते देखकर हँसता है। व्यंग्य करता है, 'मालूम होता है, अभी आपको केम्ब्रिज में और रहना है।'

'नहीं, बात ऐसी नहीं है, मैं चाहता हूँ कि अगर कभी मुझे यह कमरा याद आये तो मैं इसका साफ-सुथरा रूप आँखों के आगे देखूँ। जाते समय यह कमरा मैं जैसा देखकर जाऊँगा वैसा मेरी स्मृति में बहुत दिनों तक बना रहेगा।'

आज बाईस वर्षों के बाद भी वह कमरा मेरी आँखों के सामने है—तीसरी मंज़िल पर कमरा—सड़क की ओर दो खिड़कियाँ, उस पर पतली जाली के परदे, खिड़की के पास काम करने की मेज़-कुर्सी, बगल में खड़ी मेज़, कुर्सी से ऊबता हूँ तो खड़ा हो जाता हूँ, खड़े-खड़े थकता हूँ तो बैठ जाता हूँ। उस कोने में बिजली की अँगीठी, साथ की अलमारी पर खाना खाने-बनाने के सामान-बर्तन। उस कोने में चारपाई, साथ की दीवार से लगी अलमारी किताबों, कापियों से लदी। चारपाई के साथ एक आरामकुर्सी है, कभी थककर उस पर बैठा हूँ और थोड़ी देर को आँख झँप गयी है, और मैं अपने घर-परिवार के बीच पहुँच गया हूँ या घर-परिवार मेरे पास आ गया है...

बावा कहता है, मैं तो अपने कमरे को कभी नहीं याद करूँगा।

क्यों याद करेगा! एक बड़ी दुःखद स्मृति इसके साथ जुड़ी है, इसी में उसे अपने पिता के अचानक देहावसान का तार मिला था और उसने रो-रोकर कमरे को सींच दिया था।

मेरे भी कितने तनाव, खिंचाव, हृदय-मन-मस्तिष्क मथने वाले क्षण इस कमरे से जुड़े हैं, पर उनसे त्राण के भी, राहत के भी। तनाव-खिंचाव के क्षण शायद

भूल भी जायें, राहत के क्षण कैसे भुलाये जा सकेंगे; क्योंकि वे स्वर बन गये हैं, शब्द बन गये हैं, लय बन गये हैं।

'मधुर लय का क्या कहीं अवसान है?

शोध-प्रबन्ध कह रहा था मेरे साथ चल...
कविता कह रही थी, मेरे साथ बह...
मैंने अपने मन से कहा था,
'गरम लोहा पीट
ठण्डा पीटने को
वक्त बहुतेरा पड़ा है।'

क्या बताना पड़ेगा कि 'गरम लोहा' क्या है, 'ठण्डा लोहा' क्या है? कविता का 'गरम लोहा' फौरन पीटना होता है। कल्पना की ललाई, भावनाओं का उत्ताप, लयों का लचीलापन ज़्यादा देर नहीं ठहरता।

यह कविता वहाँ उस कुर्सी पर बैठकर लिखी थी।

लाइब्रेरी में काम करने वाली लड़कियों से जिस दिन कहा था, 'अब मेरा काम पूरा होने वाला है और मैं देश लौटने वाला हूँ,' उस दिन उन्होंने अपनी आँखों से जो प्रश्न किया था, उसके उत्तर में यह गीत उस मेज़ पर खड़े-खड़े लिखा था—

चार दिन मेरा तुम्हारा हो चुका है, हेम हंसिनि,
और इतना भी यहाँ पर कम नहीं है।

कल्पना कंकड़ को उठाकर मुट्ठी में बन्द करती है और जब वह खोलती है, कंकड़ हीरा हो जाता है। हीरे की कद्र कम न करें, क्योंकि मैंने बता दिया है कि उसके मूल में कंकड़ था।

उस खिड़की से हवा का जो कम ठण्डा झोंका आया था उसने यह गीत लिखने को प्रेरित किया था,

अब हेमंत-अन्त नियराया
लौट न आ तू, गगन बिहारी।

और उसी खिड़की से दूर पर दिखती वृक्षावली से मेरे कलम में जो हरकत हुई थी, उससे यह गीत उतर पड़ा था—

'कह रही है पेड़ की हर शाख
अब तुम आ रहे अपने बसेरे।'

उस दरवाज़े से अंग्रेज़ी बसंत का जो रूप देखा था उससे अपना देसी बसंत कितना-कितना याद आया था!

बौरे आमों पर बौराये भौंर न आये, कैसे समझूँ मधु ऋतु आयी।
माना अब आकाश खुला-सा और धुला-सा,

फैला-फैला, नीला, नीला,
बर्फ-जली-सी, पीली-पीली दूब हरी फिर,
जिस पर खिलता फूल फबीला,
तरु की निरावरण डालों पर मूँगा, पन्ना
औ दखिनहटे का झकझोरा,
बौरे आमों पर बौराये भौंर न आये, कैसे समझूँ मधु ऋतु आयी।
माना, गाना गाने वाली चिड़ियाँ आयीं,
सुन पड़ती कोकिल की बोली,
चली गयी थी गरम प्रदेशों में कुछ दिन को
जो, लौटी हंसों की टोली,
सजी-बजी बारात खड़ी है रंग-बिरंगी,
किन्तु न दूल्हे के सिर जब तक
मंजरियों का मौर मुकुट पहनाये कोई, कैसे समझूँ मधु ऋतु आयी।
डार-पात सब पीत पुष्पमय जो कर लेता
अमलतास को कौन छिपाये,
सेमल और पलाशों ने सिंदूर पताके
नहीं गगन में क्यों फहराये?
छोड़ नगर की सँकरी गलियाँ, घर-दर बाहर
आया, पर फूली सरसों से
मीलों लम्बे खेत नहीं दिखते पियराये, कैसे समझूँ मधु ऋतु आयी।
प्रात: से सन्ध्या तक पशुवत मेहनत करके
चूर-चूर हो जाने पर भी,
एक बार भी तीन सैकड़े पैंसठ दिन में
पूरा पेट न खाने पर भी,
मौसम की मदमस्त हवा पी जो हो उठते
हैं मतवाले, पागल, उनके
फाग-राग ने रातों रखा नहीं जगाये, कैसे समझूँ मधु ऋतु आयी।
बौरे आमों पर बौराये भौंर न आये, कैसे समझूँ मधु ऋतु आयी।

बार-बार अपने को याद दिलाता हूँ, अपनी कविताओं के बारे में कम-से-कम कहना है, पर क्या करूँ, केम्ब्रिज का कमरा याद आये तो वे कविताएँ कैसे भुलाई जायें जो उसमें लिखी गयी थीं और वे गीत याद आयें तो वह कमरा कैसे भुलाया जाये जिसमें ये गीत लिखे गये थे। आखिरकार यह संस्मरण है।

केम्ब्रिज छोड़ने को अब फकत दो दिन हैं।
समय लेकर मि० हेन से विदा लेने गया।

हेन का मुझ पर बहुत बड़ा ऋण है। निर्देशक-शोधार्थी का औपचारिक सम्बन्ध तो हफ ने भी निभाया था, निश्चय मेरे व्यावहारिक हित को ध्यान में

गुरुओं की परम्परा में नहीं थे जिन्होंने यह उद्घोषणा की थी—शिष्यात्पुत्रादिच्छेद पराभवम्!

केम्ब्रिज की पी-एच० डी० की डिग्री बहुत बड़ी है।

आप चाहें तो कह सकते हैं, और मैं उस पर आपत्ति नहीं करूँगा कि इसे पाने का मुझे गर्व है।

पर आप इसे सच मानें कि इस पर मुझे अधिक गर्व है कि केम्ब्रिज में मैं हेन जैसे गुरु का शिष्य रहा।

उनकी एक और पुस्तक The Apple and Spectroscope (दि ऐपिल एण्ड स्पेक्ट्रास्कोप) भी मैं अपने साथ ले गया था; उस पर उन्होंने अपने हाथ से मेरा नाम लिख दिया था H. R. Bachchan (Discipulo) नीचे अपना पूरा नाम Tom Rice Henn लिख दिया था—लैटिन Discipulo, अंग्रेज़ी Disciple, हिन्दी शिष्य।

फिर भी मैं स्मरण करना चाहूँगा तुलसी का एक दोहा,

> हौंहु कहावत सब कहत राम सहत उपहास।
> साहिब सीतानाथ सो सेवक तुलसीदास॥

हेन ने जीवनपर्यन्त मेरे प्रति अपना गुरुत्व निभाया।

वे बराबर मेरी गतिविधि जानने को मुझे पत्र लिखते रहे—मैं कैसा हूँ, कहाँ हूँ, क्या कर रहा हूँ, क्या लिख रहा हूँ—मेरी कौन पुस्तक प्रकाशित हो रही है?

केम्ब्रिज से लौटने के ग्यारह वर्ष बाद, ईट्स की जन्म-शताब्दी पर जब मैंने अपनी थीसिस पुस्तक रूप में प्रकाशित की तो उन्होंने बड़ी खुशी से उसकी भूमिका लिखी। कभी आपको अवसर मिले तो उस भूमिका को देखें, मूल पुस्तक तो आपको रुचिकर न लगेगी, जब तक आप ईट्स की रचनाओं से पूर्णतया भिज्ञ न हों। मेरी पुस्तक को जो महत्त्व उन्होंने दिया, उसमें मेरे प्रति उनकी कृपा और उदारता ही अधिक बोलती है। ऐसे महान् व्यक्ति का कृपापात्र होना ही क्या कम महत्त्व की बात है!

भूमिका में एक स्थान पर वे लिखते हैं—

Dr. Bachchan is himself a Hindi poet of reputation and (so far as one may judge in translation) there is a striking similarity of approach particularly as regards images and symbols as between his own technique and that of Yeats.

(डा० बच्चन स्वयं हिन्दी के प्रख्यात कवि हैं, और जहाँ तक अनुवादों को देखकर कोई निर्णय कर सकता है, यह कहना गलत न होगा कि काव्य के प्रति दृष्टिकोण में, विशेषकर रूपकों और प्रतीकों के उपयोग में, उनकी और ईट्स की तकनीक में अद्भुत समानता है।)

मेरे ऊपर शोध-कार्य करने वाले भारत की कई युनिवर्सिटियों में मेरी कविता की मिट्टी पलीद कर रहे हैं। काश, उनमें से कोई हेन की इस स्थापना को लेकर

कुछ तत्त्व की बात कहता। खैर।

शताब्दी-वर्ष में ही जब मैंने ईट्स की 100 कविताओं का अनुवाद हिन्दी में करके छपाया, 'मरकत द्वीप का स्वर' के नाम से, तब उन्होंने उसकी एक प्रति मुझसे मँगाई, हालाँकि वे हिन्दी का एक अक्षर भी नहीं पढ़ सकते थे। उन्होंने मुझे लिखा था, 'अब तो केम्ब्रिज युनिवर्सिटी में हिन्दी विभाग भी खुलने वाला है और यहाँ बहुत-से हिन्दी जानने वाले होंगे, मैं किसी से पढ़वाकर तुम्हारा अनुवाद सुनूँगा।'

1970 में एक जम्बो जेट दिल्ली से न्यूयार्क तक की अपनी प्रथम उड़ान पर जा रहा था। ऐसे अवसर पर ऐसी प्रथा है, भारत सरकार कुछ जाने-माने नागरिकों को अतिथि-रूप में यात्रा करने के लिए आमन्त्रित करती है। तेजी को भी निमन्त्रण मिला था। तेजी लौटते समय लन्दन से मेरे पूर्व शिष्य ओंकारनाथ श्रीवास्तव को साथ लेकर, जो वहाँ बी० बी० सी० में उन दिनों काम करते थे, केम्ब्रिज गयीं। केम्ब्रिज पहुँचकर तेजी सेंट कैथरीन्स कॉलेज गयीं और वहाँ से हेन को फोन किया। उन्होंने फोन पर कहा, 'आप जहाँ हैं, वहीं रुकें, मैं आ रहा हूँ।' और वे अपनी कार लेकर फौरन कॉलेज आये और तेजी और ओंकार को अपनी गाड़ी में बिठाकर सारा केम्ब्रिज दिखाया, एक-एक जगह दिखाई, जहाँ मैं रह चुका था, लाइब्रेरी, कॉलेज का अपना कमरा, जहाँ-जहाँ मैंने काम किया था, फिर अपने घर, अपनी स्टडी में लिवा ले गये, जिसे दिखलाकर श्रीमती हेन ने कहा, 'इसी कमरे में आपके और मेरे पति ने न जाने कितनी शामों को घण्टों बैठकर काव्य और साहित्य की चर्चा की है।'

चलने लगे तो ओंकार ने हेन के पाँव छुये, 'आप तो मेरे गुरु के भी गुरु हैं।' तेजी बताती थीं, हेन की आँखों में आँसू भर आये थे।

अमिताभ 1973 में अपने विवाह के बाद हनीमून मनाने को लन्दन गये तो केम्ब्रिज भी गये और अपनी पत्नी के साथ उन्होंने मि० हेन के दर्शन किये। वे भावविभोर हो उठे। बहुत वृद्ध हो गये थे, बैसाखी पर चलते थे। एक पारिवारिक त्रासदी ने उनकी कमर तोड़ दी थी। उनके एकमात्र लड़के का भरी जवानी में अकस्मात् देहान्त हो गया था। मुझे सूचित करते हुए लिखा था, 'कृपया कोई संवेदना न व्यक्त करें।' मैंने ईट्स की पंक्तियाँ लिख भेजी थीं,

So like a bit of stone I lie
Under a broken tree,
I could recover if I shrieked
My heart's agony
To passing bird, but I am dumb
From human dignity.

मेरा हिन्दी अनुवाद है :

टूटे तरु के नीचे
छोटे-से पत्थर-सा पड़ा हुआ हूँ मैं कब से,

विजड़ित जड़िमा से।

मेरा दिल हल्का हो जाता,
डाली पर बैठी चिड़िया को
यदि मैं अपनी पीर सुनाता,
लेकिन मैं मुँह बन्द किये मानव गरिमा से।

एक पंक्ति में उनका उत्तर मिला था, 'तुम्हारा पत्र प्रतिध्वनि के समान आया है।'

और हेन अपना मुँह बन्द किये ही, पर मानव-गरिमा के साथ, इस दुनिया से चले गये।

हेन से जो मुझे मिला था, मेरे भाग्य ने अवसर ही न दिया कि मैं अपने शिष्यों को दे सकूँ। वही उनसे उऋण होने का एकमात्र उपाय होता—

गुरु ऋण रहा सोच बड़ जी के।

काश, मेरे पाठक परशुराम के प्रति कही गयी लक्ष्मण की इस व्यंग्योक्ति को उसके सन्दर्भ में अलग करके देख सकते।

मन में बड़ा मलाल हो रहा था कि इतने दिन बाद लौट रहा हूँ और बच्चों के लिए कुछ नहीं ले जा रहा हूँ। बावा ने मेरी वेदना देखी और मुझे दस पौण्ड और दे दिये। मैंने अमित के लिए एक छर्रे वाली बन्दूक ले ली—उसकी बाढ़ देखकर हम पहले सोचा करते थे कि वह फौज में जायेगा, हम उसे कभी-कभी फील्ड मार्शल अमिताभ कहकर पुकारते भी थे। बंटी के लिए मैंने बिजली से चलने वाली एक रेलगाड़ी ली। सोचा, तेजी पूछेंगी, 'मेरे लिए क्या लाये?' तो कहूँगा, 'तुम्हारे लिए तो मैं खुद ही आ गया'—वही उत्तर, जो मैं किसी समय श्यामा को बाहर से लौटने पर देता था। न उनके लिए कुछ लिया, न अपने लिए, राजन के लिए एक टाई ज़रूर ले ली, अपने स्नेह-बन्धन के प्रतीक रूप। पाँच पौण्ड बचाकर अपने पास रख लिये, नकद इतना ही अधिकतम समुद्री यात्रा में साथ ले जा सकता था।

केम्ब्रिज में हमारी आखिरी शाम आ गयी। बावा ने और मैंने सारी शाम घूम-घूमकर केम्ब्रिज के प्राकृतिक सौन्दर्य पर आखिरी नज़रें डालीं। मौसम ऐसा सुहाना तो कभी हुआ ही नहीं था, नदी, किनारों, फूल-पौधों, पेड़ों सब पर प्रसन्नता की आभा। हमारे जाने पर उसे उदास क्या होना था, न जाने कितने यहाँ आये और यहाँ से चले गये। कहीं हम भी तो प्रसन्न थे, अपने घर वापस लौटने की घड़ी आ जाने पर। कहीं हमारी भीतरी प्रसन्नता ही तो केम्ब्रिज नहीं प्रतिबिम्बित कर रहा था। अंग्रेज़ी निबन्धकार हैजलिट ने कहा है—The happiest part of the journey is the return. (यात्रा का सबसे सुखद अनुभव यात्रा से लौटने का है।)

केम्ब्रिज में हमारी आखिरी सुबह। हम उठकर तैयार हुए हैं, डिग के साथियों ने हमें नाश्ता करा दिया है, दस बजे हमें लन्दन के लिए ट्रेन पकड़नी है, बड़ा सामान एक दिन पहले टामस कुक के एजेन्टों द्वारा संभाल लिया गया है, अब तो हाथ में रहने वाला सामान साथ है, कुछ संगी-साथी मिलने आ गये हैं, मैं बड़े हल्के

मूड में हूँ, सबको एक गीत सुनाता हूँ :

बाबुल मोरा केम्ब्रिज छूटो री जाये।
चार दोस्त मिल बक्सा उतारें
हेन-हफ छूटो री जाये! बाबुल मोरा...

सेंट कैथ पर्वत भया, जीसस ग्रीन आकास,
जा गोरी घर आपने, मैं चला तेज के पास।
बाबुल मोरा केम्ब्रिज छूटो री जाये।

कमरे में हँसी के फौआरे छूट जाते हैं।

पर यह हल्का मूड बहुत देर नहीं रह पाता।

डिग से निकलकर बस स्टैण्ड तक जाने के लिए सेंट कैथरीन्स कॉलेज के सामने से होकर जाना पड़ता था।

कॉलेज के सामने पहुँचा हूँ तो मेरा पाँव ठिठक गया है। मि० हेन कॉलेज के लॉन पर टहल रहे थे, मुझे देखकर बाहर आ गये हैं, कहते हैं–

I knew you would like to have a look at your college before leaving Cambridge. (मुझे मालूम था कि केम्ब्रिज छोड़ने के पहले तुम अपने कॉलेज को एक नज़र देखना चाहोगे।)

मेरी आँख सेंट कैथरीन्स कॉलेज के लोहे के फाटक पर लगे सुनहले पहिये पर टिक जाती है। सेंट कैथरीन पुराकाल में एक साध्वी थी जिसे रोमनों ने लोहे के पहिये के नीचे कुचल-कुचलकर मरणान्तक यातनाएँ दी थीं; बाद को यही पहिया सेंट कैथरीन की अदम्य आस्था का प्रतीक हुआ, जैसे क्रॉस क्राइस्ट का। जब उसके नाम पर इस कॉलेज की स्थापना हुई, तब पहिया कॉलेज का विशेष चिह्न (Emblem) बनाया गया। केम्ब्रिज में जब-जब मुझे मानसिक यातनाओं से गुज़रना पड़ा था, यह पहिया मुझे याद आया था। मैं उस कॉलेज का सदस्य हूँ जिसकी संरक्षिका (Patron Saint) सेंट कैथरीन है। मुझे उसके धैर्य, उसकी आस्था से बल संचय करना चाहिए। नियति ने यों ही नहीं, किसी ध्येय से मुझे सेंट कैथरीन्स का सदस्य बनाया है। अगर मैं आज जीवन के पहिये के नीचे हूँ तो क्या शिकायत करूँ, मुझसे बहुत बड़े, बहुत निर्दोष, बहुत पावन जीवन के पहिये के नीचे आ चुके हैं और उन्होंने जो वेदना झेली है, उसे देखकर बहुतों को अपनी वेदना झेलना सहज हुआ है।

मेरे भीतर किसी ने कहा कि इस पहिये से जो प्रेरणा तुम लेते रहे हो, उसके लिए तुम्हें सेंट कैथरीन को धन्यवाद दिये बिना केम्ब्रिज से नहीं जाना चाहिए।

एक क्षण के लिए मैं पहिये के सामने नतमस्तक हो गया।

हे सन्त, तुम्हारे उस बलिदान का सन्देश मैं कभी न भूलूं। न जाने अभी जीवन कितना है, और न जाने अभी कितनी बार ऐसे पहियों के नीचे होकर जाना है।[1]

---

1. देखें मेरी कविता–'जीवन के पहिये के नीचे, जीवन के पहिये के ऊपर' (बुद्ध और नाचघर)

हेन, 'बों वइयाज' (यात्रा शुभ हो) कहकर अपन हाथ उठा रहे थे।

और उनके उस उठे हाथ में मुझे सेंट कैथरीन का आशीषदायी हाथ भी दिखाई पड़ता था।

लन्दन में दो दिन, दो रात रहना था। लगता था कैसे कटेगा यह वक्त। अब जी यही चाहता है कि जल्दी-जल्दी जाकर जहाज़ में बैठ जाऊँ और वह चले और बम्बई आने के पहले कहीं कभी न रुके। खैरियत है, कुछ करने को था। 14 को लन्दन स्टेशन के गोदाम में जाकर चेक करना था कि जो सामान केम्ब्रिज से थामस कुक ने इकट्ठा करके भेजा है, वह ठीक पहुँच गया है कि नहीं। 15 को वह जहाज़ में लदने वाला था। उसी दिन लन्दन युनिवर्सिटी के ओरियंटल विभाग में मुझे अपनी कुछ कविताएँ रिकॉर्ड करानी थीं, 18 को वहाँ एक हिन्दी कवि-सम्मेलन आयोजित था, मैं तो रुक नहीं सकता था, मेरी कुछ कविताएँ सुनवाने को रिकार्ड कर ली गयीं, मुझसे वादा किया गया था कि उसकी डिस्क बनवाकर भिजवा देंगे। अभी तक तो वह आयी नहीं।

रात जैसे-तैसे कट गयी।

15 को दिन को क्या करूँ? लन्दन में रहो तो कुछ घूमो-फिरो, कुछ करो-धरो।

लन्दन का क्यू गार्डन अपनी खूबसूरती के लिए दुनिया-भर में प्रसिद्ध है। देखने चला गया।

बाग अपनी पूरी जवानी पर था।

April showers
Bring May flowers.
अप्रैल की झड़ी
मई-फूलों की लड़ी!

और अप्रैल की बरसात से मई में जो फूल आये थे, वे जून के पहले पखवारे तक लहलहा रहे थे। पर हरे-हरे पौधों के बीच से झाँक रही थी तेजी, रंग-बिरंगे फूलों से अमिताभ-अजिताभ।

इंग्लैण्ड में आखिरी रात। इंग्लैण्ड में पहली रात भी इसी होटल में, घटनावश, इसी कमरे में काटी थी। तब से ठीक दो बरस, दो महीने, दो दिन की न जाने कितनी सुखद-दु:खद घड़ियों पर उँगली रखती स्मृति निद्रालोक में खो गयी है।...

सोते में जैसे सुबक-सुबक किसी के रोने की आवाज़ सुनकर जाग पड़ा हूँ।

पास के बिस्तर पर बावा नींद में रो रहा था।

उसने अपने पिता के शव को सपने में देखा था।

सुबह होने को थी।

पास रहने वाले दो भारतीय विद्यार्थियों ने आखिरी नाश्ते के लिए हमें निमन्त्रित कर रखा था।

10 बजे ट्रेन लन्दन से टिलबरी डाकयार्ड के लिए छूट गयी।

शुक्र है, लौटानी सफर शुरू हो गया है।

पी एण्ड ओ स्ट्राथीडेर बहुत बड़ा जहाज़ था। इतने बड़े जहाज़ में मैंने पहले कभी सफर नहीं किया था। आया था हवाई जहाज़ से, डबलिन गया था स्टीमर से। बावा इंग्लैण्ड आया भी था समुद्री जहाज़ से। जहाज़ पर वह मेरा गाइड बन गया था।

स्ट्राथीडेन होगा तो कम-से-कम एक फर्लांग लम्बा और सौ फीट चौड़ा और ऊँचा? समुद्री सतह के ऊपर आठ डेक A, B,C, D, E, F, G, H. ऊपर के तीन डेक प्रथम श्रेणी के, शेष पाँच टूरिस्ट क्लास के। टूरिस्ट क्लास के कोई नौ सौ यात्री थे, फर्स्ट क्लास के कितने होंगे, नहीं कह सकता। फर्स्ट क्लास के लोग प्रायः टूरिस्ट डेकों पर नहीं उतरते और न टूरिस्ट क्लास के डेकों पर चढ़ते हैं। मैं तो चढ़ता था। फर्स्ट क्लास में सबसे ऊँचे डेक पर किनारे-किनारे चारों ओर चलने का रास्ता बना था, उस पर लिखा था, 'इतने चक्कर करो तो एक मील होता है।' कुछ लोगों को चलने का शौक होता है, और कुछ लोग न चलें तो उनकी तन्दुरुस्ती ठीक नहीं रहती। ऐसों की सुविधा के लिए यह रास्ता बनाया गया था। मैं दोनों में हूँ। अलस्सुबह अभी जब फर्स्ट क्लास के यात्री सोते ही रहते होंगे, मैं ऊपर जाकर तीन-चार मील का चक्कर रोज़ लगा आता था। चलंतू किसी भी प्रथम श्रेणी के यात्री से कभी मेरी भेंट न हुई। मिलता भी तो शायद ही एतराज करता। मेरी पीठ पर कोई छाप लगी थी कि मैं टूरिस्ट क्लास का यात्री हूँ!

जहाज़ में यात्रियों के लिए केबिन होते हैं, रेल के डिब्बों जैसे, एक से छह 'बर्थ' के। स्ट्राथीडेन में कोई दो सौ केबिन तो होंगे। केबिन में कपड़े टाँगने के लिए एक अलमारी होती है, कुछ दराज़ कपड़े रखने के लिए, एक वाशबेसिन, और एकाध बैठने की छोटी कुर्सियाँ—कोशिश करने पर भी बावा को और मुझे एक ही केबिन न मिला था। पर हम सिर्फ सोने के लिए अपने-अपने केबिन में जाते, बाकी वक्त साथ रहते।

जहाज़ पानी पर तैरता एक छोटा-सा नगर ही होता है। स्ट्राथीडेन पर क्या नहीं था—केबिनों के अलावा, बैठक (लाउंज), मधुशाला, भोजनालय, कॉफीखाना, धूम्रपानगृह, नाचघर, बाल भवन, धोबी-दफ्तर, नाई की दुकान, अस्पताल, बैंक, पोस्ट ऑफिस, टेनिस कोर्ट, (डेक टेनिस खेलने के लिए, जो एक तरह के रबर के चक्र से खेला जाता है), सब तो था, यहाँ तक कि नहाने, तैरने के लिए तालाब भी। जहाज़ पर काम करने वाले खलासी, बेयरे तथा अन्य कर्मचारियों के रहने की जगहें अलग थीं।

दो वक्तों का खाना, नाश्ता, चाय टिकट में शामिल होता है। इसके अलावा कुछ खाना-पीना चाहें—केक, पेस्ट्री, सिगरेट, शर्बत, शराब तो उनके दाम अलग देने पड़ते हैं, पर जहाज़ पर चीज़ें बहुत सस्ती मिलती हैं, सिर्फ जहाज़ पर ही खाने-पीने के लिए—खरीदकर बन्दरगाह पर उतरें तो भारी चुंगी देनी पड़ती है।

हम दोनों ने ही केम्ब्रिज में दो बरस जी-तोड़ मेहनत की थी, ऊपर से तरह-

तरह की मुसीबतों के शिकार हुए थे। साथ ही हम दोनों यह भी जानते थे कि अपने-अपने घर पहुँचते ही हमें कई तरह की नयी और कठिन समस्याओं का सामना करना पड़ेगा। क्यों न हम इस अन्तराल में विगत और अनागत दोनों को भूलकर सिर्फ वर्तमान में जियें, इससे पिछली थकान से भी हमारा निस्तार होगा और अगली चुनौतियाँ भी हमें ज़्यादा ताज़ा और तैयार पायेंगी। भूत-भविष्य की स्थूल परिस्थिति, परिवेश से असम्बद्ध, निस्सीम समुद्र की सतह पर द्वीप की तरह तैरते हुए छोटे-से जहाज़ पर असम्भव तो नहीं कि यह सम्भव हो सके। हमने अपनी सागर-यात्रा भर के लिए एक-दूसरे को इस साबर-मन्त्र से दीक्षित किया।—

जो बीत गयी सो बात गयी
जो आयी नहीं छू पायी नहीं।

हमने आपस में तय किया कि हममें से कोई अगर दूसरे को कभी उदास देखे तो ज़ोर से गुदगुदा दे। और हमने मौके-बे-मौके एक-दूसरे को काफी गुदगुदाया।

जहाज़ में नींद बड़ी अच्छी लगती है। एक तो, जहाज़ के प्रोपेलर के चलने की गरर-गरर-गर...आवाज़ निरन्तर कानों में आती रहती है। और यह और कुछ न करे किसी और विचार को दिमाग पर बैठने नहीं देती। दो-एक दिन के बाद यह जहाज़ के अनवरत मन्द-मधुर संगीत के समान कानों में गूँजने लगती है, यहाँ तक कि जब आप जहाज़ से उतरते हैं तो कई दिनों तक इसके अभाव में आपको नींद नहीं आती। दूसरे, अगर मौसम सामान्य हो तो चलते हुए जहाज़ दाहिने-बायें और धीरे-धीरे हिलता है, ऐसा लगता है कोई आपको झूले में डालकर मन्द-मन्द झुला रहा हो और आप सो जाते हैं।

कोई गाता मैं सो जाता।
संसृति के विस्तृत सागर पर
सपनों की नौका के अन्दर,
सुख-दुःख की लहरों पर उठ-गिर बहता जाता मैं सो जाता।
कोई गाता मैं सो जाता।

सुबह उठकर मैं तो ऊपर डेक पर घूमने चला जाता और बावा किसी खुले डेक पर ज़्यादा मशक्कत-तलब कसरत करता। फिर नहा-धोकर हम लोग नाश्ता करने जाते। बाद में हम लाउंज में जाकर नये-नये लोगों से परिचय करते। जहाज़ में बड़ी अनौपचारिकता का वातावरण रहता है और किसी में मिलनसारी हो तो बहुत-से मित्र बना सकता है। लोग इससे खुश होते हैं कि आप स्वयं अपना परिचय देकर दूसरों से उनका परिचय माँगें। यह तो जहाज़ में ही स्पष्ट होता है कि दुनिया में कैसे-कैसे विचित्र लोग हैं और कैसी अकल्पनीय परिस्थितियों से गुज़रते हुए अपने जीवन का मार्ग बनाते हैं। अपने आप बनाकर खाने से ऊबे हम बना-बनाया खाना डटकर खाते और दिन में कुछ देर को सो जाते। शामों को जहाज़ पर तरह-तरह के मनोरंजन का आयोजन होता है, जिनमें हर आदमी अपनी रुचि के अनुसार भाग ले सकता है। दो-चार दिन तो समुद्र का फैलाव, उठती-गिरती लहरें अच्छी लगती हैं,

फिर इनसे ऊब होने लगती है। जिन पेड़ों-पत्तों-घास की ओर हम कभी ध्यान नहीं देते, उन्हीं को देखने को हम तरसने लगते हैं। जहाज़ पर इनका अभाव बहुत खलता है। कभी नोटिस करें, जहाज़ों में जो तस्वीरें लगी होती हैं वे पेड़, उद्यानों, जंगलों की होती हैं।

जिन्हें इन्सान की सोहबत पसन्द हो, जिन्हें इन्सानों में रुचि हो, जिन्हें मनुष्यों के वैविध्यपूर्ण चरित्र और वृत्ति के प्रति कौतूहल हो, उन्हें समुद्र के उबाऊ परिवेश से घबराने की ज़रूरत नहीं। मनुष्य सामाजिक प्राणी है और समाज से अपनी पटरी बैठी रखने के लिए प्राय: वह एक समाज-प्रत्याशित रूप अपने ऊपर आरोपित किये रहता है। जहाज़ हर मनुष्य को इस सामाजिक दबाव और नियन्त्रण से मुक्ति देता है और वह कुछ समय के लिए निजत्व में रहने का अवसर पाता है और अपने इस निजत्व में हमीं दूसरों की ओर आकर्षित नहीं होते, दूसरे भी हमारी ओर नि:संकोच खिंच आते हैं। मैं भारत या आयरलैण्ड के किसी ऐसे परिवेश की कल्पना नहीं कर सकता जिसमें नोरा ऐसी लड़की हमारे उतने निकट आ सके, जितनी कि वह उस जहाज़ी यात्रा में आयी।

नोरा को पिछले वर्ष आयरलैण्ड की सौन्दर्य-प्रतियोगिता में पुरस्कार मिला था, पर वह अपनी सुन्दरता के प्रति रंचमात्र सचेत न थी, साथ ही वह इतनी प्रसन्नचित्त थी कि लगता था, जैसे उसकी आन्तरिक प्रसन्नता के प्रवाह में उसका सौन्दर्य एक फूल के दोने के समान उतराता चला जा रहा हो। यदि वह यह जानकर मेरे निकट आती कि मैंने उसके देश के सबसे बड़े कवि के काव्य पर शोध किया है तो यह उसके आने की बड़ी जाहिर व्याख्या होती। नहीं, यह उसने कभी नहीं जाना। वह तो मेरे पास ऐसे आ गयी थी जैसे किसी कवि के पास उसकी कविता का विषय आ जाये और वह उसके प्रति न्याय न कर सके।

नोरा पर अपने प्रवास की मैंने अन्तिम कविता लिखी। कुछ पंक्तियाँ आप सुनना चाहेंगे?

सबसे कोमल
आयर-मधुवन की कलिका का
सबसे निर्मल
आयर-सागर के मोती का
सबसे उज्ज्वल
आयर-अंबर के तारे का
तुम नाम अगर मुझसे पूछो,
भर आह कहूँगा मैं नोरा।

वह पोर्ट सईद में उतर गयी।
उसके बाद हमें उसका कोई समाचार न मिला।
वह हमारा पता ले गयी थी।

मुझे पता नहीं कि बावा ने कभी उसके बारे में फिर सोचा या नहीं पर मैंने सोचा।

नोरा कहाँ होगी, कैसी होगी?

और मेरा मन भीतर से बोला है, नोरा कहीं होगी, सुखी नहीं होगी।

इतनी अन्धकारमयी, गन्दभरी और कठोर दुनिया नोरा जैसी कोमलता, निर्मलता, उज्ज्वलता को सह सकी होगी!

उसकी तो सत्ता ही प्रतिक्षण दुनिया को उसकी हीनता का बोध कराती होगी।

नोरा को अपने धरातल पर उतार लाने को दुनिया ने क्या किया होगा!

दुनिया की खींच, घसीट, बलात्कार ने नोरा की सहज, स्वाभाविक, सुकुमार प्रसन्नता को मिटा दिया होगा।

वह निश्चय दुखी होगी।

सुखी होती तो हमें ज़रूर लिखती।

ऐसे अपने मन का उल्लास ही बाँटते हैं, अपने मन का अवसाद-भार अकेले ढोते अनजाने, अनसुने रास्तों पर चले जाते हैं—'दे मन का उपहार सभी को, ले चल मन का भार अकेले।'

पोर्ट सईद की याद आते ही आँखों के सामने आ जाते हैं, उसके अरबी व्यापारी, जो लम्बी-लम्बी खुली नावों में मिस्र की कला-कारीगरी का रंगारंग सामान प्रदर्शित करते हुए जहाज़ को घेर लेते हैं। बिना जहाज़ पर आये वे डेक पर खड़े मुसाफिरों से—ऊँचे-से-ऊँचे डेक पर खड़े—कितनी खरीद-फरोख्त कर लेते हैं! वे लम्बी-लम्बी रस्सियाँ जहाज़ के सबसे ऊँचे डेक तक फेंकने में माहिर होते हैं। मुसाफिर उन्हें पकड़ लेते हैं और उन्हीं के सहारे वे बड़े-से-बड़ा सामान ऊपर पहुँचा देते हैं और मुसाफिर उनका दाम नीचे। बड़ी मोलतोल-सौदेबाज़ी होती है, नये मुसाफिर ठगे जाते होंगे, दाम वे चौगुना-पँचगुना माँगते हैं, यात्री कितना कम करने को कहेगा! कितनी भाषाएँ वे जानते हैं, मुसाफिर को देखते ही वे उसकी भाषा बोलने लगते हैं। मुझे क्या लेना था, मुझे तो किसी व्यापारी ने सम्बोधित भी न किया। तजुर्बेकार अरबी व्यापारी सूरत देखते ही अन्दाज़ा लगा लेते हैं कि यह खरीदने वाला आसामी है या नहीं।

दुनिया का हूँ दुनिया का तलबगार नहीं हूँ,
बाज़ार से गुज़रा हूँ, खरीदार नहीं हूँ।

स्वेज़ नहर में जहाज़ बहुत धीमे चलता है, कहीं-कहीं नहर इतनी सँकरी है कि डेक पर से किनारे खड़े आदमियों से बातचीत हो सकती है—होती भी है। बात करने वाले होते हैं—नहर के रक्षक, किनारे की छावनियों में पड़े फौजी सिपाही। लम्बी-लम्बी अवधि तक नारी सम्पर्क से वंचित ये सिपाही डेक पर खड़ी स्त्रियों को कितनी प्यासी नज़रों से देखते हैं! कोई-कोई प्यार भरे शब्दों से उन्हें सम्बोधित भी करते हैं, 'फ्लाइंग-किस' भेजते हैं। विनोद में योरोपियन स्त्रियाँ 'फ्लाइंग-किस' से प्रत्युत्तर भी देती हैं, क्या जाता है उनका, सिपाही क्षण-भर के लिए खुश हो जाता है।

लाल सागर में प्रवेश करते ही मौसम बदल गया—गरमी पड़ने लगी। हम

अपना तकिया-चद्दर लेकर खुले डेक पर आ जाते और वहीं सोते। खुले आसमान के नीचे सोने का सुख जब से भारत छोड़ा था, सपना हो गया था। चाँद-तारे हमारी कितनी प्रतीक्षा में थे। कभी हम जहाज़ के पिछले हिस्से पर ज़रूर खड़े होते तो जहाज़ चलने से समुद्र पर बनती, पीछे छूटती, सफेद फेन की लम्बी लीक दूर तक दिखाई देती, जैसे कोई लम्बा जहाज़ अज़दहा, जहाज़ को पकड़ने को चला जा रहा हो, पर पकड़ न पाता हो।

जहाज़ अदन पहुँचा कि किसी जहाज़ी कर्मचारी ने सूचित किया कि You will be received on behalf of the Government of India. यानी बन्दरगाह पर भारत सरकार की ओर से आपका स्वागत किया जायेगा। सोचने लगा, मैं कौन ऐसी मुहिम मारकर आया हूँ कि भारत सरकार मेरे स्वागत को तुतुआ उठी है। अदन में भारत सरकार का कांसुलावास है यानी Consulate! कांसुल महोदय अपनी किश्ती लेकर सीढ़ियों के पास मौजूद थे, हो गया न स्वागत! वे मुझे किश्ती में बिठाकर बन्दर पर ले गये और उनकी वजह से बिना किसी पूछ-पछोर के मुझे बाहर जाने दिया गया। वहाँ उनकी कार खड़ी थी, अपने निवास पर ले गये, चटपटी मसालेदार आलू की तरकारी और पूरी का नाश्ता कराया। रोम-रोम उनके प्रति कृतज्ञ हो उठा। चलने लगा तो बोले, 'एक पेटी है, क्रोकरी की, उसे अगर तकलीफ न हो तो अपने सामान के साथ रखवा लीजिये, इलाहाबाद में फलां सज्जन को आप पहुँचा दीजियेगा या उनको कहला दीजियेगा, वे आकर आपके यहाँ से ले जायेंगे।' पूरी-तरकारी का स्वाद अभी जीभ पर से न गया था, तकलीफ कैसे होती! पेटी रखवानी ही थी साथ। स्वागत का रहस्य खुल गया। अदन में विदेशी क्रोकरी सस्ती मिलती है, फ्री पोर्ट है, यानी चुंगी-फुँगी वहाँ नहीं लगती। कांसुल साहब अपने किसी सम्बन्धी को निहाल करना चाहते थे। यात्री-सूची से उनको मेरा पता लग गया होगा। और भारत सरकार की आड़ से उन्होंने अपना उल्लू साध लिया। उस पेटी को लेकर बम्बई में मुझे कितनी जहमत उठानी पड़ी।

लौटते समय अदन के बाज़ार से गुज़रा तो लगा जैसे हिन्दुस्तान के ही किसी बाज़ार से गुज़र रहा हूँ। कितने हिन्दुस्तानियों ने वहाँ अपनी दुकानें बैठा ली हैं। जहाँ सस्ते लाभ की गुँजाइश हो, वहाँ की ओर हिन्दुस्तानी व्यापारी बड़ी जल्दी लपकता है। दुनिया के किसी फ्री पोर्ट की मैं कल्पना नहीं कर सकता, जहाँ हिन्दुस्तानी व्यापारी न पहुँच गये हों। फिर ब्रिटिश भारत की प्रजा होने के नाते जहाँ-जहाँ ब्रिटेन की हुकूमत हो, वहाँ जाने-बसने का उन्हें कानूनी अधिकार था। सोचता हूँ, ब्रिटिश सत्ता की अधीनता का सबसे अधिक लाभ हिन्दुस्तान के बनियों ने उठाया था। इसी से तो शायद एक बनिये ने उस पाप का प्रायश्चित्त भी कर दिया।

जून समाप्त होने को था और अरब सागर में मानसूनी हवाएँ ज़ोरों से चल रही थीं। जहाज़ खूब हिचकोले खाता, और हमें समुद्री मतली का भी शिकार होना पड़ा। सारा जहाज़ ही समुद्री मतली से पीड़ित था और मैंने ऐसा सुना कि कई वक्त खाने के हॉल में कोई गया ही नहीं और बम्बई थी कि जैसे-जैसे नज़दीक आती जाती थी, वैसे-वैसे वह और दूर लगती थी।

आखिरकार दो जुलाई की शाम को हमें सूचित किया गया कि तीन को सवेरे हमारा जहाज़ बम्बई पहुँचेगा।

रात के लिए जहाज़ पर फैन्सी-ड्रेस-शो आयोजित किया गया था। मुझे नहीं याद है कि बावा ने या मैंने उसमें कोई खास भाग लिया। अगर हम अपने प्रियजनों के पास पहुँच रहे थे तो हमारी समस्याएँ भी हमें घूरती नज़दीक आ रही थीं। हमारे साबर-मन्त्र का प्रभाव अपनी अवधि समाप्त कर घटने लगा था। फिर भी अपनी ज़मीन पर पाँव रखने की आतुरता तो हमारे मन में थी ही।

रात देर तक चलने वाले खेल-तमाशे के बाद हम अपनी-अपनी कुर्सियाँ डेक पर ही डालकर लेट गये, प्रभात की पहली किरणों के साथ हम अपने देश की धरती के दर्शन करेंगे।

सुबह छह बजे से ही कुछ हिन्दुस्तानियों ने दूरबीन की सहायता से और हमने उसके अभाव में आँखों पर ज़ोर डालकर ही भारत के समुद्र-तट की धुँधली-सी रेखा देखनी शुरू कर दी। हमें लग रहा था, जैसे वह धरती के नयनों की कोर है जिससे वह हमारी सतत परीक्षा कर रही है। अपने देश की धरती नहीं, धरती माता की, माटी की, अपनी माटी की सन्तानों की प्रतीक्षा, जो कई दिनों से पानी-ही-पानी की सतह पर उतरा रही थीं।

जहाज़ 16 जून को लन्दन से रवाना हुआ था। इन 18 दिनों में कभी भी उसकी चाल इतनी धीमी प्रतीत नहीं हुई—स्वेज़ कनाल में भी नहीं...जितनी आज के तीन घण्टों में। नहा-धोकर डेक पर आया हूँ—किनारा दूर है। सामानादि ठीक-ठाक करके आया हूँ—किनारा दूर है। नाश्ता-वाश्ता करके आया हूँ—किनारा दूर है। यात्रा के साथियों से विदा लेकर डेक पर आया हूँ—और किनारा अब भी दूर है। और सहसा अब किनारा निकट आने लगा है तो जल्दी-जल्दी पास, और पास आता जाता है। दिन चढ़ने लगा है, हरे-हरे पेड़ों के कहीं आगे, कहीं पीछे, कहीं उनके बीच, कहीं लाल ईंटों के, कहीं सफेद चूने-पुते मकान, कहीं ऊँचे, कहीं नीचे दिखाई दे रहे हैं। और अब तो आदमी, जानवर, गाड़ियाँ, छोटी-छोटी पर साफ दिखती हैं। समुद्री चिड़ियाँ जैसे जहाज़ का स्वागत करने को उसके चारों ओर मँडलाने लगी हैं और उसके साथ-साथ उड़ती उसे किनारे पर ले जा रही हैं। जहाज़ तट पर लग गया है। कितने लोग अपने मित्रों-सम्बन्धियों का स्वागत करने आये हैं, हाथों में बम्बइया फूल-पत्तियों की मोटी-भारी मालाएँ लिये, चमकीले तागों से चमकती। बम्बई उतरनेवाले यात्री डेक पर आ गये हैं। डेक पर, तट पर खड़े लोग आँखे-ही-आँखें हो रहे हैं। दोनों ओर प्रत्याशित व्यक्तियों की तलाश में आँखें एक से दूसरे चेहरे पर फिसलती तट और डेक की लम्बाइयाँ नाप-नाप आती हैं।

तेजी ने मुझे केम्ब्रिज में ही सूचित कर दिया था कि वे बम्बई नहीं आ सकेंगी, बम्बई पहुँचने पर जो पहली गाड़ी मिले, उससे मैं इलाहाबाद के लिए रवाना हो जाऊँ, उन्हें तार दे दूँ, वे स्टेशन पर मेरा स्वागत करेंगी। फिर भी, इस पर मुझे पूरा विश्वास नहीं हुआ था। मुझे आश्चर्याल्हादित करने को तो न उन्होंने ऐसा लिख दिया हो कि जब मैं उनकी प्रत्याशा न कर रहा हूँ, वे सहसा प्रकट हो जायें।

मेरी आँखें तट के एक छोर से दूसरे छोर तक उन्हें खोज-खोजकर थक गयीं। वे नहीं आयी थीं। यह कल्पना मेरे लिए दु:खदायी थी कि शायद पैसों के अभाव ने उन्हें आने से रोका होगा। अपनी आर्थिक विवशता में इस समय वे कितनी उदास होंगी! सोच तो रही होंगी इस समय कि मेरा जहाज़ बम्बई आ गया होगा और मैं...

मुझसे कुछ दूरी पर बावा खड़ा था। उसे भी इसकी कोई प्रत्याशा न थी कि उसका स्वागत करने को कोई बम्बई आयेगा। वह भी किन्हीं खयालों में डूबा, उदास, डेक पर खड़ा था, रेलिंग पर झुका, शून्य में घूरता, जैसे यहीं से पंजाब के किसी कस्बे में बसे अपने परिवार के लोगों को देखने की कोशिश कर रहा हो।

मैंने उसे गुदगुदाने की सोची। उसके पास जाकर बोला, 'चलो, मैं तुम्हारा स्वागत करता हूँ।' और उसके गले में माला पहनाने का अभिनय किया। फिर मैंने कहा, 'अब तुम इसी तरह मेरा स्वागत करो।' हम दोनों ही एक-दूसरे से गले मिलकर खूब हँसे।

इतने में देखता हूँ कि जहाज़ से तट पर उतरने के लिए पुल जोड़ दिया गया है और मंगलाबाई और शंकराबाई खेतान एक बड़ी-सी माला लिये ऊपर आ रही हैं। उन्होंने मुझे माला पहनाई, 'डा० बच्चन का स्वागत।' फिर दोनों बहनें मेरे अगल-बगल खड़ी हो गयीं, एक फोटोग्राफर ने हमारी तस्वीर भी ले ली। मैंने दोनों बहनों से बावा का परिचय कराया।

तटकर अधिकारियों ने सामान के बारे में मुझसे जितने सवाल पूछे, उतने तो मेरे वाइवा के परीक्षकों ने भी न पूछे होंगे। फिर भी मुझसे बिना कुछ पुजाये उन्होंने मेरा पिण्ड न छोड़ा।

हमें मंगलाजी अपने घर लिवा ले गयीं—पीरामल हाउस, वर्ली में। बावा ने 3 की शाम को ही अपने घर के लिए प्रस्थान करने का आग्रह किया। मुझे 3 को इलाहाबाद जाने देने को मंगलाजी तैयार न हुईं। उस रात उन्होंने मेरे स्वागत में अपने यहाँ एक गोष्ठी का आयोजन कर रखा था। बोलीं, 'आपके बम्बई के परिचित, प्रशंसक, मित्र आपसे मिलना चाहेंगे और हम आपकी नयी कविताएँ आपके मुख से सुनना चाहते हैं जो पिछले दो वर्षों से 'धर्मयुग' आदि पत्रों में निकलती रही हैं।' मैं उनकी ज़िद न टाल सका।

घर के लिए मेरी उत्सुकता देखकर मंगलाजी ने इलाहाबाद के लिए एक ट्रन्ककाल बुक कर दी और जल्दी ही लाइन मिल गयी। तेजी और बच्चे आश्वस्त हुए कि मैं देश पहुँच गया हूँ, मैं आश्वस्त हुआ कि वे लोग कुशल-मंगल से हैं। कुछ और बात के लिए दोनों ओर मन बहुत भारी था। मैं सिर्फ इतनी सूचना दे सका कि 4 को कलकत्ता मेल से चलकर 5 की शाम को इलाहाबाद पहुँच रहा हूँ।

शाम को हम लोग बावा को स्टेशन पर छोड़ने गये। पिछले दो वर्षों में केम्ब्रिज में प्राय: रोज़ मिलने, महीनों साथ रहने से हम एक-दूसरे के बहुत निकट आ गये थे। एक-दूसरे से कोई दुराव-छिपाव नहीं, एक-दूसरे को समझने के लिए दिली आपसदारी, एक-दूसरे की व्यस्तता या फ़ुरसत में, बगैर हस्तक्षेप किये हुए, जहाँ भी आवश्यक हो, परस्पर सहयोग। घर से दूर, परदेस में, एक-दूसरे को बड़ा

सहारा थे। बावा का मुझ पर अतिरिक्त एहसान था। किफायत से रहने के व्यावहारिक तरीकों में मुझे दीक्षित करके, उसने मेरे लिए यह सम्भव किया था कि केम्ब्रिज में दो वर्ष बगैर बहुत कठिनाई के रहकर मैं अपना कार्य पूरा कर सकूँ। अन्त में, अपनी किफायत से बचाये हुए सौ पौण्ड से मेरी मदद कर उसने मुझे जीवन-भर के लिए ऋणी बना दिया था। मैं उसका सौ पौण्ड यथासमय चुकाकर भी ऐसा अनुभव करता हूँ कि उसे सौ बार भी चुकाकर मैं उससे ऋण-मुक्त नहीं हो सकता।

हमको अब अलग होना था। और एक-दूसरे से अलग-एकाकी अपनी-अपनी मुसीबतों, मुश्किलों से निबटना था। गाड़ी छूटने में अभी देर थी, पर हम दोनों ही चुप प्लेटफार्म पर खड़े थे, जैसे इस समय जो बहुत कुछ कहने को भीतर-भीतर उमड़ रहा है, उसकी भाषा चुप्पी है। हम एक-दूसरे की भावनाएँ आँखों-आँखों में समझ रहे थे। गाड़ी ने सीटी दी तो हमने एक-दूसरे के हाथों को ज़ोरों से दबाया, जैसे हमने आपस में कोई वादा किया हो। हाँ, हमने एक वादा किया था और वह वादा हम दोनों ही आज तक निभाते चले आ रहे हैं। वादा क्या था, इसे आपकी कल्पना पर छोड़ता हूँ। यह वादा मेरी बहुत बड़ी ताकत है और अगर आप बावा से कभी पूछें तो वह भी मेरा खयाल है, इन्हीं शब्दों को दोहरायेगा। वह आजकल होशियारपुर में व्यवस्थित है और वहाँ के गवर्नमेन्ट कॉलेज में गणित (सांख्यिकी) का प्राध्यापक है।

आज का दिन मेरे मन पर बड़ा भारी था। सुबह तेजी की असफल प्रतीक्षा, दिन को फोन पर उनकी भाव-भीगी आवाज़, शाम को बावा से विदा। मेरा जी चाहता था, किसी से न मिलूँ, न कुछ खाऊँ, न पिऊँ, दरवाज़ा भीतर से बन्द कर लूँ और बिस्तर पर जा गिरूँ। उधर मंगलाजी के मेहमान आ रहे थे, उन्होंने तीस-चालीस मित्रों-सहेलियों को खाने पर बुला लिया था, ड्राइंग रूम में बैठे लोग मेरी प्रतीक्षा कर रहे थे। उनकी बातचीत, हँसी-ठट्ठे की आवाज़ फ्लैट-भर में गूँज रही थी... तेजी मेरे लौटने के आखिरी चौबीस घण्टों के मिनट-मिनट गिन रही होंगी...बावा पंजाब मेल के डिब्बे में बैठा 'अपनी विधवा माँ और अनाथ भाई-बहन को किस हालत में पाऊँगा' की चिन्ता में डूबा होगा...

मैंने अपने से कहा, इस समय अपने में सिमटे रहना ठीक न होगा, बाहर निकलो! मैंने सिर के एक झटके से अपना मूड बदला, स्नान किया, जैसे मुझ पर से दिन-भर का सारा गर्द-गुबार धुल रहा हो, तेज नारायण—मंगलाजी के पतिदेव—से एक ढीला पाजामा और तनज़ेबी कुर्ता उधार माँगा—मँगनी के कपड़ों में केम्ब्रिज की डॉक्टरेट ले आया, अब किसी अवसर पर किसी के मँगनी के कपड़े पहनने में क्या शर्म! मंगलाजी से बोला, 'घर में कोई इत्र हो तो मुझे लगा दो।' और खुश-खुश ड्राइंग रूम में आ गया। खिड़की से देखा, दूर समुद्र ठाठें मार रहा था। समुद्र कम गम्भीर है? पर ऊपर-ऊपर कैसा अट्टहास कर रहा है। आज एक छोटे-से समुद्र का अभिनय तुम भी करो।

कमरे में कई टेप-रिकार्डर लगे थे। मंगलाजी ने गोष्ठी रचाई थी, मेरी नयी

कविताएँ सुनवाने के लिए और लोग हैं कि सुनना चाहते हैं 'मधुशाला', 'इस पार-उस पार'। कहता हूँ, 'भाई, अब तो उस पार से इस पार आ गया।' लोगों का मन रखना पड़ता है। मूड को हल्का रखने के लिए एक फ़िलबदी शुरू कर देता हूँ, 'अच्छा, मेरा नया 'आत्म-परिचय' सुनिये' :

मैं हूँ बच्चनजी मस्ताना,
लिखता हूँ मस्ती का गाना,
मैंने खोली है मधुशाला,
जिसमें रहती है मधुबाला,
जिसके हाथों में घट-प्याला,
मुझको निशा-निमन्त्रण आया,
मैंने गीत अकेले गाया,
('एकान्त संगीत' की ओर संकेत)
सुनकर सबका दिल घबराया,
('आकुल अंतर' की ओर संकेत)
मुझ पर क्या रंगीनी छाई,
मैंने सतरंगिनी सजाई,

बीच की पंक्तियाँ भूल रहा हूँ, जिनमें मेरी और रचनाओं की ओर इशारा था। आखिर की कुछ पंक्तियाँ शायद यों थीं–

मैंने प्रणय-पत्रिका भेजी,
पढ़कर बहुत खुश हुई तेजी,
डिग्री लाया हूँ केम्ब्रिजी
मुझको कहो डॉक्टर ए जी।
लेकिन नब्ज़ नहीं दिखलाना,
मैं हूँ बच्चन जी मस्ताना...

कमरे में हँसी के फौआरे छूट गये और जैसे मैं उसी में नहा उठा।

मैंने पढ़ना बन्द किया तो लोगों ने टेप चला दिये। भवानी भाई पास बैठे थे–अनुप्रास की महिमा देखिये कि 'भवानी' के साथ 'भाई' कैसा चस्पा हुआ है–उन्होंने साहित्यिक भाषा में मेरे कान में कहा, 'भैया, यह आत्म-विदूषकत्व आपको शोभा नहीं देता, हम आपकी गणना महाकवियों में करते हैं, कुछ गम्भीर सुनाएँ...' मुझे नहीं मालूम था कि भवनियाँ इतना बड़ा मुहर्रमी है। मैंने कहा, 'भवानी, तुम मेरा मूड नहीं समझ रहे हो, आज मैं अपना मज़ाक नहीं बनवाऊँगा तो खिड़की से कूद जाऊँगा।'

खैर, कुछ और कविताओं के बाद 'मधुशाला' हुई। नयी कविताओं तक लोगों ने आने ही नहीं दिया। मेरे काव्य-पाठ का कोई यज्ञ बिना 'मधुशाला' के शान्ति-पाठ के पूर्ण नहीं समझा जाता। लोग श्राद्ध कराके ही तृप्त हुए–'प्राणप्रिये, यदि श्राद्ध करो तुम मेरा तो ऐसे करना...'

लताओं को बहुत पसन्द करते। रात वाली बेल के फूल इस समय गहगहाकर फूले हुए थे।

सामने का लॉन वैसा ही हरा था। उसके पार बेलों की ऊँची बाड़ के पास, सीमेन्ट का गोल तालाब, पानी भरा, पर वे नीले, सफ़ेद, लाल कमल उसमें नहीं, जो मैंने कभी लगाये थे,

कौन श्यामल, श्वेत और औ रतनार नीरज–
के निकुंजों ने तुझे भरमा लिया है?

बगल के हिस्से में गुलाब के पौधे कुछ और बढ़ गये थे। पीछे नीबू के पेड़ों की कतार वैसी ही खड़ी थी, लॉन के उधर केलों की गाछ भी। रसोई के सामने कुछ साग-सब्जी लगाई जाती थी, अभी नहीं लगी।

तेजी अपनी नयी महराजिन का परिचय देती हैं, 'खाना बहुत अच्छा बनाती है।'

महराजिन टुप से बोल देती है, 'जब सरकार, सामानौ अच्छा होय।' (मतलब ?)

सबने साथ बैठकर खाना खाया। शुक्र है, यह दिन भी आया।

अमित-अजित का कौतूहल पल-पल बढ़ रहा था जानने को कि इंग्लैण्ड से क्या चीज़ उनके लिए आयी हैं।

वे अपना-अपना उपहार सिरहाने रखकर सो गये। रात ज़्यादा हो चुकी थी।

सब कुछ अपने चारों ओर प्राय: वैसा ही पाकर भी, जैसा छोड़कर मैं गया था, मुझे लग रहा था कि जैसे इस सब के पीछे कुछ खाली-खाली, खोखला-खोखला है, जैसे दीमक कभी-कभी किताबों में इस भाँति लगती है कि बाहर से तो वे जैसी की तैसी दिखती हैं, पर भीतर से उन्हें वे सफाचट कर चुकी होती है।

तेजी मेरे साथ एकान्त पाने को बेताब हो रही थीं। और जब घर की सब बत्तियाँ बुझा दी गयीं, तब वे उस अँधेरी बरसाती रात के सन्नाटे में एक छिन्न लता की भाँति निराधार-नि:सहाय मेरे ऊपर गिर पड़ीं। उनकी साँसें ऐसे चल रही थीं जैसे कोई थककर टूटा, त्यक्ताश तैराक अपनी समाप्तप्राय शक्ति के अन्तिम प्रयत्नों से किनारे को किसी तरह पकड़ हाँफ रहा हो।

कितनी देर बाद वह कुछ कहने की स्थिति में हुईं, मुझे कुछ पता नहीं, और जब बातें शुरू हुईं तो रात खत्म हो गयी, बातें खत्म नहीं हुईं। मैं तो समझता था कि दिनानुदिन मिलने वाले उनके पत्रों से मैं यहाँ के तियाँ-तियाँ समाचार से भिज्ञ हूँ, पर जो मुझे बताया गया था, जो मैंने जाना या अनुमाना था, वह तो बहुत सतही था, और अब जो यहाँ के हालात की असली शक्ल मेरे सामने नुमायाँ हो रही थी, उसे देखकर आश्चर्य मुझे इस बात पर था कि मेरे बाल सहसा सफेद क्यों नहीं हो गये और मेरे पाँवों के नीचे से धरती खिसक क्यों नहीं गयी!

और अगर यह पाँवों के नीचे से धरती खिसकाने वाली बात नहीं थी तो और क्या हो सकती थी।

कि तेजी का आखिरी ज़ेवर बेचा जा चुका था,

कि बैंक से आखिरी पैसा निकाला जा चुका था,

कि घर का आखिरी दाना पकाया जा चुका था!

और दूसरे दिन का राशन उस पाँच पौण्ड में से आया था जिनको मैंने जहाज़ पर 75/= रुपयों में बदलवा लिया था।

युनिवर्सिटी से जो मैं 27 महीने अध्ययन-अवकाश पर था, उनमें से केवल 10 महीने की छुट्टी मुझे सवेतन मिली थी।

मेरे दो प्रकाशकों में से एक ने दो वर्षों में रायल्टी के हिसाब में कानी कौड़ी न दी थी, और दूसरे ने 'सोपान' की अग्रिम रायल्टी के रूप में 3000/=क्या दिये थे, मानो उन्होंने मेरी सारी किताबों का कापीराइट ही खरीद लिया था, यानी उन्होंने भी वार्षिक रायल्टी का हिसाब देना बन्द कर दिया था।

रेडियो, कवि-सम्मेलनों से होने वाली आमदनी की मेरे प्रवास में होने के कारण कल्पना भी नहीं की जा सकती थी।

ले-दे के आते थे कुछ पैसे तो पारिश्रमिक के रूप में हिन्दी पत्र-पत्रिकाओं से, जिनमें छपने को अपनी कविताएँ मैं विदेश से भी भेजता रहता था—ऊँट के मुँह में ज़ीरा!

भारतीय नारी आभूषणों को बड़े चाव से बनवाती, पहनती और प्राण-पण से उनकी रक्षा करती है, पर जब उसके या उसके परिवार के मान, मर्यादा का सवाल उठता है तो वह उतने ही विरक्त भाव से उन्हें अपने बदन से उतारकर अलग कर देती है। हमारे परदादा नायब साहब के बाद, दुर्भाग्यवश, हमारे परिवार की कोई पीढ़ी ऐसी न गयी जिसके मान, मर्यादा को किसी-न-किसी आर्थिक संकट ने चुनौती न दी हो। और इन चुनौतियों का सामना कर मेरी दादी, मेरी माँ, मेरी पूर्व पत्नी श्यामा ने खानदान की इज़्ज़त बचाई थी। तेजी ने वही परम्परा निभाई।

जब मेरे एक मित्र ने मेरे बारे में झूठी अफवाहें सरकार के कानों में भरकर उससे मिलने वाली सहायता से मुझे वंचित करा दिया, तब तेजी ने सरकार को भी चुनौती दी : 'मेरा पति, सिर्फ तेरे कुछ चाँदी के टुकड़ों के भरोसे केम्ब्रिज से डॉक्टरेट करने नहीं गया। वह तेरी सहायता के बगैर भी अपना लक्ष्य पूरा करके आयेगा।'

और इसी ज़िद पर, जब एक दूसरे 'सज्जन' ने उनकी इज़्ज़त-अस्मत को चुनौती देकर ऐसी स्थिति खड़ी कर दी कि मैं अपने काम को अधूरा छोड़कर देश लौट आऊँ, तब केवल अपने बल-बूते उनका सामना करने का निर्णय लेकर उन्होंने मुझे शपथ दिलाई कि मैं अपना काम पूरा किये बगैर देश न लौटूँ। मैं आ ही जाता तो शायद वे कई वित्तीय साँकरों से बच जातीं। पर वे उन गुमनाम नपुंसकों को, जो उनकी बेबुनियाद बदनामी से शहर को ध्वनित-प्रध्वनित कर रहे थे, और हाथ की मैल जैसी चीज़ रुपये-पैसों को—मेरे मार्ग का रोड़ा बनने का श्रेय भी न देना चाहती थीं।

मेरी योग्यता-क्षमता, मेरे श्रम-संघर्ष और अन्त में मेरी सफलता में उनका कितना दृढ़ विश्वास होगा कि उसके लिए उन्होंने अपना सब कुछ दाँव पर लगा

दिया था,

औ' अडिग विश्वास का है श्वास चलता
पूछता-सा, डोलता तिनका नहीं है...
प्राण की बाज़ी लगाकर खेलता है
जो कभी क्या हारता वह भी जुआ है?

और

प्राण लगे हों बाज़ी पर तो पाँसे कब दो फेंके जाते?

और तेजी को अपने बल-बूते का भी कितना विश्वास था और उसकी कैसी कठिन परीक्षा हुई!

बेटों की सौगन्ध दिलाकर मुझे उन्होंने यह घटना बताई कि मैं सम्बद्ध व्यक्ति के प्रति किसी प्रकार का क्रोध-विरोध कभी न प्रकट करूँगा, सुनूँगा और भुला दूँगा। बात खत्म हो चुकी है सदा को।

घटना मैं भूल नहीं सका।—

पिछली दिसम्बर में राजन के पिता सख्त बीमार हो गये, उन्हें राजन को कुछ दिनों के लिए अपने पास बुलाना पड़ा। 'राक्षस' को उसका पता लग गया। वह इस घर की हर बात का अता-पता रखता था।

एक शाम वह अपनी मोटर में अकेला अचानक आ गया और तेजी से साथ चलने को कहा, और जब उनकी ओर से इनकार हुआ तो उसने ज़बरदस्ती उन्हें मोटर में बिठा लिया। तेजी ने भी बहुत विरोध न किया—आज यह भी देख लूँ कि यह किस बात पर उतारू हैं? घर पर वे कोई नाटकीय स्थिति न घटने देना चाहती थीं।

वह साठ-सत्तर मील की रफ्तार से मोटर चलाता उन्हें द्रौपदी घाट के निचाट में ले गया :

तुमने मेरे पुरुषत्व का तिरस्कार किया,
मेरे घर में मुझे बदनाम किया,
आज तुम्हें आखिरी फैसला करना है।

उसने अपनी पिस्तौल निकाल ली :

आज के तुम्हारे इनकार के अर्थ होंगे कि मैं तुम्हें भी खत्म कर दूँगा और खुद को भी। तुम्हें क्या कहना है?

सीता तैं मम कृत अपमाना
कटिहँउ तव सिर कठिन कृपाना
नाहिं त सपदि मानु मम बानी
सुमुखि होति न त जीवन हानी।

सब राक्षस एक ही प्रकार की भाषा बोलते हैं।

तेजी एक कगार के सहारे खड़ी हो गयीं।

'मुझे जो कहना था, एक बार कह चुकी।

मुझे न उसे दुहराना है, न बदलना है।

तुम चलाओ गोली। अगर मेरे बच्चों और बच्चन के भाग्य में यही देखना बदा है...मेरा भाग्य तो अब समाप्त होता है।'

और राक्षस ने गोली चला दी।

तेजी निश्चल खड़ी रहीं।

निशाना उसने अलग लिया। मारना वह चाहता भी नहीं था। प्राणों की धमकी से जो सम्भव हो सकता था, उसके लिए भी प्रयत्न एक बार कर लेना चाहता था।

उसने अपनी पिस्तौल हाथ से गिरा दी।

और अपना सिर लटका लिया।

वह पूरी तरह परास्त हो चुका था।

तेजी जाड़े की कुहरा-उतारती सन्ध्या में सधे और दृढ़ कदमों से चलती, लाल कुरती आयीं और वहाँ एक रिक्शे को खाली पाकर उसमें बैठ घर वापस आ गयीं, इतनी अविचल-शान्त जैसे सिविल लाइन से शॉपिंग करके लौटी हों। प्राणों का सौदा तो करके आयी ही थीं।

तेजी कह रही थीं—

'देखो, अब मुझे कभी अकेली मत छोड़ना।

मैंने देख लिया है कि इस समाज में अकेली नारी कितनी असमर्थ, कितनी असहाय, कितनी दयनीय है।'

तेजी ने यह घटना मुझे केम्ब्रिज में लिख भेजी होती तो?

तेजी ने मुझे बेटों की सौगन्ध न दिलाई होती तो?

मैंने केम्ब्रिज की डॉक्टरेट लेने के लिए कितना बड़ा खतरा उठाया था! कितनी भारी कीमत अदा की थी!

'बे दिये कीमत यहाँ वरदान कोई
मुफ्त में पाता कहाँ है?

पर वरदान डॉक्टरेट नहीं था।

वह तो बड़ी नगण्य वस्तु थी।

वरदान था, दोनों को मिला, अपनी-अपनी कसौटी पर खरा उतरा आत्मविश्वास, जो मनुष्य की सबसे बड़ी निधि है, और एक-दूसरे के प्रति विश्वास, जो मनुष्य द्वारा मनुष्य को सौंपी सबसे बड़ी धरोहर है।

सुबह होने को थी पर न तेजी की आँखों में नींद थी, न मेरी आँखों में—'न तुम सो रही हो, न मैं सो रहा हूँ मगर यामिनी बीच में ढल रही है'—उस रात को एक उम्र ही जैसे ढल गयी थी। मैं तो दिन में ट्रेन में सो लिया था, और तेजी ने रातों को जागने की आदत डाल ली थी। जब से उनको बच्चों को गायब करा देने की धमकी से भरे गुमनाम पत्र आये थे, तब से वे दिन को थोड़ा बहुत सो लेतीं और रात-रात

जागती रहतीं, सिरहाने एक बिजली का लैम्प जलता रहता और वे कोई उपन्यास पढ़ती रात काट देंती, अपने बच्चों पर पहरा भी देतीं—इलाहाबाद में तो छह महीने हम बाहर खुले में या बरामदे में सोते थे—किसी चौकन्नी शेरनी के समान। वे कहीं भी कमज़ोर हों, उनके बच्चों पर कोई आँख उठाये तो वे सिंहनी बनकर उस पर टूटेंगी। महीनों दिन-सोने, रात-जागने के विपर्यय की थकान और तनाव उनके शरीर पर भी थी, मनोशिराओं पर भी। उनका स्वास्थ्य बस टूटने-टूटने को हो रहा था।

और तेजी को परेशान करने में बाहर के बदमाशों ने जो कोर-कसर छोड़ी थी, वह साथ के किरायेदारों ने पूरी कर दी थी, विशेषकर उन्होंने जो हमारे हिस्से के ठीक ऊपर के हिस्से में रहते थे—पूर्वी उत्तर प्रदेश के किसी बड़े ज़मींदार के साहबज़ादे, जो कई सालों से युनिवर्सिटी में लॉ पढ़ रहे थे। किसी साल हाज़िरी पूरी न होने से उन्हें इम्तहान में बैठने की इजाज़त न मिलती, किसी साल वे खुद ही ड्राप कर जाते और किसी साल बेफिकरी से फेल हो जाते, और इस प्रकार अपनी पढ़ाई को शहर में रहने का एक बहाना बनाये रहते। वे और उनके गँवर भुच्च नौकर अपनी देहकानी हरकतों से हमें हर समय परेशान रखते थे। फिर भी मेरे युनिवर्सिटी में होने के कारण उनकी अचगरी कहीं एक सीमा मानती। मेरी अनुपस्थिति में उन्होंने तेजी को अपनी वहशियाना आदतों से बहुत हलाकान किया। आदमी ऐसी छोटी-छोटी, गो दिमाग को उलझन में डालने वाली, झंझट-बखेड़ा खड़ा करने वाली, सुरुचि पर आघात करने वाली और शान्तिकामी, क्रमबद्ध जीवन में खलल पहुँचाने वाली बातों के लिए थाना-कचहरी तो नहीं दौड़ता। पंजाबी में एक कहावत है, घर और कबर अकेली ही भली।

तेजी तो, जिसे कहते हैं, एकदम नर्वस ब्रेकडाउन की हालत में थीं। उन्होंने अपने ऊपर बहुत भार ले लिया था, और इसके लिए अपराधी मैं कम नहीं था। उस भार का दबाव अब अपनी सीमा पार कर चुका था और आवश्यकता इस बात की थी कि तुरन्त उनके भार को हल्का कर उन्हें कुछ राहत, आराम, विश्रान्ति दी जाय। अन्यथा किसी अनिष्ट के लिए मुझे तैयार होना पड़ेगा।

नर्वस ब्रेकडाउन की हालत तो मेरी न थी, पर पिछले दो वर्षों में जो श्रम मैंने किया था और जिन शारीरिक और मानसिक तनावों में होकर निकला था, उनसे मैं कम थका-टूटा नहीं था। और घर लौटकर जो मैंने देखा और पाया था, उससे अगर मैं न टूटा होता तो भी टूट जाना था। और मेरी सबसे बड़ी व्यथा तो यह थी कि अपनी सब प्रकार की थकन-टूटन में जिसका मुझे सबसे अधिक सहारा था, वह स्वयं टूट रहा था।

ऐसे समय मेरा ध्यान किपलिंग की प्रसिद्ध कविता If की ओर गया और उससे मैंने बड़ा बल संचय किया। पढ़ तो उसे मैंने बहुत पहले रखा था, पर शायद उसे समझने का उपयुक्त अवसर अब आया था, उससे प्रेरित होने का और उस पर चलने का भी। अब उसे पढ़ता तो मुझे ऐसा लगता जैसे वह मेरी ही सारी

परिस्थितियों को ध्यान में रखकर लिखी गयी हो। बड़ी कविताएँ अपने को पूरी तरह व्यक्त करने के लिए जीवन के गहन अनुभवों की प्रतीक्षा करती रहती हैं।

उसका एक भावानुवाद देना चाहूँगा, शायद वह मेरी जैसी स्थिति में पड़े किसी और को कभी बल दे—

"अगर तुम अपना दिमाग ठीक रख सकते हो, जबकि तुम्हारे चारों ओर सबके बे-ठीक हो रहे हों, और दोषी इसके लिए वे तुम्हें ठहरा रहे हों,

अगर तुम अपने ऊपर विश्वास रख सकते हो, जबकि सब लोग तुम पर सन्देह कर रहे हों, पर साथ ही उनके सन्देह की अवज्ञा भी तुम न कर रहे हो,

अगर तुम नीके दिनों की प्रतीक्षा कर सकते हो, और प्रतीक्षा करते-करते ऊबते न हो,

या जब सब लोग तुम्हें धोखा दे रहे हों, पर तुम किसी को धोखा न देते हो,

या जब सब लोग तुम्हें घृणा कर रहे हों, पर तुम किसी को घृणा न करते हो, साथ ही न तुम्हें भले होने का अभिमान हो, न बुद्धिमान् होने का,

अगर तुम सपने देख सकते हो पर सपनों को अपने पर हावी न होने दो, अगर तुम विचार कर सकते हो पर विचारों में डूबे रहने को ही अपना लक्ष्य न बना बैठे हो,

अगर तुम विजय और पराजय दोनों का स्वागत कर सकते हो, और दोनों में से कोई तुम्हारा सन्तुलन न बिगाड़ सकता हो,

अगर तुम अपने शब्दों को सुनना, मूर्खों द्वारा तोड़े-मरोड़े जाने पर भी, बर्दाश्त कर सकते हो, और उनके कपट-जाल में नहीं फँसते हो,

या उन चीज़ों को ध्वस्त होते देखते हो, जिनको बनाने में तुमने अपना सारा जीवन लगा दिया था, और अपने थके हाथों से उन्हें फिर से बनाने को उद्यत होते हो,

अगर तुम अपनी सारी उपलब्धियों का एक अम्बार खड़ा कर उसे एक दाँव पर लगाने का खतरा उठा सकते हो—हार होय कै जीत,

और सब कुछ गँवा देने पर अपनी हानि के विषय में एक शब्द भी मुँह से न निकालते हुए, उसे कण-कण पुनः प्राप्त करने के लिए सन्नद्ध हो जाते हो,

अगर तुम अपने दिल, अपने दिमाग और अपने पुट्ठों को फिर भी कर्म-नियोजित होने को बाध्य कर सकते हो जबकि वे पूरी तरह थक-टूट चुके हों, जबकि तुम्हारे अन्दर कुछ भी साबुत न बचा हो सिवा तुम्हारे इच्छा-बल के, जो उनसे कह सके, तुम्हें पीछे नहीं हटना है,

अगर तुम भीड़ में घूम-फिर सको मगर अपने गुणों को भीड़ में न खो जाने दो, और सम्राटों के साथ उठो-बैठो मगर जन-साधारण का सम्पर्क न छोड़ो,

अगर तुम्हें प्रेम करने वाले मित्र और घृणा करने वाले शत्रु, दोनों ही तुम्हें चोट न पहुँचा सकते हों,

अगर तुम सब लोगों का लिहाज़ रखो, लेकिन एक सीमा के बाहर किसी का भी नहीं,

अगर तुम क्षमाहीन काल के एक-एक पल का हिसाब दे सको,

तो यह सारी पृथ्वी तुम्हारी है और हर एक वस्तु जो इस पर है; साथ ही, वत्स, तुम सच्चे अर्थों में इन्सान कहे जाओगे,

जो उससे भी बड़ी उपलब्धि है।''

मैंने अपने चारों ओर की स्थिति का जायज़ा लिया तो मैंने अपना कर्तव्य साफ देखा—अपने लिए अगले कई वर्षों तक केवल श्रम-संघर्ष का जीवन। एक युग के श्रम-संघर्ष के परिणाम पर जो खुशी होनी थी, वह केम्ब्रिज में ही हो ली। अब फिर श्रम-संघर्ष का दूसरा युग आरम्भ हो रहा था।

हलाहल के दो युग के बीच
एक मदिरा की कल्पित रेख।

हलाहल के दूसरे युग में केवल एकाकी इन्सान की गरिमा के बल पर शायद ही मैं प्रविष्ट हो सकता जिसकी प्रत्याशा और माँग किपलिंग अपनी कविता में करते हैं। मेरे सामने मेरी पत्नी थी, मेरे बच्चे थे—देखने में स्वस्थ—इसके लिए शाबाशी तेजी को मिलनी चाहिए—पढ़ने-लिखने में तेज़—वे हर साल परीक्षा में अच्छे नम्बरों से उत्तीर्ण होते रहे और स्कूल से उनकी रिपोर्टें बड़ी अच्छी आती रहीं—मन से प्रसन्न, निश्चिन्त, निर्द्वन्द्व—उनकी छोटी-छोटी बातों में उनके होनहार होने के संकेत, मेरे लिए वे भविष्य की आशा, उज्ज्वलता और विश्वास के प्रतीक थे, और श्रान्त-क्लान्त होने पर भी श्रम-संघर्ष करने की प्रेरणाएँ। जब कोई हो, जिसके लिए मनुष्य जी सके, तभी जीवन का कुछ अर्थ होता है, कठिन होने पर भी वह सरल, सुखद लगता है। केवल अपने लिए जीना, जीने के लिए जीना, नरक भोगने से कुछ कम नहीं। मैं एक समय यह नरक भोग चुका था। तभी तो पूछा था,

किसके लिए? किसके लिए?

और मेरा प्रश्न निरुत्तर प्रश्न बनकर मेरे चारों ओर ध्वनित-प्रतिध्वनित होता रहा था। अब मैं अपने प्रश्न का उत्तर अपने सामने मूर्तिमान देख रहा था। इन आँखों का स्वप्न, इन कण्ठों का मुक्त ह्रास, इन हाथों की महत्त्वाकाँक्षा, इन पाँवों की अबाध प्रगति, इन कलियों का विकास, निश्चय ही मेरे अश्रु, स्वेद, रक्त का योग्य अधिकारी है। मैंने फिर अपनी कमर कसी और खुशी से, उत्साह से।

मैंने तेजी के घावों को सहलाया। जो बीत गयी सो बात गयी। जो हो गया सो हो गया। हम दोनों ही एक कठिन परीक्षा से निकले हैं, और 'असफल' हमारे शत्रु भी हमें नहीं कह सकते, उसके लिए मुसीबतें हमें चाहे जितनी उठानी पड़ी हों। आओ, हम एक-दूसरे को बधाई दें, हमें बधाई देने वाले बहुत नहीं हैं—जो हैं, उनमें भी अधिकतर औपचारिकता निभाने वाले, धन्यवाद भी दें—पति-पत्नी में भी थोड़ी औपचारिकता, थोड़ा शिष्टाचार शोभन होता है—तुमने जो साहस दिखाया, सहयोग दिया, उसी से मेरा यज्ञ पूरा हुआ। लोगों ने तो दूसरी ही भविष्यवाणियाँ कर रखी थीं। शुक्र है कि वे सच नहीं हुईं—आज वे ईर्ष्या-लज्जित हैं और मैं विजेता की भाँति घर लौटा हूँ—घर जो मेरी अनुपस्थिति में बहुतों की अशुभ प्रत्याशा और कुछ

के हैवानी-शैतानी प्रयत्नों के बावजूद उजड़ा नहीं। ज़रा कल्पना करो यदि यह यज्ञ विध्वस्त हो जाता—इसकी भी सम्भावना कम नहीं थी—तो आज हम कहाँ होते, लोग हमें क्या-क्या न कहते! हमें छोड़ो, हमारे बच्चे भी कितनी हीन भावना के शिकार होते, और हमारा भविष्य कितना अनिश्चित होता! कीमत तो हर उपलब्धि की चुकानी पड़ती है। ज्ञान किसी भी कीमत पर सस्ता ही माना गया है—यहाँ मैं अपनी कागज़ी डिग्री की बात मात्र नहीं सोच रहा हूँ। हम सबने—तुमने, मैंने, बच्चों ने उस अनुभव से कुछ पाया है। हर बात का परिणाम जल्दी सामने नहीं आता। मेरे बहुत से विश्वास टूट चुके हैं, फिर भी मैं आज भी ऐसा मानता हूँ कि तप का परिणाम अच्छे के सिवा दूसरा हो नहीं सकता—और यह तब भी होता जब उसका कोई प्रत्यक्ष रूप सामने न आता—मेरा मतलब है, अगर किसी कारण मुझे डॉक्टरेट न मिलती—गो अच्छे का रूप पहचानने में हमसे भूल हो सकती है, विलम्ब भी हो सकता है। आज हम जिस जगह हैं, उससे असन्तुष्ट होने का मैं कोई कारण नहीं देखता। एक बार मैं शून्य पर भी सीढ़ी खड़ी करने का साहस रखता हूँ। हम ऐसे आधारहीन नहीं। फिर हमें ऊपर खींचने वाले दो तारे हैं, उनको तारों के ही रूप में मैं केम्ब्रिज से देखा करता था—किसी कविता में इसका संकेत है, तुम्हें भेजी थी,

आँख जो ऊपर उठाई तो सितारे
दो रहे थे कर इशारे,
और तब से आज तक चलता रहा हूँ
एक उनके ही सहारे।

कल तक तुमने कुछ भी सोचा हो, सहा हो, पर आज तो मैं आ गया हूँ, और मेरा आना ऐसा कुछ बेमानी तो नहीं है। मैं सब कुछ सँभाल लूँगा, तुम कुछ समय के लिए अपने को एकदम ढीला छोड़ दो, तन को भी विश्राम दो, मन को भी, दिल को भी, दिमाग को भी। घर का प्रबन्ध भी मेरे हाथों में छोड़ दो, नौकरों को भी, बच्चों को भी, मोटर को भी—देखो, मैं कितनी किफायत से घर चलाता हूँ। तुमसे हाथ नहीं खिंच सकेगा, मैं ज़्यादा बढ़ाऊँगा ही नहीं, हमें कुछ बचाना भी पड़ेगा, सबसे पहले बच्चों की शिक्षा वाली राशि पूरी करनी है—पाई-पाई—इसके बिना मुझे चैन नहीं, फिर तुम्हारे बदन पर तुम्हारे गहने वापस लाने हैं—इन सब के ऊपर कुछ जोड़ना-बटोरना भी होगा, कभी किसी आपात स्थिति के लिए, जो जीवन में अक्सर अचानक उठ खड़ी होती है—किसी अघटित-घटित में हमारे बच्चों के पाँवों के नीचे धरातल इतना अस्थिर-अनिश्चित न रहे कि वे अपने को असहाय पायें। अपने दो बेटों, एक भतीजे को विकास के पथ पर हमें लगा देना है। लक्ष्य प्राप्त हो, न हो, लक्ष्य पर पहुँचना अपने ही हाथों में नहीं होता, पर लक्ष्य बनाकर ही चला जाता है। यह कम सौभाग्य की बात नहीं है कि हमारे सामने लक्ष्य है। वह आकर्षक है—प्रेरक भी। जब तक मैं अपनी पूरी शक्ति, सामर्थ्य नहीं लगा देता, तब तक मैं दैव, नक्षत्र, नियति को दोष नहीं देता। अव्यवस्था को व्यवस्था देना ही कला है। कलाकार तुम भी हो, मैं भी हूँ। आज अव्यवस्था ने हमें चुनौती दी है। मैं अपने कलाकार का सबसे बड़ा और पहला क्षेत्र जीवन मानता हूँ। शब्दों के क्षेत्र में सफल

होकर जीवन में असफल हो जाऊँ तो मैं अपने कलाकार को असफल ही मानूँगा। कलाकार की सफलता बाहर से ही देखने की चीज़ नहीं है। सफल हूँगा तो उसका संकेत मेरे मन की 'हारमनी' देगी, शान्ति देगी। अभी मैं विक्षुब्ध हूँ। पर 'हारमनी' लाने-पाने की खोज मेरी आज से ही शुरू होगी...अभी से...'

सुबह मैंने यात्रा में साथ लाये पैसे से राशन तो मँगा दिया था, पर जब-जब मुझे यह खयाल आता था कि अगर मुझे दो-चार दिन की देर हो जाती तो? तब मेरी ऊपर की साँस ऊपर और नीचे की साँस नीचे ही रह जाती थी।

मुझे याद आता, ईट्स की प्रेयसी माडगान ने कहीं लिखा था कि जब स्वाधीनता-संग्राम के दरमियान आयरलैण्ड में अकाल पड़ा तो आयरी किसान अपनी दीनता प्रदर्शित करने को बाहर न निकले, उन्होंने अपने दरवाज़ों पर कीलें मार दीं और मुँह में कपड़ा भरकर बिस्तरों में जाकर लेट गये।

तेजी में इतना स्वाभिमान है, इतनी आन है--सोडी सिक्खों के परिवार में पैदा होने के कारण कुछ प्रबल संस्कार तो वे लायी ही हैं--कि किसी के सामने हाथ फैलाने की नौबत आने पर कुछ उसी प्रकार का उग्र निर्णय लेने को वे तैयार हो जातीं...

नियति के किसी क्षेमकर विधान से मैं ठीक उसी दिन आ गया था जिस दिन मुझे आना था।

और मेरे आने के साथ ही, इलाहबादी कायरों की धमकी-भरी बंदे-खुदाई चिट्ठियाँ और अश्लील लांछनों से पूर्ण गुमनामी पत्र गायब हो गये थे।

कहाँ चले गये थे वे सब गोबरी गुण्डे और सींकिया सूरमा जो महीनों से टट्टी की आड़ में खड़े हुए अपने कलम भाँजा करते थे?

और कहाँ चले गये थे इलाहाबादी कौए और गीदड़ जो तेजी के, राजन के और मेरे बारे में कुछ सुनी, कुछ गढ़ी अफवाहों और कुछ कुरुचिवश, कुछ ईर्ष्या-द्वेष के कारण, कुछ बिल्कुल अकारण हम पर मढ़े आरोपों को शहर की गली-सड़कों पर, चाय-कॉफीखानों में पान-बीड़ी की दुकानों पर और अपनी गप्प-गपोड़ी-गोष्ठियों में कोंकोआते और हुहुआते फिरते थे?

क्यों यह शहर का शहर हमारा दुश्मन हो गया था?

हमारी सबसे बड़ी आवश्यकता थी कि तुरन्त कहीं से कुछ पैसे मिलें।

10 जुलाई को युनिवर्सिटी खुल गयी। और कायदे से मुझे दो महीने की गरमी की छुट्टियों की तनख्वाह के रूप में 1000/=मिल गये। मुझे खेद के साथ लिखना पड़ता है कि इलाहाबाद युनिवर्सिटी में भी मेरे प्रति यदि विरोध का नहीं तो असहानुभूति और उपेक्षा का वातावरण था। स्वयं मेरे विभागाध्यक्ष यह नहीं चाहते थे कि गरमियों की छुट्टी की तनख्वाह मुझे मिले, इसे वे उस व्यक्ति को दिलाना चाहते थे, जिसने मेरी अनुपस्थिति में अस्थायी रूप से काम किया था। यह बड़ी आसानी से हो जाता अगर मैं उसी दिन युनिवर्सिटी न ज्वाइन करता, जिस दिन युनिवर्सिटी खुली थी। केम्ब्रिज छोड़ने के पहले विभागाध्यक्ष ने जो पत्र मुझे लिखा

था—वह पत्र अभी तक मेरे पास रखा है—उसमें चार स्थानों पर लिखा था कि युनिवर्सिटी 13 जुलाई को खुल रही है, कि किसी तरह यदि मैं 10 को न पहुँचूँ तो उनकी मंशा पूरी हो जाये। उन्होंने पहले भी जो किया था और आगे भी जो किया, उससे ऐसा भोला-भोला षड्यन्त्र उनसे बईद न था।

उस वर्ष अंग्रेज़ी विभाग में एक अतिरिक्त रीडर की नियुक्ति होने वाली थी। मुझे इलाहाबाद लौटने पर पता चला था कि वह पद मेरे वापस आने के पूर्व दफ्तरी वरिष्ठता के आधार पर भर दिया गया था। जब वाइस चांसलर, विभागाध्यक्ष, पदार्थी (पद+अर्थी) एक ही जाति के हों, तब परम्परागत वरिष्ठता की आड़ लेकर भाई-भतीजावादी मनोवृत्ति को सन्तुष्ट कर लेना कितना आसान हो सकता था! क्या रीडर की नियुक्ति में जल्दबाज़ी इसलिए नहीं की गयी थी कि केम्ब्रिज से डिग्री लेकर वापस आने पर निश्चय मैं उनका एक सबल प्रतिद्वन्द्वी सिद्ध हूँगा? और क्या कभी-कभी वरिष्ठता की परम्परा के अपवाद के उदाहरण भी युनिवर्सिटी के इतिहास में नहीं मौजूद थे?

इतना ही नहीं, वे आगे भी पदोन्नति के 'क्यू' में लगे लोगों के हित में, जिनमें उनका अपना सगा भाई भी था, मेरा युनिवर्सिटी में रहना ठीक नहीं समझते थे। वे मेरी बड़ी प्रशंसा करते, 'तुम इतनी बड़ी युनिवर्सिटी से इतनी बड़ी डिग्री लाये हो, केम्ब्रिज युनिवर्सिटी से डॉक्टरेट लेने वाले तुम दूसरे भारतीय हो, पर कितनी विडम्बना है कि यहाँ वरिष्ठता की परम्परा चलती है, और हम तुम्हारे लिए कुछ भी नहीं कर सकते।' (दुर्भाग्यवश, वे स्वयं वरिष्ठता की परम्परा से ही अपनी कुर्सी पर बैठे थे और चाहते थे ऐसा दुर्भाग्य सबके भाग्य में आये।) वे मेरे सामने सुझाव रखते, 'अगर किसी युनिवर्सिटी में विभागाध्यक्ष की जगह खाली हो तो तुम्हें फौरन मिल सकती है।' इसके लिए वे पूरी तरह मेरी सिफारिश करने को भी तैयार थे। शायद उन्हें नहीं मालूम था कि केम्ब्रिज की डिग्री अपने आप में इतनी बड़ी है कि वह किसी की सिफारिश की मुहताज नहीं रहती। पर विभागाध्यक्ष अपनी महत्ता और प्रभाव के प्रति अचेत कैसे रहे! विभाग से मुझे हटाने का उनका सूक्ष्म षड्यन्त्र देखते हुए भी मैं उनके प्रति बाहर से कृतज्ञता दिखलाता।

मन से मैं इलाहाबाद छोड़ना नहीं चाहता था। पीढ़ियों से इलाहाबाद मेरी मातृभूमि-पितृभूमि थी। इलाहाबाद युनिवर्सिटी के प्रति भी मेरा कम लगाव नहीं था। जिस युनिवर्सिटी का मैं विद्यार्थी था, उसी युनिवर्सिटी में मैं अध्यापक हूँ, इस पर मुझे गर्व ही नहीं था, इसका मेरे लिए एक भावात्मक मूल्य था। यह संस्था एक कड़ी थी जो मुझे मेरे प्रारम्भिक यौवन के श्रम-संघर्ष के दिनों के साथ मेरे वर्तमान जीवन के कतिपय सुख-सुविधाजनक दिनों को जोड़ती थी। नियति के किसी विधान से मेरी गिरावट का थदन फिर लौट आया था, और मैं इसी ज़मीन पर एक बार फिर उठने का स्वप्न देखता था। युनिवर्सिटी के साथ मेरा और एक विशिष्ट सम्बन्ध था, जिसके प्रति मैं सचेत भी था और जिसका किसी अर्थ में अभिमानी भी। ऐसे लोग युनिवर्सिटी भर में इने-गिने थे, अंग्रेज़ी विभाग में तो कोई भी और न था। कोई कानपुर का था, कोई गोरखपुर का, कोई देहरादून का तो कोई

लखीमपुर का, कोई झाँसी का तो कोई फर्रुखाबाद का, कोई बम्बई का तो कोई बारीसाल का, या और कहीं-कहीं का—सब 'स्यूडो इलाहाबादी'। मैं खानदानी इलाहबादी होकर इलाहाबाद युनिवर्सिटी का था, जिसकी सात पीढ़ियाँ यहीं की मिट्टी में जन्म, पल, बढ़, इसी की मिट्टी में विलीन हो गयी थीं। मेरे दोनों लड़के भी यहीं जन्मे और इसी की माटी में खेले थे और मेरा अरमान था कि उन्हें यहीं के संस्कार मिलें। इसकी मिट्टी, इसके हवा-पानी, इसकी परम्परा, इसकी शिक्षा-संस्था, सबसे बड़ी शिक्षा-संस्था से मेरी जो रक्त की आत्मीयता थी, उसे विभागाध्यक्ष समझ ही नहीं सकते थे। उनकी बातों को सुनकर मैं सोचता, क्या जो मेरा मातृ-विद्यालय (आलमा मेटर) है, वह अपने एक योग्य बेटे को अपनी गोद में शरण देने को तैयार नहीं है? क्या मैं यहीं रहकर अपनी रोज़ी-रोटी नहीं कमा सकता? क्या यहीं रहते हुए मेरी उन्नति-पदोन्नति का द्वार नहीं खुल सकता? केम्ब्रिज में बैठे हुए भी मैं अपने इलाहाबाद को नहीं भूला था, याद किया था, लिखा था, **'लिखता हूँ अपनी लय-भाषा सीख इलाहाबाद नगर से।'**

और वही इलाहाबाद मेरी अवहेलना कर रहा था, मुझे बहिया देना चाहता था; क्योंकि कुछ अयोग्यों को मेरी योग्यता सह्य न थी।

मैं जिस दिन से लौटकर आया था, उस दिन से विभाग कदम-कदम पर मुझे महसूस करा देना चाहता था कि तुम यहाँ वांछित नहीं हो।

मुझे नहीं याद कि केम्ब्रिज से मेरे डॉक्टरेट लेने पर किसी ने खुलकर मुझे बधाई भी दी हो, सिवा डाक्टर दस्तूर के, जो अपनी नयी पत्नी के साथ मेरे घर आकर मुझसे मिले थे, और मुझे मुबारकबाद दी थी।

विलायत की एक बहुत गलत तस्वीर अपने मन में बसाये मेरे बहुत-से सहयोगियों को पहली मुलाकात पर सिर्फ यही कहने को था, 'खूब मजे किये होंगे।' मेरे पूर्व मेरे विभाग के एक नवयुवक सहयोगी श्री इकबाल अहमद 9 महीने के लिए इंग्लैण्ड गये थे और योरोपीय नाच सीखकर लौट आये थे, साथ आये थे सरपेंटाइनलेक, हाइड पार्क और सोहो की सस्ती रात-बालाओं से अपने प्रेमाभिसार के जूसी किस्से जिन्हें हमारे यौन-बुभुक्षित साथी लोग मुँह बा-बाकर सुना करते थे; जैसे उनके वर्णन से भी दो-चार बूँदें उनके मुख में टपक पड़ेंगी। इकबाल साहब अब पाकिस्तान चले गये थे, पर अपने किस्सों की प्रतिध्वनियाँ यहीं छोड़ गये थे।

स्कालर कहलाते हैं! पर किसी ने मेरे काम के प्रति कुछ भी जिज्ञासा नहीं प्रकट की। मेरी थीसिस ही एक नज़र देखना चाहते।

मैं चाहता था कि युनिवर्सिटी मेरी थीसिस ही प्रकाशित करा दे। मैंने भारत सरकार के शिक्षा मन्त्रालय से प्रार्थना कर प्रकाशन का आधा खर्च देने के लिए उसे तैयार कर लिया था बशर्ते कि युनिवर्सिटी आधा खर्च देने को तैयार हो। युनिवर्सिटी नहीं तैयार हुई। विभागाध्यक्षों ने मुझसे कहा था, 'अभी तो हमारे यहाँ ही प्रस्तुत की गयी थीसिसें अप्रकाशित पड़ी हैं, हम केम्ब्रिज युनिवर्सिटी की थीसिस कैसे प्रकाशित करें।' काश, वे प्रकाशित हो जातीं तो इतना तो पता चलता कि इलाहाबाद युनिवर्सिटी में अंग्रेज़ी शोध का स्तर क्या है!

युनिवर्सिटी से एक अंग्रेज़ी की पत्रिका निकलती थी। सम्पादक हमारे ही विभाग के थे। उन्होंने साल-भर में एक बार भी मुझसे न कहा कि मैं उनकी पत्रिका में केम्ब्रिज में युनिवर्सिटी-जीवन या ईट्स से सम्बन्धित किसी विषय पर कुछ लिखूँ।

युनिवर्सिटी में एक्स्ट्रा म्यूरल व्याख्यान होते हैं। मुझसे कभी प्रार्थना न की गयी कि केम्ब्रिज युनिवर्सिटी के विषय में या ईट्स-साहित्य के किसी पक्ष पर कोई व्याख्यान दूँ। 'भारत और ईट्स' पर एक व्याख्यान देने के लिए मुझे नगर के रोटरी क्लब ने निमन्त्रित किया। मुझे नहीं याद कि मेरे सहयोगियों में से कोई उस व्याख्यान में उपस्थित हो।

और तो और, जब मैं इंग्लैण्ड जाने लगा था, तब विभाग की ओर से मुझे चाय-पार्टी दी गयी थी। जब मैं लौटा, तब? मुझे याद आया केम्ब्रिज के कितने कॉलेजों ने, मुझे निमन्त्रित कर अपने यहाँ के हाई टेबल पर मुझे मुख्य अतिथि का सम्मान दिया था।

कहने की सीमा होती है
सहने की सीमा होती है
कुछ मेरे भी वश में मेरा कुछ सोच समझ अपमान करो।

और अपमानित कर रहे थे मुझे विभागाध्यक्ष और मेरे सहयोगी, मेरी उपेक्षा करके। हम तुम्हारी डिग्री को कोई महत्त्व नहीं देते। उसकी कोई परवाह नहीं करते। केम्ब्रिज से डिग्री ले आये तो कौन बड़ी लाट खड़ी कर दी। शायद उन्होंने मुझे 'डॉक्टर बच्चन' कहकर सम्बोधित करने में भी अपनी हीनता समझी। उनके लिए मैं बच्चनजी था, बच्चनजी बना रहा—हिन्दी का कवि!

देखत ही हर्षे नहीं नयनन नहीं सनेह
तुलसी तहाँ न जाइये कंचन बरसे मेह।

ये सारी बात, न चाहते हुए भी, मुझे भीतर से कहीं तैयार कर रही थीं कि अवसर मिले तो मैं इलाहाबाद से हट जाऊँ।

जुलाई में ही पण्डित जवाहरलाल नेहरू इलाहाबाद आये—साल में दो-तीन चक्कर उनके इधर लगते थे। वे जब आते, आनन्द-भवन पर एक नयी आभा छा जाती। भीतर-बाहर चारों ओर सफाई होती, रात को कमरे-कमरे में रोशनी, मिलने वालों का ताँता लग जाता—मोटर, ताँगों, रिक्शों, इक्कों से आनन्द-भवन घिर जाता—'एक प्रविसहिं एक निर्गमहिं भीर भूप दरबार'—भूप-से वे थे ही, देश के भी, देशवासियों के दिलों में भी। सामने से आने-जाने वालों को भी पता लग जाता, पण्डितजी आ गये हैं। उनमें कुछ ऐसा आकर्षक और उत्प्रेरक था कि उनके आते ही नगर-भर कुछ अज्ञात उल्लास का अनुभव करता।

मैंने केम्ब्रिज से अपनी सफलता की सूचना उन्हें दे दी थी। उन्होंने पूरी नहीं तो एक बहुत बड़ी सहायता तो दी ही थी। सूचना देने के पीछे मेरा एक ध्येय यह भी

था कि उन्हें जता दूँ कि जो सहायता उन्होंने दी थी, वह मैंने व्यर्थ नहीं की थी– जिसकी आशंका उनको बीच में हो गयी थी–उसको मैंने किसी अर्थ में सुफल किया, उसका कुछ अच्छा उपयोग किया, जिससे उनको भी कुछ सन्तोष हो सकता था। स्वदेश लौटने पर मैं दिल्ली जाकर उनकी पूर्व आशंका को निर्मूल करना चाहता था, जिसके लिए अपने शोध कार्य में सफलता पा, मैं अधिक अनुकूल स्थिति में था। लेकिन लौटने पर जो आर्थिक कठिनाइयाँ मेरे सामने आ खड़ी हुई थीं, उनके कारण ऐसा सम्भव न हो सका, और मैं अपनी इच्छा को दबा गया था। अब वे स्वयं इलाहाबाद आ गये थे।

मुझे यह देखकर बड़ी प्रसन्नता हुई कि वे मुझे भूले न थे, और एक शाम उन्होंने तेजी को और मुझे खाने पर बुला लिया था।

पण्डितजी का दर्शन सदा सुखद होता था–वही परिचित, प्रत्याशित, अपरिवर्तनशील पोशाक-मुद्रा–दिल्ली के औपचारिक दफ्तरी हाँ-हुजूरी के वातावरण से दूर अधिक स्वाभाविक लगती-सी, वे अधिक सहज-प्राप्य लगते-से।

हम लोग पहुँचे तो हमें देखते ही वे आगे बढ़े और एक हाथ तेजी के कन्धे पर रखकर और एक मेरे, उन्होंने अपने से चिपका लिया, एक बार तेजी की ओर देखकर मुसकराये, एक बार मेरी ओर–वे अपनी दृष्टि, अपनी मुसकान में कितना अर्थ भर सकते थे!

केम्ब्रिज में उनकी बेरुखी का परिहार हो गया।

वे कुछ न बोले पर मुझे लगा कि उन्होंने मेरी सफलता पर अपनी प्रसन्नता व्यक्त की, मुझे बधाई दी, साथ ही तेजी को भी बधाई दी, जैसे कह रहे हों कि बिना उनके सहयोग के, जो काम मैंने किया, वह सम्भव नहीं था, शायद अपनी मुद्रा से अधिक श्रेय उन्होंने तेजी को ही दिया। नारी के प्रति वे सहज उदार थे–और उनकी मुसकान में यह भी था कि तुम लोगों के बारे में मेरे पास तो और ही कहानियाँ पहुँचायी गयी थीं, पर अब मुझे मालूम हो गया है कि वे सब झूठी थीं। मैंने मन-ही-मन याद किया, केम्ब्रिज में मैंने उनसे कहा था, 'सच्चाई किसी दिन खुलेगी।'

खाने की मेज़ पर इने-गिने लोग ही थे–डा० सामंत (कमला नेहरू अस्पताल की), श्याम कुमारी खान और उनके पतिदेव श्री जमील अहमद खान और हम पति-पत्नी। हमें पण्डितजी ने अपने दायें-बायें बिठलाया। आमों का मौसम था– उन्होंने खाने के बाद हमें खुद काट-काटकर आम खिलाये–'केम्ब्रिज में तो मिला नहीं होगा।' मेज़ पर ही केम्ब्रिज की बातें हुईं–वे स्वयं केम्ब्रिज के स्नातक थे, वहाँ के मानद डॉक्टरेट प्राप्त भी। मुझे लगा, जैसे वे अपने-मेरे सम्बन्ध में केम्ब्रिज की एक और कड़ी जुड़ी पाकर प्रसन्न हैं।

उन्होंने मेरे शोध-कार्य के विषय में पूछा। ईट्स की कविता और फिलासफी पर थियोसोफी के भी प्रभाव का विवेचन मैंने किया था, और एक समय थियोसोफी आन्दोलन में नेहरू परिवार ने पर्याप्त रुचि ली थी। मोतीलालजी थियोसोफिकल सोसायटी के सर्वप्रथम सदस्यों में थे, जवाहरलालजी भी कई वर्ष तक उसके सदस्य थे–उन्हें दीक्षा मिसेज़ ऐनी बीसेंट ने दी थी, जो आन्दोलन की प्रवर्तिका

मादाम ब्लावाट्स्की की निकटतम शिष्या थीं, उनके लड़कपन के गृह-शिक्षक एफ० टी० ब्रुक्स अच्छे और उत्साही थियोसोफिस्ट थे। 'आत्मचरित' में स्वयं उन्होंने अपने विकास में थियोसोफी के योगदान को स्वीकार किया है और उसके प्रति अपने को ऋणी माना है। जब मैं थियोसोफी की बातें कर रहा था, मैंने देखा, पण्डितजी जैसे बगल के पुराने 'आनन्द भवन' (अब स्वराज भवन) में, अपने लड़कपन के दिनों में चले गये हों, और उनकी आँखों के सामने से उनके मास्टर, ऐनी बीसेन्ट, मादाम ब्लावाट्स्की, आनन्द भवन में ही थियोसोफी पर आयोजित साप्ताहिक बैठकें, थियोसोफी की अद्भुत मान्यताएँ स्मृति-चित्रों की भाँति गुज़र रही हों। मेरे कार्य में उन्होंने रुचि दिखाई, कभी मेरी थीसिस पढ़ने की इच्छा भी प्रकट की। मैं जानता था कि उनके व्यस्तातिव्यस्त जीवन में मेरी थीसिस पढ़ने को समय कहाँ मिलेगा, पर उनके इतना कहने से भी मैं गद्गद् हो गया। युनिवर्सिटी के मेरे सहयोगियों ने मेरी उपलब्धि के प्रति जो उदासीनता और मेरे कार्य के प्रति जो उपेक्षा प्रदर्शित कर मुझे क्षत-विक्षत किया था, पण्डितजी की सहृदयता ने जैसे उस पर मरहम लगा दिया।

उन्होंने मेरे वेतन आदि के बारे में चर्चा चलाई थी। वे चाहते थे कि शिक्षण-क्षेत्र में रहते हुए मेरी पदोन्नति हो। जजों के भोज में एक बार जाने पर उन्होंने युनिवर्सिटी के वाइस चांसलर बी० एन० झा को अपने पास पाकर मेरी प्रशंसा उनसे अतिशयोक्तियों में की थी—यह मुझे झा महोदय ने स्वयं बताया था। यह मेरी अनुशंसा करने का उनका तरीका था कि इससे प्रभावित हो, शायद, अधिकारी मुझे आगे बढ़ने का अवसर दें। पर एकमात्र पद, जिस पर मुझे अधिकारपूर्वक बिठलाया जा सकता था, उसके बारे में फैसला पक्षपातपूर्ण ढंग से हो चुका था।

दिल्ली में बैठे हुए भी, वे मेरे बारे में सोचा करते थे, मेरी योग्यता-क्षमता के अनुरूप किसी अच्छे काम में मुझे लगाना चाहते थे, इसकी भी खबर मुझे मिली थी। पण्डितजी की आदत थी कि जब किसी मीटिंग वगैरह में बैठते तो किन्हीं भावों-विचारों को वे किसी-न-किसी रूप में चित्रित किया करते थे—पेंसिल से। इसे अंग्रेज़ी में 'डूडलिंग' कहते हैं। साहित्य अकादमी के उस समय के उप-सचिव डा० प्रभाकर माचवे ने मुझे एक बार उनकी एक डूडलिंग भेजी थी जो उन्होंने साहित्य अकादमी की किसी मीटिंग में बैठे हुए की थी। उस डूडलिंग में उन्होंने मेरा नाम एक कागज़ के टुकड़े पर लिखा था और उसके चारों ओर किरणें जैसी बनाई थीं, ऊपर आग के कुछ चिह्न थे नीचे पानी के। पता नहीं पण्डितजी के दिमाग में मेरे बारे में क्या विचार आये थे? वही डूडलिंग मेरे कागज़-पत्रों में कहीं रखी है, मिल गयी तो उसका ब्लॉक बनवाकर पुस्तक में देना चाहता हूँ। पण्डितजी के बहुत से डूडलिंग नेहरू म्यूज़ियम में सुरक्षित हैं, कुछ के ब्लॉक बनाकर छापे भी गये हैं।

मुझे उस समाचार से प्रसन्नता हुई थी। इतना महत्त्वपूर्ण व्यक्ति कभी-कदा मेरे बारे में सोचता है, यह मेरे लिए कम गौरव की बात नहीं है।

मेरी ऐसी धारणा है कि पण्डितजी के मन में कहीं इस बात की छोटी-सी ग्लानि थी कि उन्होंने किसी गलतफहमी में, किसी वक्त, मेरे प्रति उचित न्याय नहीं

के लिए भी आपकी पुस्तक हाई स्कूल या इंटर में लग गयी तो आप मालामाल हो जायेंगे।'

मैंने उनको एक दोहा सुनाया,

रहिमन देखि बड़ेन को, लघु न दीजिये डार
जहाँ काम आवै सुई, कहा करै तलवार।

उन्होंने मेरा मतलब न समझा तो समझाना पड़ा। पाठ्य-पुस्तक बनाने का काम पेंउदों को सीने-जोड़ने का है, या कैंची, लेई का। यह काम मैंने कभी नहीं किया। काम की अवज्ञा नहीं करता, काम शायद होशियारी का है। मुझसे करायेंगे तो बिगड़ जायेगा। सुई का काम सुई से ही लेना बुद्धिमानी है।

बहुत कुछ तर्क-वितर्क के बाद वे इस पर उतर आये कि आप केवल अपना नाम दे दें, काम वे दूसरों से करा लेंगे।

प्रकाशक से मैंने हँसकर कहा, 'नाम को छोड़कर और मेरे पास क्या है, वही मेरा एकमात्र आधार है, नाम को ही लेकर तो मैं खटता-खपता हूँ। नाम को ही बेच दूँगा तो मेरे पास रह क्या जायेगा? मेरा नाम बिकाऊ नहीं है।

प्रकाशक फिर मेरे पास न आया।

मेरे अपने प्रकाशक ने अगर एक पुस्तक पर अग्रिम रायल्टी देकर शेष पुस्तकों की भी रायल्टी बन्द कर दी थी तो मैं उससे झगड़ा नहीं कर सकता था। लेखक का प्रकाशक से झगड़ा उसके लिए हितकर नहीं। गिरधर कविराय ने अपनी एक कुण्डलिया 'साईं ये न विरुद्धिए...' से आरम्भ करके उन तेरह लोगों के नाम गिनाये हैं, जिनको तरह देने से ही बन आती है। आज गिरधर मुझसे मिलते तो मैं उनसे कहता उसमें 'प्रकाशक' का नाम भी जोड़ दें। लेकिन यह अक्ल आये, इसके पहले मैं अपने प्रकाशक से झगड़कर कुछ किताबें दूसरे प्रकाशक को दे चुका था। अगर दूसरे ने उन पर रायल्टी न दी थी तो रायल्टी की रकम भी कुछ खास न बनी थी। कारण यह था कि पिछली किताबें विज्ञापित तो बहुत दिनों से पहले प्रकाशक के नाम थीं। आर्डर उन्हीं के पास आते और वे आर्डर चुपचाप फाड़कर फेंक देते, वे अपने प्रतिद्वन्द्वी को फायदा क्यों पहुँचायें, पर मारा बीच में मैं जा रहा था।

फिर भी, जब नयी पुस्तक प्रकाशित कराने की योजना बनी तो मैंने वह नये प्रकाशक को ही दी, उनसे लाभ लेने को, मुझे उन्हें विज्ञापित भी करना था। पंजाबी में एक कहावत है कि 'अंधे से कुछ काम कराना तो उसे घर छोड़ने जाना।'

प्रवास में लिखी मेरी कविताएँ जब टाइप होकर आ गयीं तो मुक्त छन्द और छन्दोबद्ध कविताओं की अलग-अलग फाइलें बनाकर मैंने अपनी मेज़ पर रख दीं—अपनी थीसिस के साथ—जब कभी उन पर दृष्टि जाती, तब मेरे पिछले वर्षों के शोध-सृजन का यह मूर्त रूप मुझे बहुत सन्तोष देता।

कविताएँ—मुख्यतया गीत—मैंने 'मिलन यामिनी' के पश्चात् एक विशिष्ट

योजना के अन्तर्गत लिखनी आरम्भ की थीं, और अपने शोधकाल में भी मैंने वह क्रम जारी रखा था, परन्तु देश लौटकर अपनी उद्विग्न मनःस्थिति में उसे आगे बढ़ाने में मैंने अपने को असमर्थ पाया और फिलहाल उसे मैंने अपने मन से उतार दिया, या वही मेरे मन से उतर गया। जो मेरे सिर चढ़कर नहीं बोला उसे मैंने शायद ही कभी लिपिबद्ध किया हो। उसे आंशिक रूप में प्रकाश में लाने की मेरी इच्छा नहीं थी, भले ही योजना पूरी होने में और कई वर्ष लग जायें। पर कई बातों ने मेरे इच्छा-बल को कमज़ोर कर दिया।

मेरे नये प्रकाशक का कहना था कि पिछले चार वर्षों से मेरी कोई नयी किताब नहीं निकली, निकलेगी तो उसकी खूब माँग होगी और इससे उनका प्रचार हो जायेगा। मेरे गीत मेरे प्रवास में भी देश की पत्र-पत्रिकाओं में निकल रहे थे और मेरे लौटने पर लोग मेरे किसी नये संग्रह की प्रत्याशा कर रहे थे। उधर चुनाव करने को भी मेरा मन तैयार नहीं था—मुझे लगता था कि एक इमारत जो अभी अधबनी ही है, कैसे उसकी ईंटों को जहाँ-तहाँ से निकालना शुरू कर दूँ। यह अप्रिय कार्य करने का भार श्री (अब डॉक्टर) ओंकारनाथ श्रीवास्तव ने लिया। वे युनिवर्सिटी के नाते मेरे प्रिय पूर्व-शिष्य थे, मेरे पास अक्सर आते-जाते थे, मेरी फाइलें प्रायः कौतूहलवश उलटते-पलटते थे। उनका भी आग्रह था कि मेरा नया संग्रह आना चाहिए। अन्ततोगत्वा मैं पुस्तक निकलवाने को सहमत हो गया। ओंकार ने 59 कविताएँ चुनीं और वे छपने के लिए भेज दी गयीं, जो जनवरी 1955 में 'प्रणय-पत्रिका' के नाम से निकलीं। प्रूफ आदि देखने का काम भी उन्हींने कर दिया। प्रूफ देखते समय मैं अपनी कविताओं में कुछ सुधार-परिष्कार कर दिया करता हूँ। 'प्रणय-पत्रिका' मेरे अन्तिम स्पर्श से वंचित रही।

बाईस वर्षों बाद मैं यह अनुभव करता हूँ कि अपनी योजना को खण्डित कर आंशिक रूप से प्रकाशित करने में मुझसे एक भारी सृजनात्मक भूल हो गयी—अक्ल आने में बहुत दिन लगते हैं।

ओंकार ने भी एक शरारत की थी, पता नहीं जानकर या अनजाने, उन्होंने अपने चुनाव से कविताओं का हार निकाल लिया था। अवशेष को मैं देखता तो समझ ही न पाता कि कहाँ-कहाँ और कैसे मैं फिर से ईंटों की जोड़ाई, चुनाई शुरू करूँ। शेष कविताएँ जब 'आरती और अंगारे' (1958) के नाम से निकलीं तब तक भी, मुझे यह आशा थी कि मैं अपनी योजना किसी दिन पूरी कर सकूँगा, आगे के गीत 'मेरे और तुम्हारे बीच' शीर्षक से लिखूँगा और तब फिर तीनों संग्रहों की कविताओं का क्रमांकन नये सिरे से करूँगा और उन्हें एक बड़ी सम्यक् कृति के रूप में प्रस्तुत करूँगा, 'अभिनय प्रणय पत्रिका' के नाम से, जिसके बाद उपर्युक्त पिछले तीनों खण्ड-संग्रह स्वतन्त्र रूप से नहीं निकलेंगे। बात यह है कि किसी बड़ी सांगोपांग रचना की कल्पना में, सर्जक के नाते मेरा यह अनुभव है, उसकी परिणति—तीव्रतम स्थिति—पहले सामने आती है। उसे लक्ष्य में रखकर प्रस्थान बिन्दु से चलना होता है, लक्ष्य से प्रस्थान करना, यह कला-जगत की विरोधाभासी, पर मान्य प्रक्रिया है।

मेरी आयोजित 'प्रणय-पत्रिका' की तीव्रतम स्थिति, उसका लक्ष्य उन गीतों में अभिव्यक्ति पा चुका था जो 'प्रणय-पत्रिका' में चुन लिये गये थे, विशेषकर उसके अन्तिम गीतों में। वे निकल गये तो मेरे सामने सिर से अलग धड़ ही पड़ा रह गया जैसे, और उससे फिर सिर जोड़ उसे प्राण-प्रतिष्ठित करना मेरे लिए सम्भव न हो सका। मेरी योजना पूरी नहीं हो सकी और अब तो शायद ही कभी हो सके। मेरे मन पर लगे हुए धक्के, मेरी बदली परिस्थितियाँ, तेजी से बदलता-भागता समय और आवेगपूर्वक परिवर्तित होता हिन्दी-कविता का सारा परिवेश—शायद सभी मुझे उस मनः वातावरण से दूर हटा ले गये, जिसमें मेरी कल्पित 'प्रणय-पत्रिका' की रचना सम्भव थी। इस कारण ओंकार को, अपने प्रकाशक को अथवा अपने को ही इस विफलता के लिए उत्तरदायी ठहराना गलत होगा। सृष्टि में अपूर्णताएँ कम हैं? और साहित्य में भी क्या कम हैं? और अपनी दृष्टि से जिन्हें हम पूर्ण समझ लेते हैं, वे ही कितनी पूर्ण हैं! सब कुछ प्रयोग ही तो है, और असफल प्रयोगों से भी कुछ सीखा जा सकता है, कम-से-कम मैंने कुछ सीखा है। वैसे जीवन और सृजन की भूलें भी आगे ही ले जाती हैं। हम ऐसे यन्त्र पर आरूढ़ हैं जो रुक जाये, दिग्भ्रमित हो जाये, लौट आये, आगे ही बढ़ता है, पीछे कभी नहीं जाता। यह कम सन्तोष की बात है? यदि मेरे सृजन का मेरे विकास में, मेरे माध्यम के विकास में, कोई स्थान है तो मेरे असफल प्रयोग का भी उसमें योगदान निःसंशय सुनिश्चित है।

'प्रणय-पत्रिका' को प्रत्याशित लोकप्रियता मिली, पर उससे मिली रायल्टी से कहीं अधिक कवि-सम्मेलनों से मिले पारिश्रमिक ने मेरी आर्थिक स्थिति सुधारने में मेरी सहायता की। दो-ढाई वर्षों में मैंने किसी कवि-सम्मेलन में भाग न लिया था। अब निमन्त्रणों की भरमार रहती थी। मैंने बहुत पहले कवि-सम्मेलनों में जाने के लिए अपने ऊपर एक शर्त बाँधी थी—कवि सम्मेलनों में तभी जाऊँगा, जब युनिवर्सिटी में छुट्टी हो, कवि सम्मेलनों के लिए युनिवर्सिटी से कभी छुट्टी न लूँगा। और उस नियम का पालन मैं अब भी करता था। कवि-सम्मेलनों में भाग लेने के लिए पारिश्रमिक लेने की प्रथा एक प्रकार से मैंने ही चलाई थी और शुरू-शुरू में 'हिन्दी-सेवा' के लिए भी पारिश्रमिक चाहने पर जो गालियाँ मुझे दी गयी थीं, जो लांछन मुझ पर लगाये गये थे, वे सब मैंने सहे-झेले थे। अब तो यह माँग सर्व-स्वीकृत है, और हिन्दी के बहुत से गलेबाज़ कवि इन कवि-सम्मेलनों से, जो अब हर नगर, कस्बे में—कभी-कभी गाँव में भी—हर मेले-ठेले, नुमाइश, वार्षिकोत्सव, जयन्ती, सभा, सम्मेलन, समारोह के अवसर पर आयोजित किये जाते हैं, अच्छी-खासी रकम लूट रहे हैं—एक से दूसरे कवि-सम्मेलन में धावा मारते हुए—हर दिन उनका बिस्तर बँधा, हर वक्त वे पा-ब-रकाब।

उन्हीं दिनों मैंने कवि-सम्मेलनों के ह्रास के लक्षण भी देखे। धीरे-धीरे उनका साहित्यिक रूप घट और मनोरंजनी रूप बढ़ रहा था। कवि जनता को अपने स्तर पर उठाने के बजाय वाह-वाही लूटने के लिए उसके धरातल पर उतर रहा था—या तो गलेबाज़ी और सिनेमाई तर्ज़ों का सहारा लेकर या हल्के-फुल्के हास-व्यंग्य विनोद का। फिर तो गायक और नबी के स्वरों में बोलने वाले हूट किये जाने लगे और

विदूषकों की आरती उतारी जाने लगी। महफिलों का यह रंग देखकर किसी ने लिखा था, 'बुलबुलों को यह शिकायत है हम उल्लू न हुए।' दादुरों के बोलने और कोकिलों के मौन रहने की बेला आ गयी थी। नयी कविता से काव्य-पाठ की एक नयी विधा का आरम्भ हो सकता था, पर नये कवि यह मानकर चले कि कविता सुनाने की चीज़ नहीं है—छपे हुए पेज़ पर आँख से पढ़ने की चीज़ है। उन्होंने कवि-सम्मेलनों का बाइकाट कर दिया। परिणाम यह हुआ कि कवियों के दो दल हो गये—कवि सम्मेलनी कवि और पुस्तकी कवि। इससे कविता और कवि-सम्मेलन दोनों की हानि हुई। कवि-सम्मेलन नयी विचार-भावधारा से वंचित हो हास्य कवियों का अखाड़ा हो गया और नयी कविता केवल किताबी चर्चा हो गयी, उसका जन-सम्पर्क समाप्त हो गया, जो कविता के लिए स्वस्थ स्थिति नहीं।

युनिवर्सिटी में पढ़ाने को मुझे वही क्लास दिये गये थे जिन्हें मैं इंग्लैण्ड जाने से पहले भी पढ़ाता था, यानी बी० ए० के; एम० ए० के नहीं—दिये जाते तो उनसे मेरी गरिमा न बढ़ जाती, जिसे घटाने की नहीं तो जैसी थी, वैसी ही है बताने की—कम-से-कम मुझे—सारी कोशिश की जा रही थी। पढ़ाना मुझे अच्छा लगता था। मैं मेहनत से पढ़ाता, यथायोग्यता, विधिवत्—पाठ को आकर्षक, रोचक, ग्राह्य बनाकर, प्रत्येक विद्यार्थी पर दृष्टि रखते हुए, प्रत्येक में रुचि लेते हुए। पढ़ाना मुझे सदा से एक सर्जनात्मक क्रिया लगती थी—एक सजीव, सम्भावना-संकुल, उभरते, ताज़गी बिखेरते—कभी कुछ शरारत या नटखटपने के रूप में भी—माध्यम को निखारना, सँवारना, संस्कार देना। मैंने अपने विद्यार्थियों से सदा सहयोग पाया है, कुछ उससे भी बढ़कर, उनका समादर, उनका स्नेह। कैसे विद्यार्थी अपने अध्यापकों को छेड़ते, परेशान करते, पढ़ाने न देते, उनकी बात न मानते, उनका विरोध करते या क्लास में शोर-गुल मचाते—यह मैंने जाना ही नहीं, जैसे कवि-सम्मेलनों में हूट होना। और न यही मेरी कल्पना में आता है कि कैसे अध्यापक अपने सामने उठती विद्यार्थियों की नयी पीढ़ी को अवज्ञा, उदासीनता अथवा निरपेक्षता की दृष्टि से देख सकता है,

सब उठती चीज़ें मन मेरा हर लेती हैं—
दाहक निदाध के बाद
गगन उनए बादल,
उफनी नदियाँ,
उगते पौधे,
बढ़ती फसलें,
उभरा यौवन,
उठती कौमें
उमड़े भावों के गीत गठे,
धरती की फोड़ परत
नभ को

छूने को
उठते
फ़ौ
आ
रे!

('उभरते प्रतिमानों के रूप' से)

मैंने केम्ब्रिज में सृजन-शोध साथ-साथ किया था—बहुत असफलतापूर्वक नहीं, हालाँकि पहले मुझे ये दोनों प्रक्रियाएँ एक-दूसरे के विरोधी लगती थीं। पर बाद को मुझे दोनों में एक प्रियकर समन्वय दिखा था, अनुभव हुआ था। जब कोई गाड़ी बहुत तेज़ी से चलाई जाती है तो इंजन को रोक देने पर भी वह अपनी पूर्व गति के बल पर कुछ देर चलती रहती है। ज़ाहिर है कि थीसिस पूरी कर देने पर शोध की प्रक्रिया रुक गयी थी, पर सृजन तो चल रहा था। क्या आप विश्वास करेंगे कि सृजन-प्रक्रिया में जब मेरा दिमाग सक्रिय होता था तब कोई-न-कोई शोध की योजना पर काम करने की इच्छा भी उसमें जागती थी। मैंने अपने दिमाग में शोधक-केन्द्र जाग्रत कर लिया था और वह इतनी जल्दी सुप्त होने वाला नहीं था। बी० ए० को पढ़ाने के लिए मुझे किसी प्रकार की तैयारी की आवश्यकता न होती—वही पाठ्य पुस्तकें, वही नाटक, वही कविताएँ, वही निबन्ध—सब पर मेरे नोट्स तैयार, लेक्चर तैयार, बरसों से। सृजन का काम तो कोई नित्य-नैमित्तिक काम न था—प्रेरणा मिली तो रोज़, न मिली तो महीनों नहीं। ऐसी अवस्था में मैंने शोध की एक नयी योजना बनाई जो अगर मैं युनिवर्सिटी में रहा आता तो शायद किसी दिन पूरी हो जाती। मनुष्य, जीवन में अधूरी छोड़ी किन-किन चीज़ों को लेकर रोये! शायद बहुत-सी ऐसी चीज़ें मन को कुछ संस्कार देकर चली जाती हैं, सम्भवत: अगले जन्म में सक्रिय होने की। कौन जाने!

केम्ब्रिज के दिग्गज आचार्यों ने मुझे शोध का यह रहस्य स्पष्ट किया था कि अध्येता शोधार्थी को अपना विषय ऐशोन्मेष (Revelation) के रूप में प्राप्त होता है। बाद को उसे तथ्यों तथा तथ्याधारित कल्पना के पथ से उस तक पहुँचना चाहिए। मुझे अपने पूर्व शोध का विषय भी क्या इसी तरह प्राप्त नहीं हुआ था!

तथ्यों से पथ का शोध और तथ्याधारित कल्पना के सहारे उसका निर्माण भी करने के लिए मुझे कितना पूर्वी और पश्चिमी धर्म-तन्त्र और ओकल्ट ('रहस्यवादी' के बजाय 'निगूढ़' शंब्द शायद 'ओकल्ट' के अधिक निकट है 'रहस्यवादी' 'मिस्टिक' के लिए रूढ़ हो चुका है।) से सम्बद्ध साहित्य चाटना पड़ा था—नीरस, नि:स्वाद, दुर्गम और दुर्बोध और उनके प्रति कवियों की रुचि और कुतूहल ने ब्लेक से लेकर ईट्स तक की कितनी रचनाओं को कितना क्लिष्ट, अस्पष्ट किन्तु साथ ही कितना सारगर्भित बना दिया था। इन रचनाओं पर पश्चिमी ओकल्ट के प्रभाव का थोड़ा-बहुत विश्लेषण हुआ था, परन्तु पूर्वी धर्म-तन्त्र के प्रभाव की प्राय: उपेक्षा हुई थी, जान-बूझकर उतनी ही नहीं जितनी पाश्चात्य मस्तिष्क द्वारा उसकी अग्राह्यता के कारण। क्यों न इस पर एक विस्तृत शोध-प्रबन्ध लिखा जाये The'

Shadow of the Orient on English Poetry from Blake to Yeats— 'ब्लेक से लेकर ईट्स तक की अंग्रेज़ी कविता पर पूर्व की छाया।' एक बार तो मुझे ऐसा लग रहा था जैसे मेरे लिए मेरे शोध का विषय ऐशान्मेषित हो गया। इंग्लैण्ड के पुस्तकालयों में कितनी सामग्री इस पर मिलती! पर, जो सामग्री युनिवर्सिटी और पब्लिक लाइब्रेरी में थी, उससे कुछ शुरुआत करने में क्या हर्ज़ था! मैं युनिवर्सिटी का काम खत्म कर, किसी रेस्ट्राँ में चाय आदि पी, कभी पब्लिक लाइब्रेरी में, कभी युनिवर्सिटी लाइब्रेरी में जा बैठता और विषय से सम्बद्ध पुस्तकें निकलवाकर पढ़ता, उन पर सोचता और नोट लेता। लाइब्रेरी बन्द होती तो घर लौटता—पब्लिक लाइब्रेरी अधिक रात तक खुली रहती। वहाँ युनिवर्सिटी के किसी अध्यापक को न पाकर कभी-कभी सोचता—इक्के-दुक्के विद्यार्थी और लाइब्रेरी के कर्मचारी मुझे कितना बड़ा सनकी समझते होते होंगे! क्या मुसीबत पड़ी है इन्हें जो अकेले बुद्धू-से यहाँ बैठे हैं! इन्हें और कोई काम नहीं है? और न जाने कब मैं केम्ब्रिज युनिवर्सिटी लाइब्रेरी के ऐन्डरसन रूम में पहुँच जाता—शोधार्थियों के लिए खास—अब तो वहाँ की अलमारी पर मेरी भी थीसिस लगी होगी—कितने सहयोगी, साथ काम करते हुए, कितनी पठन-सामग्री, कितनी शान्ति! और यहाँ युनिवर्सिटी की सड़कों पर ढोल-ताशों के साथ कभी सिनेमा के पोस्टरों का जुलूस निकलता, कभी लाउड-स्पीकरों से विद्यार्थी आन्दोलनों के नारे लगते, कभी कुछ और एलान किये जाते। ऐसे शोरगुल में चिन्तन क्या होता, खाक!—युनिवर्सिटी के अधिकारी अभी इतना भी नहीं कर सके कि इन बाजों-गाजों, लाउडस्पीकरों पर युनिवर्सिटी क्षेत्र में प्रतिबन्ध लगा दें। अपने देश की परिस्थितियाँ हैं, उन्हें बदल नहीं सकते तो उन्हें स्वीकारो। आँगन को टेढ़ा कहोगे तो यहाँ यह कहने वाले बहुत मिलेंगे कि नाच नहीं जानता।

1954-55 के युनिवर्सिटी सत्र में अपने खाली वक्त को मैंने अपनी उसी सनक में काटा—और मैं क्या पढ़ रहा हूँ, किस दृष्टि से पढ़ रहा हूँ, इसका पता मैंने किसी को भी न दिया, तेजी को भी नहीं। तेजी को आश्चर्य होता, लाइब्रेरी में इतनी-इतनी देर मैं क्यों बैठने लगा हूँ? ऐसा मैं पहले तो कभी नहीं करता था! पर, शायद वे जानती थीं कि इंग्लैण्ड से लौटने पर जो कुछ अप्रिय, असह्य और अप्रत्याशित मैंने पाया है, उसे झेल जाने के लिए मुझे कहीं-न-कहीं व्यस्त रहने की ज़रूरत है, चाहे वह काम इस कोठी का धान उस कोठी में करने जैसा बेकार ही क्यों न हो। मेरे दिमाग की दो बरस पुरानी शोधार्थी आदत मुझसे यह सब करा रही है, इस ओर उनका ध्यान शायद ही गया हो। लाइब्रेरी से किताबें मैं घर पर भी लाता और जब भी खाली रहता, उनमें जुटा रहता। शोध-दृष्टि मेरी वास्तव में पैनी हो गयी थी—कितनी ही पढ़ी हुई चीज़ें फिर पढ़ता तो उनके पीछे कुछ नये ही संकेत देखता। अफसोस, कि इलाहाबाद युनिवर्सिटी को मेरी नयी दृष्टि की कोई आवश्यकता नहीं थी। नहीं याद कि कोई शोधार्थी भी मेरे निर्देशन में काम करने को मुझे सौंपा गया हो।

वर्मा की, पर सृजनशील साहित्यकार के नाते वहाँ चौधराहट थी डॉ० रामकुमार वर्मा की—जैसे पुराने नेपाल में, राज चले राजा का पर हुक्म चले राना का—उनके विद्यार्थी, शोधार्थी, बोधार्थी उनकी आज्ञाकारिता में, चाटुकारिता में। किसी समय उनकी गिनती 'वर्मात्रयी' में होती थी, भगवतीचरण वर्मा और महादेवी वर्मा के साथ और वे छायावाद के परम परिष्कृत (Polished) कवि माने जाते थे। पर अब वे कविता से हटकर एकांकियों पर ज़ोर आज़मा रहे थे, उनके कुछ विद्यार्थी-शोधार्थी तो उन्हें एकांकियों का प्रवर्तक और सम्राट भी मानते थे, हालाँकि उनसे पहले भी हिन्दी में एक एकांकीकार हुआ था, जिसका नाम गणेशप्रसाद द्विवेदी था।

युनिवर्सिटी घाट अपने में वैविध्य की एक मिसाल था। वहाँ एक ओर 'रसाल' ऐसी हस्ती थी, जो रीतिकाल के बाद की कविता को कविता ही नहीं मानती थी तो नयी कविता को ही कविता मानने वाले जगदीश गुप्त और धर्मवीर भारती जैसे कवि थे और डॉ० रघुवंश और रामस्वरूप चतुर्वेदी जैसे आधुनिकतम मानदण्डों से लैस समालोचक।

भारती का परिमली रूप इतना उभर कर लोगों के सामने आ गया था कि उनकी व्यक्तिगत उपलब्धियों की ओर लोग कम देखते थे। उनकी प्रतिभा 'स्यूडो' इलाहाबादी नहीं, खाँटी इलाहाबादी थी और उस वर्ग में अपने बाद, कम-से-कम समय क्रम में—मैं उनको सर्वप्रमुख मानता था। भारती ने अपने 'सूरज का सातवाँ घोड़ा' और 'ठण्डा लोहा' से हिन्दी गद्य-पद्य को जो आक्रामक ताज़गी दी थी, उसका मैं प्रशंसक था—अभिव्यक्ति में कुछ ऐसा नियमन-सन्तुलन, चिन्तन-भावना में कुछ ऐसी तरतीबी जो पश्चिम के मुख्यत: विज्ञान-युगीन साहित्य में आभासित होती है। मेरी ऐसी धारणा है, उनकी कविता का यह अनुशासन उनके आधुनिक पाश्चात्य काव्य के अध्ययन से आया था जिसका सबूत बाद को 'देशान्तर' (1960) ने दिया। इस सब से 'अंधा युग' की भूमिका तैयार हो रही थी।

खाँटी इलाहाबादी प्रतिभा का ज़िक्र आ गया है तो पण्डित पद्मकान्त मालवीय को कैसे भूलूँ? वे मेरे समकालीन थे, पर वे साहित्य संसार से रिटायर हो द्रौपदी घाट में रहे थे। भारती के बाद इस कड़ी में मैं पं० उमाकान्त मालवीय को मानता हूँ, बीच में 'गोपेश' भी उभरे थे। सी० बी० राव इलाहाबाद से बाहर जाकर पलुहाये। जब लौटे अपने कवि को बाहर ही छोड़ आये थे, उनका गद्यकार मुखर हो गया था।

दुनिया के साहित्य का इतिहास देखें तो स्वप्न और सत्य दोनों से उच्च कोटि का काव्य लिखा गया है—आकाश की तरफ भी देखकर, धरती की तरफ भी देखकर। एक की अतिशयता पर दूसरे का विद्रोह भी बराबर हुआ। आकाशी उड़ान और धरती गड़ान दोनों अतिशयताएँ हैं। आदर्श स्थिति यह है कि गड़ा रहे ज़मीन में, उठा रहे आसमान में, घरहरे या मीनार के समान।

हिन्दी में शताब्दी के मध्य दशकों में जो नयी कविता का आन्दोलन चला, वह वास्तव में छायावादी अति ऊर्ध्व की प्रतिक्रिया में अति समता का आन्दोलन था। एक अर्थ में यह आन्दोलन, गो आन्दोलन की शक्ल में हरगिज़ नहीं, मेरी कविता के साथ ही आरम्भ हो गया था, पर 'आउट साइडर' की ओर 'इन साइडर' की नज़र

नहीं जाती। खैर!

प्रयाग में इस नये आन्दोलन की केन्द्र 'परिमल' नामक संस्था थी! 'परिमल' की स्थापना के समय मैं मौजूद था। उसकी सौवीं बैठक मेरे मकान (17 क्लाइव रोड, इलाहाबाद) की छत पर हुई थी। मैं उसका सदस्य कभी नहीं रहा, निमन्त्रित सदा उसकी सार्वजनिक बैठकों में किया जाता था। हर संस्था के कुछ नियम, कुछ मर्यादाएँ होती हैं, सदस्यता के अर्थ हैं—उनसे बँधना। मैं नहीं बँधा। आन्दोलन, प्रचार, विज्ञापन, वकालत, गुटबन्दी दो-चार लोगों को या दो-चार विचार-सिद्धान्तों को, थोड़ी देर के लिए, उभार-उछाल भले ही दें, पर सृजन का आन्तरिक मूल्य निर्धारित करने के लिए काल जिस मानदण्ड का प्रयोग करता है, उसे बनाने में ये सब योग नहीं देते। आन्दोलन और संस्थाओं का उपयोग अथवा शोषण (मेरा मतलब 'एक्सप्लायट' करने से है, जो शोषण से शायद कम स्वार्थ-व्यंजक शब्द है) भी कुछ इने-गिने लोग कर पाते हैं, गो उनमें कुछ प्रतिभा का होना भी आवश्यक है। 'परिमल' से लाभ उठाने वाले चन्द लोगों के नाम छिपे नहीं हैं। मुझे संस्था से कुछ लेना नहीं था, और मैं संस्था को कुछ देने योग्य हूँ, इसमें किसी सदस्य को शायद ही विश्वास हो।

वस्तुतः यह नयी उभरती पीढ़ी की संस्था थी, जो एक ओर तो संकीर्ण राजनीति-पीड़ित प्रगतिवादिता की विरोधिनी थी और दूसरी ओर उस विघटित और अभिनव छायावादिता की, जिसकी स्वप्निलता, आदर्शवादिता, भावातिशयता और छन्दरागमयता अब उनके चारों ओर से कटु सत्यों की दुनिया से दूर की चीज़ लगने लगी थी। इस नयी पीढ़ी को अपने से पहले ही पीढ़ी के सब लोग इन्हीं उपर्युक्त विरोधी शिविरों में दिखाई पड़ते थे। स्वाभाविक है कि अपनी सत्ता स्थापित करने के लिए, अपने लिए रास्ता बनाने के लिए, यह पीढ़ी तथाकथित 'बड़ों' की उपेक्षा ही नहीं करती थी, बल्कि एक सूक्ष्म सुनियोजित ढंग से उनका उपहास करना, उन पर प्रहार करना, उन्हें नीचा दिखाना और उन्हें गिराना भी चाहती थी—गो साहित्य के क्षेत्र में मनुष्य किसी के गिराने से नहीं, अपनी कृतियों की कमज़ोरी से गिरता है। साथ ही कुछ पुराने संस्कारों से या पुराने के नाम-स्थान का अपने हित में कुछ उपयोग करने के लिए वे उन्हें पूछते भी थे। 'नयी कविता', डा० जगदीश गुप्त और डा० रामस्वरूप चतुर्वेदी के सम्पादकत्व में निकली तो उसका प्रवेश-लेख पंतजी से लिखाया गया। 1954 में परिमल का जो द्वि-दिवसीय वार्षिक उत्सव हुआ उसका सभापतित्व करने को 'दिनकर' जी बुलाये गये। भारती, विजयदेव नारायण साही, केशवचन्द्र वर्मा, रामस्वरूप चतुर्वेदी, जगदीश गुप्त, डा० रघुवंश 'परिमल' से विशेष रूप से सम्बद्ध हुए।

रेडियो घाट पर दो प्रतिभाएँ थीं, पंत के अतिरिक्त—भारत भूषण अग्रवाल और डॉ० प्रभाकर माचवे—दोनों 'तार सप्तक' के कवि थे। वे अपने को 'अज्ञेय' का शिष्य तो न मानते थे, पर 'अज्ञेय' अपने को उनका गुरु अवश्य मानते थे, गुरु नहीं तो पथ-प्रदर्शक अवश्य। उनमें से एक ने जब गुरु से विद्रोह किया तो गुरु ने बड़ी डाँट-भरी कविता लिखकर उसकी भर्त्सना की। अग्रवाल के काव्य में चुटीला

व्यंग्य था। माचवे, लगता था, कविता को सयत्न कुछ असाधारण बनाते हैं। अपनी प्रतिभा को बहुत दिशाओं में बिखेरने से वे एक स्थान पर विशिष्टता पाने से वंचित रह गये।

अज्ञेय बहुत इलाहाबाद में रहे, बहुत कुछ यहाँ उन्होंने किया, 'प्रतीक' निकाला, 'जवाहरलाल नेहरू अभिनन्दन ग्रन्थ' सम्पादित किया, बहुत कुछ अपना सृजनशील साहित्य भी लिखा होगा। पर वे यहाँ के होकर न रह सके। उनमें अन्तर्राष्ट्रीयता और यायावरी के तत्त्व इतने प्रबल हैं कि वे एक देश से दूसरे देश, एक नगर से दूसरे नगर में बसते-उखड़ते रहते हैं। इलाहाबाद आकर फिर कोई इलाहाबाद से जाता है? वे यहाँ आकर यहाँ से चले गये, यह उनकी या तो कोई खासियत बताता है या उनमें कुछ कमी। कल्पना आप करें! अज्ञेय, माचवे, अग्रवाल 'परिमल' के निकट न आ सके। वे लोग प्रयोगवादी थे; 'परिमल' का आन्दोलन उनसे चार कदम आगे नयी कविता का था। 'अज्ञेय' को इलाहाबाद से उखाड़ने में 'परिमल' ने भी तो कोई भूमिका न अदा की थी।[1]

खुसरू बाग के घाट पर उपेन्द्रनाथ अश्क थे—कवि, उपन्यासकार, कहानीकार, नाटककार, निबन्धकार, सम्पादक, सदा-बीमार मगर सदा लिक्खाड़। उनकी शायद ही कोई किताब आप पढ़ें जिसमें उनकी गम्भीर बीमारी का ज़िक्र न हो। सच हो तो उनके दुर्निवार कलम-संचार पर उनके आगे नत-मस्तक होना पड़ेगा। साहित्य आधी कला है, आधा व्यापार, इसको उन्होंने खूब अच्छी तरह समझा था। नीलाभ प्रकाशन उनका अपना था। उदीयमान लेखकों से अश्क हमेशा सम्बद्ध रहे। कुछ लोगों का खयाल है कि वे उनके पोषक थे, कुछ का कि वे उनके शोषक, अपना-अपना अनुभव। खेवट वे जीवट के थे और हर हवा को अपने पाल के अनुकूल कर लेने में माहिर।

अश्क के प्रतिलोम थे इलाचन्द्र जोशी। कलकत्ता बदर होकर, पता नहीं किस कारण, इलाहाबाद में आकर बसे थे। इलाहाबाद में उन्होंने कवि-रूप में प्रवेश किया था। बाल-संस्कार तो वे छायावादी कवियों से लाये थे, कविता-संस्कार भी। आते ही उनका एक काव्य-संग्रह निकला था। पर इलाहाबाद में कवि-रूप में इतने बड़े-बड़े दिग्गज डटे थे कि वे उभर न सके और उपन्यासविधा की ओर झुके। गद्य-शैली वे अपने बड़े भाई हेमचन्द्र जोशी के साथ 'विश्वमित्र' के सम्पादनकाल में ही परिमार्जित कर आये थे। स्वयं संघर्ष कर आगे बढ़ने का माद्दा उनमें न था। उन्हें आगे बढ़ाने वालों में थे धर्मवीर भारती और गंगाप्रसाद पाण्डेय। पाण्डेय उन्हें 'आदरणीय जोसीजी' कहकर सम्बोधित करते थे। साथ-सम्पर्क भी 'जोशीजी' का इन्हीं दो तक सीमित था। जोशीजी ने मनोवैज्ञानिक विश्लेषण को अपने चरित्र-चित्रणों में विशेष स्थान दिया। मेरी ऐसी धारणा है, भारती ने 'गुनाहों के देवता' में जोशीजी की कला से काफी प्रेरणा ली।

अमृतराय प्रेमचन्द के सुपुत्र की ख्याति और उग्र प्रगतिवादी का बाना पहनकर

---

1. क्या इसी की भड़ास निकालने को उन्होंने अपना व्यंग्य लिखा—'पाँच पूत परिमल 'कन्नो के करते आत्म प्रचार'!'

इलाहाबाद आये थे। सुनते हैं कि इलाहाबाद की मातदिल आबोहवा ने उनको बहुत साधा है। आम-फ़हम, बामुहाविरा और उर्दू-हिन्दी की गंगा-जमुनी शैली से वे खिलाड़ी की तरह खेलते थे। 'कलम का सिपाही' से जीवन-चरित साहित्य का उन्होंने एक मानदण्ड स्थापित किया। पर प्रगतिशीलता के समर्थन में उनको श्रीकृष्णदास और भैरवप्रसाद गुप्त से आगे कोई न मिला।

नरेश मेहता उन दिनों इलाहाबाद नये-नये आये थे और अपनी कोई प्रकाशन-संस्था खोलने के फेर में थे, इलाहाबाद में नवागंतुकों को यह रोग बड़ी जल्दी लगता है। कहानीकार मार्कण्डेय के भी कोई पत्रिका निकालने, कोई प्रकाशन-संस्था खोलने के असफल प्रयासों की याद लोगों को न भूली होगी।

इलाहाबाद तो अशरण की शरण है। शमशेर भी बारह घाटों का पानी पीकर फिर इलाहाबाद आ गये थे और किसी घर के किसी कोने में अपनी चित्रकला का अभ्यास करते थे। याद है, एक बार पंतजी ने उनके चित्रों की एक प्रदर्शनी का उद्घाटन किया था। पुरानी पीढ़ी के होकर भी उनके नयी कविता के मसीहा माने जाने में अभी दस-पन्द्रह बरसों की देर थी।

लक्ष्मीकान्त वर्मा इलाहाबाद की किसी कम जानी-मानी बस्ती में रहते थे, पर अपनी काव्य-प्रतिभा के अदम्य विश्वासी थे, पैना गद्य भी उनके जैसा कम लोग लिख सकते थे। साहित्य में उनके प्रति न्याय नहीं हुआ और समय ने उनको बहुत तोड़ा, पता नहीं, आजकल कहाँ हैं, कहाँ गायब हो गया है उनका साहित्य!

इलाहाबाद भी क्या अजीबोगरीब शहर है! यह इसी शहर में सम्भव था कि एक तरफ तो यहाँ ऐसी नयी कविता लिखी जाय जिस पर योरोप और अमरीका को रश्क हो और दूसरी तरफ यहाँ से एक ऐसी पत्रिका प्रकाशित हो जिसका आधुनिकता से कोई सम्बन्ध न हो—सम्पादकीय को छोड़कर। पण्डित श्रीनारायण चतुर्वेदी 'सरस्वती' की द्विवेदी युग से भी पीछे ले जाकर जिलाये जा रहे थे, आश्चर्य इस पर था।

और अन्त में इलाहाबाद का एक आदमी और था जिसे आप वहाँ की हर सभा-सोसायटी-गोष्ठी में अवश्य पाते। उसका नाम था वाचस्पति पाठक। कभी उसने कहानियाँ लिखी थीं, अब वह भारती भण्डार प्रकाशन का प्रबन्धक था। बनारस का था, बनारसी पान से हर समय मुख रंजित किये। 'स' को 'फ' बोलता था, यानी 'प्रसाद' को 'प्रफाद' कहता था। कुछ बहरा था इस कारण वह सबको बहरा समझता था और इतने ज़ोर से बोलता था कि किसी भी जल्से से उसकी आवाज़ को आप अनसुनी नहीं कर सकते थे। भारती भण्डार का कोई लेखक--बड़े-से-बड़ा भी, जिसमें पंत-निराला भी थे—उसकी अवहेलना नहीं कर सकता था, क्योंकि लेखकों की रायल्टी तो उसकी मुट्ठी में रहती ही थी, वह लेखकों को परेशान करने के बहुत से तरीके जानता था। दुर्भाग्य से मैं भी उसके चंगुल में था।

ऐसा था वह साहित्यिक परिवेश जिसमें मैं अपने को उन दिनों पा रहा था। पता नहीं, इसमें 'आउट साइडर' समझे जाने के लिए आप मुझसे ईर्ष्या करेंगे, या मुझे सहानुभूति देंगे।

मेरे इंग्लैण्ड के लिए प्रस्थान करने के पूर्व ही जिस कविता को 'प्रयोगशील' के नाम से अभिहित किया जाता था, उसने 'नयी कविता' का नाम ले लिया था। प्रथम 'तार-सप्तक' के प्राय: उपेक्षित रहने—और आठ वर्ष के बाद भी उसके दूसरे संस्करण की माँग न होने के बावजूद 'दूसरा सप्तक' प्रकाशित कर दिया गया था, लौटने पर नवयुवक कवियों से बातचीत करने के दौरान, 'भोगा हुआ यथार्थ', 'क्षण की अनुभूति', 'लघु मानव की अभिव्यक्ति', 'अर्थ की लय' आदि टुकड़े उनके द्वारा बराबर प्रयोग किये और दोहराये जाने लगे। उसी साल 'नयी कविता' का पहला अंक निकला। उसकी कविताएँ मुझे उन कविताओं से बहुत दूर नहीं लगीं, जैसी कि मैं छह हज़ार मील की दूरी पर बैठा पिछले दो वर्षों में लिखता रहा था, मेरा मतलब है मुक्तछन्द वाली कविताओं से। अमूर्त सिद्धान्तों की बहस में तो मैं न पड़ा था, पर मेरा ध्यान था कि हिन्दी की काव्य-मनीषा जिन भाव-विचारों से आन्दोलित हो रही थी, उसके स्पंदनों का अनुभव मेरी कविता ने भी किया था। नये आन्दोलन से मैं भी किसी प्रकार संपृक्त हूँ, इससे अधिक सन्तोष इस बात का था कि हिन्दी की मनीषा एक संगठित इकाई है—उसमें कहीं कुछ सबल-सशक्त घटित होगा तो उसके प्रभाव से उसका दूर-सुदूर कोई कोना भी वंचित न रहेगा।

भाषा से संपृक्त होने का अर्थ मेरे लिए है—समाज से संपृक्त रहना। भाषा यदि समाज के चिन्तन-मनन, गतिविधि, विकास का अपरिहार्य माध्यम है तो कोई भी सप्राण लेखक, चाहकर भी, चूँकि वह भाषा के माध्यम से अपने को व्यक्त करता है, समाज से असंपृक्त नहीं रह सकता।

नये आन्दोलन से मेरे संपृक्त होने की यह व्याख्या आपको न भाये तो आप यह भी कह सकते हैं कि मैं सींग कटाकर बछड़ों में शामिल होना चाहता हूँ और मैं इस पर कोई आपत्ति न करूँगा, आपत्ति करनी होगी तो करेंगी मेरी 'बुद्ध और नाचघर' से लेकर 'जाल समेटा' तक की कविताएँ।

54-55 के युनिवर्सिटी सत्र की मेरी स्मरणीय यात्राएँ थीं कलकत्ता और पटना की और सत्रांत पर ग्रीष्मावकाश में नेपाल की।

कलकत्ता में 'भारतीय संस्कृति संसद' नाम की एक संस्था है। उससे मेरा पुराना सम्बन्ध था। वह प्रतिवर्ष बड़े पैमाने पर एक कवि-सम्मेलन कराती थी और मुझे ज़रूर बुलाती थी। विदेश में रहने के कारण दो-तीन वर्षों से मैं उसमें भाग न ले सका था। संसद की ओर से प्रस्ताव आया कि वह केम्ब्रिज से मेरे डॉक्टरेट लेने के उपलक्ष्य में मेरे सम्मान में एक आयोजन करना चाहता है।

प्रस्ताव मुझे कुछ अजीब-सा लगा। मेरी नयी उपलब्धि का सम्मान जहाँ होना चाहिए था, वहाँ तो मुझे अँगूठा दिखाया जा रहा था और हिन्दी की एक साहित्यिक संस्था मेरा सम्मान करना चाहती थी।

मैंने उसे लिखा, 'यदि संसद मुझे औपचारिक सम्मान देने का आग्रह न करे और आयोजन को एक विशुद्ध कवि-सम्मेलन का रूप दे जिसमें मुझे अपनी नयी कविताएँ सुनाने का अवसर दिया जाये तो मुझे प्रसन्नतापूर्वक स्वीकार्य होगा।' संसद मान गया।

आधुनिकता के चातुर्य-चटुल युग में लोग एक ही तीर से कई लक्ष्य भेदना चाहते हैं। मंच पर कई मूर्तियाँ ऐसी थीं जिनका सम्बन्ध पत्रकारिता, युनिवर्सिटी-शिक्षण तथा बंगाल के सामाजिक जीवन से था। विदेशी डॉक्टरी का ऐसा सुरखाब का पर मैं लगाकर गया था कि उसके लिए बधाई तो मुझे दी ही जाने वाली थी, फिर भी आयोजन का मुख्य बल मेरी नयी कविताओं के पाठ पर रहा। मुझे देखकर प्रसन्नता हुई कि मेरी नयी कविताएँ भी जनमानस को छूती हैं। अधिक कहना मेरे लिए उचित न होगा।

उस आयोजन की एक खास बात मुझे आज तक याद है। उन दिनों भारत सरकार के डाक-तार संचार मन्त्री रफी अहमद किदवई कलकत्ता में थे। संसद ने उन्हें भी आमन्त्रित कर दिया था और वे आने को तैयार हो गये थे। मुझसे उनका व्यक्तिगत परिचय न था पर मेरे नाम से शायद वे अपरिचित न थे।

हमारे गुलाम-संस्कारी देश में कुछ ऐसी प्रवृत्ति है कि शुद्ध साहित्यिक समारोहों में भी यदि राजनीतिक नेता पधार जायें तो लोगों का सारा ध्यान उन्हीं की ओर खिंच जाता है—प्रबन्धक, पत्रकार, फोटोग्राफर, ऐरे-गैरे—सब उन्हीं के पीछे-आगे, बायें-दायें लुलुआने लगते हैं। किदवई साहब के आने पर भी यही हुआ, पर उस दिन उनके व्यवहार से मुझे उनके बड़प्पन का एक अचूक सबूत मिला। शायद बर्क ने कहीं लिखा है कि अगर बड़े आदमी के साथ बरसात से बचने के लिए तुम्हें किसी छाया में खड़े होने का अवसर मिले तो वह इतने थोड़े समय में भी अपने बड़प्पन का कोई-न-कोई सबूत तुमको दे देगा। स्वाभाविक था कि मन्त्रीजी के आने पर लोग उन्हें मंच पर ले जाते और वे भी चले जाते। किदवई आये तो बिना किसी प्रदर्शन के, सहज रूप में, झट से श्रोताओं के बीच बैठ गये। अब क्या था, मंचस्थ लोग नीचे उतर पड़े, संसद के अधिकारी, उत्सव के प्रबन्धक उन्हें घेर कर उनसे ऊपर बैठने का आग्रह करने लगे। पर वे इसके लिए तैयार न हुए बोले, 'साहब, यह अदीबों और शायरों का स्टेज है। मैं ठहरा सियासती गुण्डा। मैं इस पर पाँव रखने की जुर्रत नहीं कर सकता।' काश, किदवई जैसे गुण्डे कुछ और होते!

संसद ने मुख्य सम्मेलन के अतिरिक्त दो गोष्ठियों का भी आयोजन किया था, एक बंगाल क्लब में, जिसमें मेरे समवयस्क बंगला के कुछ साहित्यकारों को आमन्त्रित किया गया था, दूसरी किसी सम्भ्रान्त महिला के घर पर, जिसमें कुछ नवयुवक कवि बुलाये गये थे।

पहली गोष्ठी में बातें शुरू हुई नहीं कि रवीन्द्र नाथ टैगोर पर आ गयी—बंगला लेखकों से बातचीत करने का जब-जब अवसर मिला है, मैंने देखा है कि टैगोर की चर्चा कहीं-न-कहीं ज़रूर आ जाती है, यहाँ तो आनी ही चाहिए थी, मेरा परिचय ईट्स-साहित्य के विशेष स्वाध्यायी के रूप में दिया गया था। लोग टैगोर और ईट्स के व्यक्तिगत सम्बन्ध को जानते थे, और उनके सम्बन्ध में कुछ सही-गलत बातें—ईट्स ने गीताजंलि का अनुवाद किया था (उन्होंने केवल अनुवाद सुधारा था), उसकी भूमिका लिखी थी, टैगोर को नोबेल पुरस्कार दिलाया था (हालाँकि उन्हें खुद तब तक यह पुरस्कार नहीं मिला था) और यह कि वे टैगोर के समान

अति बौद्धिकता की प्रतिक्रिया में भीतर-भीतर पक रहा था। उन्होंने अपने को उस खुली, भोली, सहज विश्वासी मन:स्थिति के निकट रखने का प्रयत्न किया, जिसमें जीवन के उच्चतर सत्य और गहनतम मर्म स्वत: उन्मेषित होते हैं। काव्य-रूप को उन्होंने उसी सत्य और मर्म से निरूपित होने को छोड़ दिया। काव्य-जीवन के विकास-क्रम में और उसके लिए उन्हें आधी शताब्दी का समय मिला था, उनमें बौद्धिकता भी जगी, यथार्थ ने भी उन्हें घूरा, पर कविता को कुछ प्राप्ति, कुछ उन्मेष, कुछ मन्त्रवत् वे जीवन के अन्त तक मानते गये। उनके समस्त काव्य में कहीं प्रतीक में, कहीं रूपक में, कहीं संकेत में, कहीं सन्दर्भ में, कहीं ध्वनि-लय में ही, कुछ अव्यक्त है जो अव्याख्येय है और सम्भवत: उसका सतत आकर्षण।

सम्यक अध्येता, इलियट के शब्द-शब्द की व्याख्या कर सकता है, पर इसके बाद उसके लिए इलियट-काव्य का आकर्षण समाप्त भी हो जायेगा, इलियट की बौद्धिक सूक्ष्मता और रुचि-विस्तार से वह एक बार चमत्कृत भले ही हो ले। यही उनकी सीमा है, जिसकी ओर मैंने ऊपर संकेत किया है। साधारण पाठक के लिए वे अग्राह्य हैं, अधीत के लिए अस्थायी रूप से आकर्षक। आश्चर्य नहीं, और यह मेरा नहीं, पाश्चात्य आलोचकों का कथन है, निश्चय ही किसी आधार पर, कि समय के साथ ईट्स की लोकप्रियता विद्वानों और साधारण पाठकों, दोनों में बढ़ी है, इलियट की घटी है। अंग्रेज़ी काव्य के विकास-इतिहास में दोनों का महत्त्व है। प्रतिभाओं की न तुलना ठीक होती है, न उनकी पुनरावृत्ति होती है, न उनकी नकल की जा सकती है। हाँ, उनसे सीखा बहुत कुछ जा सकता है।

बुद्धदेव ईट्स को उतनी सहानुभूति और समझदारी नहीं दे पाते थे, जितनी इलियट को, विशेषकर उनके फ्रायडीय प्रसार को; मेरे लिए इलियट न उतने ग्राह्य थे, न उतने आकर्षक जितने ईट्स; मैंने ईट्स-काव्य का अध्ययन पिछले पच्चीस वर्षों से किया था और उसमें मेरी रुचि अब भी बनी हुई थी। मैंने यह बात केम्ब्रिज में भी नोट की थी, जो प्रोफेसर इलियट के प्रशंसक थे, वे ईट्स के नहीं, जो ईट्स के, वे इलियट के नहीं। लीविस बात-बात पर इलियट का नाम लेते थे, हेन से दो वर्षों में शायद ही कभी इलियट पर चर्चा चली हो।

ऐतिहासिक क्रम में, मुझे यह मानने में कोई आपत्ति न थी कि जहाँ तक अंग्रेज़ी काव्य का सम्बन्ध है, इलियट ईट्स के आगे के कदम हैं। बुद्धदेव को इस पर विनोदपूर्ण आश्चर्य था, मेरी कुछ कविताएँ सुनने के बाद कि मेरा सर्जक भी ईट्स के साथ, वह भी अधिक पूर्व-ईट्स के साथ, बँध गया है, जबकि वे इलियट-परवर्ती फ्रायडवाद को भी पीछे छोड़, सद्य: प्रस्फुटित अमरीकी बीट-कविता को भी अपनी सहानुभूति दे सकते थे। सम्भवत: उन्हें अपने अमरीकी प्रवास में इस आन्दोलन को निकट से देखने का अवसर मिला था। केम्ब्रिज में—ऑक्सफोर्ड-केम्ब्रिज अतीतोमुखी नहीं तो समय से कुछ पीछे ही रहने में गर्व-गरिमा का अनुभव करते हैं, सामयिक हवा के हर झोंके के साथ उड़ने में नहीं—बीट-आन्दोलन की कोई चर्चा मैंने न सुनी थी। नवयुवक नये कवि फ्रायडीय परम्परा में ही नये-नये प्रयोग कर रहे थे; बीट—नयी कविता का कोई आन्दोलन जैसा वहाँ मैंने न देखा

था। लेकिन भारत के साहित्य-सचेत नगरों में नये आन्दोलन की प्रसव-पीड़ा मौन-भंग कर चुकी थी। उसे मैंने प्रयाग में आँका था, अब कलकत्ता में (और आगे चलकर काठमाण्डू में भी)।

दूसरी गोष्ठी में अधिक लोग नहीं थे—केवल दस-बारह नवयुवक, उनके चेहरों पर असन्तोष, बेचैनी, आक्रोश, उनके स्वर में अनादर, विद्रोह, प्रखरता। उनके समक्ष मुझे ऐसा लगा जैसे एक पुराना, बीता युग नये, नयी सम्भावनाओं से उच्छल युग के सामने लाकर खड़ा कर दिया गया है। प्रत्याशा यहाँ आदर की नहीं करनी, आरोप-आलोचना के लिए तैयार होना है। बातें यहाँ भी रवीन्द्रनाथ से आरम्भ हुईं पर उनको सम्मान देने की अथवा उनके प्रति ऋणी या कृतज्ञ होने की भावना किसी में नहीं, जैसे वे बंगला के लिए कोई दुर्भाग्य सिद्ध हुए हों, जैसे उनके कारण बंगला की नयी प्रतिभाओं को उभरने में, बंगाल के बाहर उनके ज्ञात-विज्ञापित होने में बाधा खड़ी हुई हो, जैसे उनका समस्त वाङ्मय एक बड़ा सुखद, स्वप्निल, किन्तु क्षयकारी पलायन हो, जैसे उन्होंने बंगला भाषा को कांतासंमित, मृदुल और लिजलिजी बना डाला हो, जैसे उसी के फलस्वरूप बंगाल के अकाल जैसी दुर्घटना बंगला में अमुखरित रह गयी हो, आदि-आदि (क्या आज बंगाल की भूखी पीढ़ी उसी उपेक्षित भूख का प्रायश्चित करने के लिए यौन-बुभुक्षा को मुखरित कर रही है?)

प्रसंगवश मैंने बताया कि बंगाल के अकाल पर मैंने एक लम्बी कविता लिखी थी जिसका अनुवाद भी पुस्तक-रूप में बँगला में प्रकाशित हुआ था; भूपेन्द्रनाथ दास ने अनुवाद किया था; पर उसे किसी ने नहीं पढ़ा था। मेरा यह समझने का प्रयत्न बेकार था कि बड़ी-से-बड़ी प्रतिभा भी देशकाल-भाषा, सामयिक भाव-विचारधारा से प्रभावित और परिसीमित होती है। यदि रवीन्द्र के विरुद्ध उनके जीवनकाल में ही विद्रोह उठ खड़ा हुआ था—बुद्धदेव और उनके सहयोगियों की रचनाओं में—तो भी श्रेय रवीन्द्र नाथ को देना पड़ेगा। जब कोई सबल शक्ति सामने हो, तभी विद्रोह खड़ा होता है, तभी उसमें बल आता है, तभी उसमें तेज़ी आती है, हमारे यहाँ कहावत है कि खूँटे के बल बछड़ा कूदता है। नवयुवकों की राय में बुद्धदेव आदि ने जो क्रान्ति की थी, वह भी अपूर्ण थी, बुद्धदेव स्वयं सौन्दर्यवादी थे, बादलेग (उन्नीसवीं सदी के मध्य का फ्रांसीसी कवि जिसका अति सौन्दर्यवाद अस्वस्थ और रुग्ण माना जाता है) से प्रभावित, जिसका अनुवाद भी उन्होंने किया था, उन्होंने केवल सौन्दर्य का स्तर बदला था, उनकी भाषा में भी साहित्यिकता है, कृत्रिमता है, प्रेमेन्द्र मित्र आदि वामपक्षी थे, प्रगतिवादी सिद्धान्त से बँधे। जीवन और यथार्थ को खुलकर बोलने का समय अब आया है। मध्ययुगीन रूढ़ियों, दासता की लम्बी परम्परा और उसके संस्कारों ने इस देश के मनस् को इतना दमित रखा है कि उसे अपने को विमुक्त, व्यक्त करने का कभी अवसर ही नहीं आया। पश्चिम में क्या हो रहा है, अभी तो आप देखकर आये होंगे, पूर्व अब पश्चिम का पिछलगुआ बनकर नहीं चल सकता, उससे कन्धे-से-कन्धा मिलाकर चलेगा, पश्चिम का मनस् भी ईसाइयत से दमित था, उसके विरुद्ध क्रान्ति से ही रूमानियत जगी थी, बन्धन कुछ ढीले हुए, पर वह स्वप्नों में खो गयी, आधुनिक मनोविज्ञान ने मनुष्य को

फिर से आज़ाद किया है, विज्ञान ने मनुष्य को नया यथार्थ-बोध दिया है। व्यक्ति को पुरासंगठित समाज का अंग नहीं बनना है, नये व्यक्तित्वों का, नये अस्तित्वों का समाज बनाना है। भविष्य पुराने का विस्तार नहीं होने जा रहा है, बल्कि पुराने से टूटकर एक नवारम्भ। इस नये अभियान को कोई रोक नहीं सकता। असली क्रान्ति तो काव्य में, साहित्य में अब होने जा रही है, आदि, आदि।

नवयुवकों में अंशतः सहमत होना कठिन नहीं था, पर उनके बढ़-चढ़कर बोलने को मैं समझ रहा था, क्रान्ति का स्वर प्रायः असन्तुलित होता है। मुझे याद है, किसी नवयुवक कवि ने अपनी रचनाएँ भी सुनाईं। सुनकर मुझे लगा कि मैं बहुत पीछे छूट गया हूँ, और समय बहुत आगे चला गया है।

कलकत्ता से रवाना हुआ तो मेरे दिमाग में सवाल पर सवाल उठ रहे थे—क्या सचमुच भविष्य अतीत से एकदम टूटकर चलेगा? या ऐसी कल्पना अतीत से उग्र असन्तोष का संकेत मात्र है? क्या हमारा अतीत इतना निरर्थक है कि भविष्य के लिए उसे कुछ नहीं देना है? या हमारा अतीत एक ऐसे वृत्त का अंग है जो अब पूर्ण हो चुका है और कोई नया वृत्त होने वाला है? (ईट्स-दर्शन के अनुसार—Surely some revelation is at hand; surely the second coming is at hand—निश्चय ही कोई ऐशोन्मेष निकट है; निश्चय ही कोई दूसरा अवतार होने को है।) क्या काव्य और साहित्य भी 'टेबुला-रासा' (सादी स्लेट) पर लिखा जायेगा? क्या वह सर्वदा, सर्वत्र लिखे के ऊपर लिखे जाने से ही मौलिक, अर्थवान और सारगर्भित नहीं बना? क्या समाज में रहने वाला व्यक्ति अपनी इकाई में सारे बन्धनों को तोड़कर भी मुक्त हो सकता है? क्या वह सामाजिक संगठन में सहायक नियन्त्रण और संयमों के बिना उच्छृंखल ही नहीं हो जायेगा? क्या पश्चिम का मनोवैज्ञानिक सत्य हमारे सार्वजनिक जीवन का—पश्चिम में भी सार्वजनिक जीवन का—अंग हो चुका है? क्या पूर्व का, भारत का संस्कृत मनस् सचमुच आधुनिक चेतना के उसी स्तर पर है, जिस पर पश्चिम का? क्या अपनी सामाजिक परिस्थिति से असंपृक्त सारा पश्चिमी और आधुनिक तथाकथित यथार्थबोध हमारे कवियों को अपने ही देश में अजनबी नहीं बनाने जा रहा है? क्या इस यथार्थता के आवरण में एक नये तरह की अयथार्थी रूमानियत ही नहीं जन्म लेने जा रही है? क्या यह नया 'अभियान' भी एक नये तरह का पलायन ही नहीं होगा—पहले वाले से केवल इसी रूप में भिन्न कि यदि वह अफ़ीम के नशे में सुला देता था तो यह निराश, हताश, कुण्ठित और विक्षिप्त बनाकर छोड़ देगा। जिसे नये कवि कान्धा-से-कान्धा मिलाकर चलना कह रहे हैं, क्या वह पिछलगुआपन और अनुकरण ही नहीं है? क्या मुख में अंग्रेज़ी भाषा, तन पर योरोपीय कपड़े, घर में मेज़-कुर्सी, आलमारी पर कामू, सार्त्र, काफ़्का की किताबें रख लेने से ही हम आधुनिक पश्चिमी बन गये हैं? क्या भौगोलिक दूरियों से दूर हो जाने से ऐतिहासिक दूरियाँ भी मिट गयी हैं? मिट सकती हैं? क्या योरोपीय मनस् की बेचैनी और भारतीय मनस् की बेचैनी—अनुभूत होने पर भी—एक ही प्रकार की है? क्या यह बेचैनी बस सिर का दर्द है कि एक ही तरह की ऐस्प्रो की टिकिया दोनों के लिए डॉक्टर साहब तज़वीज़ कर दें? यदि

नहीं—क्योंकि सामाजिक, ऐतिहासिक आदि पृष्ठभूमियाँ दोनों की भिन्न हैं—तो क्या साहित्य, काव्य, कला में उसकी अभिव्यक्ति का एक ही रूप होगा? क्या पश्चिम की गुलामी से मुक्त हो जाने के बाद हमसे यह प्रत्याशा न की जायेगी कि हम अधिक अपने होकर सोचें? क्या हम राजनैतिक गुलामी से मुक्त होकर मानसिक गुलामी को अभी भी सिर चढ़ाये हैं। क्या काव्य-कला-साहित्य के क्षेत्र में मौलिक चिन्तन करने, मौलिक दिशा लेने की शक्ति भारत ने खो दी है? क्या पश्चिम के अनुभवों, प्रयोगों से लाभ उठाकर पूर्व की मौलिक दृष्टि में वांछित परिवर्तन-सन्तुलन लाकर हम कोई ऐसी राह नहीं ले सकते जिस पर हमारे अपनेपन की—हमारी सभ्यता की—संस्कृति की, हमारे ऐतिहासिक चरणों की व्यक्तित्वपूर्ण छाप हो?

कलकत्ता से लौटते हुए मैं दो दिन के लिए पटना रुक गया। पण्डित अमरनाथ झा वहीं थे। युनिवर्सिटी की वाइस चांसलरशिप के तीन टर्म पूरे कर लेने पर—किसी नियम से शायद वे और अधिक उस पर न रह सकते थे—उन्होंने उत्तर प्रदेश पब्लिक सर्विस कमीशन की चेयरमैनशिप स्वीकार कर ली थी, और कुछ समय बाद उनका स्थानान्तरण बिहार पब्लिक सर्विस कमीशन में हो गया था जिसका मुख्यालय पटना में था। मेरे इंग्लैण्ड से लौटने के बाद कई बार उन्होंने मुझे पटना आने और अपने साथ ठहरने को आमन्त्रित किया था। मैंने सोचा, कलकत्ता से लौटते समय दो दिन उनके पास भी रुकता चलूँ।

मैंने उनको कलकत्ता से अपने आने के बारे में तार दे दिया था, वे मेरी प्रतीक्षा में थे, और उन्होंने अपनी दो शामें मेरे लिए खाली कर रखी थीं। दिन को उन्हें अपने दफ्तर जाना था, मैं पटना कॉलेज चला गया, वहाँ मुझे श्री देवेन्द्र नाथ शर्मा से मिलना था, जो मेरे केम्ब्रिज-प्रवास के दिनों में लन्दन में थे और रूसी भाषा में डिप्लोमा कर रहे थे। मेरी समझ में आज तक नहीं आया कि इस हिन्दी व्याख्याता को सपरिवार इंग्लैण्ड जाकर रूसी में डिप्लोमा लेने की क्यों सूझी! जहाँ तक मुझे मालूम है, इस ज्ञान का उन्होंने कोई उपयोग नहीं किया। रूसी जानकर भी रूस में कोई काम पाने, वहाँ जाने की नौबत उनके लिए नहीं आयी। उन्होंने रूसी की किसी विशेष कृति का अनुवाद भी हिन्दी में प्रस्तुत नहीं किया—किसी लम्बी योजना पर काम कर रहे हों तो मैं नहीं जानता।

शर्माजी से मेरा परिचय पुराना था, मेरी कविता के प्रशंसकों में थे, इंग्लैण्ड में हम अधिक निकट आये। लन्दन जाता तो शर्माजी के यहाँ बढ़िया हिन्दुस्तानी खाना खाने को मिलता। शर्माजी मुझे खाना खिलाते और एवज़ में मैं उनको अपनी ताज़ी-से-ताज़ी कविताएँ सुनाता। केम्ब्रिज में लिखी मेरी बहुत-सी कविताओं के प्रथम श्रोता वे ही थे। ब्राह्मण के यहाँ भोजन करने में मैं विशेष तृप्ति का अनुभव करता हूँ। मैं कहता हूँ, 'तुम्हारे पूर्वजों ने हमारे पूर्वजों का कितना अन्न खाया है, उनके वंशजों को कुछ तो अदा करो!'

शर्माजी बड़े प्रेम से मिले। मेरे आने की खबर उनके विद्यार्थियों में पहुँची और शीघ्र ही कॉलेज-भर में फैल गयी। उन्होंने उनका कमरा घेर लिया, 'हमें बच्चनजी

से कुछ सुनवा दीजिये, हम बिना उनकी कविताएँ सुने उन्हें जाने नहीं देंगे।' शर्माजी ने मुझसे विद्यार्थियों का आग्रह रखने का अनुरोध किया, मैंने सहमति दे दी। उन्होंने विद्यार्थियों को सूचित कर दिया कि शिक्षण के घण्टे समाप्त होने पर मैं कविता-पाठ करूँगा, सब हॉल में एकत्र हों। लड़के हँसते-कूदते चले गये। अब दो घण्टे क्या किया जाये! उन्होंने कहा, 'चलिये विभागाध्यक्ष श्री नलिन विलोचन शर्मा से मिल आयें।'

शर्माजी से मैं अपरिचित न था। कई वर्ष पूर्व आरा में रैदास-जयन्ती पर आयोजित कवि-सम्मेलन में मैं उनसे मिला था, उन्होंने सभापतित्व किया था, ठहरे भी थे हम दोनों एक ही कमरे में। शर्माजी को मेरी कविता से असन्तोष था, मेरी लोकप्रियता पर साश्चर्य क्षोभ, जो उनकी दृष्टि में, मेरे ही लिए हानिकर थी। वे निःसंकोची स्पष्टवादी थे। उनका कहना था, लोग मेरे काव्य-गुणों के कारण मुझ पर नहीं रीझते, बल्कि इसलिए कि मैं उनकी चिर-दमित यौन-भावना को सहलाता-गुदगुदाता हूँ। भीड़ कविता की पारखी हो ही नहीं सकती। सन्त तुलसीदास भी अपने कवित्व-विवेक के बल पर जनप्रिय नहीं थे, बल्कि अपनी भक्ति-भावना के कारण। कालिदास उनके आदर्श कवि थे, आधुनिकों में टी० एस० इलियट; समालोचक इलियट से भी वे पूरी तरह अभिभूत थे। विशुद्ध कविता सम्बन्धी आधुनिकतम फ्रांसीसी और अंग्रेज़ी सब सिद्धान्तों से वे अभिज्ञ थे और उनकी अभ्यर्थना भी करते थे। शर्माजी बहु-पठित थे, विद्वान् थे, पूर्व-पुरातन और पश्चिम-नवीनतम के अद्‌भुत सम्मिश्रण।

मैं उनका आदर करता था, पर उनके चिन्तन को एकांगी भी समझता था। बहस में तो उनसे नहीं पड़ना चाहता था, पर इतना ज़रूर मैंने कहा था, 'कविता का सम्बन्ध यदि जीवन जीने-भोगने से है (मेरे 'भोगने' की परिभाषा में त्यागने के लिए भी स्थान है) तो यौन-भावना अथवा भक्ति-भावना से कवित्व का उद्‌भव क्यों गलत समझा जाय? दुनिया की तीन-चौथाई कविता तो यौन भावना से ओत-प्रोत होगी, और फ्रायडीय मत मानें तो समस्त कविता किसी-न-किसी रूप में यौन-भावना की ही प्रतिमूर्ति है।' शर्माजी ने कहा, 'आप मेरी बात नहीं समझे।' मैंने कहा, 'आप भी मेरी बात नहीं समझे, इसलिए अब हम एक-दूसरे को समझने-समझाने का प्रयत्न न करके अपने-अपने को सम्प्रेषित करें—यानी आप अपनी कविताएँ मुझे सुनाएँ, मैं अपनी कविताएँ आपको सुनाऊँ।' हमारी पिछली मुलाकात इसी नोट पर समाप्त हुई थी।

किसी को अभिभूत करने में उनके दिमाग से उनकी देह कम नहीं थी—बड़ा-सा सिर, बाहर निकलती-सी बड़ी-बड़ी आँखें और उन पर मोटे फ्रेम का मोटे-मोटे लेंस का चश्मा, देव-सी काया, फूली-फैली-ढीली, शुडहीन लम्बोदर साकार। कुर्सी में कसे बैठे थे।

पहले तो केम्ब्रिज में मेरे कामधाम की चर्चा हुई, फिर उन्होंने मुझ पर अपना आक्रमण शुरू किया। प्रवास से भारत की पत्रिकाओं के लिए भेजी मेरी कविताएँ

वे देखते रहे थे, उन्हें पहले भी इस पर आश्चर्य था कि हिन्दी कवियों में अंग्रेज़ी की उच्चतम शिक्षा से दीक्षित होकर भी मैंने आधुनिक पश्चिमी या अंग्रेज़ी काव्य-विधा से कुछ भी नहीं सीखा था, अब तो उन्हें और भी निराशा थी कि दो वर्ष इंग्लैण्ड में रहकर भी मैं छायावाद की ह्रासशील प्रवृत्तियों से ही बँधा था। ईट्स को वे पुराने खेवे के कवियों में गिनते थे, और उन्हें आशंका थी कि ईट्स से प्रतिबद्ध होकर मैं हिन्दी के नये प्रयोगों के लिए और अप्रस्तुत हो जाऊँगा।

मैंने कहा, 'शर्माजी, न मैं छायावाद से बँधा हूँ, न ईट्स से, न कविता से, मैं तो अपने से बँधा हूँ।'

शर्माजी बोले, 'पूरे नहीं, आप अपने से उतना ही बँधते हैं जितने में आप देखते हैं कि आप दूसरों से टूटते नहीं। आप अपने से ही बँधते तो बहुत बड़े कवि होते, भले ही इतने लोकप्रिय नहीं। आपका लोक-मोह आपको अपने से पूरी तरह प्रतिबद्ध होने नहीं देता।'

मैंने उत्तर दिया, 'मैं तो नहीं समझता कि मेरा सर्जक मेरे अतिरिक्त किसी दूसरी ओर देखता है, मैं सच्चाई से कहता हूँ कि यह मेरे सर्जक की सीमा नहीं, हाँ, यह मेरे व्यक्तित्व की ही सीमा हो तो मैं नहीं कह सकता। मैं अपने को अद्वितीय, असाधारण नहीं समझ पाता।'

शर्माजी के पास उत्तर मौजूद था, 'कवि तो असाधारण होने से ही कवि होता है।'

मैंने विनम्रतापूर्वक कहा, 'यदि मैं साधारण होकर असाधारण होने का 'पोज़' बनाऊँ तो यह और बड़ा झूठ होगा, जो मेरे लिए और बड़ी सीमा बनेगी।'

नलिनजी को बहुत-सी बातों के बारे में कहना था—अपनी कविता, कविता नहीं, 'प्रपद्य', अपने दो और सहयोगियों—केसरी कुमार और नरेश, के प्रपद्य, (तीनों के नामों के प्रथमाक्षरों को जोड़कर अपने गुट को उन्होंने 'न० के० न०,' त्रयी की संज्ञा दी थी, शायद छायावादी युग में उद्घोषित वृहत्त्रयी—पंत, प्रसाद, निराला—लघुत्रयी या वर्मात्रयी—महादेवी वर्मा, रामकुमार वर्मा, भगवतीचरण वर्मा—के जोड़ पर; इतिहास अपने को दोहरा रहा था।), 1952 का प्रयोग दश-सूत्री घोषणा-पत्र—जिसे हाल ही में 'प्रपद्य-द्वादश सूत्री' के रूप में संवर्द्धित किया गया था, प्रपद्यवाद-दर्शन, अज्ञेयी प्रयोगशीलता और 'न के नी' प्रयोगवादिता में अन्तर, और 'तार सप्तक' (1943) के कवियों से भी एक सप्तक पूर्व (यानी 1936 में) हिन्दी में प्रयोगवादी कविताएँ लिखने और इस प्रकार हिन्दी के सर्वप्रथम प्रयोगी होने का अपना दावा। वे निकट भविष्य में अपने न के न-त्रयी का एक सिद्धान्त सुपोषित संकलन भी प्रकाशित करने की योजना बना रहे थे[1] जिसके बाद उन्हें आशा थी, प्रपद्यवाद का जगन्नाथी-रथ सब वाद-विवादों को कुचलता-पुचलता हिन्दी कविता के पथ पर अबाध गति से अग्रसर होगा।

शर्माजी की बातें सुनकर मुझे ऐसा लगा कि उन्होंने 1936 में ही प्रयोगवादी कविताएँ क्यों न लिखी हों, उसके बाद का समय तो जनसाधारण में दिनकर और

1. यह बाद को प्रकाशित भी हुआ; किस नाम से?—इस समय मेरी स्मृति से उतर गया है।

बच्चन की लोकप्रियता का ज़माना था और स्कूल-कॉलेजी धरातल पर पाठ्य-पुस्तकिया समालोचक पंत और निराला की प्रगतिवादी प्रवृत्तियों के विवेचन में उलझे थे—हिन्दी का कोई तीसरा धरातल तो है नहीं—लेखक-पाठकों का ही हम एक तीसरा धरातल न माने लें तो। फलस्वरूप, नलिनजी के प्रयोगों पर कहीं भी ध्यान दिया गया हो, इसकी मुझे जानकारी नहीं, नलिनजी भी शान्त हो गये। प्रथम 'तार सप्तक' (1943) भी अचर्चित रह गया था। पर अज्ञेयजी सहज हार मानने वाले नहीं थे। उन्होंने 1951 में दूसरा 'तार सप्तक' भी प्रस्तुत कर दिया था। तब तक प्रयोगवाद को न तो कोई मान्यता मिली थी, न उसकी कोई विशिष्ट उपलब्धि ही ध्यानाकर्षित कर सकी थी, लेकिन मोदर्रिस-समालोचकों के लिए उसकी उपेक्षा करते जाना सम्भव न था। तिरस्कारी स्वरों में ही सही, उसकी चर्चा चल पड़ी थी। अब नलिनजी फिर जागे। प्रयोग की उद्‌भावना तो उनकी थी, पर उसका श्रेय अज्ञेयजी लिये जा रहा था। उन्होंने अज्ञेय की प्रयोगशीलता को अपूर्ण और त्रुटिपूर्ण बताया और प्रयोगवाद का नया घोषणा-पत्र निकाला और नाम-साम्य-जनित गलतफ़हमी को बचाने के लिए अब अपने वाद को 'प्रपद्यवाद' की संज्ञा देनी चाही। शर्माजी की विचार-प्रक्रिया के पीछे संकुचित प्रान्तीयता भी काम कर रही हो तो कोई आश्चर्य नहीं, उनकी इस प्रवृत्ति के और भी संकेत मैंने पाये थे,

> 'पटना-कलम है यह।
> पश्चिम की कला का लगा है कलम इसमें...
>
> (चित्राधान—नलिन)

प्रान्तीयता के साथ विदेशीयता पर गर्व। करेला और नीम चढ़ा।

हॉल से विद्यार्थियों का कोलाहल सुनाई पड़ने लगा था। हम लोग वहाँ पहुँचे। देवेन्द्रनाथजी मेरे विषय में कुछ कहने को खड़े हुए, पर श्रोताओं ने उन्हें बिठला दिया। वे व्याख्यान सुनने नहीं, कविता सुनने आये थे। मैंने अपनी नयी-पुरानी कविताएँ सुनाईं, विद्यार्थियों की फ़रमाइशें पूरी कीं, 'मधुशाला' सुनाई जिसके लिए एक स्वर की माँग थी। नवयुवकोचित उच्छल उमंग-उल्लास के बीच नलिनजी गम्भीर मुद्रा में बैठे रहे, यह मेरी कविता पर उनकी मौन टिप्पणी थी। नलिनजी से यही मेरी आखिरी भेंट थी। चार वर्ष बाद मेरी 'आरती और अंगारे' (1958) छपी तो परिषद् पत्रिका की ओर से उनके पास समालोचनार्थ भेजी गयी। मैंने देखा तो नहीं, पर मुझे किसी ने बताया कि उन्होंने केवल एक पंक्ति लिखी थी, 'इन रचनाओं को मैं कविताएँ नहीं मानता, इसलिए इनकी आलोचना करने से इनकार करता हूँ' या इसी आशय का कुछ। माने-न-माने गुल ही न माने बाग तो सारा माने है' (मीर से 'जाने' को 'माने' करने के लिए क्षमायाचना सहित)। आठ बरसों के अन्दर 'आरती और अंगारे' के चार संस्करण हुए और न वह कोर्स में लगी है न सरकारी खरीद पर चढ़ी है।

1961 में गृह-मन्त्रालय की किसी समिति में बैठा था कि दिनकरजी ने आकर समाचार दिया 'नलिनजी चल बसे।' सुनकर दिल डूब गया। मुझसे 9 बरस छोटे थे। मुझसे छोटों की मृत्यु बहुत कष्ट देती है—मुझे वह बड़ी अप्राकृतिक लगती है। जो पहले आया है, वह पहले जाये, जो बाद में आया है बाद को, पर बहुत बार, शोक है, ऐसा नहीं होता। मैंने उनकी मृत्यु पर एक कविता लिखी—'डूबने वाली नावें', जो 'नयी धारा' के नलिन स्मृति अंक में छपी। अंक आया तो अपनी कविता देखते हुए न जाने क्यों, मेरा ध्यान इस ओर चला गया कि नलिनजी स्वयं इसे देखते तो कहते, 'मैं इसे कविता नहीं मानता।' और मैं उनसे कहता, 'ऐसा कहने के आपके अधिकार को मैं मान देता हूँ, ऐसा लिखने के मेरे अधिकार को आप मान दें।

कॉलेज से लौटा तो झा साहब अपने कमरे में अकेले बैठे चाय पी रहे थे। धीमे-धीमे रेडियो बज रहा था, और सब शान्त। उनका बंगला सेक्रेटेरियट के समीप था जो एक बड़ी शान्त बस्ती है, विशेषकर दफ्तर के घण्टों के बाद। वहाँ रहन-सहन का उनका वही तरीका था जो इलाहाबाद में—वैसे ही किताबों से लदी अलमारियों के कमरे में उनकी मेज़-कुर्सी, वैसे ही मेज़ पर नयी-नयी किताबें, वही नियमित कार्यक्रम, सुबह-शाम आये हुए लोगों से मिलना, दिन को दफ्तर, खाली समय में चिट्ठियाँ लिखना या किताबें पढ़ना। घर में सिर्फ तीन नौकर थे, एक उनका खाना बनाता था, एक ऊपर का काम करता था, एक चपरासी जो उनके कमरे के बाहर खड़ा रहता था, आने वालों की सूचना उन्हें पहुँचाने के लिए—सब अपना काम जानते हुए और यथा-समय करते हुए।

अपने यौवन में ही जो विधुर-एकाकी जीवन उन्होंने अपनाया था, उसे बड़ी खूबी के साथ निभा दिया था। वे मुझे थके-उदास लगे, कुछ अस्वस्थ-से। पर चाय पीने के बाद जो एकाध प्रश्न मुझसे उन्होंने पूछे उससे मुझे लगा कि वे मेरी कुछ सुनने को उत्सुक हैं, उनके बिना पहल किये उनसे बात करने की हिम्मत किसे थी! सारी शाम मेरी गाथा में ही बीत गयी, मैंने अपनी थीसिस भी उन्हें दिखाई जो मैं साथ लेता गया था। उन्होंने उसे उलटा-पलटा, बोले, 'अच्छा काम कर डाला तुमने, प्रकाशित करा देना, इससे तुम्हारा पथ प्रशस्त होगा।'

खाना खाने के बाद उन्होंने मेरी कविताएँ सुननी चाहीं। वे मेरे 'मधुशाला', 'मधुबाला' के बड़े प्रेमी थे। उस रात 'मधुबाला' से सिर्फ एक कविता उन्होंने सुनी—'इस पार—उस पार।' फिर उन्होंने 'निशा निमन्त्रण', 'एकान्त संगीत' के गीतों के लिए आग्रह किया। उन्हें अपने भावों पर ज़बरदस्त संयम था। उन्होंने अपनी आँखें मूँद लीं। मैं बीच-बीच में उनकी ओर देख लेता था। उनके मूर्त मौन ने उस रात मुझसे बहुत कुछ कहा। ग्यारह बजे उन्होंने धीमे-से कहा, 'जाओ, अब सो रहो।'

दूसरी शाम को उन्होंने मेरे सम्मान में अपने बंगले के लॉन में 'एटहोम' का प्रबन्ध किया था। चालीस-पचास लोग उसमें आये थे—झा साहब के मित्र, बहुत-से

इलाहाबाद युनिवर्सिटी के पूर्व छात्र, कुछ साहित्यिक बन्धु। झा साहब ने मुझे अपने साथ ले जाकर सबसे परिचित कराया। समाप्ति पर कविता की फरमाइश तो होनी ही थी। मैंने कुछ नयी कविताएँ सुनाईं। 'मधुशाला' सुनाये बिना कहाँ पिण्ड छूटता!

जब सब लोग चले गये तो मैंने झा साहब से कहा, 'आज तो आपने मुझे बड़ा आदर दिया।'

'क्योंकि तुमने मेरे जजमेंट को जस्टीफाई किया,' वे बोले, 'जब मैंने युनिवर्सिटी में तुम्हें लिया था तब लोगों ने कहा था, बच्चन की गति अंग्रेज़ी में नहीं, झा ने उनकी हिन्दी कविता के प्रेम में आकर उन्हें अंग्रेज़ी विभाग में रख दिया।'

चीज़ों को देखने का झा साहब का अपना अलग दृष्टिकोण था जिसमें सबसे अधिक महत्त्व वे अपने को देते थे। इसमें सन्देह नहीं कि वे आत्म केन्द्रित थे, पर बड़ी गरिमा के साथ, उसमें ओछेपन के लिए कहीं जगह नहीं थी। उनको बुरा-भला कहने वाले, उनकी निन्दा करने वाले कम नहीं थे। यह कहना गलत होगा कि उनको उन्होंने क्षमा कर दिया था। उनको उन्होंने उपेक्षापूर्वक अनसुना रखा था। वे बड़े थे तो अपने अधिकार से, किसी को छोटा करके नहीं और कोई उनको किसी साज़िश में छोटा कर सके, इसके बहुत ऊपर। उनका उठना, बैठना, चलना, हँसना, बोलना, देखना, सुनना, उनकी पोशाक, उनके कमरों की साज-सज्जा, उनकी हर बात ऐसी होती थी, जिसे अंग्रेज़ी में 'स्टडीड' कहेंगे, हिन्दी में शायद सुविचारित या सविवेक। हर बात सही करने के अभ्यास ने उन्हें यह आत्मविश्वास दे दिया था कि वे जो करते हैं, वही सही है। उनका अपने हर क्षण पर नियन्त्रण था। वे जो करते थे, वे जानते थे; कुछ उनसे हो गया है, ऐसी स्थिति में शायद ही कभी उनका सामना किया हो। वे अपने व्यक्तित्व में बेजोड़ थे।

उस रात भी खाना खाने के बाद देर तक उन्होंने मेरी कविताएँ सुनीं। उनकी राय थी कि मैंने हिन्दी गीतों के आयाम को बढ़ाया है, जैसे मिल्टन ने सानेट के आयाम को विस्तृत किया था—कुछ ऐसे विषयों पर सानेट लिखकर, जिनकी परम्परा नहीं थी, पर उनकी सम्मति थी, 'ऐसे गीतों में टेक की दुहराहट नहीं होनी चाहिए। टेक गीतों में इस बात का संकेत करती है कि जैसे भावना-कल्पना-जगत् में घूम-फिरकर आदमी फिर उसी जगह पर लौट आता है जहाँ से वह चला था। गीत की भूमि पर विचरण कर आने से भावना जैसे अपनी ही जगह पर अधिक गहरी हो गयी है। झा साहब की राय थी कि मेरे नये गीत एक जगह से दूसरी जगह ले जाते हैं; हम लक्ष्य पर पहुँच उलटकर यह क्यों देखें कि कहाँ से चले थे; देखें ही नहीं बल्कि लौटकर वहाँ पहुँच भी जायें तो कैसा उपहासास्पद होगा। टेक की तुकें मिलें तो कोई हर्ज़ नहीं, उससे गीत में ऐकिकता (Unity) और गठन बना रहता है, पर टेकों की दुहराहट गीतों में सन्निहित प्रगति का प्रभाव मार देती है।

गुरु थे, उनकी बात मैंने सुन ली, प्रतिवाद मैंने नहीं किया, किसी अंश में उनका कहना तर्कसंगत भी था। लेकिन अपने नये गीतों को मैं सीधी रेखा मानने को तैयार नहीं था। टेक को मैं केन्द्र-बिन्दु मानता हूँ। वहाँ से चलकर परिधि को एक बिन्दु पर छू लिया और फिर केन्द्र बिन्दु पर लौट आये और फिर चलकर परिधि को

दूसरी जगह पर छुआ, इस प्रकार चार-पाँच स्टेंज़ा में चार-पाँच बार परिधि छू ली, किन्तु अलग-अलग बिन्दुओं पर। यहाँ प्रगति है, क्रम है, पर एक वृत्त की परिधि पर। मेरी ऐसी धारणा है, गीत बिना एक भाव-जगत् को वृत्तबद्ध किये नहीं लिखा जा सकता। अन्य स्फुट कविताओं के लिए सीधी रेखा का रूपक अधिक उपयुक्त होगा। झा साहब को आश्चर्य था कि दो वर्षों के अन्दर इतनी बड़ी आलोचनात्मक थीसिस लिखने के बावजूद मैंने सौ से ऊपर कविताएँ कैसे लिखी थीं। उनका अन्तिम रिमार्क था, 'दि पोएट इज़ इनकरिजिबिल इन यू' (कविता तुम्हारा पिण्ड नहीं छोड़ती)।

रात बहुत हो गयी थी। न जाने किस प्रसंग में उनके स्वास्थ्य पर बात चल पड़ी। वे अपनी व्यक्तिगत बातें किसी से नहीं कहते थे, पर उनके मुँह से निकले तीन-चार वाक्य रात-भर मेरे मन में घुमड़ते रहे—जिसे हार्ट अटैक हो जाये उसे किसी भी समय जाने के लिए तैयार रहना चाहिए...मृत्यु निकट आती है तो हर मनुष्य को उसका आभास हो जाता है...सफल-से-सफल व्यक्ति को भी जीवन अन्त में निराश और उदास ही छोड़ जाता है।

दूसरे दिन सुबह मैं उनसे विदा ले इलाहाबाद के लिए चल पड़ा। झा साहब के निराश और उदास होने का कारण था। विधुर एकाकीपन की परिणति जो होती है, उसके लिए वे तैयार थे, उसी के लिए वे बने थे, इसके अतिरिक्त और कुछ उनसे निभता भी नहीं। मेरा संकेत उसकी ओर नहीं है।

पश्चात्ताप का शब्द उनके कोश में नहीं था। बात यह थी कि जीवन-भर वे युनिवर्सिटी, शिक्षा, विद्यार्थियों के सम्पर्क में रहते थे। पिछले कुछ वर्षों में जब से वे पब्लिक सर्विस कमीशन के चेयरमैन रहे थे, तब से विद्यार्थियों का सजीव सम्पर्क उनसे छूट गया था। दफ्तरी जीवन में वे इस अभाव को बराबर महसूस करते रहे। फिर वे भारत के गिने-चुने शिक्षाविदों में थे; उन्हें शायद यह आशा थी कि स्वतन्त्रता मिलने पर भारत की सरकार उनके ज्ञान और अनुभव का कुछ उपयोग शिक्षा के क्षेत्र में करेगी, परन्तु उनकी उपेक्षा की गयी। किसी ने शासन तन्त्र में इसका सुझाव दिया तो—अपने से वे सरकार के पास पहुँचने वाले थे नहीं—किसी बड़े नेता ने यह कहा कि 'उनमें कल्पना का अभाव है।' पता नहीं, जिनमें कल्पना का भाव समझा गया उन्होंने शिक्षा में कौन मौलिक क्रान्ति की।

झा साहब से यह मेरी अन्तिम भेंट थी। कुछ ही महीनों बाद उनके देहावसान का दु:खद समाचार मिला। वे जान गये थे कि उनकी मृत्यु निकट है और वे इसके लिए तैयार भी थे। बाद को मुझको किसी ने बताया कि पिछली बार जब वे इलाहाबाद आये थे तो अपने शव-दाह के लिए कई मन चन्दन की लकड़ी भी चुपचाप साथ खरीदकर ले गये थे। उनके स्वभाव में अभिजात का जो सर्वविदित और सर्वत्र प्रकट संस्पर्श था, उसके अनुरूप तो यह था ही कि उनकी लाश साधारण लकड़ियों से नहीं, चन्दन की लकड़ियों से जलाई जाये, कुछ और भी था। उनके शत्रु भी शायद ही यह कह सकें कि उन्होंने अपने जीवन में जान-बूझकर किसी को भी हानि पहुँचाई थी—वे सम्भवत: नहीं चाहते थे कि जो उनका दाह-संस्कार करने

मेरे सहयोगियों की प्रतिक्रिया की कल्पना आप ही करें। श्री पी० डी० टंडन, इलाहाबाद के प्रसिद्ध पत्रकार भी उस समय विभाग में किसी प्रसंग में उपस्थित थे। उन्होंने निमन्त्रण-पत्र देखकर कहा, 'बस, अब नेहरूजी तुम्हें दिल्ली ले गये।' उनकी भविष्यवाणी सच ही निकली। वे नेहरूजी से नि:संकोच मिलने वालों में थे, सम्भव है, नेहरूजी ने जो बातें मुझसे कहीं, उनका कुछ संकेत उन्हें दे चुके हों।

नेहरूजी ने मेरी स्थिति के बारे में पूछा तो मुझे कहना ही था कि मैं जहाँ पिछली जुलाई में था, उसी जगह पर अब भी हूँ—लेक्चर ग्रेड के अधिकतम वेतन पर मैं पहुँच गया था, यानी 500/=की सीमा पर, और भविष्य में किसी वृद्धि की सम्भावना नहीं थी।

पण्डितजी ने कहा, 'मुझे अफसोस है, मैं अभी तक तुम्हारे लिए कुछ भी नहीं कर सका। पर जल्द ही विदेश मन्त्रालय में एक ऐसे अफसर ही ज़रूरत होगी, जो अच्छी हिन्दी के साथ अच्छी अंग्रेज़ी भी जानता हो; क्योंकि काम प्राय: अनुवाद का होगा, राजनयिक दस्तावेज़ों-पत्रों का; तुम आना चाहोगे? तनख्वाह अच्छी होगी।'

मैंने कहा, 'आप मुझे किसी काम के योग्य समझकर बुलायेंगे तो मैं निश्चय आऊँगा, तनख्वाह के कम-ज़्यादा होने के बारे में मैं नहीं सोचूँगा।'

मैं तो अब किसी बहाने इलाहाबाद छोड़ने को आतुर था।

मेरे उत्तर से नेहरूजी प्रसन्न हुए।

मेरे नक्षत्रों में हरकत हो गयी थी।

अगस्त में डा० केसकर इलाहाबाद आये, वे उन दिनों सूचना एवं प्रसारण मन्त्री थे। उनके आने से पूर्व ही नगर के साहित्यकारों में यह खबर फैल गयी थी कि आल इण्डिया रेडियो अपने विभिन्न केन्द्रों पर जाने-माने साहित्यकारों को 'प्रोड्यूसर' के रूप में नियुक्त करने वाला है। रेडियो के सन्दर्भ में तब यह शब्द नया-नया था और किसी को पता नहीं था कि 'प्रोड्यूसर' का काम क्या होगा। डा० केसकर की प्रयाग-यात्रा उसी सम्बन्ध में थी। इलाहाबाद रेडियो केन्द्र ने उनके स्वागत में एक पार्टी दी थी जिसमें प्राय: सभी स्थानीय लेखकों को निमन्त्रित किया गया था और वे आये भी थे, निराला और महादेवी को छोड़कर, पर उन्होंने सदा से रेडियो से बाइकाट किया था। पार्टी में डा० केसकर ने एक छोटा-सा भाषण भी दिया था, जिसमें उन्होंने अपनी नयी योजना को स्पष्ट किया था। संक्षेप में 'प्रोड्यूसर' का काम वही होने को था जो पत्रिका में सम्पादक का होता है—वह अपने क्षेत्र के लेखकों से सम्पर्क बनाये रहे और उनकी नवीन और उत्कृष्ट रचनाओं को प्रसारित कराने के सम्बन्ध में रेडियो को सलाह-सहायता दे। प्रोड्यूसर के अच्छे-खासे वेतन की कल्पना लोगों ने शायद स्वयं कर ली थी। पंतजी को 1000/= प्रति मास मिल ही रहे थे।

जहाँ तक मुझे स्मरण है, डा० केसकर के सम्मान में दो-तीन पार्टी-गोष्ठियाँ हुई थीं और सभी में साहित्यकारों की अच्छी उपस्थिति थी—कुछ-कुछ ज़्यादा ही उनके आगे-पीछे, जाहिर है उनकी नज़रों में चढ़ने या उन्हें प्रभावित करने की दृष्टि

से, कुछ अपनी चाल-ढाल में सामान्यतया लापरवाही बरतने वाले प्रयत्नपूर्वक संयत, सलीकेदारी से, कुछ ने, याद पड़ता है, उन्हें अपनी रचनाएँ भी भेंट की थीं।

डा० केसकर आये और चले गये, छोड़ गये प्रयाग के प्राय: प्रत्येक साहित्यकार के मन में रेडियो की प्रोड्यूसरी का सुखद स्वप्न सेने को—न जाने किसके नाम किस दिन दिल्ली से नियुक्ति का पत्र आ जाये।...

जिन लोगों से मन्त्री महोदय ने अलग-अलग बातचीत की थी उनमें मैं भी था। बीस वर्ष के बाद मुझे याद तो नहीं कि उनसे मेरी क्या बातें हुई थीं, पर उन दिनों केम्ब्रिज और अपने शोध-विषय W. B. Yeats and Occultism से मैं इतना भरा था कि सम्भवत: इन्हीं पर मैंने ज़्यादा बातें की होंगी, ज़्यादा क्या यही 5-7 मिनट, और निश्चय ही उससे उनके समक्ष मेरे हिन्दी साहित्यकार की अपेक्षा मेरे अंग्रेज़ी अध्यापक का रूप अधिक उभरा होगा। अपने साहित्यकार रूप से उन्हें प्रभावित करने का मैंने कोई प्रयत्न नहीं किया था क्योंकि मेरे भविष्य की आशा मुख्य रूप से कहीं और अटकी थी, फिर भी यह कल्पना प्रीतिकर लगी थी कि उन्होंने अपनी पसन्द की सूची में मुझे भी सम्मिलित किया है, क्योंकि कई स्टेशनों के लिए कई लोग चुने जाने को थे।

कल्पना सच हो गयी।

सितम्बर में सूचना एवं प्रसारण मन्त्रालय से मेरे लिए पत्र आ गया—मुझे इलाहाबाद रेडियो स्टेशन पर हिन्दी प्रोड्यूसर के रूप में नियुक्त किया गया था, वेतन मुझे 750/=मिलने को था, पद अस्थायी था और शुरू-शुरू में केवल एक वर्ष के लिए था।

मैं तो नेहरूजी से वचनबद्ध हो चुका था कि वे जब भी मुझे बुलायेंगे, मैं उनके मन्त्रालय में काम करने को हाज़िर हो जाऊँगा। मैंने उचित समझा कि रेडियो का काम स्वीकार करने के पहले पण्डितजी की अनुमति ले लूँ। ऐसे विषय में उनसे मिलकर ही उनकी सलाह लेना ठीक था। मैं दिल्ली गया तो उन्होंने मुझे रेडियो का काम ले लेने की सलाह दी। वेतन आदि के बारे में पूछकर उन्होंने मुझसे कहा कि 'अगर तुम कुछ महीने यह काम कर लोगे तो तुम्हें विदेश मन्त्रालय में ज़्यादा तनख्वाह दिलाना मेरे लिए आसान होगा। कायदा यह है कि जब केन्द्र में किसी काम पर किसी को बुलाया जाता है तो उसका वेतन उसके पिछले वेतन से केवल 20% बढ़ाया जा सकता है। 500/=पर कितना बढ़ेगा! 750/=पर कुछ अधिक बढ़ सकेगा—दिल्ली ज़्यादा खर्चीली जगह है।' उनकी सद्‌भावना से अभिभूत लौटा—वे मुझमें कितनी व्यक्तिगत रुचि ले रहे थे।

युनिवर्सिटी छोड़ने को मैं मानसिक रूप से बहुत पहले से तैयार हो रहा था, फिर भी निर्णायक कदम उठाने के पहले मन में हिचक तो थी ही—मेरा कार्य, कार्यक्षेत्र, कार्य-माध्यम सबका सब एक दिन में बदल जायेगा। इस अचानक परिवर्तन को क्या मैं आसानी से सहार जाऊँगा? अध्यापक से सहसा सम्पादक?—साफ ही क्यों न कहूँ—किसी रूप में क्लर्क, बन जाने पर मुझे कैसा लगेगा? विडम्बना तो यह थी कि जिस समय अपने अकादमिक जीवन के लिए मैं ज़्यादा

तैयार होकर आया था, अधिक सक्षमयोग्य बनकर उस समय नियति मेरे उचित कार्यक्षेत्र से मुझे दूर हटा रही थी।

इसका संकेत मुझे साल-भर पहले मिल चुका था। इंग्लैण्ड से लौटने पर एक दिन पंतजी ने मेरा हाथ देखकर मुझे बताया था कि 'लगभग एक वर्ष के बाद तुम्हारा कैरियर बदल जायेगा।' यह बात जुलाई '54 की होगी, और अब सितम्बर '55 था। इससे पूर्व भी एक बार उनकी भविष्यवाणी मेरे सम्बन्ध में इतनी सटीक उतरी थी कि मुझे पूरा विश्वास हो गया था कि जो वे कह रहे हैं, वह होके रहेगी, वह तो होनी ही है।

मीरा का एक पद कानों में प्रतिध्वनित हुआ—

'...होनी हो सो होई।'

होनी स्वीकार ही करनी पड़े तो विवशता से स्वीकार करने से कहीं अच्छा है कि साहस के साथ स्वीकार की जाय। दिल्ली से लौटने के दूसरे दिन युनिवर्सिटी जाकर मैंने विभागाध्यक्ष को एक वर्ष की अवैतनिक छुट्टी के लिए अर्जी दे दी—अगर वर्ष-भर बाद रेडियो की प्रोड्यूसरी का पद समाप्त कर दिया जाये अथवा मुझे अन्य प्रत्याशित जगह न मिले तो मैं फिर अंग्रेज़ी के लेक्चरर के रूप में लौट सकूँ, हालाँकि मेरे अन्तरमन में जैसे कोई कह रहा था, 'यहाँ से तुम्हारी यह अन्तिम विदा है और अब तुम कभी युनिवर्सिटी नहीं लौटोगे।' इस आवाज़ पर मेरे मन में एक अवसाद भी था, एक राहत भी थी—अवसाद इस बात पर कि अपनी युनिवर्सिटी में अध्यापक पद पाने के लिए एक समय मैंने कितने अरमान सँजोए थे और आज उससे पीठ फेरकर चला जा रहा था, राहत इस पर कि अगर युनिवर्सिटी ने मेरे श्रम- संघर्ष के प्रति उदासीनता दिखाई थी, मेरी अध्यवसाय-प्राप्त योग्यता की उपेक्षा की थी तो मुझे भी यह दिखाने का अवसर मिला था कि मैं कहीं अपेक्षणीय भी हूँ।

विभागाध्यक्ष ने मेरे युनिवर्सिटी छोड़ने पर अफसोस ज़ाहिर किया था—पर शब्द भावों को प्रकट करने के सहज माध्यम हैं तो भावों को छिपाने के छली उपकरण भी हैं। मैं जानता था, मेरे विभाग छोड़ने का उन्हें ज़रा भी अफसोस न था, और न मेरे सहयोगियों को ही, मेरे प्रति एक अहानिकर ईर्ष्या उनमें सदा से थी—मैं अंग्रेज़ी लेक्चरर के अतिरिक्त किसी और क्षेत्र में भी कुछ था—और फिर, नगण्य नहीं। मेरे इंग्लैण्ड से लौटने के बाद उनके बीच मेरी उपस्थिति उनमें एक हीन भावना भी जगाती थी। युनिवर्सिटी से मेरे हट जाने पर उन्होंने भी एक राहत की साँस ली हो तो आश्चर्य नहीं। चलने लगा तो मेरे सहयोगियों के बीच से एक आवाज़ सुनाई दी।

Just for a handful of silver he left us.

(बस कुछ चाँदी के टुकड़ों की खातिर उसने हमको छोड़ा।)

राबर्ट ब्राउनिंग ने यह पंक्ति विलियम वर्ड्सवर्थ के पोएट लारिएट का सरकारी पद स्वीकार करने पर लिखी थी। यहाँ कौन राजकवि बनने जा रहा था! सच्चाई तो यह थी कि जो मैं कर रहा था, वह अपनी आवश्यकताओं से विवश होकर और किसी

अंश में अपने घायल अहं पर मरहम लगाने के लिए। मेरे handful of silver (कुछ चाँदी के टुकड़ों) से भी क्या एक बार फिर मेरे सहयोगियों की ईर्ष्या ही नहीं मुखर हो उठी थी?

हाँ, अगर मेरे लिए युनिवर्सिटी छोड़ने का अफसोस सचमुच किसी को हुआ था तो मेरे विद्यार्थियों को। जुलाई से आरम्भ होने वाले सत्र में लेक्चर और सेमिनार क्लासों को लेकर लगभग सौ विद्यार्थी मेरे सम्पर्क में थे। बच्चों ने जल्दी-जल्दी आपस में कुछ चंदा इकट्ठा किया, मुझे एक विदा पार्टी दी, मुझे एक पुस्तक भेंट की, जिसके प्रारम्भिक पृष्ठों पर उन सबने अपने-अपने हस्ताक्षर किये—पुस्तक थी मानतेन की The Selected Essays (दि सेलेक्टेड एसेज) जो अब तक मेरे पुस्तकालय में है—मेरे प्रति मेरे अन्तिम विद्यार्थियों के स्नेह का प्रतीक, जिसे अपने समस्त विद्यार्थियों के स्नेह का प्रतीक मानकर मैं बहुत सँजोकर रखे हुए हूँ। अध्यापक जीवन की कतिपय सीमाओं के बावजूद उसके कुछ सुख-लाभ की कल्पना भी सहज ही की जा सकती है, पर उसकी शायद सबसे बड़ी उपलब्धि है, अपने विद्यार्थियों का स्नेह प्राप्त करना। जिसे यह नहीं मिला, मैं तो कहूँगा, उसका अध्यापक-जीवन व्यर्थ गया। काश, यह मुझे कम मिला होता, तो उससे वंचित होने की वेदना मुझे कम सालती।

मुझे ठीक याद नहीं कि किस तारीख से मैंने रेडियो के दफ्तर में जाना शुरू किया था, पर एक बात नहीं भूली कि पहले दिन जब मैं दफ्तर जाने के लिए घर से निकला था तो मेरी गाड़ी अनायास युनिवर्सिटी की ओर मुड़ गयी थी, और ऐसी भूल मुझसे कई बार हुई, शायद अपने जीवन का जो परिवर्तन मैंने स्वीकार कर लिया था, मेरा अवचेतन उसे बहुत दिनों तक अपने तरीके से नकारता रहा।

स्मृतियाँ और कल्पनाएँ जीवन में आये अचानक परिवर्तनों को झेलने में मनुष्य की कितनी सहायता करती हैं, इसका अन्दाज़ा सहज नहीं लगया जा सकता। रेडियो के दफ्तर में बैठे हुए युनिवर्सिटी जीवन की मुझे कितनी-कितनी याद आती। और कभी-कभी तो मानो मैं अपनी कक्षा में ही जा बैठता।

प्रोड्यूसर के लिए एक अलग ही कमरा दे दिया गया था, उसी में पंतजी भी बैठते थे, पर वे अपराह्न में केवल दो-ढाई घण्टों के लिए आते। शेष समय मैं अपने कमरे में अकेला बैठा प्रसारण के लिए आयी सामग्री की जाँच-पड़ताल करता।

मनुष्य किस काम के लिए अपने को तैयार करता है और क्या उसे करना पड़ता है!

मैं सोचता, अगर कुछ समय बाद मुझे विदेश मन्त्रालय में ही बुला लिया गया तो वहीं केम्ब्रिज में प्राप्त किये मेरे ज्ञान का क्या उपयोग होगा!

क्या केम्ब्रिज में व्यय किया गया मेरा सारा धन, सारा समय, सारी शक्ति, उस अवधि में सही-झेली सारी मुसीबतें, सारी दिमागी परेशानियाँ व्यर्थ हो गयीं?

अगर मुझे इसका विश्वास होता तो मुझे आत्महत्या कर लेने से कौन रोकता! ऐसे विश्व-तन्त्र में जहाँ एक निरीह व्यक्ति को व्यर्थ परेशान करने का षड्यन्त्र चल

सकता हो, उसमें कौन जीना चाहेगा!

नहीं।

जो भी मैंने सीखा, सहा, भोगा, अनुभव किया है वह सब-का-सब मेरे व्यक्तित्व का अंग हो गया है।

चाहे मैं रेडियो में प्रसारण-सामग्री की परीक्षा करूँ, चाहे विदेश मन्त्रालय में राजनय सम्बन्धी दस्तावेज़ों का अनुवाद, चाहे मैं कविता लिखूँ, चाहे गद्य, सब में मेरे जीवन की शिक्षा-दीक्षा के साथ मेरे केम्ब्रिज का संस्कार भी बोलेगा, झलकेगा, महकेगा!

क्या आपको इस आत्मचित्रण में केम्ब्रिज के कण्ठ का स्वर भी नहीं सुनाई पड़ा? केम्ब्रिज के दृश्यों की झाँकी भी नहीं दिखाई पड़ी? केम्ब्रिज के फूल-कलियों की सुगन्ध भी नहीं आयी? क्या वहाँ पर मेरे मन, मस्तिष्क, हृदय पर पड़े संस्कार भी मेरी पंक्ति-पंक्ति, मेरे शब्द-शब्द में नहीं साकार हुए?

तब वहाँ सीखा-समझा, देखा-सुना, भोगा-झेला कुछ भी व्यर्थ कैसे हुआ?

रेडियो के कार्यकाल में मुझे एक लम्बे सेमिनार की याद है, जो प्रोड्यूसरों के लिए दिल्ली रेडियो केन्द्र पर आयोजित किया गया था। सरकार ने सभी भाषाओं के उच्चकोटि के लेखकों को रेडियो से सम्बद्ध कर लिया था। सेमिनार में प्रसारण के सम्बन्ध में कुछ तकनीकी और कुछ सरकारी नीति का मोटा-मोटा ज्ञान कराया गया था। श्री मर्ढेकर सेमिनार के इंचार्ज थे, उनका स्वर्गवास हो चुका है, मराठी में नयी कविता आन्दोलन के अग्रणी कवियों में थे।

250/=प्रतिमास अधिक वेतन की सम्भावना का द्वार खुलते ही तेजी ने और मैंने सबसे पहला निर्णय यह लिया कि हम अमिताभ और अजिताभ को पढ़ाने के लिए शेरवुड कॉलेज, नैनीताल भेजेंगे, जो उन दिनों भारत प्रसिद्ध कान्वेंट शिक्षा-संस्था थी। वहाँ के प्रिंसिपल रेवरेन्ड लेवेलिन केम्ब्रिज युनिवर्सिटी के स्नातक थे। उस नाते उन्होंने मेरे दोनों लड़कों को फौरन अपने कॉलेज में प्रवेश दे दिया और आगामी सत्र में उन्हें वहाँ भेजने की तैयारी होने लगी। बहुत दिनों से इतने उत्साह से हमने शायद ही कोई काम किया हो। हमने उससे अधिक सही निर्णय भी अपने जीवन में शायद ही कोई और लिया। अपने बच्चों के भविष्य को सँवारने से अधिक महत्त्वपूर्ण काम हमारे लिए हो भी क्या सकता था! अमिताभ और अजिताभ, जो भी आज जीवन में हैं, उसके लिए अपनी माँ की शिक्षा-दीक्षा के बाद वे अपने को शेरवुड का ऋणी मानते हैं।

मैंने रेडियो में पूरे तीन महीने भी काम न किया था कि मुझे विदेश मन्त्रालय दिल्ली से बुलावा आ गया।

उस वर्ष जहाँ तक मुझे स्मरण है, बड़ा दिन इतवार को पड़ा था, इस कारण बड़े दिन के उपलक्ष्य में छुट्टी सोमवार 26 दिसम्बर को दी गयी थी। साल समाप्त होने में पाँच दिन शेष थे। मैंने पाँच दिनों की कैजुअल लीव ले ली, जो मेरा प्राप्तव्य था। मुझे दो कवि-सम्मेलनों में भाग लेना था—काशी हिन्दू विश्वविद्यालय में और

होलकर कॉलेज इन्दौर में, जहाँ उन दिनों शिवमंगलसिंह 'सुमन' हिन्दी विभागाध्यक्ष थे। दोनों जगहों से अच्छे पारिश्रमिक का वादा किया गया था, मेरी आर्थिक आवश्यकताएँ अब भी कवि-सम्मेलनों द्वारा कुछ अर्जित करने को मुझे विवश करती थीं। 24 दिसम्बर की रात को काशी के कवि-सम्मेलन में भाग लेकर मैं 26 को सवेरे इन्दौर पहुँच गया, उसी रात को वहाँ कवि-सम्मेलन था।

'सुमन' ने बहुत बड़े पैमाने पर कवि-सम्मेलन का आयोजन किया था, बहुत-से कवि निमन्त्रित किये गये थे। विदेश से लौटने के बाद पहली बार मैं इन्दौर गया था। 'सुमन' ने बड़े उत्साह से, विद्यार्थियों की एक बड़ी भीड़ के साथ मेरा स्वागत किया, जैसे किसी राजनीतिक नेता का। कवि-सम्मेलन मेरे सभापतित्व में होगा, इसकी घोषणा उन्होंने पहले से करा दी थी।

यात्रा का थका था, दिन को सो गया था, रात को जागने की तैयारी में भी।

सोने गया था, तब इसकी कल्पना भी न की थी कि सोकर उठूँगा तो मेरा जीवन मुझे नये मार्ग पर चलने के लिए संकेत करेगा—जीवन का क्या, वह नियति का ही संकेत होगा—और बस उस पर चल ही पड़ना होगा।

उठा ही था कि किसी ने आकर खबर दी—मेरे लिए इलाहाबाद से ट्रंककाल है।

तेजी मुझे बधाई दे रही थीं। इंग्लैण्ड से लौटने के बाद तेजी की आवाज़ से इतनी खुशी का विस्फोट मैंने नहीं जाना था। भगवान् के यहाँ देर है, अंधेर नहीं है।

विदेश मन्त्रालय से मेरी नियुक्ति का पत्र घर पहुँच गया था। मुझे आफ़िसर आन स्पेशल ड्यूटी (हिन्दी) के पद पर बुलाया गया था। मैं मन्त्रालय के हिन्दी सेक्शन का हेड हूँगा। मेरा काम होगा विदेश मन्त्रालय में उत्तरोत्तर हिन्दी के प्रयोग को बढ़ावा देना और हिन्दी को राजनयिक कामकाज का सक्षम माध्यम बनाना। मेरा वेतन 1000/= प्रतिमास होगा। पत्र में कहा गया था कि जितनी ज़ल्दी हो सके, मैं विदेश मन्त्रालय पहुँचकर अपना पद सँभाल लूँ।

तेजी ने राय दी कि मैं उसी रात को इन्दौर से चलकर दूसरे दिन दिल्ली पहुँच जाऊँ—मंगल का दिन होगा, नया काम शुरू करने के लिए शुभ दिन, 27 तारीख भी होगी, तीन से कटने वाली संख्याएँ मेरे लिए शुभ होती हैं, फिर 27 तो मेरे जन्मदिन की संख्या होने से और शुभ। इसलिए जैसे भी हो मैं 27 दिसम्बर को दिल्ली पहुँचकर विदेश मन्त्रालय में अपने को प्रस्तुत कर दूँ।

कुछ सोचने-विचारने के लिए समय ही न था। जल्दी-जल्दी टाइम-टेबल देखा। दस बजे रात को एक ऐसी गाड़ी थी जिसे रतलाम से पकड़कर दूसरे दिन सवेरे दिल्ली पहुँचा जा सकता था। जाड़े के दिन थे, 7 बजे रात से कवि-सम्मेलन था। गाड़ी पकड़ने के लिए मुझे साढ़े सात तक कार से रतलाम के लिए रवाना हो जाना चाहिए था। 'सुमन' मुझे सभापति की गद्दी पर बिठलाकर रात-भर कवि-सम्मेलन जमाने की कल्पना किये हुए थे। मैंने इलाहाबाद के ट्रंककाल की बात उन्हें बताई तो वे मारे खुशी के उछल पड़े, पर जब मैंने उनसे कहा कि कवि-सम्मेलन आरम्भ होने के आधे घण्टे बाद वे मुझे जाने की आज्ञा दे दें तो वे बड़े निराश हुए।

आत्म-संस्मरण लिखते समय मैं ऐसा समझता था कि मैं अपने जीवन की सच्ची तस्वीर आपके सामने रख सकने में समर्थ हो सकूँगा, पर अब मुझे यह कटु अनुभूति हो गयी है कि जीवन और शब्द एक-दूसरे से बहुत अलग स्तर की चीज़ें हैं, और एक सतह की चीज़ें दूसरी सतह पर नहीं चढ़ाई या उतारी जा सकतीं, नहीं पहुँचाई जा सकतीं; और बहुत ईमानदारी और अध्यवसाय से ऐसा उपक्रम करने पर भी वे ऐसी प्रतिच्छायायें और प्रतिध्वनियाँ बनकर रह जाती हैं, जो जीवन और यथार्थ से बहुत दूर की होती हैं।

दूसरे शब्दों में, मैं यह कहना चाहूँगा कि जीवन का सत्य और शब्द का सत्य अलग-अलग इकाइयाँ हैं। संसार का सारा साहित्य, जो शब्द का साहित्य है, जीवन को पकड़ने का एक बहुत निर्बल और निष्फल प्रयास है। यदि इसे मेरी अतिशयोक्ति न समझा जाये तो मैं कहना चाहूँगा कि जीवन के सत्य और शब्द के सत्य में कोई साम्य नहीं है, और जीवन की दृष्टि से शब्दों का सत्य एक बहुत बड़ा, लेकिन बहुत सुन्दर झूठ है। जो चीज़ रक्त से लिखी जाती है, वह स्याही से लिखी जा सकती है? जो काम हमारी शिराएँ, हमारी माँस-पेशियाँ करती हैं, क्या हम उसे जड़ लेखनी से करा सकते हैं? और हृदय और मस्तिष्क के फलक पर जो मर्मस्पर्शी और मर्मबेधी स्पंदन होते हैं, क्या उन्हें कोरे कागज़ों पर फैलाया जा सकता है? नहीं। नहीं। नहीं।

इस प्रकार, पाठको, (मुझे मानतेन के लहज़े में बोलने के लिए क्षमा करें) मेरी पुस्तक जीवन का एक बहुत बड़ा झूठ है, और मैं कोई वजह नहीं देखता कि आप मेरे शब्दों की सुन्दरता के धोखे में आकर अपनी कामकाजी घड़ियाँ ऐसे बेकार और बे-सार शगल पर सर्फ करें। इसलिए बच्चन की विदा स्वीकार कीजिये— 7-7-'77।

❑❑❑

परिशिष्ट

मूल पाठ में जिन कविताओं का संकेत किया गया है उन्हें पाठकों की सुविधा के लिए परिशिष्ट के अन्तर्गत दिया जा रहा है।

पृष्ठ संख्या—76

रेगिस्तान का सफर

हमने माना / कि रेगिस्तान के उस पार है बहारिस्तान, / जहाँ हैं छायादार दरख्त, / रंगदार फूल, / दूर-दूर तक दूब के मैदान; / जहाँ बहती है नीले पानी की नहर, / चलती है ठण्डी हवा सर-सर-सर, / करती हुई सौरभ की बौछार, / हर मौसम में, हर वक्त; / मेहरबान है आसमान, / गूँजता है, छोटी-छोटी चिड़ियों का गान, / मुलायम-मुलायम पत्तियों का मर्मर स्वर। / वहाँ टीले पर बैठे / चरवाहा अपनी बाँसुरी पर / छेड़ता है मनुहार-भरी तान, / चरवाहिन करती है मान,—/ प्रेम फिर-फिर माँगता है प्रमाण—/ ऐसों का ही तो प्यार / रहता है सदा जवान। / और भेड़ों का झुण्ड / किनारों पर बाँधकर कतार, / झुकाकर गर्दन, / बुझाता है अपनी प्यास, / होता है निहाल / देखकर अपनी परछायीं, / मिलते हैं अधर से अधर, / होता है सब पर मुहब्बत का असर।

ऐसा ख्वाब, / ताज्जुब नहीं, / जो उठाये दिल में एक लहर, एक सैलाब। / मगर सोचो तो, / मेरे मीत, अनुभवहीन, / कितने दिन कितनी दूर, कितनी थकान का है सफर। / भाईबन्द, / कुटुम्ब-कबीले, / दोस्त-अहबाब—/ इनसे भी कर लो सलाह; / चार आदमी की राय से किये हुए काम का / अच्छा होता है अंजाम, / वैसे, सब हैं आज़ाद / चलने को अपनी-अपनी राह।

''इस सपने की / मैंने की है खोज। / नहीं, नहीं; हो रही है गलती; / इस सपने ने / खोजा है मुझे; / मैं नहीं झुकता इसकी तरफ / यह मुझे खींच रहा है अपनी ओर; / किसमें है ज़ोर / कि मुझे रोक ले; / रोका नहीं जाता है सैलाब, / थामी कहीं जाती है लहर! / सपनों से कुछ भी नहीं है ताकतवर। / फेंक चुका है दाँव, / फेंक दिये डाँड, / दाब दी है नाव, / बाज़ी हार चुका; / मेरा सफर मुझे पुकार चुका, / दुब्धे की हालत थी कल; / आज, / यह रहा मैं—वह रही मेरी मंज़िल। / उठाने में कोई भी काम / जिगर का हौसला, जी का उत्साह, / मौजों के समान देता है उभार, / देता है उछाल, / बढ़ा भी ले जाता है कुछ दूर, / लेकिन फिर / पाँवों तले होती है धरती कठोर, / सिर पर होता है आसमान क्रूर, / हिम्मत का, दोनों ही लेते इम्तहान, /

कुछ भी परवाह नहीं, / अकेला भी बहोत बड़ा है इन्सान! / जब आसमान बरसेगा अंगार, / ज़मीन उगलेगी आग, / भाई-बन्द खेल रहे होंगे फाग। / जब मरु-भू की लू, / रेत से भर मुँह-नाक, / लेने न देगी साँस, / घुटता होगा दम, / कुटुम्ब-कबीला करता होगा अट्टहास; / और जब प्यास बालू को निचोड़ / हो रही होगी हैरान-परेशान, / दोस्त अहबाब, / कहीं बैठे, उंटगे, लेटे, / माँग रहे होंगे / शराब और कबाब! / इन्हीं से कहते हो करने को सलाह? / जिन्होंने घर से निकाले नहीं कदम, / जानी नहीं मन की उमंग, / झेली नहीं तन की तकलीफ, / पाया नहीं थकान का रस, / लक्ष्य पर पहुँचने का आनन्द। / मैं तो इसके लिए भी हूँ तैयार / कि रेगिस्तान के रेगिस्तान करके पार / अपने सपनों से रहूँ इतनी ही दूर, / जितना था तब, / जब किया था उनके लिए प्रस्थान। / वे आयेंगे नहीं मेरे साथ, / मैं कब बिका था उनके हाथ? / मुझे चाहिए नहीं किसी की सलाह, / मेरे सच्चे सलाहकार हैं / मेरे पाँव, मेरी राह!

मेरे भाई-बन्द / मेरे कुटम्ब-कबीले, / मेरे दोस्त-अहबाब, / तुमसे भी दो बात— / मुबारक हो तुम्हें अपना घर, / घर का आराम; / घर देखना भी है / नहीं कम काम। / मुझे रोकने का मत करो प्रयास, / मुझे अपने पंजों, पिण्डलियों, रानों पर विश्वास। / मैं नहीं जा रहा हूँ पहली बार, बहुतेरे आये हैं / इस पथ को जीत, / बहुतेरे गये हैं / इस पथ से हार,— / दोनों हैं महान। / आँधी और तूफान / मिटा नहीं पाये हैं / उनके विश्वास भरे, आस भरे / पाँव के निशान, / आंन के पड़ाव; / वे देंगे साथ, / वे देंगे साथ, / विदा का है समय, / ओ मेरे ईर्ष्यालु, उदासीन, सहृदय / अगर दे सको तो दो, लगता नहीं है दाम, / अपनी शुभ कामना, / अपना आशीर्वाद, / गो उसके बिना भी / लोगों का चलता है काम। / मिले जो मुझे मेरे ख्वाब, / लौटकर उनको करूँगा तुमसे बयान; / लौटा जो निराश, / करने को उपहास / पाओगे तुम सामान, / या सहानुभूति-नुमा व्यंग का शिकार। / लेकिन मुझे, / या किसी एक को और, / जान लोगे ठीक, / ज़रा करो गौर, / होगा सबसे बड़ा वरदान, / मेरे सफर में गाया हुआ गान।

पृष्ठ संख्या—81

कड़ुआ अनुभव

क्या तुझ पर गुज़ारा है ऐसा वक्त, / जब सारा जहान, / लगता है एक मसान, / और मरे, मिटे, जले, बुझे सपनों की राख का भार, / लगता है ऐसा भारी, / जैसे छाती पर रख दिया गया हो पहाड़, / सपने लेते हैं साँस, / सपनों के होता है शरीर, / उन्हें भी लगता है मौत का तीर, / उनसे भारी होती है उनकी लाश, / दिया है उन्हें तूने कभी काँधा? / और उनकी राख, / होती है और भी वज़नदार। / वज्र को माननी पड़ती है / फूल से हार।

जब ऐसा आता है समय, / क्या करते हैं लोग? / खोजते हैं नहीं डॉक्टर, वैद्य, हकीम; / उनके बस का नहीं यह रोग; / भंग, शराब, अफीम, स्लीपिंग पिल बहला नहीं पाती दिल। / इसका एक ही इलाज, / पहले भी लोग करते थे यही, / करते हैं आज भी। / लोग ढूँढते हैं एक हमदम, / एक दोस्त, / एक साथी, / एक मीत, / और उससे कह डालते हैं, जो उन पर बीत रही है। / हल्का हो जाता है मन, / हल्का हो जाता है जीवन; / नुस्खा लगता है आसान, / पर यह है मुश्किल से भी मुश्किल। / ऐसा ही था एक वक्त, / वक्त बहुत बार मुझ पर गुज़रा है सख्त।
उसने दिलाया मुझे विश्वास, / मेरा हृदय है पारावार, / कि उसमें अगर डाल दिया जाय कैलास, / तो क्या मजाल है, / कि लहरें भी ले साँस। / उपमाएँ होती हैं धोखेबाज़ / सच्चाई का लगता है नहीं अंदाज; / इन्हीं से करता रहा ज़िन्दगी भर खेल, / इन्हीं का हो गया शिकार; / कहते आये हैं बुजुर्गवार, / डूबते हमेशा हैं तैराक! गिरा दीं दीवारों पर दीवारें, / परदे पर परदे दिये फाड़, / खोल दिये भेद पर भेद, / फैला दिया ज़िन्दगी का नक्शा, / बोला, मेरे यार, / तुमसे कौन छिपाव, / कैसा दुराव! / उतर गया सिर का बोझ, / पलकों का भार, / निकल गया दिल का गुबार। / साँस लेना था दुश्वार, / मरने का था इंतजार, / जीने में फिर से हुआ एतबार। / लगने लगी ठीक हर एक भूल, / जो थे काँटे, हो गये फूल, / और पाप? / लगा ऐसे, / जैसे हो गया हो अपने आप; / मिट गया पश्चात्ताप / जानता नहीं इन्सान— / जो कहती है, / बरकत कितनी बड़ी है, ज़बान; / जो सुनते हैं, / कमाल कितने बड़े हैं कान; / जो समझता है, / दिल कितना बड़ा है वरदान।
जिसने सुनी है तेरे दिल की बात, / उसने किया है तुझ पर एहसान, / और एहसान करने का होता है अभिमान, / जिसको भूलना नहीं आसान। / एहसान करके मौन रहता है कौन? / कोई नहीं, पर कोई एक, / जो होता है नियम का अपवाद।
एकाएक आती है एक आवाज़— / यह है मेरी भूलों का इतिहास, / मेरे शूलों का आख्यान, / मेरे भावों का उपहास, मेरे विचारों का व्यंग, / मेरी गल्तियों का फ़ब्तियाँ, / मेरी भावनाओं का मज़ाक; / मेरे पाप मुझे जैसे रहे हैं पुकार, / मेरी चोटें रही हैं जाग, / मेरा दुश्मन नहीं, मुझ पर मेरा दोस्त कर रहा है आघात, / मेरी पीठ पीछे मुझ पर प्रहार।
ओ मनुजात, / तेरे पेट में पचती नहीं बात? / जानता नहीं इन्सान—जो कहती है, / अभिशाप समान है ज़बान, / जो सुनते हैं, / अभिशाप समान हैं कान; / जहाँ बिकने को आता है, / हर भाव, विचार, समान, / अभिशाप समान है दिल की दुकान। / मत कर इन्सान का यकीन, / करके पछताया था आसमान, पछताई थी ज़मीन।
तेरी छाती पर है भार, / तेरे दिल में तूफान-गुबार, / तेरी ज़बान को है बुखार, / तो खोज मत कान और ज़बान वाला इन्सान। / चला जा वहाँ— जहाँ हैं बियाबान, / जंगल सुनसान, / मैदान, चट्टान। / पर्वतों से कह दे अपना पाप, / पेड़ों से कह दे अपना सन्ताप, / फूलों से कह दे अपनी भूल, / नदियों में धो डाल अपने घाव, / दूब पर बिछा दे अपने भाव, / और, तारों से कर ले दिल की बात, / जो बिना लिये शब्दों का आधार, / आँखों से निकल, / गालों पर फिसल, / गिरती है भू पर, मगर, /

पहुँच जाती है ऊपर! / धीरज की हैं ये मिसाल, / कहता जा तू इनसे अपना हाल, / ऊँबेंगे नहीं ये सुनने से, / घण्टे, दिन, हफ्ते, महीने, साल-हा-साल! / ये हैं कान-ही-कान, / बिल्कुल बेज़बान, / कहेंगे नहीं किसी से तेरी बात, / कहने-कहने में बातें जाती हैं बदल, / टेढ़ी होकर, ऐंठकर हो जाती हैं बदसूरत, बदशक्ल। / पर यह सब है तेरे लिए उपदेश, / आयेगा काम, / रख याद। / मैं तो कहने को अपनी बात खोजूँगा, फिर भी इन्सान, / फिर भी आदमज़ात, / निकलें वे भले ही धोखेबाज़, / झरोखेबाज़, दगादार, करने वाले विश्वासघात। / मैं हूँ शायर, / शायर नहीं होता कायर; / वह होता है बलवान, / जीवन के अखाड़े का पहलवान। / खुली है मेरी छाती, कमर, जाँघ, / पतलून, कमीज़ कोट की, / मुझे नहीं चाहिए ओट, / खुला है मेरा कसरती शरीर, / खुला है मेरा दिमाग, / खुला है मेरे मन का हर द्वार, / मेरी ज़िन्दगी है आम दरबार। / जहाँ आती है मुझे लाज, / वहाँ शर्मिन्दा है मानवों का सारा समाज। / और अगर तू है पूर्णता का अवतार, / तो आ मेरे सिर पर बिराज, / ले मेरा सौ-सौ नमस्कार, / गो ऐसे दावे होते हैं निराधार। मेरे हमदम, / मेरे दोस्त, / मेरे साथी, / मेरे मीत, / तुम किसी को उठाने में असमर्थ; / गिराने में ही कमाओ नाम। / बैठा नहीं जाता बेकार; / जाओगे ऊब, / नदी में डूब, / दे न दो कहीं अपनी जान। / अच्छाई नहीं की जाती, / बुराई ही करो-खूब। / छिछले ऊपर, / खोखले भीतर, / तुम हो मेरी दया के पात्र, / अपने में क्या है जो तुम करो किसी को दान! / बहुत बड़ा कलेजा चाहिए, / किसी का करने को सम्मान, / और किसी की कमज़ोरियों का आदर- / यह है फरिश्तों के बूते की बात, / देवताओं का काम!

पृष्ठ संख्या-85

...का जन्मदिन

मेरे जीवन का, / एक ताजे सपने-सी है उसकी याद, / ऐसा भी था काल, / जब साल-दर साल, / समय की सीढ़ियों पर चढ़ना था खेल, / था उन्माद। / बचपन और यौवन दोनों बीत चुके हैं, / दोनों पर जीत, / पा चुका है अतीत।

माता के घुटने, / पिता की कमर, / माता के कन्धे, / पिता का सर- / थे मेरे बढ़ने की माप; / मेरे चढ़ने की चाल / थी कितनी तेज़, / साल-दर-साल। मैं उठ रहा था ऊपर, / और मेरे साथ-ही-साथ, / चौड़ी होती जाती थी ज़मीन, / फैलता जाता था आसमान।

अब तो, / कभी की रुक चुकी है मेरी उठान, / बढ़ती नहीं ज़मीन, / बढ़ता नहीं आसमान, / अब वे केवल बदलते रंग। / बहुत दिन यह सब देख, / मैं रहा दंग, / पर जब से पढ़ी पोथियाँ, / किया विद्वानों का संग, / समझ में आ गयी यह बात-/ यही है दुनिया का ढंग।

पर, प्यारे भाई, / आज है तुम्हारा जन्मदिन। / सोचा था मैंने, / लिखूँगा कुछ पंक्तियाँ / दूँगा बधाई, / पर मैं कर रहा हूँ क्या! / कवियों की कौम, / होती है बड़ी बदज़ात। / करें ये चाँद-किरन परियों का गान, / और अगर हों प्रगतिशील, / करें रूस और चीन का बखान, / पर ये घूम-फिरकर, / करते हैं अपनी ही बात। / कवियों की कौम होती है बड़ी बदज़ाज।

तो तुम हुए आज छब्बीस; / आ गया याद मुझे सन तैंतीस, / तब मेरी थी यही उमर, / जब मस्ती से उभर, / गाया था मैंने मधुशाला का गीत, / मेरी वाणी को लग गये थे पर, / धरती पर पड़ते नहीं थे मेरे पाँव / चर्चा थी मेरी ठाँव-ठाँव। / और मैं कल्पना के पँखों पर आसीन, / उड़ा जा रहा था वहाँ, / जहाँ एक और दो, / होते नहीं तीन। / पलों को नापती हैं शताब्दियों की माल, / बूँदों पर होते हैं निसार, / पारावार के पारावार, / और आँसुओं का भार / सिद्ध कर देता है हलका / सारे सितारों का संसार। / कमाल!

पर आज / भारी है मुझ पर दिन, / भारी है मुझ पर रात; / पर छोड़ो भी मेरी बात। / तुम्हारी है छब्बीसवीं वर्षगाँठ, / गैस के छब्बीस रंगीन गुब्बारे, / तुम्हारी आयु के साल ; / उन्हीं के सहारे / देखता हूँ तुम्हें ऊपर आते, / खुशियाँ मनाते, / शामिल हूँ मैं तुम्हारे साथ। / जानते हो मेरा इतिहास, / इसी से नहीं विश्वास? / जिनकी आँखों में हैं आँसू, / वही समझते हैं फूलों का हास, / जिनके सीने पर है चट्टान, / वही समझते हैं तितलियों की उड़ान, / कलियों की मुसकान।

कवि / होता है नबी, / नबी उपदेश देने से नहीं चूकता, / पड़ जाती है बान, / अन्त में थोड़ा-सा व्याख्यान। / जीवन सब दिन नहीं रहता खेल, / नहीं तो, प्रकट करता यह चाह—/ हँसते-हँसाते, / उछलते-कूदते, शोर मचाते, / चले जाओ जगती की राह, / लूटते वाह-वाह। / जीवन एक दिन बनता है भार, / क्योंकि प्रकृति करती है मनुष्य का सम्मान, / नियति करती है मनुष्य का सत्कार ; / अधिकारी का ही होता है इम्तहान। / शोर मचाते, / उछलते-कूदते, / हँसते-हँसाते / अच्छे लगते हैं / भोले, सुकुमार अनजान बच्चे, / बड़े लगते हैं मक्कार भाँड़। / मैंने भी देखी है ज़िन्दगी, दुनिया भी ली देख; / जहाँ भी मैंने पाया कोई / काया नवाने के योग्य, / उसके मुख पर थी चिन्ता, / मस्तक पर थी रेख, / और देखा भी है मैंने इन्सान, / उतना ही भारी था उसके कान्धों पर बोझ, / जो था जितना हीं महान!

पृष्ठ संख्या-87

दोस्तों के सदमे—1

आई वाज ऐंग्री विद माई फ्रेंड : / आई टोल्ड माई राथ, माई राथ डिड एण्ड'—ब्लेक।

काश कि तुम यह जान सकते/ कि जिन्हें तुम समझते आये हो अपना दोस्त, / अपना

मेहरबान, अपना शुभचिन्तक, / वे अपने दिल की गहराइयों में / तुमसे करते हैं कितनी नफरत, / करना चाहते हैं तुम्हारा कितना नुकसान!
अजीब होता है इन्सान! / करता है दोस्त की तलाश, / और जब तक दोस्त हो दुखी,/ दोस्त पर हो मुसीबत, / इसको आता है मज़ा, / दिखाने में हमदर्दी। पर जो वह फूले-फले, और हो खुश, / तो इसके सीने पर लोट जाता है साँप, / क्योंकि उसे नहीं रहती इसकी हमदर्दी की ज़रूरत।
लोग कहते हैं मुसीबत में नहीं मिलता दोस्त। / मैं कहता हूँ, बात है गलत। / मुसीबत में ही मिलते हैं दोस्त। / और अगर हो मुसीबत के पार, / खुश व खुर्रम व दिलशाद, / तो मेरी बात रखना याद, / तुम्हारे दुश्मन होंगे हज़ार।
जो तुम्हारे दुःख में दिखाते हैं संवेदना, सहानुभूति, / उनसे रहना होशियार; / वे हैं मक्कार; / जो तुम्हारी हँसी-खुशी में हैं साथ, / वे हैं दिल के साफ; / वे तुम्हें करते हैं प्यार; / वे साबित होंगे वफादार। / बात लगती हो नाकबिले एतबार, / पर तजुरबा भी तो कोई चीज़ है, मेरे यार! / जो बहाते थे मेरे साथ आँसू, / लिये फिरते हैं मेरे लिए कटार ; / जो पीते थे मेरे साथ शराब, / वे अब भी मेरे दोस्त, मेरे अहबाब। आप हैं एक मिसाल! —/ नक्काल कहीं के—नक्काल!—/ जब मैं हलाहल के घूँट पी रहा था, / यह इतना रोया, / मुझे लगा, / किसी ने अमृत से मेरा मुँह धोया। / अब जो मैंने ली है आराम की एक साँस, / इसके घर में पड़ गया है मातम। / ऐसों के ही लिए कह गये हैं तुलसीदास—/ कि ये दूसरों की हानि में / समझते हैं अपना लाभ, / दूसरों के उजड़ने पर होते हैं हर्षित, / बसत पर मनाते हैं विषाद, / कि ये हैं नकारे, काहिल, कामचोर, / पर करना हो किसी का अकाज, / तो लेंगे सहस्रबाहु से होड़, / अपना तन भी देंगे छोड़; / गल जायेंगे, जैसे पत्थर, / पर खेती कर देंगे बर्बाद। / किसी का बेकाम होता हो घी / तो ये पड़ जायेंगे बनकर मक्खी। क्या हैं ये, / अगर नहीं मक्खी के ही समान? / पर ये हैं जितने छोटे, / उतने ही खोटे। / देखने को दूसरों का दोष, / इनके हैं हज़ार आँखें; / करने को दूसरों की बुराई, / इनके हैं हज़ार ज़बानें—/ शेषनाग के हैं बड़े भाई—/ सुनने को दूसरों का पाप, / इनके हैं दस हज़ार कान। / कीचड़ से लड़ने के लिए , / ज़रूरी है कीचड़ में प्रवेश; / बुरे को परास्त करने के लिए , / आवश्यक है बुराई का हथियार; / बुराई की भूषा, बुराई का वेश, / भगवान् को लेना पड़ा था सुअर का अवतार। / ये तो अपने आप में ही / लिये हैं मौत का बीज, / ये हैं क्या चीज़! / इनसे बचना समझकर बेकार, / तुलसी ने किया था इन्हें दूर ही से नमस्कार। छिपता नहीं नीच,/ लाख करे प्रयास, / मुझे भी मिल गया था इसका आभास; / पर मेरा तो था और ही विश्वास, / मैंने जीवन किया था स्वीकार—/रंग, रस और पराग; पंकज और पानी;/ भौंरा और दादुर; / काई और कीच और सेवार;—/ तब भी मेरी कच्ची जवानी। / सुन्दर और असुन्दर जग में / दोनों को सराहा था—/ हंस की सहलाई थी गर्दन, / कौए को भी चाहा था; / उसे भी दिया था अनुराग—/ मौके न करूँगा बयान, / ओछी बात; / बड़ों की सीख , / नेकी कर, कुएँ में डाल, / बायस को भी दिया था मैंने अनुराग, / परन्तु निरामिष हुआ है कभी काग?

यह तो निकला और बड़ा घाघ, / नोचता है मेरा ही मांस!—/ देख अपनी चोंच की ओर, / मना उसकी खैर, / ओ, नादान, / मेरा हृदय भर ही कोमल, / बाकी जगह मैं हूँ वज्र-कठोर; / विद्यापति की प्रेयसी के बिल्कुल विपरीत, / जिसका कुसुम का था सकल शरीर, / हृदय था पाषाण! / ओ मेरी मुसीबत के दिखावटी दोस्त, / मेरे कानों में आयी है आवाज़, / कि मेरे बारे में बनाकर अजीबोगरीब कहानियाँ / तुम जगह-जगह करते हो प्रचार। / क्यों खराब करते हो अपना वक्त?/ मैं हूँ अकिंचन, अपदार्थ, न-कुछ, / क्यों मुझे देते हो इतना महत्त्व? / किसी बड़े को बनाओ अपना शिकार। / कल्पना के हो भण्डार, / तो करो कुछ सृजनात्मक, / रचो उपन्यास, नाटक, / जाने, माने तुम्हें संसार। / मेरे बारे में कहके ओछी-खोटी / तुम मेरा क्या बिगाड़ लोगे? / कर दे बन्द, / जो मुझे देता रहा है समाज; / चाटकर तलवे, / हिलाकर पूँछ, / मैंने नहीं कमाई अपनी रोटी। / रानी रूठेंगी, लेंगी अपना सुहाग; / राजा रूठेंगे, लेंगे अपना राज। / मेरा कलम रहे बरकरार।

छोड़े हैं जो तुमने साबुन के बुलबुले, / वे हवा में कब तक करेंगे सफर, / किन-किन पर होगा उनका असर? / छिप-छिप के जो की जाती है बात, / एक की बचा के आँख, / दूसरे का बचा के कान, / उसमें भी होती है जान? / उसे जो भी माने;/ उसका भी जो करें यकीन, / उन रबर के पुतलों को / मेरी ठोकरें—एक-दो-तीन! कवि भी छोड़ते हैं कल्पना के गुब्बारे, / पहाड़ों पर से होता है उनका एलान, / खेलते हैं उनसे आँधी-तूफान, / बिजली और बादल देते हैं उनका साथ, / तारे करते हैं उनसे बात, / उल्का होते हैं उनके पास, / आसमान करता है उनका सम्मान, / ज़मीन के होते हैं वे मेहमान, / और उन्हें छूकर / इन्सान उठ जाता है ऊपर। / इन गुब्बारों में भरने को / नहीं चाहिए साँस, / दमे के बीमार की, / उखड़ी हुई, टूटी,/ अब छूटी कि तब छूटी! / इनमें भरने को चाहिए / कवि के वक्षस्थल की साँस / लिए हुए आत्मविश्वास, / जो खिंचती है तो / खींच लेती है प्राण, / निकलती है तो / करती है अमरत्व प्रदान!

जो हैं खुद मुर्दे / किसी को नहीं दे सकते जीवन-दान, / चाहते हो कि जिएँ तुम्हारे आख्यान? / तो जाओ, करो साधना, / जब लौटकर आओगे, / बहुत कुछ बदल जाओगे, / ज़िन्दगी की शक्ल और ही कुछ पाओगे।

पर अगर / साधना से डर लगता है, / तो सुनो, ओ नक्काल, / दो-चार कान के कच्चों में / घूम-फिरकर बयान—/ हो जायेगा बेजान। / चेहरा लगाकर फिरोगे कब तक? / दुनिया एक न एक दिन तुम्हें पहचानेगी। / बहुत दिन पुजता नहीं वेश का प्रताप, / अन्त में परदा उघरता है अपने आप, / झूठ की खुलती है कलई, / साँच को नहीं आती आँच। / इसी एक एतकाद पर / मैंने किया है जीवन-भर संघर्ष, / सहा है मान-अपमान, / चलाई है लेखनी, / खोला-मूँदा है मुँह, / झेला है अवसाद-अपवाद; / जिस दिन झूठे, चोर, चालबाज़, / चापलूस और चुगलखोर / बन जायेंगे कोई ताकत, / कोई प्रभाव, / निश्चित करेंगे तुम्हारा-मेरा / उतार-चढ़ाव,/ उसी दिन / विधाता के मुँह पर थूक, / दुनिया को लगा के दो लात / कर लूँगा मैं आत्मघात।

बच्चन की रचनाएँ

(प्रकाशन क्रम में)

1. तेरा हार (काव्य)	1932
2. बच्चन के साथ क्षण भर (चयन)	1934
3. मधुशाला (काव्य)	1935
4. खैयाम की मधुशाला (अनुवाद)	1935
5. मधुबाला (काव्य)	1936
6. मधुकलश (काव्य)	1937
7. निशा निमन्त्रण (काव्य)	1938
8. एकान्त संगीत (काव्य)	1939
9. आकुल अंतर (काव्य)	1943
10. प्रारम्भिक रचनाएँ—पहला भाग (कविताएँ)	1943
11. प्रारम्भिक रचनाएँ—दूसरा भाग (कविताएँ)	1943
12. सतरंगिनी (काव्य)	1945
13. हलाहल (काव्य)	1946
14. बंगाल का काल (काव्य)	1946
15. प्रारम्भिक रचनाएँ—तीसरा भाग (कहानियाँ)	1946
16. खादी के फूल (काव्य)	1948
17. सूत की माला (काव्य)	1948
18. मिलन यामिनी (काव्य)	1950
19. सोपान (संकलन)	1953
20. प्रणय पत्रिका (काव्य)	1955
21. धार के इधर-उधर (काव्य)	1957
22. मैकबेथ (अनुवाद)	1957
23. आरती और अंगारे (काव्य)	1958
24. बुद्ध और नाचघर (काव्य)	1958
25. जनगीता (अनुवाद)	1958
26. ओथेलो (अनुवाद)	1959
27. उमरखैयाम की रुबाइयाँ (अनुवाद—पाकेटबुक)	1959
28. कवियों में सौम्य संत (पंत-काव्य समीक्षा)	1960
29. आज के लोकप्रिय हिन्दी कवि : सुमित्रानंदन पंत (संकलन—बच्चन-सम्पादित)	1960

30. आज के लोकप्रिय हिन्दी कवि : बच्चन (संकलन—चं० गु० विद्यालंकार-सम्पादित) 1960
31. त्रिभंगिमा (काव्य) 1961
32. आधुनिक कवि (7) (संकलन) 1961
33. नेहरू : राजनैतिक जीवनचरित (अनुवाद) 1961
34. चार खेमे चौंसठ खूँटे (निबन्ध) 1962
35. नये-पुराने झरोखे (निबन्ध) 1962
36. अभिनव सोपान (संकलन) 1964
37. चौंसठ रूसी कविताएँ (अनुवाद) 1964
38. दो चट्टानें (काव्य) 1965
39. डब्ल्यूं० बी० ईट्स ऐंड अकल्टिज़्म (अंग्रेजी शोध प्रबन्ध) 1965
40. मरकत द्वीप का स्वर (अनुवाद) 1965
41. नागर गीता (अनुवाद) 1966
42. बहुत दिन बीते (काव्य) 1967
43. बच्चन के लोकप्रिय गीत (संकलन—पाकेटबुक) 1967
44. कटती प्रतिमाओं की आवाज़ (काव्य) 1968
45. क्या भूलूँ क्या याद करूँ (आत्मकथा-1) 1969
46. उभरते प्रतिमानों के रूप (काव्य) 1969
47. हेमलेट (अनुवाद) 1969
48. कवि श्री (संकलन—डा० दुर्गाप्रसाद झाला-सम्पादित) 1969
49. नीड़ का निर्माण फिर (आत्मकथा-2) 1970
50. भाषा अपनी भाव पराए (अनूदित कविताएँ) 1970
51. बच्चन पत्रों में (सं० डा० जीवन प्रकाश जोशी) 1970
52. पंत के सौ पत्र (बच्चन-सम्पादित) 1970
53. प्रवास की डायरी 1971
54. पंत के दो सौ पत्र (बच्चन-सम्पादित) 1971
55. किंग लियर (अनुवाद) 1972
56. बच्चन के पत्र (सम्पादक : निरंकारदेव सेवक) 1972
57. जाल समेटा (काव्य) 1973
58. टूटी-छूटी कड़ियाँ (निबन्ध) 1973
59. बसेरे से दूर (आत्मकथा-3) 1977
60. '76-'77 की प्रतिनिधि श्रेष्ठ कविताएँ (सम्पादित) 1978
61. '78-'79 की प्रतिनिधि श्रेष्ठ कविताएँ (सम्पादित) 1981
62. मेरी कविताई की आधी सदी (संकलन) 1981
63. सोऽहं हंस: (संकलन—हंस प्रतीकी कविताओं का) 1981
64. आठवें दशक की प्रतिनिधि श्रेष्ठ कविताएँ (संकलन) 1982
65. बच्चन रचनावली (9 खण्डों में) 1983

66. मेरी श्रेष्ठ कविताएँ (संकलन) 1984
67. बच्चन के विशिष्ट पत्र (सम्पादक—डा० चन्द्रदेव सिंह) 1984
68. पाती फिर आई (सम्पादक : डा० जीवन प्रकाश जोशी) 1984
69. राजेन्द्र प्रसाद—आत्मकथाकार के रूप में (व्याख्या) 1985
70. मधुशाला (स्वर्ण जयन्ती संस्करण) 1985
71. 'दशद्वार' से 'सोपान' तक (स्मृति-यात्रा '55 से '83 तक) 1985
72. नई से नई—पुरानी से पुरानी (काव्य) 1985

बच्चन की रचनाओं के अनुवाद

1. 'कालेर कबले बांगला' (भूपेन्द्रनाथ दास द्वारा "बंगाल का काल" का बंगला अनुवाद) 1948
2. "द हाउस आफ वाइन" (मार्जरी बोल्टन और रामस्वरूप व्यास द्वारा 'मधुशाला का अंग्रेजी अनुवाद) 1950
3. लिरिका (आर० वरान्निकोवा द्वारा सम्पादित बच्चन की संकलित कविताओं का रूसी अनुवाद) 1965
4. बंगालचा काल (अविनाश जोशी द्वारा 'बंगाल का काल' का मराठी अनुवाद) 1973
5. कोलेत्नीत्सा सोन्त्सा (सूर्य का रथ—चुनी हुई परवर्ती कविताओं का रूसी अनुवाद) अनुवादक—एस० सेवेरत्सेव; भूमिका-लेखक—डा० चेलीशेव— 1973
6. 'मधुशाला' (विनयकुमार चौकसे द्वारा 'मधुशाला' का मराठी अनुवाद) 1979
7. बंगालचा दुष्काल (शं० पां० जोशी द्वारा 'बंगाल का काल' का मराठी अनुवाद) 1979
8. 'मधुशाला' (शं० पां० जोशी द्वारा 'मधुशाला' का मराठी अनुवाद) 1979
9. 'मधुशाला' (तारा भवालकर द्वारा 'मधुशाला' का मराठी अनुवाद) 1979
10. 'मधुशाला' (कन्हैया लाल घोष द्वारा 'मधुशाला' का बंगला अनुवाद) 1980
11. 'मधुशाला' (भट्टतिरी द्वारा 'मधुशाला' का मलयालम अनुवाद) 1980

बच्चन रचित बाल-साहित्य

1. जन्म दिन की भेंट 1978
2. नीली चिड़िया 1979
3. बंदरबांट 1980

राजपाल एण्ड सन्ज़ की स्थापना एक शताब्दी पूर्व 1912 में लाहौर में हुई थी। आरम्भिक दिनों में अधिकतर धार्मिक, सामाजिक और देश-प्रेम की पुस्तकें प्रकाशित होती थीं और हिन्दी के अतिरिक्त अंग्रेज़ी, उर्दू व पंजाबी भाषा में भी पुस्तकें प्रकाशित की जाती थीं।

1947 में भारत-विभाजन के बाद राजपाल एण्ड सन्ज़ को नए सिरे से दिल्ली में स्थापित किया गया और साहित्यिक पुस्तकों के प्रकाशन का आरम्भ हुआ। रामधारी सिंह दिनकर, महादेवी वर्मा, बच्चन, अज्ञेय, शिवानी, आचार्य चतुरसेन, विष्णु प्रभाकर, राजेन्द्र यादव, मोहन राकेश, रांगेय राघव, कमलेश्वर और अन्य साहित्यिक लेखकों की कृतियाँ यहाँ से प्रकाशित होने लगीं। राजपाल एण्ड सन्ज़ से प्रकाशित *मधुशाला, कुरुक्षेत्र, मानस का हंस, आवारा मसीहा, कितने पाकिस्तान, आषाढ़ का एक दिन* जैसी पुस्तकें हिन्दी साहित्य की 'क्लासिक पुस्तकें' मानी जाती हैं और आज भी लोकप्रियता के शिखर पर हैं। भारत के राष्ट्रपतियों और प्रधानमंत्रियों की पुस्तकें प्रकाशित करने का गौरव भी राजपाल एण्ड सन्ज़ को प्राप्त है। नोबेल पुरस्कार से सम्मानित अर्थशास्त्री डॉ. अमर्त्य सेन की सभी पुस्तकों के हिन्दी अनुवाद यहाँ से प्रकाशित हैं। अन्तरराष्ट्रीय चर्चित पुस्तकों के अनुवाद, विश्वविख्यात कोशकार डॉ. हरदेव बाहरी द्वारा सम्पादित 'राजपाल' शब्दकोशों की शृंखला और किशोरों के लिए सैकड़ों पुस्तकें राजपाल एण्ड सन्ज़ से प्रकाशित हुई हैं।

पाठकों के स्वस्थ और सुरुचिपूर्ण मनोरंजन और ज्ञानवर्धन के लिए समर्पित राजपाल एण्ड सन्ज़ से हिन्दी और अंग्रेज़ी में पुस्तकें प्रकाशित होती हैं जो देश के सभी बड़े पुस्तक-विक्रेताओं और विश्व भर के ऑनलाइन विक्रेताओं के यहाँ उपलब्ध हैं।

राजपाल एण्ड सन्ज़

1590 मदरसा रोड, कश्मीरी गेट, दिल्ली-6, फोन: 011-23869812, 23865483
email: sales@rajpalpublishing.com, facebook: facebook.com/rajpalandsons
website: www.rajpalpublishing.com